应用经济学研究生系列教材

# 应用计量经济学与R软件的应用

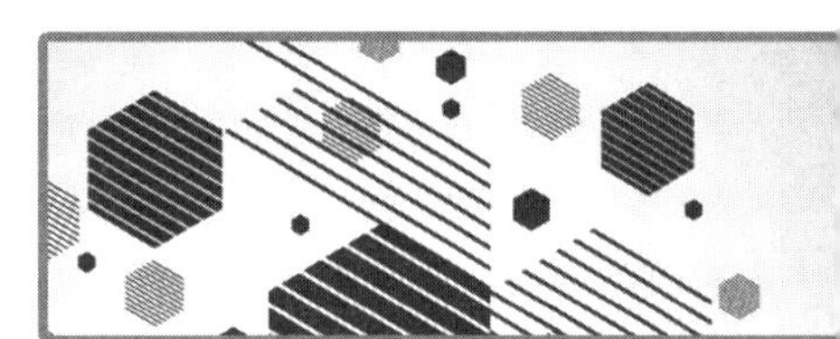

Applied Econometrics
and Application of R Software

毛瑞华 编著

中国财经出版传媒集团

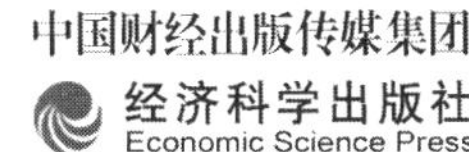
经济科学出版社
Economic Science Press

图书在版编目（CIP）数据

应用计量经济学与 R 软件的应用/毛瑞华编著．
—北京：经济科学出版社，2021.9
应用经济学研究生系列教材
ISBN 978－7－5218－2826－9

Ⅰ．①应…　Ⅱ．①毛…　Ⅲ．①计量经济学－统计分析－应用软件－研究生－教材　Ⅳ．①F224.0－39

中国版本图书馆 CIP 数据核字（2021）第 174214 号

责任编辑：于　源　郑诗南
责任校对：隗立娜　郑淑艳
责任印制：范　艳

应用计量经济学与 R 软件的应用
毛瑞华　编著
经济科学出版社出版、发行　新华书店经销
社址：北京市海淀区阜成路甲 28 号　邮编：100142
总编部电话：010－88191217　发行部电话：010－88191522
网址：www. esp. com. cn
电子邮箱：esp@ esp. com. cn
天猫网店：经济科学出版社旗舰店
网址：http：//jjkxcbs. tmall. com
北京季蜂印刷有限公司印装
710×1000　16 开　24.75 印张　400000 字
2021 年 11 月第 1 版　2021 年 11 月第 1 次印刷
ISBN 978－7－5218－2826－9　定价：50.00 元
**（图书出现印装问题，本社负责调换。电话：010－88191510）**

# 前　言

本书融合了计量经济学理论与R软件的应用，利用大量的实例分析和计算方法的演算，试图让读者在学习计量经济理论分析的同时，通过软件应用，深入理解计量经济理论的方法，并使读者逐步掌握编写相关计算程序的能力，最终达到自我创新的目标。

全书详细地讨论了经典计量经济学的主要理论和方法，以单方程模型为主要内容，分析了各种单方程模型中的理论与应用，同时也对目前应用较广的面板数据（panel data）模型进行了较为详细的讨论，使读者可以结合截面数据模型与时间序列分析方法的优点进行经济、社会问题的分析。

尽管从事计量经济学的教学研究已近15年，但是对于博大精深的计量经济学而言，我的工作仍然存在很多不足。我一直在思考一个问题：如何能够深入浅出地将比较艰深的计量经济学的理论与方法讲授给学生，让学生在接受经典理论与方法的同时也能够最大限度地激发其自身的探索精神，从而为他们往后的工作提供坚实的基础。

本书是我多年从事计量经济学教学工作的一些经验的梳理和总结，难免存在一些不足，希望读者及时与我沟通，使我能够在今后的教学研究工作中更加顺利，同时也感谢长期以来对我工作给予大力支持的各位老师、学生和家人，没有大家的支持，我就不可能顺利地完成这项工作。

本书的出版得到了四川省研究生教育改革创新项目“民族高校应用经济学研究生创新人才培养模式改革研究”和西南民族大学一般教改项目“《计量经济学》课程教学中创新意识的培养”的资助。在此表示感谢！

**毛瑞华**

2019年8月于西南民族大学

# 目　　录

# 第1章

# 计量经济学的特征与数据

本书主要讨论商业、经济学以及一般社会科学活动过程的模型，即如何在经济学、金融学和社会学的相关领域中应用计量经济分析方法，提供分析和解决这些问题的工具。具体内容包含计量经济学的理论基础，同时包含将计量经济分析方法用于解决具体项目的程序和实施细节，使读者在阅读本书时能够真正实现理论与实际相结合的目标，从而将计量经济学理论的学习过程变成一个通过各个项目的推演过程。

本书要阐明的观点是：通过理论与实践的充分结合，利用 R 软件研究相关数据集，以此解决对数据的分析，完成数据的整理、建立模型和实证分析，从而获得具有实际应用价值的计量经济模型。在我的教学过程中，我发现只有利用计量经济学方法分析现实的经济问题，才有可能使学生理解计量经济学的理论，同时也才可能真正学会利用计量经济学的方法分析解决实际的问题。

许多计量经济学导论性的教材首先注重的是计量经济学的理论，然后再分析应用问题中可能遇到的理论问题。本书也会沿用这一思路，但更加重视相关分析的软件实现，力图让读者能够自己通过亲手计算获得相应的结果，完成对计量经济学的理论与应用方法的完整认识。

## 1.1 计量经济学

计量经济学是现代经济学研究的重要工具，主要利用数量分析方法研究人类社会中各种物质资料的生产、分配、交换和消费等经济活动中的数量关系，并利用相应的数量关系来对人们的未来行为进行指导。

在社会经济活动中，人们常常并不满足于对经济活动进行定性分析，还希望对相关的社会经济活动做出定量的分析。例如，从宏观分析方面而言，如何预测利率、通货膨胀率和国内生产总值等重要的宏观经济变量；从微观分析方面而言，能否合理预测个人的不同受教育时间对未来收入的影响程度。

对于这些问题的回答，需要利用计量经济学的分析方法，对相关的经济数据资料进行分析来完成。具体而言，统计学、经济理论和数学是分析和理解现代经济问题中数量关系不可缺少的必要工具。

计量经济学的产生与发展过程，是数学、统计学和经济学不断融合发展的过程，同时随着估计经济关系、检验经济理论以及政策实施效果评价等相关统计方法的发展，计量经济学的理论和应用范围在迅速地扩大。

## 1.2　经济数据的类型

在计量经济分析中常用的数据有三种类型，即截面数据（cross-section data）、时间序列数据（time-series data）、混合截面数据（pooled data）和面板数据（panel data）。

### 1.2.1　截面数据

截面数据集（cross sectional data set），也称为横截面数据，就是在给定时间点对个人、家庭、企业、城市、国家或一部分被研究对象采集的样本组成的数据。由于数据集搜集过程上客观存在时间差异，造成该类数据集中每个数据并不能完全保证是同一个时间点上的数据，如在做家庭调查时，某些家庭可能是在一年内的不同星期调查的。在一个完全的截面数据分析中数据搜集的微小时间差距通常是被忽略的，另外，从年度数据的角度看，如果一系列家庭调查数据搜集是在同一年的不同星期完成，也可认为是截面数据。

截面数据集的一个重要特征是大多数时候这类数据均被假设为从一个较大总体中通过随机抽样获得的样本，如随机地从某大学学生中抽样 1000 人，并得到这部分学生的相关数据资料，这样就获得了该大学学生在该时点的一个随机样本。如果抽出的样本数量相对于总体而言太小时，由样本资料进行的计量经济分析可能导致偏差，同时在这种情形下，可能存在的另一个潜在的问题是样本独立性不能满足，例如，我们考虑用工资率、能源价格、公司和财产税、所提供的服务、工人的质量以及其他相关地区的特征解释跨地区的新兴商业活动，可以发现邻近地区之间的商业活动不可能相互独立。但这种条件下，传统的计量经济学分析方法可能低效或失效，需要寻求新的方法建立相关的模型。

截面数据广泛地用于经济学和多种社会科学领域中，在经济学研究中，截面数据是非常常用的数据，如在城市经济学、产业经济学等的数量分析中，对于微观经济假设和经济政策评价而言，在某一个时间点上，相关个人、企业和地区的经济数据都是特别重要的数据资料。

通常的截面数据的表示方式如表 1.1 所示。

**表 1.1　　中国西部 10 省份 2012 年城镇居民家庭人均消费支出数据**　　单位：元

| 地区 | 现金支出 | 食品消费 | 衣着消费 | 居住消费 | 家庭设备 | 医疗保健 | 交通通信 | 文教娱乐 | 其他消费 |
|---|---|---|---|---|---|---|---|---|---|
| 重庆 | 16573.1 | 6870.2 | 2228.8 | 1177.0 | 1196.0 | 1101.6 | 1903.2 | 1470.6 | 625.7 |
| 四川 | 15049.5 | 6073.9 | 1651.1 | 1284.1 | 1097.9 | 772.8 | 1946.7 | 1587.4 | 635.6 |
| 贵州 | 12585.7 | 4992.9 | 1399.0 | 1013.5 | 849.9 | 654.5 | 1891.0 | 1396.0 | 388.8 |
| 云南 | 13883.9 | 5468.2 | 1759.9 | 973.8 | 634.1 | 939.1 | 2264.2 | 1434.3 | 410.4 |
| 西藏 | 11184.3 | 5517.7 | 1361.6 | 845.2 | 474.7 | 467.2 | 1387.5 | 550.5 | 580.1 |
| 陕西 | 15332.8 | 5550.7 | 1789.1 | 1322.2 | 986.8 | 1212.4 | 1788.4 | 2078.5 | 604.7 |
| 甘肃 | 12847.1 | 4602.3 | 1631.4 | 1287.9 | 833.2 | 1049.7 | 1575.7 | 1388.2 | 478.7 |
| 青海 | 12346.3 | 4667.3 | 1512.2 | 1232.4 | 923.7 | 906.1 | 1549.8 | 1097.2 | 457.5 |
| 宁夏 | 14067.2 | 4768.9 | 1875.7 | 1193.4 | 929.0 | 1063.1 | 2110.4 | 1515.9 | 610.7 |
| 新疆 | 13891.7 | 5238.9 | 2031.1 | 1166.6 | 950.2 | 1027.6 | 1660.3 | 1280.8 | 536.2 |

资料来源：《中国统计年鉴》（2012）。

在表 1.1 中，各行表示一个观测，各列表示变量，分别对应着各自的经济含义，是计量经济学的主要研究对象。表 1.1 的数据是一个具有二维结构特征的数据集，在 R 软件中，这样的数据集通常用数据框函数 data.frame( ) 进行管理，其中每一行对应着一个观测，每个列对应一个变量。

### 1.2.2 时间序列数据

时间序列数据（time series data）是对一个观测对象在按照其发展变化的先后顺序，依次记录下不同时间的观测值，由这些观测值组成一个具有特定含义的数据集，如股票价格、货币供给量、消费者价格指数等数据，时间序列数据是按照时间先后顺序记录的数据资料，本身就隐含着重要的经济发展与变化信息。

时间序列数据的一个重要特征是其数据之间存在的前后相依特性：经济数据是不能独立于时间的，这个特征使得时间序列数据的分析过程比截面数据的分析更加困难。由于时间序列数据存在前后关联的性质，因此时间序列数据的计量分析就需要采用与截面数据分析不同的分析方法，这在后面的相应内容中会进行专题讨论。

表 1.2 中的每一行表示在同一个时间点上对所分析对象进行各方面变量的一次观测，每一列表示一个变量值，其随着时间改变而变化，每一列均是一个变量的时间序列值。用计量经济学方法分析时间序列数据时应该将数据按照时间的顺序排列。

**表 1.2　　2000～2012 年中国城镇居民人均收入**　　单位：元

| 年份 | 总收入 | 工资性收入 | 经营净收入 | 财产性收入 | 转移性收入 |
|---|---|---|---|---|---|
| 2000 | 6295.9 | 4480.5 | 246.2 | 128.4 | 1440.8 |
| 2001 | 6907.1 | 4829.9 | 274.1 | 134.6 | 1668.6 |
| 2002 | 8177.4 | 5740 | 332.2 | 102.1 | 2003.2 |
| 2003 | 9061.2 | 6410.2 | 403.8 | 135 | 2112.2 |
| 2004 | 10128.5 | 7152.8 | 493.9 | 161.2 | 2320.7 |
| 2005 | 11320.8 | 7797.5 | 679.6 | 192.9 | 2650.7 |
| 2006 | 12719.2 | 8767 | 809.6 | 244 | 2898.7 |
| 2007 | 14908.6 | 10234.8 | 940.7 | 348.5 | 3384.6 |
| 2008 | 17067.8 | 11299 | 1453.6 | 387 | 3928.2 |
| 2009 | 18858.1 | 12382.1 | 1528.7 | 431.8 | 4515.5 |
| 2010 | 21033.4 | 13707.7 | 1713.5 | 520.3 | 5091.9 |

续表

| 年份 | 总收入 | 工资性收入 | 经营净收入 | 财产性收入 | 转移性收入 |
| --- | --- | --- | --- | --- | --- |
| 2011 | 23979.2 | 15411.9 | 2209.7 | 649 | 5708.6 |
| 2012 | 26959 | 17335.6 | 2548.3 | 707 | 6368.1 |

资料来源：《中国统计年鉴》（2013）。

在 R 程序中，时间序列的组织方式可分两种：

（1）等距时间序列数据。

```
ts(dt,start =1,frequency =1):  #dt 是数据集的名称
ts(dt,start =1980,frequency =12):  #时间起点是 2000
ts(dt,start =c(1980,2),frequency =12):
start:第一个观测值的时间
    - start =1:时间起点是 1(默认值)
    - start =1980:时间起点是 1980 年
    - start =c(1980,2):时间起点是 1980 年,第 2 月/季
frequency:一个单位时间内观测的次数
    - frequency =1:年度数据(默认值)
    - frequency =4:季度数据
    - frequency =12:月度数据
```

（2）非等距时间序列数据。

扩展包 zoo 的函数 zoo（）可以将数值向量/矩阵转化成时间间隔不规则的时间序列，当然，这个函数也支持规则的时间序列数据的处理任务。

```
install.packages("zoo")#也可安装扩展包 xts
 library(zoo)
 x.date < - as.Date(paste(2004,rep(1:4,4:1),seq(1,20,2),
sep =" - "))
 x < - zoo(rnorm(12),x.date)
```

其中，变量 x. data 是时间序列向量值。

### 1.2.3　混合（或融合）数据

混合数据，或者称为融合数据（pooled data），既有横截面数据特征，又

具有时间序列特征，如对中国 31 省份的城镇居民家庭进行了两次消费支出的调查，调查时间分别是 2007 年和 2012 年，这两次调查对象并不完全相同，但是调查项目是相同的，为了进行比较分析，也为了增大样本容量，可以将这两年的数据合并，形成一个混合截面数据。

将不同年份的数据混合起来进行分析，大多数情况下是为了分析某项新政策或某个重大事件之影响的一种有效方法。其主要设想是通过搜集一个重大事件或政策执行前后的相关经济数据，从而发现相应事件或政策的效应。

表 1.3 中的观测 1 ~31 对应于 2007 年中国各地区城镇居民家庭平均每人全年消费性支出数据，观测 32 ~62 对应着 2012 年中国各地区城镇居民家庭平均每人全年消费性支出数据。

**表 1.3　中国各地区 2007 年和 2012 年城镇居民家庭平均每人全年消费支出** 单位：元

| 序号 | 地区 | 年份 | 现金支出 | 食品 | 衣着 | 居住 | 家庭设备 | 医疗保健 | 交通通信 | 文教娱乐 |
|---|---|---|---|---|---|---|---|---|---|---|
| 1 | 北京 | 2007 | 15330.44 | 4934.05 | 1512.88 | 1246.19 | 981.13 | 1294.07 | 2328.51 | 2383.96 |
| 2 | 天津 | 2007 | 12028.88 | 4249.31 | 1024.15 | 1417.45 | 760.56 | 1163.98 | 1309.94 | 1639.83 |
| ⋮ | ⋮ | ⋮ | ⋮ | ⋮ | ⋮ | ⋮ | ⋮ | ⋮ | ⋮ | ⋮ |
| 31 | 新疆 | 2007 | 7874.27 | 2760.69 | 1183.69 | 736.99 | 475.23 | 598.78 | 890.30 | 896.79 |
| 32 | 北京 | 2012 | 24045.86 | 7535.29 | 2638.9 | 1970.94 | 1610.7 | 1658.37 | 3781.51 | 3695.98 |
| ⋮ | ⋮ | ⋮ | ⋮ | ⋮ | ⋮ | ⋮ | ⋮ | ⋮ | ⋮ | ⋮ |
| 61 | 宁夏 | 2012 | 14067.15 | 4768.91 | 1875.7 | 1193.37 | 929.01 | 1063.09 | 2110.41 | 1515.91 |
| 62 | 新疆 | 2012 | 13891.72 | 5238.89 | 2031.14 | 1166.59 | 950.17 | 1027.6 | 1660.27 | 1280.81 |

资料来源：根据《中国统计年鉴》2007 年和 2012 年整理。

在 R 软件中，常用构造面板数据的 R 命令，如下：

```
library(plm)
pooldata < -pdata.frame(dt,index =2))
```

其中，变量 index 表示观测的个体数量为 n。

### 1.2.4　面板数据

面板数据（panel data），也称为纵列数据，由数据集中每个截面单位的一个时间序列组成，如我们对某地区的某 30 个企业的投资和财务数据等资料搜集了 10 年，由这 300 个数据形成的数据集就是一个面板数据集。

面板数据与混合截面数据的差异主要体现在调查对象的选取方面，混合截面数据中的调查对象在不同年份可以是不相同的，但是面板数据的调查对象在调查期间是维持不变的，即在搜集面板数据时，某个调查对象在调查任务完成前通常是不会更换的。

相比于单一的截面数据和时间序列时间，面板数据具有信息更加丰富的特征，使我们可以比较研究对象在横向和纵向两个方面的特征，同时该数据也使我们能够分析决策行为或结果中滞后的重要性。

表 1.4 的数据特征主要有两个方面，首先每个地区具有相同的名字，对同一个地区而言，数据按照时间顺序排列，因此具有时间序列数据的特征；其次，在相同的年份，地区组成是相同的[①]，从而在计算时都是将数据理解成 110 个数据形成的观测数据集。

表 1.4 的构造原则是将相同地区、个体的对象集中，并在同一对象中按照时间序列排列，这样有利于数据分析。

**表 1.4　2002 ~ 2012 年中国西部 10 省份城镇居民家庭全年消费人均支出**　单位：元

| 序号 | 地区 | 时间 | 现金支出 | 食品 | 衣着 | 居住 | 家庭设备 | 医疗保健 | 交通通信 | 文教娱乐 |
|---|---|---|---|---|---|---|---|---|---|---|
| 1 | 重庆 | 2002 | 6360. 2 | 2419 | 618. 6 | 594. 5 | 454. 2 | 429. 6 | 615 | 1065. 1 |
| ⋮ | ⋮ | ⋮ | ⋮ | ⋮ | ⋮ | ⋮ | ⋮ | ⋮ | ⋮ | ⋮ |
| 11 | 重庆 | 2012 | 16573. 1 | 6870. 2 | 2228. 8 | 1177 | 1196 | 1101. 6 | 1903. 2 | 1470. 6 |
| 12 | 四川 | 2002 | 5413. 1 | 2156. 2 | 506. 6 | 521. 8 | 386. 4 | 361. 4 | 501. 2 | 830. 3 |
| ⋮ | ⋮ | ⋮ | ⋮ | ⋮ | ⋮ | ⋮ | ⋮ | ⋮ | ⋮ | ⋮ |
| 22 | 四川 | 2012 | 15049. 5 | 6073. 9 | 1651. 1 | 1284. 1 | 1097. 9 | 772. 8 | 1946. 7 | 1587. 4 |
| ⋮ | ⋮ | ⋮ | ⋮ | ⋮ | ⋮ | ⋮ | ⋮ | ⋮ | ⋮ | ⋮ |
| 110 | 新疆 | 2012 | 13891. 7 | 5238. 9 | 2031. 1 | 1166. 6 | 950. 2 | 1027. 6 | 1660. 3 | 1280. 8 |

资料来源：根据《中国统计年鉴》2002 ~ 2012 年整理。

在 R 软件中，常用构造面板数据的 R 命令，如下：

```
library(plm)
```

① 这种面板数据称为平衡数据。

```
pdata.frame(dt,index=c("ivar","tvar"))
```

其中，*ivar* 表示截面变量，*tvar* 表示时间变量，即时期长度。

pdim(dt)：输出数据 dt 的维数指标

对于具有 $n$ 个截面单位的平衡面板数据，此时可以使用简化命令：

```
pdata.frame(dt,index=n)
```

## 1.3 计量经济分析的步骤

对社会经济问题的研究，在定性分析该问题的基本性质基础上，我们还应该从数量上分析相关主要变量之间的关系。常用的分析方法有回归分析、相关分析和方差分析等方法，这些方法各有其特点和适用范围，其中最常用的分析方法是回归分析，而相关分析和方差分析则常常与回归分析结合起来，形成一个完整的计量经济分析过程。

### 1.3.1 经济数学模型与计量经济模型

下面以消费函数为例简单说明经济数学模型与计量经济模型之间的关系。根据现代消费经济理论，居民个人或家庭的消费行为受到多种因素的共同制约，因此要确定消费函数的形式就需要考虑到多种因素。

现代消费理论认为居民个人或家庭的当前消费支出数量（$y_t$）可能受到当前时期（$x_t$）或相邻几个时期的收入 $x_{t-1}$，…，$x_{t-k}$的影响，还有可能受到前几个时期的消费支出 $y_{t-1}$，…，$y_{t-p}$的影响，以及消费者的性别、年龄等因素均可能影响消费函数的形式，因此存在以下形式的消费函数：

$$y_t = f(x_t, \cdots, x_{t-k}, y_{t-1}, \cdots, y_{t-p}, female, age) \qquad (1.3.1)$$

模型（1.3.1）常常称为经济数学模型，它是利用相关的经济理论获得的各种经济变量之间的函数关系，尽管还有其他变量也可能对当前的消费数量产生影响，但是模型（1.3.1）反映了影响消费支出的主要因素。

有了经济数学模型（1.3.1）后，我们还需要将其转化为计量经济模型，即需要确定函数 $f(\cdot)$ 的具体形式。经济数学模型（1.3.1）是根据相关经济学、社会学的理论，并利用相应的数学方法建立的模型，其函数关系并不是非常确定的，同时模型（1.3.1）只是考虑了影响当前消费数量的几个主要因素，事实上可能还有一些因素被忽略或不能准确测定，为了能够合理地使用模型（1.3.1）的思想，可以考虑建立如下计量经济模型：

$$y_t = \beta_0 + \beta_1 x_t + \cdots + \beta_k x_{t-k} + \delta_1 y_{t-1} + \cdots + \delta_p y_{t-p} + \gamma_1 female + \gamma_2 age + u \tag{1.3.2}$$

其中，误差项 $u$ 包含了模型（1.3.1）中所没有考虑到的其他全部因素的共同影响，同时还假设模型（1.3.1）右边的各变量对左边变量 $y_t$ 的作用均表现为线性关系。

在建立计量经济模型（1.3.2）时，需要遵循的主要原则是经济上的逻辑关系，而且是与该模型相关的任何一种经济理论都需要进行分析和利用，并且以经济逻辑和常识作为选择变量的主要依据。

选定了模型（1.3.2）的具体函数形式之后，相应的关于模型（1.3.1）的各种假设就可转化为对模型（1.3.2）中各变量对应的参数进行解释，如性别是否对消费支出数量有重要影响，就可转变为是否有其系数 $\gamma_1 = 0$。

## 1.3.2　计量经济学分析的一般步骤

计量经济学的思想方法存在若干个学派，本书讲述的主要是经典方法论，一般步骤有如下 5 个方面：

**1. 理论或假说的陈述**

深入分析需要研究的经济现象，根据研究目标，选择模型中所要包含的各种因素，并根据数据的可得性选择适当的变量来表述相关因素，综合利用经济理论和样本资料所呈现出来的特征设定相应的数学关系，获得对应的理论计量经济模型。

**2. 搜集样本数据**

样本数据的搜集与整理是计量经济学分析过程中最费时费力的工作，同时也对模型质量具有重大影响。样本数据的质量直接影响了所建立的计量经济学模型的优劣，优质的样本数据应该具有完整性、准确性、可比性和一致性的特征。

**3. 计量模型的参数估计**

模型参数的估计是计量经济学分析的核心，利用搜集到的数据，采用适当的计算方法对预先设定的理论计量经济模型进行计算分析，获取相应的计算结果。

**4. 计量模型的检验**

获得模型参数的估计量之后，初步建立了一个计量经济模型，但是这个模型是否能够真实地揭示所研究的经济现象中诸因素之间的关系，能否解决实际问题，还需要进行检验。计量经济学模型的检验主要有四类方法，即经济意义检验、统计检验、计量经济学检验和预测检验。

经济意义检验主要是指检验模型参数估计在经济意义上的合理性，主要方法是判断模型参数估计量的符号、大小以及各参数之间的相互关系的合理性。

统计检验主要是指检验模型参数估计量是否符合统计学的标准，即检验模型参数估计量是否满足统计稳定性的要求，判断模型选择的合理性、变量选择的合理性与完整性等。

计量经济学的检验主要是检验模型能否满足计量经济学标准的要求，主要方法是估计模型的随机干扰项的序列相关性、异方差性以及多重共线性等问题。

预测或预报检验是检验模型的稳定性，即确定所建立的模型能否用于新的样本资料，具体操作方法有两类：

一是在扩大样本条件下估计模型，将新的估计量与原来的估计量进行对比，并检验两个模型是否具有显著差异；

二是利用估计模型计算样本之外的某个给定值（$X_0$，$Y_0$）所对应的预测值 $\hat{Y}_0$，再将该预测值与被解释变量的真实值 $Y_0$ 进行对比，并检验二者是否具有显著差异。

**5. 利用模型进行控制或制定政策，促进经济理论和计量经济学发展**

利用确定的计量经济学模型进行预测分析，对未来的经济或社会活动进行相应的控制或制定相关政策。

在 20 世纪 60 年代，计量经济模型在西方国家经济预测中具有很多成功的案例，从而使得计量经济模型成为经济预测的主要方法，但由于未能预测到 1973 年和 1979 年两次石油危机，使得人们对计量经济学模型的预测功能提出怀疑，由此促进了计量经济学在 20 世纪 80 年代后的大发展，从而进入了现代计量经济学时代。

## 1.4 计量经济分析中的软件

由于计量经济学的分析过程涉及大量的数据分析，因此需要一定的计算软件才能够顺利地完成各种形式的分析计算，掌握一门软件就成为能否顺利完成计量经济学的学习和研究活动的基本保证。

常用的计量经济学软件有很多，它们关注的重点可能不完全相同，但是都具有基本的计量经济学分析功能，下面进行简单介绍。

**1. EViews**

EViews（Econometric Views），即计量经济学软件包，是目前世界上流行的计量经济学软件之一。EViews 具有数据处理、图形分析、统计分析、建模分析、预测和模拟等功能，其操作简单、灵活，具有丰富的多层次的菜单提示，使用者不需要编写程序，根据需要逐层选择菜单中的相关项目就可完成分析工作。

**2. SPSS**

SPSS（Statistical Product and Service Solutions），即统计产品与服务解决方案，该软件是国际上流行的统计分析软件，它集数据录入、整理、分析功能于一身，具有经典计量经济学的分析功能，同时它还面向一般的社会科学，只要与统计相关的问题都可以用该软件完成相关计算，具有非常强大的统计功能，以及丰富的多层次的菜单提示，操作简单易用。

**3. SAS**

SAS（Statistical Analysis System），即统计分析系统，1976 年 SAS 软件研究所开始进行 SAS 系统的维护、开发、销售和培训工作。经过多年的完善和发展，SAS 系统在国际上已被誉为统计分析的标准软件，在各个领域得到广泛应用，该软件具有超凡的功能和可靠的技术支持，是国际上数据分析的标准软件。

SAS 集数据管理、数据分析和信息处理为一体，可以完成与计量经济学分析相关的所有计算，同时它具有编程功能，使得应用者可以根据自己的需要完成特殊的计算任务。

**4. Stata**

Stata 统计软件包是目前世界上最著名的统计软件之一，与 SAS、SPSS 一起被并称为三大权威软件。它广泛地应用于经济、社会学等学科领域，同时具有数据管理软件、统计分析软件、绘图软件、矩阵计算软件和程序语言的特点，几乎可以完成全部复杂的统计分析工作，其功能非常强大且操作简单、使用灵活、易学易用、运行速度极快，在许多方面别具一格。

**5. R 语言**

R 语言是用于统计分析、绘图的语言和操作环境。由新西兰奥克兰大学的罗伯特·杰特曼（Robert Gentleman）和罗斯·伊哈卡（Ross Ihaka）创建，目前由“R 语言开发核心团队”负责开发。R 语言是一个自由、免费、源代码开放的软件，它有 UNIX、LINUX、MacOS 和 Windows 版本，都是可以免费下载和使用的。R 语言的安装程序只包含了 8 个基础模块，其他模块可以通过 CRAN 获得。

R 语言的使用，很大程度上是借助各种各样的 R 包的辅助。R 语言是一套完整的数据处理、计算和制图软件系统，同时也是简便而强大的编程语言：可操纵数据的输入和输出，利用各种数学、统计的函数，使用者能灵活机动地进行数据分析，甚至创造出符合需要的新的统计计算方法。

# 1.5 R 软件的简介

## 1.5.1 软件安装

R 软件可以从网站下载（http：//cran. r-project. org/）。根据不同的计算机系统，可以有 UNIX、LINUX、MacOS 和 Windows 版本，都是可以免费下载和使用的，下载方法为：Download R for Windows→base。

运行刚才下载的程序，如 R－3. 2. 2－win. exe，按照 Windows 的提示进行操作即可完成 R 的安装，在选择安装组件时最好选上 PDF Reference Manual 项，这样在 R 的帮助文档中有详细的 PDF 格式的软件说明。

安装完成后，程序会创建 R 程序组并在桌面生成 R 主程序的快捷方式（也可在程序安装时选择不要创建），通过快捷方式运行 R 软件，可调出 R 软件的主窗口（见图 1. 1）。

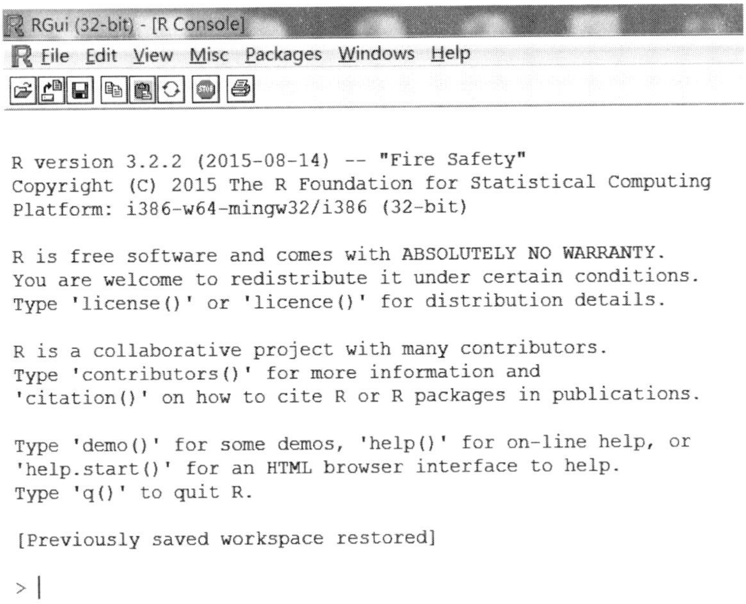

```
RGui (32-bit) - [R Console]
File Edit View Misc Packages Windows Help

R version 3.2.2 (2015-08-14) -- "Fire Safety"
Copyright (C) 2015 The R Foundation for Statistical Computing
Platform: i386-w64-mingw32/i386 (32-bit)

R is free software and comes with ABSOLUTELY NO WARRANTY.
You are welcome to redistribute it under certain conditions.
Type 'license()' or 'licence()' for distribution details.

R is a collaborative project with many contributors.
Type 'contributors()' for more information and
'citation()' on how to cite R or R packages in publications.

Type 'demo()' for some demos, 'help()' for on-line help, or
'help.start()' for an HTML browser interface to help.
Type 'q()' to quit R.

[Previously saved workspace restored]

> |
```

**图1.1 R软件主窗口**

## 1.5.2 R软件初步应用

**例1.1** 中国31省份城镇居民家庭2014年人均可支配收入与消费性支出资料如表1.5所示，试计算人均可支配收入与消费性支出的均值和标准差。

**表1.5 中国31省份城镇居民家庭2014年人均可支配收入（$x$）与消费性支出（$y$）**

单位：元

| 地区 | 收入 | 支出 | 地区 | 收入 | 支出 | 地区 | 收入 | 支出 |
|---|---|---|---|---|---|---|---|---|
| 北京 | 36468.75 | 24045.86 | 海南 | 20917.71 | 14456.55 | 四川 | 24234.41 | 17759.93 |
| 河北 | 20543.44 | 12531.12 | 山西 | 20411.71 | 12211.53 | 贵州 | 22548.21 | 15254.64 |
| 上海 | 40188.34 | 26253.47 | 吉林 | 20208.04 | 14613.53 | 云南 | 24299.01 | 16268.33 |
| 浙江 | 34550.30 | 21545.18 | 安徽 | 21024.21 | 15011.66 | 西藏 | 22015.81 | 15669.36 |
| 山东 | 25755.19 | 15778.24 | 河南 | 20442.62 | 13732.96 | 陕西 | 24365.76 | 17545.96 |
| 广西 | 21242.80 | 14243.98 | 湖南 | 21318.76 | 14608.95 | 甘肃 | 21803.86 | 15942.25 |
| 天津 | 29626.41 | 20024.24 | 内蒙古 | 23150.26 | 17717.10 | 青海 | 22306.57 | 17492.89 |
| 辽宁 | 23222.67 | 16593.60 | 黑龙江 | 17759.75 | 12983.55 | 宁夏 | 23284.56 | 17216.23 |

续表

| 地区 | 收入 | 支出 | 地区 | 收入 | 支出 | 地区 | 收入 | 支出 |
|---|---|---|---|---|---|---|---|---|
| 江苏 | 29676.97 | 18825.28 | 江西 | 19860.36 | 12775.65 | 新疆 | 23214.03 | 17684.52 |
| 福建 | 28055.24 | 18593.21 | 湖北 | 20839.59 | 14495.97 | | | |
| 广东 | 30226.71 | 22396.35 | 重庆 | 25147.23 | 18279.49 | | | |

资料来源：《中国统计年鉴》(2014)。

在主窗口直接输入以下命令：

```
>x< -c(36468.75, 20543.44, 40188.34, 34550.30, 25755.19,
       21242.80,
       29626.41, 23222.67, 29676.97, 28055.24, 30226.71,
       20917.71,
       20411.71, 20208.04, 21024.21, 20442.62, 21318.76,
       23150.26,
       17759.75, 19860.36, 20839.59, 25147.23, 24234.41,
       22548.21,
       24299.01, 22015.81, 24365.76, 21803.86, 22306.57,
       23284.56,
       23214.03)    #输入可支配收入数据
>mean (x)    #计算 x 的均值
[1] 24474.49
>sd (x)    #计算 x 的标准差
[1] 5205.443
>y< -c(24045.86, 12531.12, 26253.47, 21545.18, 15778.24,
      14243.98, 20024.24,
      16593.60, 18825.28, 18593.21, 22396.35, 14456.55,
      12211.53, 14613.53,
      15011.66, 13732.96, 14608.95, 17717.10, 12983.55,
      12775.65, 4495.97,
      18279.49, 17759.93, 15254.64, 16268.33, 15669.36,
      17545.96, 15942.25,
```

```
        17492.89, 17216.23, 17684.52)    #输入消费性支出数据
>mean (y)    #计算 y 的均值
[1] 16856.5
>sd (y)    #计算 y 的标准差
[1] 3339.628
```

说明：

（1）#号是说明语句的字符，#号后面的内容是对前面语句的注解，用于增加程序的可读性，其内容不参与程序的运算；

（2）< -表示赋值，c(x) 表示由 x 生成向量或数组，y < -c(x) 表示将向量 c(x) 赋值给变量 y；

（3）mean(x) 表示计算变量 x 的均值，sd(x) 表示计算变量 x 的标准差；

（4）[1] 24474.49 表示计算结果，其中 [1] 表示第 1 个数值，24474.49 是计算结果。

如果想将上述命令保存在文件中以便于今后使用，可将命令存放在一个文件中。鼠标单击【文件】→【建立新的程序脚本】，则屏幕会弹出一个 R 编辑窗口（见图 1.2），在窗口输入相应命令，然后保存文件，例如 E：应用计量经济学\example 1.2。

```
x<-c(36468.75,20543.44,40188.34,34550.30,25755.19,21242.80,29626.41,
     23222.67,29676.97,28055.24,30226.71,20917.71,20411.71,20208.04,
     21024.21,20442.62,21318.76,23150.26,17759.75,19860.36,20839.59,
     25147.23,24234.41,22548.21,24299.01,22015.81,24365.76,21803.86,
     22306.57,23284.56,23214.03)    #输入可支配收入数据
mean(x) #计算x的均值
sd(x) #计算x的标准差
y<-c(24045.86,12531.12,26253.47,21545.18,15778.24,14243.98,20024.24,
     16593.60,18825.28,18593.21,22396.35,14456.55,12211.53,14613.53,
     15011.66,13732.96,14608.95,17717.10,12983.55,12775.65,14495.97,
     18279.49,17759.93,15254.64,16268.33,15669.36,17545.96,15942.25,
     17492.89,17216.23, 17684.52)    #输入消费性支出数据
mean(y) #计算y的均值
sd(y)   #计算y的标准差
```

**图 1.2　程序脚本文件窗口**

**例 1.2**　绘制例 1.1 中 31 省份的可支配收入 $x$（元）与消费性支出 $y$（元）的散点图和直方图。

```
>plot(x, y) #也可以用 plot(y ~ x)
```

从图 1.3 可以看出，在 2014 年，中国 31 个省份城镇居民家庭可支配收入与消费性支出大致呈现出线性关系，即城镇居民家庭的消费性支出随着可支配收入增长，表现出按照一个相对稳定的比例增加的特点，因此可以考虑利用线性关系来刻画城镇居民家庭可支配收入 $x$ 与消费性支出 $y$ 的比例关系。

```
>hist(y)
```

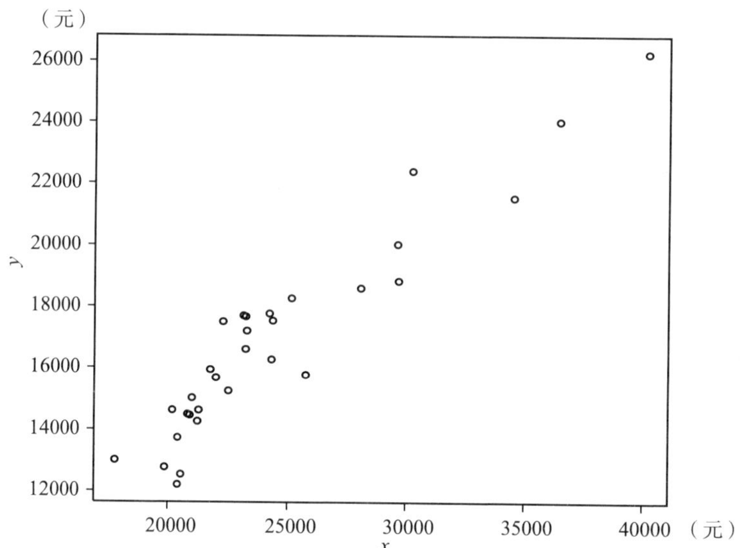


**图 1.3　中国 31 省份城镇居民家庭可支配收入 $x$ 与消费性支出 $y$ 的散点图**

从图 1.4 可以看出，2014 年中国 31 个省份城镇居民家庭消费性支出数据呈现出偏态分布特点，即城镇居民家庭的消费性支出总体上比较偏低，即消费支出在 15000 元左右的地区数量占据较大比例，20000 元以上的地区数量很少，表现比较强烈的地区差异特征。

如果用于分析的变量与数据的数量都很大的话，采用例 1.2 的方法直接在 R 的主窗口或程序脚本文件中录入数据都是不太方便的，同时由于数据存储格式也是多种多样的，因此 R 软件有专门的数据读写函数，以便于将其他文件形式的数据读入 R 中进行分析。

**例 1.3**　假设在计算机的 E 盘的文件夹“应用计量经济学”内保存有名称为 example 1.3. txt 的文本文件形式的数据，可以用 R 中的函数 read. table（）直接读取。假设 example 1.3. txt 中保存的是 2014 年中国 31 个省份城镇居民家

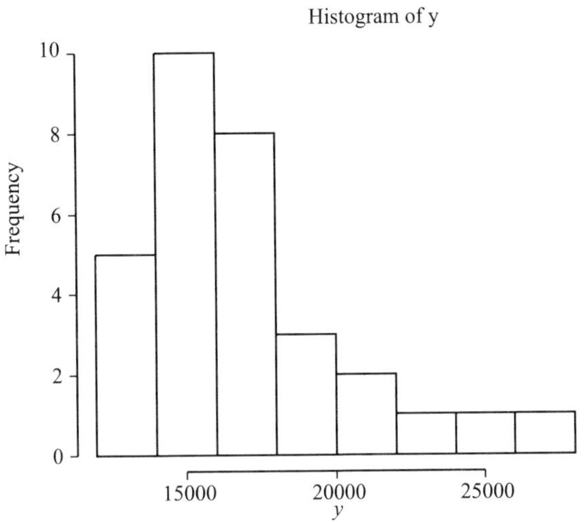


**图 1.4　中国 31 省份镇居民家庭人均消费支出 *y* 的直方图**

庭的人均可支配收入和消费性支出数据。

解：建立 R 文件（example 1.3. R）。

菜单：【文件】→【建立新的程序脚本】，

在弹出的 R 编辑窗口中输入需要编辑的程序命令：

```
rt <- read.table("E:/应用计量经济学/example 1.3.txt",header =
TRUE)
```

在上述命令中有三点需要注意：

①路径中的符号是/，与通常的路径符号不同；

②数据文件名称后面需要跟上表示文件类型的后缀；

③如果数据文件的第一行是变量名称或其他非数据形式的字符串，则 header 的取值为 TRUE，否则取值为 FALSE（默认值）或略去该项。

为了获得运算结果，可以在程序脚本窗口中选定要执行的命令，用 ctrl + R 执行或用单击鼠标右键，在子菜单中选择第一项，执行选定的命令即可。例如执行：

```
rt
```

结果如下：

| 地区 | 人均可支配收入．元． | 人均消费现金支出．元． |
|---|---|---|
| 北京 | 36468.75 | 24045.86 |

| 河北 | 20543.44 | 12531.12 |
|---|---|---|
| … | … | … |
| 青海 | 17566.28 | 12346.29 |
| 宁夏 | 19831.41 | 14067.15 |
| 新疆 | 17920.68 | 13891.72 |

由于数据的第一行是用中文作名称，为了后面讨论方便，可以对变量重新命名：

```
names(rt) < -c("region","income","consumer")
lm.ols < -lm(consumer ~ income,data = rt)
```

lm( ) 是 R 软件中用于建立回归模型的函数，上述命令的含义是利用数据集 rt 中的变量 income 和 consumer 建立如下形式的回归模型：$consumer = \beta_0 + \beta_1 income + u$。

```
summary(lm.ols)
Call:
lm(formula = consumer ~ income,data = rt)
Residuals:
     Min          1Q        Median       3Q         Max
  -1968.83     -535.54      78.35      617.01     2273.89
Coefficients:
                 Estimate Std.Error t value Pr( > |t|)
(Intercept)  1.823e+03  7.825e+02    2.329     0.0273*
   income    6.054e-01  3.255e-02   18.601    <2e-16***
---
Signif.codes:  0'***'0.001'**'0.01'*'0.05'.'0.1''1
Residual standard error:1036 on 28 degrees of freedom
Multiple R-squared:0.9251,Adjusted R-squared:0.9225
F-statistic:  346 on 1 and 28 DF,  p-value: <2.2e-16
```

执行 summary(lm.ols) 可获得回归分析的具体结果，其中的内容将在后面的学习中分别进行讨论。

plot（rt$income，rt$consumer）#rt$income 表示从数据集 rt 中将变量 income 的值提取出来。

abline(lm. ols)　#abline( ) 表示在前面已经存在的图中加上直线，此处表示将回归直线加到前面的散点图上（见图 1.5）。

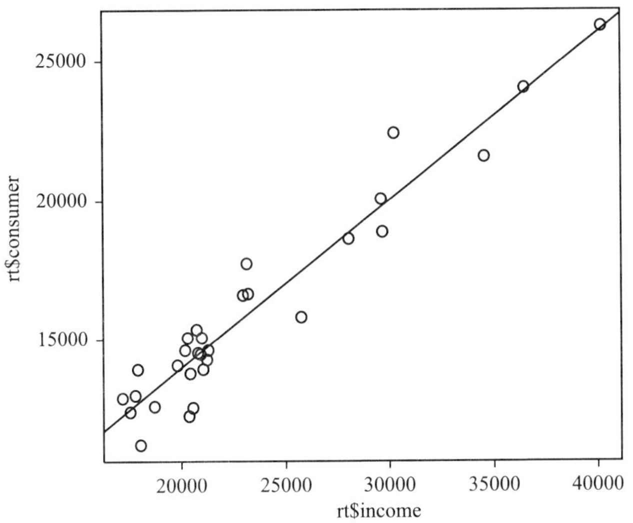


**图 1.5　原始数据的散点图与回归拟合直线**

从前面的几个例子可以看出，利用 R 软件可以很容易地完成各种统计分析，并能够方便地进行绘图和数据管理。

## 本章练习题

1. 什么是计量经济学？计量经济学的方法与一般经济数学的方法有什么差异？

2. 计量经济学模型的检验包含哪些方面？其具体含义是什么？

3. 计量经济学研究的对象和核心内容是什么？

4. 计量经济学中应用的数据类型怎样？举例解释四种数据类型的结构。

5. 建立与应用计量经济学模型的主要步骤有哪些？

6. 随机误差项包含哪些因素影响？

7. 分析以下模型的合理性，并说明理由。

（1）$S_t = 110.0 + 0.12R_t$，其中 $S_t$ 是第 $t$ 年城镇居民储蓄增加额（亿元），$R_t$ 是第 $t$ 年农村居民纯收入增加额（亿元）。

（2）$S_{t-1} = 100.0 + 0.01R_t$，其中 $S_{t-1}$ 是第 $t-1$ 年城镇居民储蓄增加额（亿元），$R_t$ 是第 $t$ 年城镇居民可支配收入增加额（亿元）。

# 第2章

# 一元线性回归分析

计量经济学研究总是从经济关系的某个方面的一些命题开始，利用数学的分析方法，确定经济理论各种变量之间的一系列精确且确定的关系，但是由于实际经济现象的变动或者不可预知性，经济理论时常背离现实的经济状况，因此，在实证研究中数理经济学的方法并不能完全满足需求。

在经济问题的实证研究中，大多数研究是基于对未知的模型参数的估计，并借助于观测数据的特征来评价经济理论的有效性，同时也促进了经济理论的发展，这种研究方法形成了计量经济学分析的基本内容和方法。

## 2.1　回归分析的基本性质

### 2.1.1　变量间的关系

在自然界和社会经济现象中，各种变量之间存在着程度不同的联系。计量经济学的主要研究任务就是寻找各种经济变量之间的联系方式和联系程度的强弱。各种经济变量之间的关系主要分为两类，即函数关系和统计关系：

（1）函数关系，也称确定性关系，即：

经济变量 $X_1$，$X_2$，…，$X_k$ 与 $Y$ 之间的关系可表示为函数或隐函数关系：

$$F(X_1, X_2, \cdots, X_k, Y)=0 \tag{2.1.1}$$

如某商品单价 $P$ 固定时，该商品的销售收入 $Y$ 与销售数量 $X$ 的关系为：

$$Y = PX$$

（2）统计关系，又称不确定性关系，即变量 $X_1$，$X_2$，…，$X_k$ 与变量 $Y$ 的关系不是确定不变的。

如某个家庭的消费支出 $Y$ 与其收入 $X$ 之间的关系就具有不确定性，可以从两个方面理解这种不确定性发生的原因：第一种情况是在收入相同的条件下，由于不同家庭的具体情况各不相同，从而导致不同家庭的消费支出就有可能不同；第二种情况是对同一个家庭，在收入相同的两个时期，消费支出也可能不相同，此时变量之间的关系可表示为：

$$F(X_1, X_2, \cdots, X_k, Y, u) = 0 \quad 或 \quad Y = f(X_1, X_2, \cdots, X_k, u) \qquad (2.1.2)$$

在各种经济学的问题中，经济变量之间的关系是比较难以确定的，大体上可以分成两类，即因果关系和相关关系，因此因果分析和相关分析也就成为经济学中常用的分析方法，而回归分析主要研究一个变量对另外一个或一组变量之间的依赖关系，从这一点来看，回归分析是与因果分析和相关分析都有联系，但是又不相同的分析方法：

（1）经济变量之间的因果关系不能从回归分析结论中获得，只能从经济理论或其他知识获得，因此无论一个回归分析的结果是多么优良，都不能由此断言变量之间的因果关系。

（2）经济变量之间的因果关系表明变量之间的地位是平等的，即变量之间没有主次之分，回归分析的因变量（或被解释变量）与解释变量的处理方法是不对称的。

在经典计量经济学中，被解释变量是作为具有一定分布的随机变量，解释变量则是被看作非随机的。随着计量经济理论的发展在现代计量经济学中，解释变量扩展为与被解释变量不相干的随机变量，从而使得解释变量也具有一定的概率分布，极大地扩展了计量经济分析框架的应用范围，当然也给计量模型的估计带来很多新的挑战。纵观计量经济学的发展过程，回归分析是计量经济学研究中最基础的方法，因此我们讨论的重点分析方法是以回归分析为主要基础的。

### 2.1.2 总体回归函数

由于回归分析是计量经济学研究的基础方法，因此下面以表 2.10 中某社

区居民家庭收入 - 消费支出数据的随机调查数据为例说明计量经济学中回归分析的基本概念。

首先将该社区居民家庭按照月收入分组，分组收入组的分组标准是每个收入组的组中值依次是 1200，1500，1800，2100，2400，2700，3000，3300，3600 和 3900 元，然后获得每个收入组家庭的全部消费支出数据，全体数据如表 2.1 所示。

**表 2.1　某社区居民家庭按月收入（$X$）分组的人均月消费支出（$Y$）数据**

单位：元

| 月收入 | 1200 | 1500 | 1800 | 2100 | 2400 | 2700 | 3000 | 3300 | 3600 | 3900 |
|---|---|---|---|---|---|---|---|---|---|---|
| 消费支出 | 1090 | 1375 | 1614 | 1818 | 2052 | 2315 | 2724 | 2729 | 3137 | 3370 |
| | 935 | 1335 | 1640 | 1584 | 2036 | 2374 | 2335 | 3012 | 3040 | 3205 |
| | 961 | 1160 | 1389 | 1635 | 1984 | 2575 | 2331 | 2992 | 3096 | 3444 |
| | 964 | 1209 | 1506 | 1811 | 1897 | 2002 | 2779 | 2874 | 2892 | 3294 |
| | 1032 | 1484 | 1650 | 1780 | 2049 | 2140 | 2520 | 2696 | 2943 | 3440 |
| | 1114 | 1216 | 1442 | 1770 | 1879 | 2411 | 2660 | 2760 | 2889 | 3225 |
| | 1094 | 1395 | 1362 | 1948 | 2090 | 2340 | 2447 | 2950 | 3451 | 3175 |
| | 1065 | 1183 | 1362 | 1829 | 2185 | 2584 | 2748 | 2843 | 2903 | 3257 |
| | 1055 | 1192 | 1689 | 1937 | 2300 | 2076 | 2526 | 2612 | 3221 | 3240 |
| | 1190 | 1243 | 1616 | 1897 | 2269 | 2231 | 2430 | 2761 | 3023 | 3350 |
| | | 1380 | 1610 | 1705 | 1961 | 2369 | | 2646 | 2955 | |
| | | 1488 | 1720 | 1936 | 1780 | 2294 | | 2725 | | |
| | | 1240 | | 1665 | 2167 | 2189 | | | | |
| | | | | 1783 | 2051 | | | | | |
| | | | | 1902 | | | | | | |
| 条件均值 $\mu_{Y\mid X}$ | 1050 | 1300 | 1550 | 1800 | 2050 | 2300 | 2550 | 2800 | 3050 | 3550 |
| 条件标准差 $\sigma_{Y\mid X}$ | 79 | 115 | 131 | 114 | 147 | 174 | 168 | 133 | 171 | 96 |

利用表 2.1 的数据绘制图 2.1 的散点图，并绘制各点（$X_i$，$E(Y\mid X_i)$）的连接线。根据图 2.1 可知该数据具有三个特征：

（1）每个收入组的消费支出都在某个范围内变化，且这个变化区间可能随着收入水平的改变而不同；

（2）随着每个组的平均收入水平的上升，居民家庭的月平均消费支出数额总体也在上升。

（3）各点（$X_i$，$E(Y \mid X_i)$）的连接线近似于直线，说明每个收入组中家庭的平均消费支出 $E(Y \mid X_i)$ 可以看作是家庭收入 $X_i$ 的线性函数。

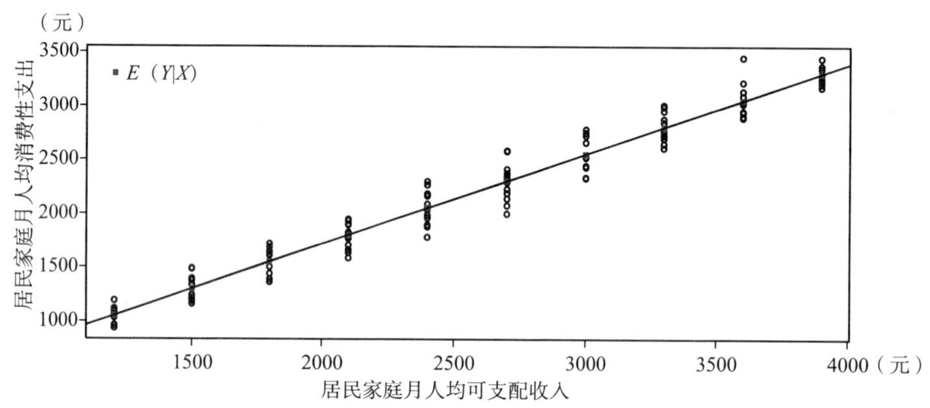


**图 2.1　某社区居民家庭月人均可支配收入与消费性支出**

从图 2.1 中可以看出，总体回归曲线就是给定解释变量条件下因变量的条件均值或数学期望值的轨迹。显然，每一个条件均值 $E(Y \mid X_i)$ 都是 $X_i$ 的函数，其公式可以表示为：

$$E(Y \mid X_i) = f(X_i) \qquad (2.1.3)$$

其中，$f(X_i)$ 表示解释变量 $X_i$ 的某个函数，该函数称为总体回归函数（population regression function，PRF），它反映了 $Y$ 的平均值是如何随着解释变量 $X_i$ 的变化而变化的。

由于在实际的计量经济分析中，没有办法获得全部的总体数据资料进行研究工作，因此总体回归函数 $f(X_i)$ 的具体形式的确定通常是采用经济理论或经验方法获得的。如消费经济学认为居民家庭的消费支出与收入之间是线性关系，在此假设下总体回归函数（2.1.3）可以假设为：

$$E(Y_i \mid X_i) = \beta_0 + \beta_1 X_i \qquad (2.1.4)$$

其中，$\beta_0$、$\beta_1$ 是确定的但未知的参数，称为回归系数，式（2.1.4）称为线性总体回归函数。

在线性回归分析中，“线性”的含义主要有两方面：

（1）总体回归函数关于回归变量是线性的。

式（2.1.4）是线性总体回归函数，其图像是直线，但是如果总体回归函数假设为：

$$Y_i = \beta_0 + \beta_1 X_i + u_i$$

则对于变量 $X_i$ 而言，$Y$ 是变量 $X_i$ 的线性函数。

（2）总体回归函数关于参数是线性的。

从参数的角度看，式（2.1.4）是线性总体回归函数，即参数均为 1 次。

若总体回归函数假设为：

$$E(Y_i \mid X_i) = \beta_0 + \beta_1 X_i + \beta_2 X_i^2$$

则对于参数 $\beta_0$，$\beta_1$，$\beta_2$ 而言，$E(Y_i \mid X_i)$ 是参数的线性函数，称总体回归函数是线性函数。

在本书中，回归模型的线性主要就是回归参数的线性特征。图 2.2 给出了几种参数线性的总体回归函数的示意图。

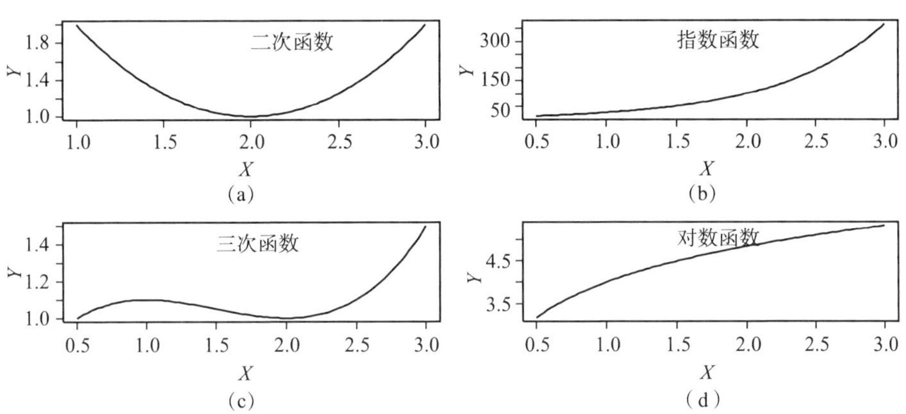


**图 2.2　参数线性的总体回归函数**

图 2.2（a）表示 $Y$ 与 $X$ 之间呈现二次函数形式的关系，模型可设为：

$$Y = \beta_0 + \beta_1 X + \beta_2 X^2 + u,\ u \sim iid.\ N(0,\ \sigma^2)$$

其中，$Y$ 与 $\beta_j$，j = 0，1，2 之间是线性关系。

图 2.2（b）表示 $Y$ 与 $X$ 之间呈现指数函数形式的关系，模型可设为：

$$Y = e^{\beta_0 + \beta_1 X + u},\ 或\ \ln Y = \beta_0 + \beta_1 X + u,\ u \sim iid.\ N(0,\ \sigma^2)$$

其中，$\ln Y$ 与 $\beta_j$，$j=0$，1 之间是线性关系。

图 2.2（c）表示 $Y$ 与 $X$ 之间呈现三次函数形式的关系，模型可设为：

$$Y=\beta_0+\beta_1 X+\beta_2 X^2+\beta_3 X^3+u,\ u\sim iid.\ N(0,\ \sigma^2)$$

其中，$Y$ 与 $\beta_j$，$j=0$，1，2，3 之间是线性关系。

图 2.2（d）表示 $Y$ 与 $X$ 之间呈现对数函数形式的关系，模型可设为：

$$Y=\beta_0+\beta_1 \ln X+u,\ u\sim iid.\ N(0,\ \sigma^2)$$

其中，$Y$ 与 $\beta_j$，$j=0$，1 之间是线性关系。

总体回归模型

根据式（2.1.3），总体回归函数只能说明在确定的收入条件下每组居民家庭的平均消费支出数额，那么如何分析个别家庭的消费支出与收入的关系呢？

从图 2.2 中可以看出，在给定收入水平 $X_i$ 的个别家庭，其消费支出 $Y_i$ 是围绕该组的平均消费支出变动的，可以把该居民家庭的消费支出数额 $Y_i$ 与该组居民家庭的平均消费支出之差 $u_i$ 表示为：

$$u_i=Y_i-E(Y\mid X_i) \tag{2.1.5}$$

因此，

$$Y_i=E(Y\mid X_i)+u_i \tag{2.1.6}$$

其中，$u_i$ 是一个不可观测的随机变量，通常称为随机干扰项，其经济含义是包含了 $X_i$ 以外对 $Y_i$ 的变动起作用的所有因素。

如果 $E(Y\mid X_i)$ 对 $X_i$ 是线性的，则回归模型（2.1.6）可改写为：

$$Y_i=\beta_0+\beta_1 X_i+u_i \tag{2.1.7}$$

式（2.1.7）表明居民家庭的消费支出 $Y_i$ 可分成与收入 $X_i$ 相关的确定性部分和无法测定的随机误差部分。

从统计的观点看，如果 $E(u_i\mid X_i)=0$，则式（2.1.7）与式（2.1.4）是等价的，但是在实际的经济分析中，式（2.1.7）显然应该是更加符合现实问题的，因为式（2.1.7）不仅考虑到收入对消费支出的影响，也兼顾到了影响消费的其他因素的作用，即并不能仅仅依赖一个或少数几个变量就完全解释个别家庭的消费支出特征。

将式（2.1.4）改造为具有误差项的计量经济模型（2.1.7），是从数理经济学模型到计量经济学模型分析的自然发展，称式（2.1.7）为总体回归模型。

计量经济学模型中包含随机误差是符合要求的，主要原因有以下 4 个方面：

第一，经济理论或假设的模糊性。

无论是经济理论还是假设，都是对已经发生的客观实际问题的一种近似认识，因此建立在这种经济理论或假设上的计量经济学模型就存在一定的偏差，随机误差在一定程度上就是这种偏差的反映。

第二，主要变量与次要变量的区分不明确。

在很多经济问题中，影响因变量的因素有很多，可能每个变量都有作用，但都没有决定性的地位，在此时就有可能难以确定变量的主次了。例如在居民家庭的收入 - 消费支出问题中，除了收入是影响消费支出的重要因素外，可能家庭中的子女数量、性别、受教育程度和地区都可能对消费支出存在影响，但是在这些因素中就可能无法明确地区分变量的主次了，因此变量选择就存在比较强的主观性，从而造成变量选择的偏差。

第三，建立模型的简洁原则。

由于经济理论或者与建立模型相关的理论的发展制约，或者由于建立简洁模型的主观选择，使我们在建立计量经济学模型时经常采用尽可能简洁的模型，这类模型的优点是易于解释和应用，当然也减小了模型参数估计的难度。

第四，回归函数形式的错误设定。

即使我们能够获得正确的经济理论和相关的经济数据资料，但是我们也可能没有办法完全确定经济变量之间的函数关系形式，因此我们所设定的回归函数形式也可能只是符合我们现有的经济理论或经济数据，当新的经济现象或经济数据出现后，原有的函数就可能是不准确或是错误的。

### 2.1.3　样本回归函数

表 2.1 中的数据是某个社区全部 120 个家庭的可支配收入与消费性支出数据，因此根据表 2.1 的数据分析该社区居民家庭的收入 - 消费支出关系可以获得比较完整准确的结论。但是在实际的计量经济分析中，经常遇到的情况是从某个总体中抽出部分样本资料来分析和推断总体的某个特征。

例如，如果有两个调查员都在该社区随机调查，在每个收入水平下抽取一个家庭调查其消费支出数量，即获得 10 个样本资料，可得两个样本如表 2.2 所示。

**表 2.2　从表 2.1 的总体中获得的两组抽样数据**　单位：元

| 可支配收入 $X$ | | 1200 | 1500 | 1800 | 2100 | 2400 | 2700 | 3000 | 3300 | 3600 | 3900 |
|---|---|---|---|---|---|---|---|---|---|---|---|
| 消费支出 $Y$ | 样本 1 | 1065 | 1395 | 1614 | 1811 | 2036 | 2231 | 2724 | 2843 | 2889 | 3350 |
| | 样本 2 | 1114 | 1243 | 1689 | 1937 | 2167 | 2002 | 2779 | 2950 | 3451 | 3257 |

如果我们没有该社区 120 个家庭的全部数据资料（见表 2.1），而只有表 2.2 所示的样本 1 或样本 2，能否对整个社区居民家庭的可支配收入与消费性支出的关系做出准确的推断，即能否利用上述两个样本中的一个样本数据的变化规律来得到如图 2.1 中所示的总体回归函数？

从图 2.3 中可以知道，利用两组样本的散点图可以分别做出两条拟合直线。由于样本的差异，两条直线是不相同的，由于我们不知道图 2.1 中的总体回归函数，我们是无法确定哪一条拟合直线是“真实”的总体回归线或“更接近”真实的回归线。图 2.3 中的直线称为样本回归直线（sample regression lines，SRL），显然，根据不同的样本可以获得不同的回归直线，这些直线都可以看作总体回归线的近似。由于随机样本的波动性，这些回归直线都是总体回归直线的一个逼近，即在某个标准下可以用其中某个样本的回归直线来替代总体回归直线进行推断。

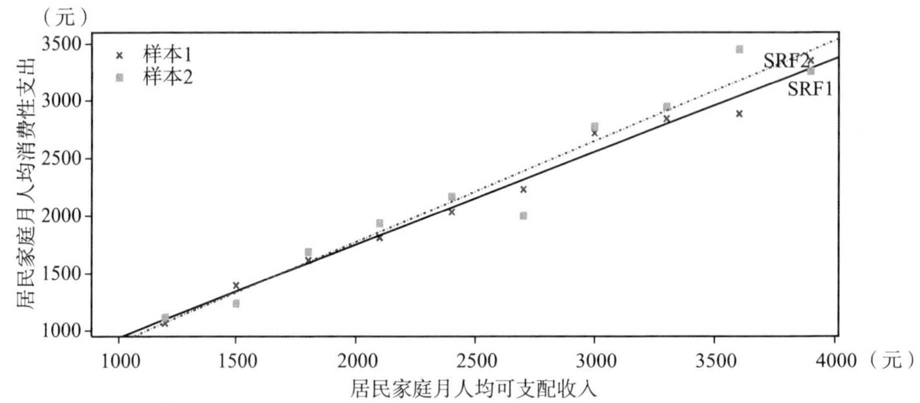


**图 2.3　某社区居民家庭可支配收入与消费性支出的两个不同的样本回归线**

类似地，也可以定义样本回归函数（sample regression function，SRF），对

应于式（2.1.7）的样本回归函数可表示为：

$$\hat{Y}_i = \hat{\beta}_0 + \hat{\beta}_1 X_i \tag{2.1.8}$$

其中，$\hat{Y}_i$ 是 $E(Y|X_i)$ 的估计量，读为“$Y-hat$”，$\hat{\beta}_0$，$\hat{\beta}_1$ 分别是 $\beta_0$，$\beta_1$ 的估计量。

式（2.1.8）的随机形式为：

$$Y_i = \hat{\beta}_0 + \hat{\beta}_1 X_i + \hat{u}_i \tag{2.1.9}$$

其中，$\hat{u}_i$ 称为样本残差，通常被看作误差 $u_i$ 的估计量。

从图 2.4 可知，对于 $X = X_i$ 存在对应的观察值 $Y = Y_i$，则 $Y_i$ 可表示为：

$$Y_i = \hat{Y}_i + \hat{u}_i = \hat{\beta}_0 + \hat{\beta}_1 X_i + \hat{u}_i \tag{2.1.10}$$

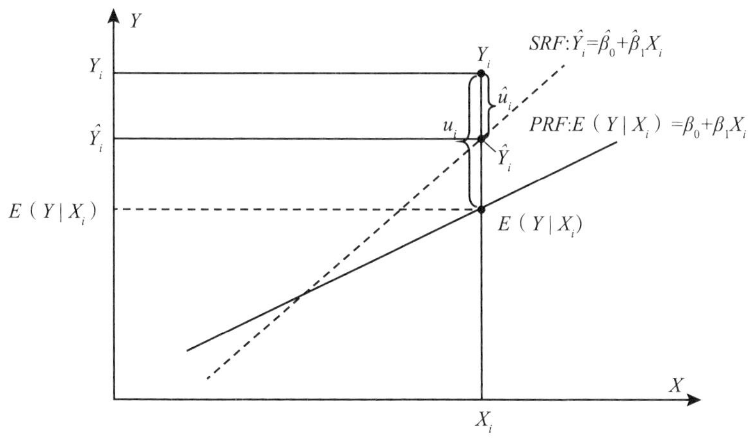


**图 2.4　样本回归直线与总体回归直线的关系示意图**

在实际的计量经济学分析中，不可能或不必要获得全部总体的数据资料，因此总体回归函数（直线）总是未知的。另外，当我们用样本回归函数（直线）来替代总体回归函数进行分析时，可能存在多种形式的样本回归函数。

## 2.2　一元回归直线的参数估计

为了在给定样本条件下获得尽可能准确的样本回归函数（见图 2.4），可以考虑选择参数 $\beta_0$，$\beta_1$ 的适当估计量 $\hat{\beta}_0$，$\hat{\beta}_1$，使得估计残差 $\hat{u}_i$ 达到某个预定的标准，如果残差平方和最小化，则获得（2.1.8）形式的回归函数（直线）。

## 2.2.1 最优直线的拟合准则

直线 $L$ 外一点 $P$ 到直线 $L$ 的距离可以有三种方法进行分析（见图2.5）：

（1）点 $P$ 到直线 $L$ 的垂直距离 $d$。

（2）点 $P$ 到直线 $L$ 的垂直坐标距离 $d_y$。

（3）点 $P$ 到直线 $L$ 的水平坐标距离 $d_x$。

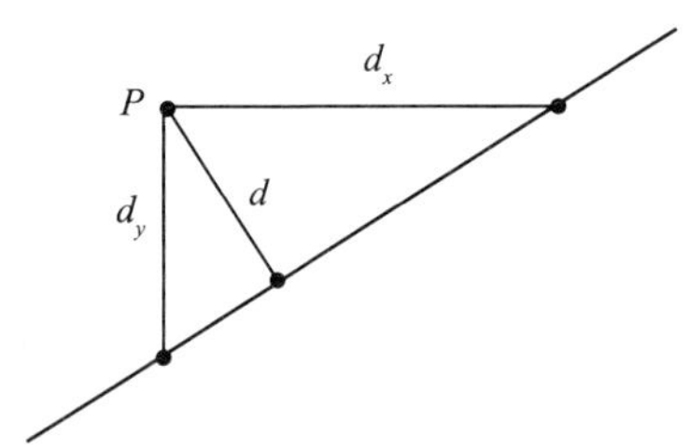


**图2.5　点到直线距离的三种形式**

其中，点 $P$ 到直线 $L$ 的水平坐标距离 $d_x$ 在回归分析中不使用，点 $P$ 到直线 $L$ 的垂直距离 $d$ 在计算上不太方便，只有点 $P$ 到直线 $L$ 的垂直坐标距离 $d_y$ 在回归分析中使用比较简单，即：

$$dy = \hat{u} = Y - \hat{Y}$$

根据样本散点来拟合一条直线的准则有以下几种：

（1）使得 $\left|\sum(Y_i - \hat{Y}_i)\right|$ 达到最小值①。

该准则计算简单，但是由于存在残差可能正负相互抵消的因素，因此即使有很多点偏离直线也可能使得 $\left|\sum(Y_i - \hat{Y}_i)\right|$ 达到最小化的要求。

（2）使得 $\sum\left|(Y_i - \hat{Y}_i)\right|$ 达到最小值。

该最优化准则与（1）不同，计算不存在残差正负抵消的因素，但是该方

---

① 为了简便，本书中在不会导致错误时，$\sum_{i=1}^{n} X_i$ 简记为 $\sum X_i$。

法不能保证获得无偏差的回归直线，同时由于绝对值函数的微积分性质较差[①]，因此微积分中最小值的计算方法很难应用于这种方法。

（3）使得 $\max|(Y_i - \hat{Y}_i)|$ 达到最小值。

该最小化准则要求在所有点对应的残差中绝对值最大的点到回归直线对应点的距离达到最小，该准则的缺点是回归直线的位置易受到远离大多数点的个别点的干扰。

（4）使得 $\sum|(Y_i - \hat{Y}_i)|^2$ 达到最小值。

该最小化准则具有良好的数学性质，利用了全部样本信息，不存在残差正负抵消的可能性，同时结果具有无偏性，是一个很好的准则。

另一方面，该最小二乘准则具有很好的扩展性，即可以对不同的样本赋予不同的权重，从而将其改造为加权最小二乘（WLS）或广义最小二乘（GLS）。

### 2.2.2　普通最小二乘估计（ordinary least square，OLS）

考虑一元线性回归模型：

$$Y_i = \beta_0 + \beta_1 X_i + u_i \tag{2.2.1}$$

其中，$\beta_0$ 与 $\beta_1$ 为待估的未知参数。

最小二乘准则：选择参数估计量 $\hat{\beta}_0$，$\hat{\beta}_1$，使得：

$$\sum u_i^2 = \sum (Y_i - \beta_0 - \beta_1 X_i)^2 \tag{2.2.2}$$

最小化。根据微积分的原理，有：

$$\begin{cases} \dfrac{\partial}{\partial \beta_0}(\sum u_i^2) = -2\sum (Y_i - \beta_0 - \beta_1 X_i) = 0 \\ \dfrac{\partial}{\partial \beta_1}(\sum u_i^2) = -2\sum X_i(Y_i - \beta_0 - \beta_1 X_i) = 0 \end{cases}$$

即可得以下正规方程组：

$$\begin{cases} \overline{Y} = \beta_0 + \beta_1 \overline{X} \\ \overline{X}\beta_0 + \beta_1 \sum X_i^2 = \sum X_i Y_i \end{cases} \tag{2.2.3}$$

解此方程组，可得参数 $\beta_1$，$\beta_2$ 的估计量：

---

① 绝对值函数在使得绝对值等于 0 的点处是不可微的。

$$\begin{cases}\hat{\beta}_1 = \dfrac{\sum (X_i - \overline{X})(Y_i - \overline{Y})}{\sum (X_i - \overline{X})^2} \\ \hat{\beta}_0 = \overline{Y} - \hat{\beta}_1 \overline{X}\end{cases} \tag{2.2.4}$$

记 $x_i = X_i - \overline{X}$，$y_i = Y_i - \overline{Y}$ 分别为 $X_i$，$Y_i$ 的离差，则式（2.2.4）可简化为离差形式：

$$\begin{cases}\hat{\beta}_1 = \dfrac{\sum x_i y_i}{\sum x_i^2} \\ \hat{\beta}_0 = \overline{Y} - \hat{\beta}_1 \overline{X}\end{cases} \tag{2.2.5}$$

由于式（2.2.4）或式（2.2.5）的估计量是利用最小二乘方法获得的，因此称为最小二乘估计量，即 OLS 估计量。

从式（2.2.4）或式（2.2.5）可以看出：

（1）OLS 估计量完全是由样本观测量确定的，因此样本观测量的随机性特征决定了 OLS 估计量也具有一定的随机性特征。

（2）为了获得式（2.2.1）的参数的 OLS 估计量，需要解释变量具有正变差，即 $\sum (X_i - \overline{X})^2 > 0$。

（3）OLS 估计量是参数的点估计量，即对于给定的样本，该估计量仅仅提供关于总体参数的一个值。

（4）利用样本数据得到 OLS 估计量后，可确定相应的样本回归直线，即建立了相应的计量经济学的一元线性回归模型。

回归估计方程 $\hat{Y}_i = \hat{\beta}_0 + \hat{\beta}_1 X_i$ 具有以下几个基本特征：

（1）回归直线过点（$\overline{X}$，$\overline{Y}$）。

（2）$Y_i$ 的估计量 $\hat{Y}_i$ 的均值为 $\overline{Y}$。

（3）残差 $\hat{u}_i = Y_i - \hat{Y}_i$ 的均值为零。

（4）残差 $\hat{u}_i$ 与 $Y_i$ 的预测值 $\hat{Y}_i$ 不相关。

**例 2.1** 利用表 2.2 中的样本 1 的数据估计回归直线（2.2.1）。

由表 2.3 数据可知：

$$\hat{\beta}_1 = \frac{\sum x_i y_i}{\sum x_i^2} = \frac{6015300}{7425000} = 0.8101$$

$$\hat{\beta}_0 = \overline{Y} - \hat{\beta}_1 \overline{X} = 2195.8 - 0.8101 \times 2550 = 129.94$$

因此样本回归直线方程为：

$$\hat{Y}_i = 129.94 + 0.8101X_i \tag{2.2.6}$$

根据（2.2.6）的结果，其回归系数 0.8101 含义解释为：从平均意义分析，当家庭的平均收入 $X$ 增加 100 元时，家庭消费将平均增加 81 元。

**表 2.3**　　**参数 $\beta_0$，$\beta_1$ 的计算过程**

| No. | $X$ | $Y$ | $x_i = X_i - \overline{X}$ | $y_i = Y_i - \overline{Y}$ | $x^2$ | $xy$ |
|---|---|---|---|---|---|---|
| 1 | 1200 | 1065 | −1350 | −1130.8 | 1822500 | 1526580 |
| 2 | 1500 | 1395 | −1050 | −800.8 | 1102500 | 840840 |
| 3 | 1800 | 1614 | −750 | −581.8 | 562500 | 436350 |
| 4 | 2100 | 1811 | −450 | −384.8 | 202500 | 173160 |
| 5 | 2400 | 2036 | −150 | −159.8 | 22500 | 23970 |
| 6 | 2700 | 2231 | 150 | 35.2 | 22500 | 5280 |
| 7 | 3000 | 2724 | 450 | 528.2 | 202500 | 237690 |
| 8 | 3300 | 2843 | 750 | 647.2 | 562500 | 485400 |
| 9 | 3600 | 2889 | 1050 | 693.2 | 1102500 | 727860 |
| 10 | 3900 | 3350 | 1350 | 1154.2 | 1822500 | 1558170 |
| 合计 | 25500 | 21958 | 0 | 0 | 7425000 | 6015300 |
| $\overline{X} = 2550$，$\overline{Y} = 2195.8$ | | | | | | |

## 2.3　经典线性回归模型的基本假设

如果计量经济分析的目标仅仅是估计回归模型中的参数，那么上一节的 OLS 方法就够用了。但是我们建立计量经济模型的真实目的是通过样本回归函数（直线）来推断总体回归函数，由于我们只能用部分总体，即利用样本资料建立相应模型，因此我们需要回答所建立的模型是否能够达到预期要求，这就需要对参数估计量的精确性进行分析，以确保从有限样本所获得的样本回归函数是真实有效的。

为了完成这个任务，我们需要给出模型的变量和误差项的基本假设。

**假设 1**　被解释变量对参数是线性的，即解释变量 $X$ 与被解释变量 $Y$ 满足：

$$Y_i = \beta_0 + \beta_1 X_i + u_i \tag{2.3.1}$$

线性回归模型是大多数计量经济分析的基础，因此对线性回归模型的分析体现了计量经济学分析的基本方法和原理。

当然，在这类模型中的被解释变量（$Y_i$）与解释变量（$X_i$）之间可能不是线性关系，例如：

$$Y_i = \beta_0 + \beta_1 X_i + \beta_2 X_i^2 + u_i$$

其中，被解释变量 $Y_i$ 与解释变量 $X_i$ 之间是二次函数关系，但是 $Y_i$ 与参数 $\beta_0$，$\beta_1$，$\beta_2$ 之间是线性关系，因此该模型也称为线性回归模型。

**假设 2**　解释变量 $X$ 不是完全相同的数据，即 $\mathrm{Var}(X)$ 是一个有限的正数。

如果变量 $X$ 是一个常数，根据（2.2.4）可以看出参数 $\beta_1$ 是无法估计的，导致参数 $\beta_0$ 也不能估计，事实上，在实际的统计调查活动中，也不可能选择在完全相同的 $X$ 条件下进行 $Y$ 的调查和分析。

**假设 3**　给定解释变量 $X$，误差 $u_i$ 的均值为 0，即：

$$E(u_i \mid X_i) = 0,\ i = 1,\ \cdots,\ n。$$

由于误差项 $u_i$ 包含了模型中解释变量 $X$ 以外的对被解变量 $Y$ 有影响的因素，因此它对 $Y$ 应该没有系统性的影响，即总体而言，$u_i$ 对 $Y_i$ 应该的平均影响等于零。结合（2.3.1），该假设也意味着：

$$E(Y_i \mid X_i) = \beta_0 + \beta_1 X_i,\ i = 1,\ 2,\ \cdots,\ n \tag{2.3.2}$$

**假设 4**　解释变量 $X$ 与误差 $u_i$ 是不相关的，即：

$$\mathrm{cov}(u_i,\ X_i) = 0,\ i = 1,\ \cdots,\ n。$$

当建立形如式（2.3.1）的模型后，解释了变量 $X_i$ 和误差 $u_i$ 对 $Y_i$ 各自的影响，如果 $X$ 与 $u$ 是相关的，显然是不能评估它们各自对 $Y$ 的影响。

**假设 5**　给定解释变量 $X$，不同的误差 $u_i$ 与 $u_j$ 是不相关的，即：

$$\mathrm{cov}(u_i,\ u_j \mid X) = 0,\ i \neq j。$$

该假设设定了误差项 $u_i$ 与 $u_j$ 之间是不相关的或无自相关的，即在给定解释变量 $X$ 的条件下，模型误差没有特定的系统性模式。

**假设 6**　给定解释变量 $X$，误差 $u_i$ 的方差不变，即：

$$\mathrm{Var}(u_i \mid X) = \sigma^2,\ i = 1,\ \cdots,\ n。$$

该假设保证了参数的 OLS 估计量的方差计算的简化和统计量的有效性特征。实际上，这个假设也对数据的基本特性提出了一个稳定性方面的要求，即统计数据应该从一个相对稳定的总体中获得，利用这样的数据资料建立的计量经济学模型也才能具有更好的统计和经济价值。

**假设 7**　给定解释变量 $X$，误差 $u_i$ 服从零均值、方差为 $\sigma^2$ 的正态分布，即：

$$u_i \mid X_i \sim N(0, \sigma^2), \ i=1, \cdots, n。$$

为了说明模型中参数估计量的统计特征，并利用相应估计量进行统计推断，就需要获得参数估计量的分布特征，因此需要对模型误差 $u_i$ 所遵从的统计分布给出设定。假设 7 是进行统计推断的基础条件，只有在此条件下才能对参数估计量的统计性质有深入的认识。

# 2.4　参数的 OLS 估计量的性质

## 2.4.1　线性性

参数的 OLS 估计量的线性性是指参数估计量可以表示为被解释变量 $Y_i$ 或误差 $u_i$ 的线性组合。

线性回归模型（2.3.1）的参数的 OLS 估计量为：

$$\begin{cases} \hat{\beta}_1 = \dfrac{\sum X_i Y_i}{\sum X_i^2} \\ \hat{\beta}_0 = \overline{Y} - \hat{\beta}_1 \overline{X} \end{cases} \tag{2.4.1}$$

令 $SST_x = \sum X_i^2$，$b_i = \dfrac{X_i}{SST_x}$，则 $\sum b_i = 0$，因此：

$$\hat{\beta}_1 = \sum b_i y_i = \sum b_i Y_i \tag{2.4.2}$$

即参数 $\beta_1$ 的估计量 $\hat{\beta}_1$ 是 $Y_i$ 的线性组合。

另外，将式（2.3.1）代入式（2.4.2），可得：

$$\hat{\beta}_1 = \sum b_i(\beta_0 + \beta_i X_i + u_i) = \beta_0 \sum b_i + \beta_1 \sum b_i X_i + \sum b_i u_i$$

由于：

$$\sum b_i X_i = \frac{1}{SST_x} \sum (X_i - \overline{X}) X_i = \frac{1}{SST_x} \sum (X_i - \overline{X})^2 = 1$$

因此，

$$\hat{\beta}_1 = \beta_1 + \sum b_i u_i \tag{2.4.3}$$

即参数 $\beta_1$ 的估计量 $\hat{\beta}_1$ 也是 $u_i$ 的线性组合。

同理，

$$\hat{\beta}_0 = \sum\left(\frac{1}{n} - \overline{X}b_i\right)Y_i = \sum a_i Y_i = \sum(a_i\beta_0 + a_i\beta_1 X_i + a_i u_i) = \beta_0 + \sum a_i u_i \tag{2.4.4}$$

其中 $a_i = \frac{1}{n} - \overline{X}b_i$，且 $\sum a_i X_i = \frac{1}{n}\sum X_i - \overline{X}\sum b_i X_i = 0$。

## 2.4.2 无偏性

无偏性是指参数估计量 $\hat{\beta}_k$ 的期望值与其总体参数 $\beta_i$ 相等，$k=0$，1。

由式（2.4.3）可得：

$$E(\hat{\beta}_1) = \beta_1 + E(\sum b_i u_i) = \beta_1 + \sum b_i E(u_i) = \beta_1 \tag{2.4.5}$$

由式（2.4.4）可得：

$$E(\hat{\beta}_0) = \beta_0 + E(\sum a_i u_i) = \beta_0 + \sum a_i E(u_i) = \beta_0 \tag{2.4.6}$$

注意，参数的 OLS 估计量的无偏性是 $\hat{\beta}_k$，$k=0$，1 的抽样分布性质，该性质并没有告诉我们从一个特定的样本中得到的估计值是多少。

如果我们的样本是“接近”真实总体的样本，则我们根据样本所获得的估计量也就近似于真实参数的无偏的估计值，但是由于抽样随机性和样本数据的制约，我们所获得的估计量只能是真实参数的一个近似替代。

## 2.4.3 有效性

OLS 估计量 $\hat{\beta}_k$ 的有效性是指在参数 $\beta_k$（$k=0$，1）的所有无偏估计量中具有最小方差，其抽样方差为：

$$\mathrm{Var}(\hat{\beta}_1) = \mathrm{Var}(\sum b_i u_i) = \sum b_i^2 \mathrm{Var}(u_i) = \frac{\sigma^2}{SST_x^2}\sum(X_i - \overline{X})^2 = \frac{\sigma^2}{SST_x} \tag{2.4.7}$$

$$\mathrm{Var}(\hat{\beta}_0) = \mathrm{Var}(\sum a_i u_i) = \sum a_i^2 \mathrm{Var}(u_i) = \frac{\sigma^2}{SST_x} \times \frac{1}{n}\sum X_i^2 \tag{2.4.8}$$

且 $\mathrm{cov}(\hat{\beta}_0, \hat{\beta}_1) = -\frac{\overline{X}\sigma^2}{SST_x}$。

在一元回归模型中，大多数时候关注的对象是 $\mathrm{Var}(\hat{\beta}_1)$，从式（2.4.7）可知，该方差的值取决于误差方差 $\sigma^2$ 和解释变量 $\{X_1, \cdots, X_n\}$ 的总变差 $SST_x$，可以从两个方面说明：

（1）误差方差 $\sigma^2$ 越大，$\mathrm{Var}(\hat{\beta}_i)$ 就越大。如果影响 $Y$ 的不可观察因素变异程度增大，必然导致利用现有解释变量 $X_1, \cdots, X_n$ 来准确估计参数的难度加大，即 $\mathrm{Var}(\hat{\beta}_1)$ 变大。

（2）解释变量 $X_i$，$i=1, \cdots, n$ 的总变差 $SST_x$ 较大时，表明解释变量比较分散，这样的数据更易于找出 $E(Y|X)$ 和 $X$ 之间的关系。此外，当样本容量扩大时 $X$ 的总变差 $SST_x$ 也会增加，也可以使得 $\mathrm{Var}(\hat{\beta}_1)$ 的值减小。

## 2.4.4　误差方差 $\sigma^2$ 的估计

利用式（2.4.7）和式（2.4.8）成功地将影响估计量方差的因素分离开了，但是仍然存在一个疑问：大多数条件下，模型误差的方差 $\sigma^2$ 是未知的，因此导致方差 $\mathrm{Var}(\hat{\beta}_1)$ 与 $\mathrm{Var}(\hat{\beta}_0)$ 也是未知的。

如果要确定参数估计量的抽样统计分布，我们必须获得误差方差的估计量，这可以利用模型的回归残差实现这个目标。

由于：

$$\hat{u}_i = Y_i - \hat{Y}_i = u_i - (\hat{\beta}_0 - \beta_0) - (\hat{\beta}_1 - \beta_1)X_i \tag{2.4.9}$$

计算，得：

$$E(\hat{u}_i) = E(u_i) - E(\hat{\beta}_0 - \beta_0) - X_i E(\hat{\beta}_1 - \beta_1) = 0$$

利用式（2.4.9）可得：

$$\bar{\hat{u}} = \bar{u} - (\hat{\beta}_0 - \beta_0) - (\hat{\beta}_1 - \beta_1)\bar{X}$$

由于残差均值为 0，即：

$$0 = \bar{u} - (\hat{\beta}_0 - \beta_0) - (\hat{\beta}_1 - \beta_1)\bar{X} \tag{2.4.10}$$

利用式（2.4.9）与式（2.4.10）可得：

$$\hat{u}_i = (u_i - \bar{u}) - (\hat{\beta}_1 - \beta_1)(X_i - \bar{X}) \tag{2.4.11}$$

由于：

$$\hat{u}_i^2 = (u_i - \bar{u})^2 + (\hat{\beta}_1 - \beta_1)^2 (X_i - \bar{X})^2 - 2(u_i - \bar{u})(\hat{\beta}_1 - \beta_1)(X_i - \bar{X})$$

因此：

$$\sum \hat{u}_i^2 = \sum (u_i - \bar{u})^2 + (\hat{\beta}_1 - \beta_1)^2 \sum (X_i - \bar{X})^2 - 2(\hat{\beta}_1 - \bar{\beta}) \sum (u_i - \bar{u})(X_i - \bar{X})$$

由式(2.3.4)可知，

$$\sum(u_i-\overline{u})(X_i-\overline{X})=(\hat{\beta}_1-\beta_1)\sum(X_i-\overline{X})^2$$

从而，可得：

$$\sum\hat{u}_i^2=\sum(u_i-\overline{u})^2-(\hat{\beta}_1-\beta_1)^2\sum(X_i-\overline{X})^2 \tag{2.4.12}$$

等式（2.4.12）两边取期望运算，可得：

$$E(\sum\hat{u}_i^2)=(n-1)\sigma^2-\sigma^2=(n-2)\sigma^2$$

因此，误差项 $u_i$ 方差 $\sigma^2$ 的无偏估计量是：

$$s^2=\frac{1}{n-2}RSS \tag{2.4.13}$$

其中，$RSS$ 表示残差平方和，$n-2$ 是 OLS 估计残差的自由度（degrees of freedom)。

将 $\sigma^2$ 的估计量 $s^2$ 代入式（2.4.7）和式（2.4.8）可得 $\mathrm{Var}(\hat{\beta}_k)$，$k=0$，1 的估计量：

$$\mathrm{Var}(\hat{\beta}_1)=\frac{s^2}{SST_x},\ \mathrm{Var}(\hat{\beta}_0)=\frac{s^2}{SST_x}\times\frac{1}{n}\sum X_i^2 \tag{2.4.14}$$

则 $\hat{\beta}_0$，$\hat{\beta}_1$ 的样本标准差分别为：

$$se(\hat{\beta}_1)=\frac{s}{\sqrt{SST_x}},\ se(\hat{\beta}_0)=\frac{s}{\sqrt{SST_x}}\cdot\sqrt{\frac{\sum X_i^2}{n}} \tag{2.4.15}$$

由于 OLS 估计量 $\hat{\beta}_k$ 是误差 $u_i$ 的线性组合，根据假设 7 可知 $\hat{\beta}_k$，$k=0$，1 也应该服从正态分布，即：

$$\hat{\beta}_1\sim N\left(\beta_1,\frac{s^2}{SST_x}\right),\hat{\beta}_0\sim N\left(\beta_0,\frac{s^2\sum X_i^2}{n\cdot SST_x}\right) \tag{2.4.16}$$

利用参数估计量的抽样分布式（2.4.16），可以对参数进行相应的假设检验，并构造对应的置信区间。

对于给定的置信水平 $1-\alpha$，利用 OLS 估计量的抽样分布式（2.4.16）可以构造相关参数的置信区间。

参数 $\beta_0$，$\beta_1$ 的置信区间分别为：

$$(\hat{\beta}_0-se(\hat{\beta}_0)\cdot t_{\alpha/2}(n-2),\ \hat{\beta}_0+se(\hat{\beta}_0)\cdot t_{\alpha/2}(n-2))$$

和

$$(\hat{\beta}_1-se(\hat{\beta}_1)\cdot t_{\alpha/2}(n-2),\ \hat{\beta}_1+se(\hat{\beta}_1)\cdot t_{\alpha/2}(n-2))$$

其中，$t_{\alpha/2}(n-2)$ 是自由度为 $n-2$ 的 $t$ - 分布的上侧分位数。

**例 2.2**　利用例 2.1 的回归结论计算参数的估计量 95% 置信区间。

样本回归直线方程为：

$$\hat{Y}_i = 129.94 + 0.81X_i \tag{2.4.17}$$

由此计算回归残差 $\hat{u}_i$ 及相关数据，如表 2.4 所示。

**表 2.4**　　**回归参数的置信区间的计算**

| No. | $X$ | $Y$ | $X_i^2$ | $SST_Y$ | $SST_x$ | $Yhat$ | $\hat{u}_i$ | $\hat{u}_i^2$ |
|---|---|---|---|---|---|---|---|---|
| 1 | 1200 | 1065 | 1440000 | 1134225 | 1822500 | 1102.11 | -37.11 | 1377.08 |
| 2 | 1500 | 1395 | 2250000 | 1946025 | 1102500 | 1345.15 | 49.85 | 2484.87 |
| 3 | 1800 | 1614 | 3240000 | 2604996 | 562500 | 1588.19 | 25.81 | 665.95 |
| 4 | 2100 | 1811 | 4410000 | 3279721 | 202500 | 1831.24 | -20.24 | 409.51 |
| 5 | 2400 | 2036 | 5760000 | 4145296 | 22500 | 2074.28 | -38.28 | 1465.27 |
| 6 | 2700 | 2231 | 7290000 | 4977361 | 22500 | 2317.32 | -86.32 | 7451.35 |
| 7 | 3000 | 2724 | 9000000 | 7420176 | 202500 | 2560.36 | 163.64 | 26776.86 |
| 8 | 3300 | 2843 | 10890000 | 8082649 | 562500 | 2803.41 | 39.59 | 1567.68 |
| 9 | 3600 | 2889 | 12960000 | 8346321 | 1102500 | 3046.45 | -157.45 | 24790.03 |
| 10 | 3900 | 3350 | 15210000 | 11222500 | 1822500 | 3289.49 | 60.51 | 3661.35 |
| 合计 | 25500 | 21958 | 72450000 | 53159270 | 7425000 | — | 0 | 70649.95 |

$\overline{X} = 2550$，$\overline{Y} = 2195.8$

由表 2.4 数据可知：

$$s^2 = \frac{1}{n-2}\sum \hat{u}_i^2 = \frac{70649.95}{8} = 8831.24,\ s = 93.97,$$

$$SST_x = \sum (X_i - \overline{X})^2 = 7425000,\ \sum X_i^2 = 72450000$$

$$se(\hat{\beta}_1) = \frac{s}{\sqrt{SST_x}} = \frac{93.97}{\sqrt{7425000}} = 0.034,$$

$$se(\hat{\beta}_0) = s\sqrt{\frac{\sum X_i^2}{10 \cdot SST_x}} = 93.97 \times \sqrt{\frac{72450000}{10 \times 7425000}} = 92.83$$

又已知在 $1-\alpha=95\%$ 时，$t_{\alpha/2}(8)=2.228$，因此，

$\beta_0$ 的置信区间为：

$$(\hat{\beta}_0 - se(\hat{\beta}_0)\cdot t_{\alpha/2}(n-2),\ \hat{\beta}_0 + se(\hat{\beta}_0)\cdot t_{\alpha/2}(n-2))$$

$$=(129.94-92.83\times2.228,\ 129.94+92.83\times2.228)=(-84.12,\ 344.00)$$

$\beta_1$ 的置信区间为

$$(\hat{\beta}_1 - se(\hat{\beta}_1)\cdot t_{\alpha/2}(n-2),\ \hat{\beta}_1 + se(\hat{\beta}_1)\cdot t_{\alpha/2}(n-2))$$

$$=(0.73,\ 0.89)$$

## 2.5 拟合优度检验：判定系数 $R^2$

当我们根据某个经济理论或经验建立回归模型（2.5.1）时，选择用 $X_i$ 的变化来解释 $Y_i$ 的变化：

$$Y_i=\beta_0+\beta_1X_i+u_i \tag{2.5.1}$$

由于建立模型（2.5.1）时仅仅利用了部分样本资料，因此可能确定的模型形式或得到的参数估计并不准确。

为了确定该模型的合理性，首先要说明的问题是选择线性模型的形式是否符合客观实际，即对于样本（$X_i$，$Y_i$），$i=1$，…，$n$ 是否存在更好的模型形式。为此目的，构造拟合优度检验量 $R^2$。

根据回归残差的定义，被解释变量 $Y_i$ 可以表示如下：

$$Y_i=\hat{Y}_i+\hat{u}_i$$

根据图 2.6，利用样本点确定回归直线时，被解释变量的离差 $Y_i-\overline{Y}$ 被分解为两个部分：

$$Y_i-\overline{Y}=Y_i-\hat{Y}_i+\hat{Y}_i-\overline{Y}=\hat{u}_i+(\hat{Y}_i-\overline{Y}) \tag{2.5.2}$$

其中，$\hat{u}_i$ 为回归残差，$\hat{Y}_i-\overline{Y}$ 表示回归直线到解释变量的平均直线的距离。

对于给定的样本，$Y_i-\overline{Y}$ 的值是不变量，残差 $\hat{u}_i=Y_i-\hat{Y}_i$ 与 $\hat{Y}_i-\overline{Y}$ 却会因为回归直线的选择不同而发生变化，但两者之和是固定的。

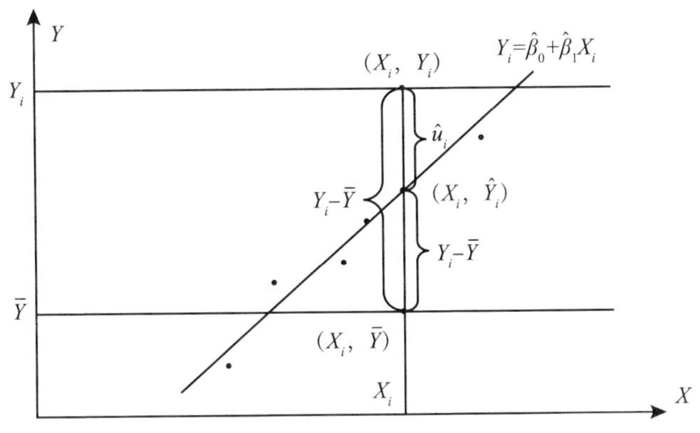


**图 2.6　$Y_i$ 的变差的分解**

由此可知，对于一个样本，“好的”回归直线应该满足对全部样本点（$X_i$，$Y_i$）而言，残差部分在 $Y_i$ 的总变差中占据的比例最小，可以定义以下三个量来说明这种方法：

总平方和（total sum of square）：

$$TSS = \sum (Y_i - \overline{Y})^2$$

解释变量（回归）平方和（explained sum of square）：

$$ESS = \sum (\hat{Y}_i - \overline{Y})^2$$

残差平方和（residual sum of square）：

$$RSS = \sum (Y_i - \hat{Y}_i)^2$$

利用回归模型的性质，可证明：

$$TSS = ESS + RSS \tag{2.5.3}$$

由于：

$$\begin{aligned} TSS &= \sum (Y_i - \overline{Y})^2 = \sum (\hat{u}_i + \hat{Y}_i - \overline{Y})^2 \\ &= \sum \hat{u}_i^2 + \sum (\hat{Y}_i - \overline{Y})^2 + 2 \sum \hat{u}_i(\hat{Y}_i - \overline{Y}) \end{aligned}$$

其中：

$$\sum \hat{u}_i(\hat{Y}_i - \overline{Y}) = \sum \hat{u}_i\hat{Y}_i = \sum \hat{u}_i(\hat{\beta}_0 + \hat{\beta}_1X_i) = \hat{\beta}_0 \sum \hat{u}_i + \hat{\beta}_1 \sum \hat{u}_iX_i = 0$$

从而式（2.5.3）成立。

因此，利用式（2.5.3），有：

$$1 = \frac{ESS}{TSS} + \frac{RSS}{TSS}$$

定义线性回归模型（2.5.1）的拟合优度统计量 $R^2$：

$$R^2 = \frac{ESS}{TSS} = 1 - \frac{RSS}{TSS} \tag{2.5.4}$$

$R^2$ 也称为判定系数，它是回归直线拟合优度的常用度量，显然 $0 \leqslant R^2 \leqslant 1$。

通常地说，$R^2$ 衡量了在 $Y$ 的总变异中由回归模型解释的部分所占的比重。如果数据点都落在同一直线上，OLS 就提供了一个完美的拟合，此时 $R^2 = 1$。另一方面，一个接近于 0 的 $R^2$ 值则表明 OLS 给出了一个很糟糕的拟合。

这里需要特别说明一个问题，如果回归模型的解释变量 $x$ 和被解释变量 $y$ 是时间序列数据时，即使模型具有很高的 $R^2$ 值，也必须注意可能出现的伪回归现象，这个问题的详细说明将在第 10 章进行讨论。

$R^2$ 具有以下性质：

（1）$R^2 = \dfrac{\sum y_i \hat{y}_i}{\sum y_i^2 \cdot \sum \hat{y}_i^2}$，其中 $y_i$，$\hat{y}_i$ 分别表示 $Y_i$，$\hat{Y}_i$ 的离差。

（2）若 $X$ 与 $Y$ 的样本相关系数为 $r_{XY}$，则 $R^2 = r_{XY}^2$，即在一元线性回归模型中，$R^2$ 也度量了解释变量与被解释变量之间的相关性强度。

利用表 2.4 的数据可计算得对应回归模型的 $R^2$ 为

$$R^2 = 1 - \frac{RSS}{TSS} = 0.9987$$

$R^2 = 99.87\%$，其含义是回归模型（2.4.17）中，解释变量 $X$ 解释了变量 $Y$ 的总变化的 99.87%，换言之，$X$ 的变化能够解释 $Y$ 的变化的 99.87%。

## 2.6 OLS 估计量的显著性检验

### 2.6.1 回归系数的 $t$ 检验

当我们根据某个经济理论或经验建立回归模型（2.5.1）时，我们需要考虑的一个问题：

如果选择用解释变量 $X_i$ 来解释 $Y_i$ 的变化，这样的选择是否正确？即是否有可能出现在真实经济现实中 $\beta_1=0$ 的情况？

由抽样分布（2.4.16）可知：

$$\frac{\hat{\beta}_1-\beta_1}{se(\hat{\beta}_1)}\sim t(n-2),\quad \frac{\hat{\beta}_0-\beta_0}{se(\hat{\beta}_0)}\sim t(n-2) \tag{2.6.1}$$

其中：

$$se(\hat{\beta}_1)=\frac{s}{\sqrt{SST_x}},\quad se(\hat{\beta}_0)=\frac{s}{\sqrt{SST_x}}\sqrt{\frac{\sum X_i^2}{n}}$$

分别是估计量 $\hat{\beta}_1$，$\hat{\beta}_0$ 的标准差。

（1）为了判断解释变量 $X$ 是否对被解释变量 $Y$ 具有解释能力，可以构造假设检验：

$$\mathrm{H}_0:\ \beta_1=0\quad \mathrm{H}_1:\ \beta\neq 0 \tag{2.6.2}$$

在 $\mathrm{H}_0$ 成立条件下，对应的检验统计量为：

$$T=\frac{\hat{\beta}_1}{se(\hat{\beta}_1)}\sim t(n-2)$$

如果在给定的显著性水平 $\alpha$ 下拒绝了原假设 $\mathrm{H}_0$，即 $\beta_1\neq 0$ 成立，则说明对于给定的样本数据，没有理由拒绝 $\mathrm{H}_1$，即在给定样本资料的条件下，变量 $X$ 对变量 $Y$ 具有相应的解释能力，也即是选择变量 $X$ 来解释变量 $Y$ 的变化特征是有效的。

在例 2.2 中，考虑检验解释变量收入 $X$ 是否对消费 $Y$ 具有解释能力，可用以下假设检验完成：

$$\mathrm{H}_0:\ \beta=0,\ \mathrm{H}_1:\ \beta\neq 0$$

根据例 2.2 的结果，可得：

$$t=\frac{\hat{\beta}_1}{se(\hat{\beta}_1)}=\frac{0.81}{0.034}=23.82$$

已知在 $\alpha=5\%$ 时，$t_{\alpha/2}(8)=2.228$，由于 $|t|>t_{\alpha/2}(8)$，因此应该拒绝 $\mathrm{H}_0$，从而接受 $\mathrm{H}_1$，这表明解释变量 $X$ 对 $Y$ 具有显著的解释能力。

（2）为了判断解释变量 $X$ 是否具有某种特定的经济效应，如变量 $X$ 对被解释变量 $Y$ 具有某个特征 $a$，可以构造假设检验：

$$\mathrm{H}_0:\ \beta_1=a\quad \mathrm{H}_1:\ \beta\neq a \tag{2.6.3}$$

在 $\mathrm{H}_0$ 成立条件下，对应的检验统计量为：

$$t=\frac{\hat{\beta}_1-a}{se(\hat{\beta}_1)}\sim t(n-2)$$

如果在给定的显著性水平 $\alpha$ 下拒绝了原假设 $H_0$，即 $\beta_1\neq a$ 成立，则说明变量 $X$ 对变量 $Y$ 具有相应的特征。

例如，根据例 2.1 的数据，建立以下新的回归结果①：

$$\widehat{\log(Y)}=129.94+0.8101\log(X)$$

$$(92.83)\quad(0.035)$$

其中括号内的数据是对应参数估计量的标准差。

如果想检验 $H_0$：$\beta_1=1$ 是否成立，对应的 $t$ 统计量为：

$$t=\frac{\hat{\beta}_1-1}{se(\hat{\beta}_1)}=\frac{0.810-1}{0.035}\approx-5.43$$

由于 $|t|>t_{0.025}(8)=2.28$，因此应该拒绝 $H_0$，从而接受 $H_1$，这表明解释变量 X 变化 1% 时 Y 将提高约 0.81%。

## 2.6.2 显著性检验中的 p－值

在经典的显著性检验问题中，我们都是在给定的显著性水平值 $\alpha$ 下进行判断的，即设定一个备择假设后，选定一个显著性水平值 $\alpha$，并由此显著性水平确定一个临界值。利用样本计算相应的 $t$ 统计量值，将此值与临界值进行比较，从而做出拒绝或不拒绝原假设 $H_0$ 的判断。

在传统的显著性假设检验中，对样本信息的利用并不充分，例如，考虑一个双侧检验，如果显著性水平值 $\alpha=0.05$，自由度为 $d.f.=30$ 的 $t$－分布，则对应的临界值为 $c=2.04$，若利用两个样本分别计算得到两个 $t$－统计量的值 $t_1=3$，$t_2=4$，根据这两个 $t$－统计量的值，都可以做出拒绝 $H_0$ 的判断，但是这两个判断的可靠程度显然是存在较大差异的。

一个更好的判断方法是：对于给定的 $t$ 统计量的观测值，能拒绝原假设的最小显著性水平是多少？这个水平值称为检验的 $p$ 值，计算方法如下：

$$p-value=P(T>t_0\mid H_0)$$

其中 $t_0$ 表示统计量的样本值，利用 $p$ 值，可以在任何检验水平上进行检验。

① 该回归模型是一个弹性模型。

对于 $p$ 值的理解，也可以解释为在原假设 $H_0$ 正确条件下获得统计量的样本值 $t_0$ 的概率值。如果该值很小，则说明在原假设 $H_0$ 成立的条件下获得相应样本资料的可能性很小，但是实际的抽样已经得到了该样本，由此说明了原假设 $H_0$ 应该被拒绝。

### 2.6.3　回归分析中的方差分析

在构造拟合优度统计量 $R^2$ 时，我们获得了恒等式：

$$TSS = ESS + RSS \tag{2.6.4}$$

对于一元回归模型，(2.6.4) 也可表示为：

$$TSS = \hat{\beta}_1^2 TSS_x + RSS \tag{2.6.5}$$

其中，$TSS_x = \sum(X_i - \overline{X})^2$ 表示解释变量 $X$ 的总变差。

根据统计学知识可知，$TSS$ 的自由度为 $n-1$，$ESS = \hat{\beta}_1^2 TSS_x$ 的自由度为 1，$RSS$ 的自由度为 $n-2$，因此利用恒等式（2.6.5）可以构造方差分析的统计量，并用此统计量对模型的统计特征进行推断。

方差分析（ANOVA）的表格形式如表 2.5 所示。

**表 2.5　双变量模型的方差分析（ANOVA）**

| Response: y | | | | | |
|---|---|---|---|---|---|
| | df | Sum Sq | Mean Sq | F value | Pr( >F) |
| x | 1 | ESS | ESS/1 | F | |
| Residuals | n − 2 | RSS | RSS/(n − 2) | | |

其中：

$$F = \frac{ESS_x/1}{RSS/(n-2)} = \frac{\hat{\beta}_1^2 TSS_x/1}{RSS/(n-2)}。$$

如果误差项 $u_i$ 是服从正态分布，且 $H_0$：$\beta_1 = 0$ 成立，则 $F \sim F(1,\ n-2)$，下面给出简要证明。

由于：

$$E(\hat{\beta}_1^2 TSS_x) = \sigma^2 + \beta_1^2 TSS_x \tag{2.6.6}$$

$$E(RSS) = (n-2)\sigma^2 \tag{2.6.7}$$

因此，在原假设 $H_0$ 成立时，

$$E(\hat{\beta}_1^2 TSS_x) = \sigma^2,\ 且\frac{\hat{\beta}_1\sqrt{TSS_x}}{\sigma} \sim N(0,\ 1),\ \frac{\hat{u}_i}{\sigma} \sim N(0,\ 1)$$

则：

$$\frac{\hat{\beta}_1^2 TSS_x}{\sigma^2} \sim \chi^2(1), \frac{RSS}{\sigma^2} = \frac{\sum \hat{u}_i^2}{\sigma^2} \sim \chi^2(n-2)$$

因此，

$$\frac{\hat{\beta}_1^2 TSS_x/1}{RSS/(n-2)} \sim F(1,\ n-2)$$

根据式（2.6.6）与式（2.6.7）可知，当 $H_0$ 为真时，两式均给出了误差方差 $\sigma^2$ 的无偏估计，此时解释变量 $X$ 对被解释变量 $Y$ 没有任何线性作用，$Y$ 的变异全部由随机误差项 $u_i$ 的变异来解释。当 $H_0$ 不为真时，解释变量 $X$ 对被解释变量 $Y$ 具有一定的线性作用，因此式（2.6.6）与式（2.6.7）的结果会不同，此时 $Y$ 的总变差中有一部分由解释变量 $X$ 的变异来解释。

$F$ 统计量可以对 $H_0$ 是否成立给出一个定量的判定，如果 $F$ 的样本值大于显著性水平 $\alpha$ 下的临界值 $F_\alpha(1,\ n-2)$，可以拒绝原假设 $H_0$。

**例 2.3** 利用表 2.2 的第二组样本建立相应的计量经济学模型，如表 2.6 所示。

**表 2.6　表 2.2 中的第二组样本数据**　单位：元

| 可支配收入 | 1200 | 1500 | 1800 | 2100 | 2400 | 2700 | 3000 | 3300 | 3600 | 3900 |
|---|---|---|---|---|---|---|---|---|---|---|
| 消费性支出 | 1114 | 1243 | 1689 | 1937 | 2167 | 2002 | 2779 | 2950 | 3451 | 3257 |

根据相关的消费支出理论，考虑建立如下形式的计量经济学模型

$$Y_i = \beta_0 + \beta_1 X_i + u_i \tag{2.6.8}$$

其中，$X$ 表示家庭的人均月可支配收入，$Y$ 表示家庭人均月消费性支出，模型的估计程序如下：

```
>cons < -data.frame(
        x=seq(1200,3900,by=300),
        y=c(1114,1243,1689,1937,2167,2002,2779,2950,3451,
            3257)
        )
```

```
>X <-cons $ x;Y <-cons $ y
>cons_sol <-lm(Y ~ X)
>summary(cons_sol)
Call:
    lm(formula = y ~ x)
    Coefficients:
                   Estimate   Std. Error   t value   Pr(>|t|)
    (Intercept)    22.67879   191.60663    0.118      0.909
          x         0.87695     0.07119   12.319    1.75e-06***

    ---
    Signif. codes:0'***'0.001'**'0.01'*'0.05'.'0.1''1
    Residual standard error:194 on 8 degrees of freedom
    Multiple R-squared:  0.9499,  Adjusted R-squared:0.9437
    F-statistic:151.8 on 1 and 8 DF,p-value:1.755e-06
```

根据上述计算结果，可得如下表达式：

$$\hat{Y}_i = 22.67879 + 0.87695 X_i$$
$$(0.909)\quad(0.000)$$
$$n = 10,\ s = 194,\ R^2 = 0.9499,\ F = 151.8 \qquad (2.6.9)$$

其中括号内数值表示相应估计量的 $t$ 统计量对应的 $p$ 值，这个指标通常理解为在 $H_0$ 成立条件下获得该 $t$-统计量的概率值，如果 $p$ 值很小（小于给定的显著性水平值），则说明原假设 $H_0$ 不应成立，即根据该样本的计算结果表明应该接受备择假设 $H_1$。

根据式（2.6.9）中的数据，应该不能拒绝 $\beta_0 = 0$，其 $p$ 值为 0.909，远大于5%的显著性水平值，而 $\beta_1 = 0$ 则该被拒绝，其相应的 $p$ 值为 0.000，因此应该有 $\beta_1 \neq 0$ 成立。

参数的95%置信区间可用如下方式得到：

```
>confint(cons_sol,level = 0.95)
                    2.5%         97.5%
(Intercept)   -419.1668837   464.524459
x                0.7127955     1.041103
```

即$\beta_0$与$\beta_1$的95%置信区间依次为（-419.17，464.52）和（0.7128，1.0411），显然：

$$\beta_0 = 0 \in (-419.17,\ 464.52),\ 且\ \beta_1 = 0 \notin (0.7128,\ 1.0411)$$

因此不能拒绝$\beta_0 = 0$，但是可以拒绝$\beta_1 = 0$。

估计量$s = 194$是总体误差标准差$\sigma$的估计量，是用于模型诊断的重要参数。$R^2 = 0.9499$是拟合优度检验统计量，该值很大，说明解释变量$X$能够解释$Y$的变异的94.99%，即$X$已经能够完成说明$Y$的变化特征了。

统计量$F = 151.8$，其对应的$p$-值为0，表明$X$与$Y$具有非常强的线性关系，即选择线性模型分析$X$与$Y$的关系是合理选择。$F$统计量也用表2.7的方差分析表获得：

```
>anova(cons_sol)
```

**表 2.7　　变量的方差分析表**

| Response：y | | | | | |
|---|---|---|---|---|---|
| | Df | Sum Sq | Mean Sq | F value | Pr（>F） |
| x | 1 | 5710125 | 5710125 | 151.76 | 1.755e-06 *** |
| Residuals | 8 | 301002 | 37625 | | |
| --- | | | | | |
| Signif. codes：　0 ‘***’ 0.001 ‘**’ 0.01 ‘*’ 0.05 ‘.’ 0.1 ‘ ’ 1 | | | | | |

根据方差分析表2.7，可知$F$统计量为$F = 551.82$，$p$值为$1.755 \times 10^{-6} = 0$，即拒绝$H_0$：$\beta_1 = 0$，说明$X$与$Y$具有显著的线性关系。

## 2.7　利用回归模型进行预测分析

利用2.6节的回归估计结果，获得回归模型：

$$\hat{Y}_i = 29.68 + 0.8770X_i \tag{2.7.1}$$

其中，$\hat{Y}_i$是对于给定$X$条件下真实的$E(Y_i)$的估计量。利用这个由有限样本获得的回归方程，可以预测或预报给定收入水平$X$的未来的消费支出$Y$。常用的预测有两种：

（1）对于给定的收入水平 $X_0$，预测 $Y$ 的条件均值 $E(Y|X_0)$，即均值预测（mean prediction）；

（2）对于给定的收入水平 $X_0$，预测 $Y$ 的一个个别值，即个别值预测（individual prediction）。

### 2.7.1 均值预测分析

在给定 $X_0$ 条件下对真实均值的预测 $E(Y|X_0)$ 的值为：

$$E(Y_0|X_0)=\beta_0+\beta_1X_0 \tag{2.7.2}$$

利用式（2.7.1）可知这个真实均值预测的点估为：

$$\hat{Y}_0=\hat{\beta}_0+\hat{\beta}_1X_0$$

由于：

$$E(\hat{Y}_0)=E(\hat{\beta}_0)+E(\hat{\beta}_1)X_0=\beta_0+\beta_1X_0$$

即该点估计是真实均值的无偏估计量。

已知：

$$\mathrm{Var}(\hat{\beta}_1)=\frac{\sigma^2}{SST_x},\ \mathrm{Var}(\hat{\beta}_0)=\frac{\sigma^2}{SST_x}\times\frac{1}{n}\sum X_i^2,\ \mathrm{cov}(\hat{\beta}_0,\hat{\beta}_1)=-\frac{\overline{X}\sigma^2}{SST_x}$$

因此：

$$\mathrm{Var}(\hat{Y}_0)=\mathrm{Var}(\hat{\beta}_0)+\mathrm{Var}(\hat{\beta}_1)X_0^2+2\mathrm{cov}(\hat{\beta}_0,\hat{\beta}_1)X_0=\sigma^2\left[\frac{1}{n}+\frac{(X_0-\overline{X})^2}{SST_x}\right] \tag{2.7.3}$$

根据式（2.7.3）可知，对于给定的 $X_0$，当其离差绝对值越小，则均值预测值 $\hat{Y}_0$ 的方差就越小。

利用误差方差的无偏估计 $s^2$ 替代 $\sigma^2$，可得：

$$t=\frac{\hat{Y}_0-(\beta_0+\beta_1X_0)}{se(\hat{Y}_0)}\sim t(n-2) \tag{2.7.4}$$

利用式（2.7.4）可构造真实 $E(Y_0|X_0)$ 的置信区间：

$$(\hat{Y}_0-se(\hat{Y}_0)\cdot t_{\alpha/2}(n-2),\ \hat{Y}_0+se(\hat{Y}_0)t_{\alpha/2}(n-2))$$

利用例 2.3 的结果估计 $X_0=2000$ 元时 $E(Y|X_0=2000)$ 的均值预测。

首先利用式（2.7.2）可知这个均值预测的点估计为：

$$\hat{Y}_0=\hat{\beta}_0+\hat{\beta}_1X_0=29.67879+0.87695\times2000=1776.58$$

再计算 $se(\hat{Y}_0)$，已知 $s=194$，$SST_x=7425000$，则：

$$se(\hat{Y}_0)=s\sqrt{\frac{1}{10}+\frac{(X_0-\overline{X})^2}{SST_x}}=194\sqrt{\frac{1}{10}+\frac{(2000-2550)^2}{7425000}}=72.78,$$

最后，计算真实 $E(Y_0\mid X_0)$ 的置信区间：

$(1776.58-72.78\times2.228,\ 1776.58+72.78\times2.228)=(1614.43,\ 1938.36)$

即：

$$1614.43<E(Y\mid X=2500)<1938.36 \tag{2.7.5}$$

结果式（2.7.5）说明，对于给定的 $X_0=2000$，在重复抽样中，平均来说，每 100 次的抽样预测均值区间大致有 95 次包含真实的均值，而对于真实均值的点估计是 1776.58 元。

均值预测的 R 程序：

```
new <-data.frame(x=2000)   #给定一个新的 x 值
pred <-predict(cons_sol,newdata=new,interval="confidence",level=0.95)
```

## 2.7.2 个别值预测分析

如果我们想预测在给定 $X_0$ 条件下，对单一 $Y$ 值（$Y_0$）的预测，则其预测值为：

$$Y_0=\beta_0+\beta_1X_0+u_0 \tag{2.7.6}$$

记 $Y_0$ 的预测值为 $\hat{Y}_0=\hat{\beta}_0+\hat{\beta}_1X_0$，则预测误差为：

$$Y_0-\hat{Y}_0=(\beta_0-\hat{\beta}_0)+(\beta_1-\hat{\beta}_1)X_0+u_0$$

由于：

$$E(Y_0-\hat{Y}_0)=E(\beta_0-\hat{\beta}_0)+E(\beta_1-\hat{\beta}_1)X_0+E(u_0)=0$$

即 $\hat{Y}_0$ 是真实值 $Y_0$ 的无偏估计量。

同时：

$$\begin{aligned}\mathrm{Var}(Y_0-\hat{Y}_0)&=\mathrm{Var}(\hat{\beta}_0)+\mathrm{Var}(\hat{\beta}_1)X_0^2+2\mathrm{cov}(\hat{\beta}_0,\ \hat{\beta}_1)X_0+\mathrm{Var}(u_0)\\&=\sigma^2\left[1+\frac{1}{n}+\frac{(X_0-\overline{X})^2}{SST_x}\right]\end{aligned} \tag{2.7.7}$$

从式（2.7.6）可知，给定的 $X_0$ 的离差绝对值越小，则个别值的预测值 $\hat{Y}_0$ 的方差就越小。利用误差方差的无偏估计 $s^2$ 替代 $\sigma^2$，可得：

$$t=\frac{Y_0-\hat{Y}_0}{se(Y_0-\hat{Y}_0)}\sim t(n-2) \tag{2.7.8}$$

利用式（2.7.8）可构造真实 $Y_0$ 的置信区间：

$$(\hat{Y}_0-se(Y_0-\hat{Y}_0)\cdot t_{\alpha/2}(n-2),\ \hat{Y}_0+se(Y_0-\hat{Y}_0)t_{\alpha/2}(n-2))$$

利用例 2.3 的结果估计 $X_0=2500$ 元时 $Y$ 的个别值预测。

首先利用式（2.7.6）可知这个预测的点估计为：

$$\hat{Y}_0=\hat{\beta}_0+\hat{\beta}_1X_0=129.94+0.8101\times2000=1776.58$$

再计算 $se(Y_0-\hat{Y}_0)$，已知 $s=93.97$，$SST_x=7425000$，则：

$$\mathrm{Var}(Y_0-\hat{Y}_0)=s^2\left[1+\frac{1}{10}+\frac{(2000-2550)^2}{7425000}\right]=10073.15,$$

$$se(Y_0-\hat{Y}_0)=s\sqrt{1+\frac{1}{n}+\frac{(X_0-\overline{X})^2}{SST_x}}=194\sqrt{1+\frac{1}{10}+\frac{(2000-2550)^2}{7425000}}=207.20$$

最后，计算真实 $Y_0$ 的置信区间：

$(1776.58-207.26\times2.228,\ 1776.58+207.26\times2.228)=(1314.93,\ 2238.23)$

即：

$$1314.93<Y\big|_{X=2000}<2238.23 \tag{2.7.9}$$

上述结果说明，对于给定的 $X_0=2000$，在重复抽样中，平均来说，每 100 次的抽样预测均值区间（1314.93，2238.23）大致有 95 次包含真实的均值，而对于真实均值的点估计是 1776.58 元。

个别值预测的 R 程序：

```
new <- data.frame(x = 2000)#给定一个新的 x 值
pred <- predict(cons_sol,newdata = new,interval = "prediction",level = 0.95)
```

## 2.7.3　均值预测与个别值预测的置信（带）

比较式（2.7.5）与式（2.7.9）可知，对于同一个 $X_0=2500$，均值预测与个别值预测的点估计值相同，但是前者的预测置信区间较小（1614.43，1938.36），而后者的预测置信区间较大（1314.93，2238.23）。同时，两种预测区间的长度都将随着 $X_0$ 的离差绝对值的增大而增大。

对表 2.6 中的每一个 $X$ 值，都可计算其对应的解释变量 $Y$ 的均值预测区间

和个别值预测区间，

（1）给定 $X_i$ 时 $E(Y_i \mid X=X_i)$ 的预测区间：

$$(\hat{Y}_i - se(\hat{Y}_i) \cdot t_{\alpha/2}(n-2),\ \hat{Y}_i + se(\hat{Y}_i) \cdot t_{\alpha/2}(n-2))$$

其中：

$$\hat{Y}_i = \hat{\beta}_0 + \hat{\beta}_1 X_i,\ se(\hat{Y}_i) = s\sqrt{\frac{1}{n} + \frac{(X_i - \bar{X})^2}{SST_x}},\ s^2 = \frac{1}{n-2}RSS。$$

（2）给定 $X_i$ 时 $Y_i$ 的预测区间：

$$(\hat{Y}_i - se(Y_i - \hat{Y}_i) \cdot t_{\alpha/2}(n-2),\ \hat{Y}_i + se(Y_i - \hat{Y}_i) \cdot t_{\alpha/2}(n-2))$$

其中：

$$\hat{Y}_i = \hat{\beta}_0 + \hat{\beta}_1 X_i,\ se(\hat{Y}_i - Y_i) = s\sqrt{1 + \frac{1}{n} + \frac{(X_i - \bar{X})^2}{SST_x}},\ s^2 = \frac{1}{n-2}RSS。$$

**例 2.4** 利用表 2.2 的第二组样本建立相应的计量经济学模型，并绘出预测值的置信带。

模型的估计与相关参数可用以下程序完成。

```
>cons<-data.frame(
   X=seq(1200,3900,by=300),
   Y=c(1114,1243,1689,1937,2167,2002,2779,2950,3451,
       3257))
>X<-cons$X;Y<-cons$Y
>cons_sol<-lm(Y~X)
>cons_pred1<-predict(cons_sol,interval="confidence",
                      newdata=cons,level=0.95)
>cons_pred2<-predict(cons_sol,interval="prediction",
                      newdata=cons,level=0.95)
>plot(Y~X,data=cons)
>lines(cons_sol)#在前面散点图中添加回归直线
>lines(cons_pred1[,2]~X,col=1,lty=2)
>lines(consr_pred1[,3]~X,col=1,lty=2)
>lines(cons_pred2[,2]~X,col=2,lty=2)
>lines(cons_pred2[,3]~X,col=2,lty=2)
```

图 2.7 中，中间的实线表示回归直线，内侧的两条虚线表示由均值预测区间的两个端点分别构成的置信带，外侧的两条虚线表示由个别值预测区间的两个端点分别构成的置信带。

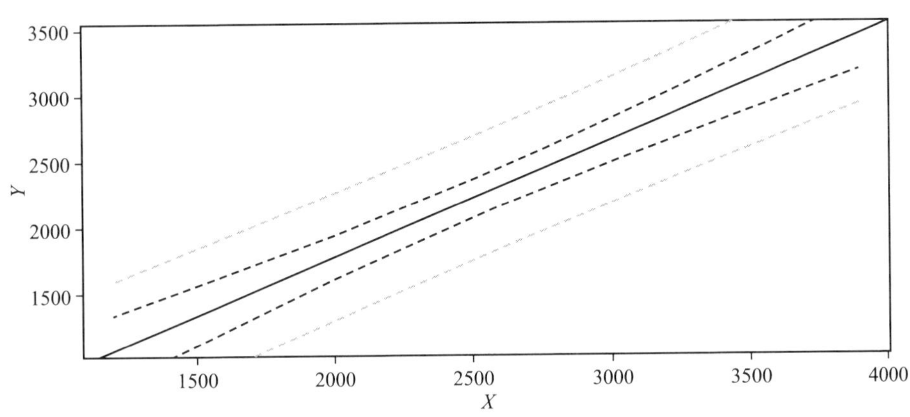


**图 2.7　置信区间构成的置信带**

从图 2.7 所示结果可以发现，对于同样的置信水平，解释变量 $X$ 相同条件下，均值预测的置信区间较小，即精度较高，因此同等条件下进行预测分析时，建议采用均值预测原则，可获得相同置信水平下精度更高的置信区间估计量。

## 本章练习题

1. 考虑一元线性回归模型 $y=\beta_0+\beta_1x+u$，证明：

（1）记 $\hat{u}_i$ 表示回归残差，则 $\sum_{i=1}^{n}\hat{u}_i=0$，$\sum_{i=1}^{n}x_i\hat{u}_i=0$；

（2）残差平方和 $\sum_{i=1}^{n}\hat{u}_i^2$ 关于参数 $\hat{\beta}_j$，$j=0$，1 的二阶偏导数为正。

2. 假设你已经获得同一个参数 $\theta$ 的 $m$ 个独立无偏估计量 $\hat{\theta}_i$，$i=1$，…，$m$，其方差估计量为 $\hat{\sigma}_i^2$，请分析 $\hat{\theta}=\sum_{i=1}^{m}c_i\hat{\theta}_i$ 中的系数 $c_i$ 应该满足什么条件时，才能保证 $\hat{\theta}$ 是参数 $\theta$ 的最小方差无偏估计量。

3. 假设回归模型为 $y_i=\beta_0+\beta_1x_i+u_i$，其中随机扰动项 $u_i$ 满足

$$f(u_i)=\frac{1}{\lambda}e^{-\lambda u_i},\ u_i\geqslant 0,\ 即\ u_i\sim\exp(\lambda)。$$

证明：斜率参数 $\beta_1$ 的 OLS 估计是无偏的，截距参数 $\beta_0$ 的估计是有偏的。

4. 考虑线性回归模型 $y=X\beta+u$，其中：

$$Y=\begin{bmatrix}Y_i\\ \vdots\\ Y_n\end{bmatrix},\ X=\begin{bmatrix}1 & X_1\\ \vdots & \vdots\\ 1 & X_n\end{bmatrix},\ \beta=\begin{bmatrix}\beta_0\\ \beta_1\end{bmatrix},\ u=\begin{bmatrix}u_1\\ \vdots\\ u_n\end{bmatrix}$$

假设 $\hat{\beta}$ 是回归系数 $\beta$ 的 OLS 估计量，且 $c$ 是其他任意一个 $K\times 1$ 向量，

证明：两个残差平方和的差满足 $(Y-Xc)'(Y-Xc)-(Y-X\hat{\beta})'(Y-X\hat{\beta})\geqslant 0$

5. 考虑一元线性回归模型 $Y=X\beta+u$，若利用样本（$Y_i$，$X_i$），$i=1$，…，$n$ 获得的参数估计量记为 $\hat{\beta}_n$：

$$\hat{\beta}_n=(X'_nX_n)^{-1}X'_nY_n$$

其中：

$$Y_n=\begin{bmatrix}y_1\\ \vdots\\ y_n\end{bmatrix},\ X_n=\begin{bmatrix}1 & x_1\\ \vdots & \vdots\\ 1 & x_n\end{bmatrix}$$

若现在又获得一组新的样本资料 $y_s$ 和 $x_s$，证明：使用这个新增加的数据后获得的 OLS 估计量 $\hat{\beta}_{n,s}$ 满足：

$$\hat{\beta}_{n,s}=\hat{\beta}_n+\frac{1}{1+x'_s(X'_nX_n)^{-1}x_s}(X'_nX_n)^{-1}x_s(y_s-x'_s\hat{\beta}_n)$$

6. 纳撒尼尔·勒夫（Nathaniel Leff，1969）利用 1964 年 74 个国家中年龄构成影响储蓄建立了相应的截面数据模型，其回归结果如下：

$$\widehat{\log saving}=7.3439+0.1596\log incom+0.0254\log growth$$
$$-1.3520\log D_1-0.3990\log D_2$$
$$\widehat{\log psaving}=8.7851+1.1486\log incom+0.0265\log growth$$
$$-1.3438\log D_1-0.3966\log D_2$$

其中 *saving* 是国内储蓄率，*psaving* 是人均储蓄率，*incom* 是人均收入，$D_1$ 是 15 岁以下人口比例，$D_2$ 是 64 岁以上人口比例，*growth* 是人均收入增长率。请解释上述模型的结论是否正确，并给出理由。

7. 利用 $n=100$ 组样本计算获得如下结果：

$$\sum Y_i = 1110, \sum X_i = 1680, \sum X_i Y_i = 204200,$$

$$\sum X_i^2 = 315400, \sum Y_i^2 = 133300$$

假设样本满足一元线性回归模型的全部条件。求：

（1）参数 $\beta_0$，$\beta_1$ 的估计量；

（2）模型的判决系数 $R^2$；

（3）计算参数 $\beta_0$，$\beta_1$ 的 95% 的置信区间，并利用该置信区间检验 $H_0$：$\beta_1 = 0$ 是否成立。

8. 有 10 户家庭的收入（$x$，百元）与消费（$y$，百元）的资料（见表 2.8）。

**表 2.8　　家庭的收入与消费的资料**

| 收入 $x$ | 20 | 30 | 33 | 40 | 15 | 13 | 26 | 38 | 35 | 43 |
|---|---|---|---|---|---|---|---|---|---|---|
| 消费 $y$ | 7 | 9 | 8 | 11 | 5 | 4 | 8 | 10 | 9 | 10 |

要求：

（1）建立消费（$y$）对收入（$x$）的回归直线。

（2）说明回归直线的代表性及解释能力。

（3）在 95% 的置信度下检验参数的显著性。

（4）在 95% 的置信度下，预测当 $x = 45$（百元）时，消费（$y$）的可能区间。

9. 假设某国的货币供给量（$y$）与国民收入（$x$）的历史数据如表 2.9 所示。

**表 2.9　　货币供给量（$y$）与国民收入（$x$）数据**

| 项目 | 1985 年 | 1986 年 | 1987 年 | 1988 年 | 1989 年 | 1990 年 | 1991 年 | 1992 年 | 1993 年 | 1994 年 | 1995 年 | 1996 年 |
|---|---|---|---|---|---|---|---|---|---|---|---|---|
| 货币供给量 | 2.0 | 2.5 | 3.2 | 3.6 | 3.3 | 4.0 | 4.2 | 4.6 | 4.8 | 5.0 | 5.2 | 5.8 |
| 国民收入 | 5.0 | 5.5 | 6.0 | 7.0 | 7.2 | 7.7 | 8.4 | 9.0 | 9.7 | 10.0 | 11.2 | 12.4 |

请回答以下问题：

（1）做出散点图，然后估计货币供给量 $y$ 对国民收入 $x$ 的回归方程，并把回归直线画在散点图上。

(2) 如何解释回归系数的含义?

(3) 如果希望 1997 年国民收入达到 15.0，那么应该把货币供应量定在什么水平上?

10. 我国 1978 ~ 2001 年的财政收入 revenues 和国民生产总值 gdp 的数据资料如表 2.10 所示。

**表 2.10　　我国 1978 ~ 2001 年财政收入和国民生产总值数据**

| 年份 | gdp | revenues | 年份 | gdp | revenues | 年份 | gdp | revenues |
|---|---|---|---|---|---|---|---|---|
| 1978 | 3624.10 | 1132.26 | 1986 | 10201.40 | 2122.01 | 1994 | 46670.00 | 5218.10 |
| 1979 | 4038.20 | 1146.38 | 1987 | 11954.50 | 2199.35 | 1995 | 57494.90 | 6242.20 |
| 1980 | 4517.80 | 1159.93 | 1988 | 14922.30 | 2357.24 | 1996 | 66850.50 | 7407.99 |
| 1981 | 4860.30 | 1175.79 | 1989 | 16917.80 | 2664.90 | 1997 | 73142.70 | 8651.14 |
| 1982 | 5301.80 | 1212.33 | 1990 | 18598.40 | 2937.10 | 1998 | 76967.20 | 9875.95 |
| 1983 | 5957.40 | 1366.95 | 1991 | 21662.50 | 3149.48 | 1999 | 80579.40 | 11444.08 |
| 1984 | 7206.70 | 1642.86 | 1992 | 26651.90 | 3483.37 | 2000 | 88254.00 | 13395.23 |
| 1985 | 8989.10 | 2004.82 | 1993 | 34560.50 | 4348.95 | 2001 | 95727.90 | 16386.04 |

试根据资料，完成下列问题:

(1) 建立财政收入对国民生产总值的一元线性回归方程，并解释回归系数的经济意义;

(2) 求置信度为 95% 的回归系数的置信区间;

(3) 对所建立的回归方程进行检验 (经济意义、估计标准误差评价、拟合优度、参数的显著性);

(4) 若 2002 年 GDP 为 103553.60 亿元，求 2002 年财政收入预测值及置信度为 95% 的预测区间。

第3章

# 多元线性回归分析

在第2章中，我们讨论了一元线性回归计量经济模型，由于现实经济问题的复杂性，各种经济变量之间相互影响和相互作用，每个变量在独自变化的同时也受到其他多种因素的干扰。例如，影响家庭消费变化的因素除了居民家庭的收入水平外，商品价格变化，息率变化，以及家庭成员的组成，年龄特征，甚至家庭所处的地区差异都可能影响到消费支出的变化。另外，人口变动、固定资产数量、货币供给量、国内外市场的供求关系以及国际政治因素都可能是影响我国人均GDP变动的因素。在诸如此类的复杂经济环境下，一元回归分析是不能胜任这种多变量分析的，必须将计量经济学模型扩展到多个解释变量的多元回归模型才有可能完成对复杂经济问题的深入分析。

在表2.1对应的某社区居民家庭收入－消费支出的例子中，如果仅仅用该社区居民家庭按月人均收入（$X$）来说明居民家庭的人均消费支出$Y$的变化特征，只能说明居民家庭可支配收入是影响消费支出的主要因素，但是还有一些重要因素也是不能忽略的，如家庭成员的数量、年龄特征等均对消费支出有重要作用，可以考虑增加一个或几个解释变量，从而将回归模型的解释变量变成两个或更多，以更加深入地分析影响居民家庭消费支出的各种因素，即通过将简单线性回归模型扩展为多元回归模型，可以更深入地探寻经济、社会和其他问题中的复杂变化特征。

# 3.1 多元线性回归模型

## 3.1.1 多元线性回归模型

多元线性回归模型是一元线性回归模型的自然推广，因此并不需要详细推导所有以前的每个结论。

假设被解释变量 $Y$ 是多个因素 $X_1$，…，$X_k$ 和误差项 $u$ 的线性函数，则可将一元线性回归模型扩展到多元线性回归模型：

$$Y=\beta_0+\beta_1X_1+\beta_2X_2+\cdots+\beta_kX_k+u \tag{3.1.1}$$

其中，$X_j$ 表示第 $j$ 个解释变量，$\beta_j$ 是回归参数，$j=0$，1，…，$k$。式（3.1.1）常称为总体回归函数的随机形式，其非随机形式为：

$$E(Y\mid X_1,\ \cdots,\ X_k)=\beta_0+\beta_1X_1+\beta_2X_2+\cdots+\beta_kX_k \tag{3.1.2}$$

系数 $\beta_j$，$j=1$，…，$k$ 度量了在其他解释变量不变条件下变量 $X_j$ 改变一个单位时 $Y$ 的条件均值的变化量，因此系数 $\beta_j$ 也称为偏回归系数。

在给定样本（$X_{i1}$，$Y_1$），…，（$X_{in}$，$Y_n$）条件下，式（3.1.1）可表示为：

$$Y_i=\beta_0+\beta_1X_{i1}+\beta_2X_{i2}+\cdots+\beta_kX_{ik}+u_i,\ i=1,\ \cdots,\ n \tag{3.1.3}$$

若设：

$$Y=\begin{pmatrix}Y_1\\Y_2\\\vdots\\Y_n\end{pmatrix},\ X=\begin{pmatrix}1 & X_{11} & \cdots & X_{1k}\\1 & X_{21} & \cdots & X_{2k}\\\vdots & \vdots & \ddots & \vdots\\1 & X_{n1} & \cdots & X_{nk}\end{pmatrix},\ \beta=\begin{pmatrix}\beta_0\\\beta_1\\\vdots\\\beta_k\end{pmatrix},\ u=\begin{pmatrix}u_1\\u_2\\\vdots\\u_n\end{pmatrix}$$

其中，$Y$ 表示解释变量向量，矩阵 $X$ 的每一行是一个观测值，每一列表示一个变量，$\beta$ 和 $u$ 分别是参数向量和误差向量。

利用向量形式的变量，模型（3.1.3）的矩阵形式可表示为：

$$Y=X\beta+u$$

利用样本数据，可得样本回归函数：

$$\hat{Y}_i=\hat{\beta}_0+\hat{\beta}_1X_{i1}+\hat{\beta}_2X_{i2}+\cdots+\hat{\beta}_kX_{ik},\ i=1,\ \cdots,\ n \tag{3.1.4}$$

其随机形式为：

$$Y_i = \hat{\beta}_0 + \hat{\beta}_1 X_{i1} + \hat{\beta}_2 X_{i2} + \cdots + \hat{\beta}_k X_{ik} + \hat{u}_i \quad (3.1.5)$$

其中，$\hat{u}_i$ 称为残差，对应的矩阵形式为：

$$\hat{Y} = X\hat{\beta} \text{与} Y = X\hat{\beta} + \hat{u}$$

### 3.1.2　多元线性回归模型的假设条件

多元回归模型的假设条件与一元线性回归模型非常相似：

**假设 1**　回归模型对参数是线性模型，因此解释变量 $X$ 与被解释变量 $Y$ 满足式（3.1.1）。

**假设 2**　两个或多个解释变量 $X$ 之间没有完全的线性相关性，且 $\mathrm{Var}(X)$ 是一个有限的正数。

**假设 3**　给定解释变量 $X$，误差 $u_i$ 的均值为 0，即：

$$E(u_i \mid X_i) = 0,\ i = 1,\ \cdots,\ n$$

**假设 4**　解释变量 $X$ 与误差 $u_i$ 是不相关的，即：

$$E(u_i X_i) = 0,\ i = 1,\ \cdots,\ n$$

**假设 5**　给定解释变量 $X$，不同的误差 $u_i$ 与 $u_j$ 是不相关的，即：

$$E(u_i u_j) = 0,\ i \neq j$$

**假设 6**　给定解释变量 $X$，误差 $u_i$ 的方差不变，即：

$$E(u_i^2) = \sigma^2,\ i = 1,\ \cdots,\ n$$

**假设 7**　给定解释变量 $X$，误差 $u_i$ 服从零均值、方差为 $\sigma^2$ 的正态分布，即：

$$u_i \sim N(0,\ \sigma^2),\ i = 1,\ \cdots,\ n$$

这些假设保证了参数的 OLS 估计量的方差计算的简化和统计量的有效性特征。实际上也对数据的基本特性提出了一个稳定性方面的要求，即统计数据应该从一个相对稳定的总体中获得，利用这样的数据资料建立的计量经济学模型也才能具有更好的统计和经济价值。

## 3.2　多元线性回归模型的参数估计

下面以包含两个解释变量的回归模型为例分析多元回归模型中参数的估计方法：

$$Y_i = \beta_0 + \beta_1 X_{i1} + \beta_2 X_{i2} + \beta_3 X_{i3} + u_i \tag{3.2.1}$$

为了在给定样本条件下获得尽可能准确的样本回归函数，可以考虑选择参数 $\beta_j$ 的适当估计量 $\hat{\beta}_j$，$j=0$，1，2 使得估计残差 $\hat{u}_i$ 达到某个预定的标准，如残差平方和最小化，从而获得回归函数（直线）。

假设 $\hat{\beta}_0$，$\hat{\beta}_1$，$\hat{\beta}_2$ 分别为参数 $\beta_0$，$\beta_1$，$\beta_2$ 的估计量，拟合回归方程为：

$$\hat{Y}_i = \hat{\beta}_0 + \hat{\beta}_1 X_{i1} + \hat{\beta}_2 X_{i2} \tag{3.2.2}$$

定义残差：

$$\hat{u}_i = Y_i - \hat{Y}_i = Y_i - \hat{\beta}_0 - \hat{\beta}_1 X_{i1} - \hat{\beta}_2 X_{i2} \tag{3.2.3}$$

最小二乘准则，

选择 $\hat{\beta}_0$，$\hat{\beta}_1$，$\hat{\beta}_2$，使得：

$$RSS = \sum \hat{u}_i^2 = \sum (Y_i - \hat{\beta}_0 - \hat{\beta}_1 X_i - \hat{\beta}_2 X_{i2})^2$$

最小化。

根据微积分的原理，有：

$$\begin{cases} \dfrac{\partial(RSS)}{\partial\hat{\beta}_0} = -2\sum (Y_i - \hat{\beta}_0 - \hat{\beta}_1 X_{i1} - \hat{\beta}_2 X_{i2}) = 0 \\ \dfrac{\partial(RSS)}{\partial\hat{\beta}_1} = -2\sum X_{i1}(Y_i - \hat{\beta}_0 - \hat{\beta}_1 X_{i1} - \hat{\beta}_2 X_{i2}) = 0 \\ \dfrac{\partial(RSS)}{\partial\hat{\beta}_2} = -2\sum X_{i2}(Y_i - \hat{\beta}_0 - \hat{\beta}_1 X_{i1} - \hat{\beta}_2 X_{i2}) = 0 \end{cases}$$

即可得以下正规方程组：

$$\begin{cases} \hat{\beta}_0 + \hat{\beta}_1 \overline{X}_1 + \hat{\beta}_2 \overline{X}_2 = \overline{Y} \\ n\overline{X}_1 \hat{\beta}_0 + \hat{\beta}_1 \sum X_{i1}^2 + \hat{\beta}_2 \sum X_{i1} X_{i2} = \sum X_{1i} Y_i \\ n\overline{X}_2 \hat{\beta}_0 + \hat{\beta}_1 \sum X_{i1} X_{i2} + \hat{\beta}_2 \sum X_{i2}^2 = \sum X_{2i} Y_i \end{cases} \tag{3.2.4}$$

解此方程组可得参数 $\beta_0$，$\beta_1$，$\beta_2$ 的估计量：

$$\hat{\beta}_1 = \frac{\sum x_{i1} y_i \cdot \sum x_{i2}^2 - \sum x_{i2} y_i \cdot \sum x_{i1} x_{i2}}{\sum x_{i1}^2 \cdot \sum x_{i2}^2 - (\sum x_{i1} x_{i2})^2},$$

$$\hat{\beta}_2 = \frac{\sum x_{i2} y_i \cdot \sum x_{i1}^2 - \sum x_{i1} y_i \cdot \sum x_{i1} x_{i2}}{\sum x_{i1}^2 \cdot \sum x_{i2}^2 - (\sum x_{i1} x_{i2})^2},$$

$$\hat{\beta}_0 = \overline{Y} - \hat{\beta}_1 \overline{X}_1 - \hat{\beta}_1 \overline{X}_2 \tag{3.2.5}$$

其中，

$$\overline{X}_j = \frac{1}{n}\sum_{i=1}^{n} X_{ij}，x_{ji} = X_{ji} - \overline{X}_j，j = 1，2，y_i = Y_i - \overline{Y}，i = 1，\cdots，n。$$

利用矩阵形式，(3.2.5) 可表示为：

$$\hat{\beta} = (XX^T)^{-1}X^TY \tag{3.2.6}$$

**例3.1**　表3.1给出了某社区家庭对某种消费品的月消费资料数据，试建立适当的模型分析该社区居民家庭消费支出的特征，其中 $Y$（元）表示该商品的月消费支出总额，$X_1$ 为该商品的单价（元），$X_2$ 表示该社区中被调查家庭的月收入（元）。

**表3.1**　　**某社区对某商品消费量的抽样调查资料**　　单位：元

| 序号 | $X_1$ | $X_2$ | $Y$ | 序号 | $X_1$ | $X_2$ | $Y$ |
|---|---|---|---|---|---|---|---|
| 1 | 23.56 | 7620 | 591.9 | 6 | 34.14 | 12920 | 644.4 |
| 2 | 24.44 | 9120 | 654.5 | 7 | 35.30 | 14340 | 680.0 |
| 3 | 32.07 | 10670 | 623.6 | 8 | 38.70 | 15960 | 724.0 |
| 4 | 32.46 | 11160 | 647.0 | 9 | 39.63 | 18000 | 757.1 |
| 5 | 31.15 | 11900 | 674.0 | 10 | 46.68 | 19300 | 706.8 |

根据消费经济学的相关理论，居民家庭的月消费支出与消费的商品价格及居民家庭的月收入是密切相关的，大多数情况下呈现出线性变化关系，因此可以考虑建立模型 (3.2.7)，计算过程如表3.2所示。

$$Y_i = \beta_0 + \beta_1 X_{i1} + \beta_2 X_{i2} + u_i \tag{3.2.7}$$

根据表3.1，可计算得：

$$\overline{X}_1 = 33.813，\overline{X}_2 = 13099，\overline{Y} = 670.33$$

下面用 $x_1$，$x_2$，$y$ 分别表示 $X_1$，$X_2$ 和 $Y$ 的离差，即：

$$x_{1i} = X_{1i} - \overline{X}_1，x_{2i} = X_{2i} - \overline{X}_2，y_2 = Y_i - \overline{Y}$$

表 3.2　　模型（3.2.7）的计算过程

| 序号 | $x_1$ | $x_2$ | $y$ | $x_1^2$ | $x_2^2$ | $x_1x_2$ | $x_1y$ | $x_2y$ |
|---|---|---|---|---|---|---|---|---|
| 1 | -10.253 | -5479 | -78.43 | 105.124 | 30019441 | 56176.187 | 804.143 | 429717.97 |
| 2 | -9.373 | -3979 | -15.83 | 87.853 | 15832441 | 37295.167 | 148.375 | 62987.57 |
| 3 | -1.743 | -2429 | -46.73 | 3.038 | 5900041 | 4233.747 | 81.450 | 113507.17 |
| 4 | -1.353 | -1939 | -23.33 | 1.831 | 3759721 | 2623.467 | 31.565 | 45236.87 |
| 5 | -2.663 | -1199 | 3.67 | 7.092 | 1437601 | 3192.937 | -9.773 | -4400.33 |
| 6 | 0.327 | -179 | -25.93 | 0.107 | 32041 | -58.533 | -8.479 | 4641.47 |
| 7 | 1.487 | 1241 | 9.67 | 2.211 | 1540081 | 1845.367 | 14.379 | 12000.47 |
| 8 | 4.887 | 2861 | 53.67 | 23.883 | 8185321 | 13981.707 | 262.285 | 153549.87 |
| 9 | 5.817 | 4901 | 86.77 | 33.838 | 24019801 | 28509.117 | 504.741 | 425259.77 |
| 10 | 12.867 | 6201 | 36.47 | 165.560 | 38452401 | 79788.267 | 469.259 | 226150.47 |
| 合计 | 0 | 0 | 0 | 430.535 | 129178890 | 227587.430 | 2297.946 | 1468651.30 |

因此，

$$\sum x_{i1}^2 = 430.535, \ \sum x_{i2}^2 = 129178890,$$

$$\sum x_{i1}x_{i2} = 227587.430, \ \sum x_{i1}y_i = 2297.946, \ \sum x_{i2}y_i = 1468651.30$$

利用（3.2.5）可得

$$\hat{\beta}_1 = \frac{2297.430 \times 129178890 - 1468651.30 \times 227587.430}{430.535 \times 129178890 - (227587.430)^2} \approx -9.8085$$

$$\hat{\beta}_2 = \frac{1468651.30 \times 430.535 - 2297.946 \times 227587.430}{430.535 \times 129178890 - (227587.430)^2} \approx 0.0286$$

$$\hat{\beta}_0 = 670.33 + 9.8085 \times 33.813 - 0.0286 \times 13099 = 627.353$$

因此对应的回归模型方程为

$$\hat{Y}_i = 627.353 - 9.8085X_1 + 0.0286X_2$$

根据上述回归结果，可以发现：

（1）当社区中被调查家庭的月收入（$X_2$）不变时，如果商品价格（$X_1$）上升 1 元，则社区居民家庭对该商品的月消费支出总额（$Y$）将下降 9.805 元；

（2）当商品价格（$X_1$）不变时，如果社区中被调查家庭的月收入（$X_2$）上升 100 元，则该社区居民家庭对该商品的月消费支出总额（$Y$）将上升 2.86 元，

因此变量 $X_1$ 与 $X_2$ 的系数的符号是符合实际经济现象的，同时也可以直观地推测，该社区居民家庭对于该商品的消费量的变化，其受到商品价格变化与收入变化的影响程度差异还是比较大的，还需要对该问题进行深入分析，才能够探寻到影响消费变化的深层次的因素。

## 3.3　参数的 OLS 估计量的性质

线性回归模型（3.2.1）的参数的 OLS 估计量为：

$$\hat{\beta}=(X^TX)^{-1}X^TY \tag{3.3.1}$$

即参数估计量 $\hat{\beta}$ 是 $Y_i$ 的线性组合，且：

$$\hat{\beta}=(X^TX)^{-1}X^T(X\beta+u)=\beta+(X^TX)^{-1}X^Tu \tag{3.3.2}$$

从而：

$$E(\hat{\beta})=\beta+(X^TX)^{-1}X^TE(u)=\beta \tag{3.3.3}$$

即 $\hat{\beta}$ 是参数 $\beta$ 的无偏估计量。

令 $H=(X^TX)^{-1}X^T$，则 $\hat{\beta}$ 的方差－协方差是：

$$\text{Var}(\hat{\beta})=E[(\hat{\beta}-\beta)(\hat{\beta}-\beta)^T]=H[E(uu^T)]H^T=\sigma^2HH^T=(X^TX)^{-1}\sigma^2 \tag{3.3.4}$$

模型（3.2.1）的随机误差项 $u$ 的方差 $\sigma^2$ 的估计如下：

$$s^2=\frac{u^Tu}{n-k-1}=\frac{1}{n-k-1}RSS \tag{3.3.5}$$

其中 $RSS$ 是线性回归模型（3.2.1）的残差平方和，其自由度是 $n-k-1$，$k$ 是回归模型中解释变量的个数。

利用 $\sigma^2$ 的估计量 $s^2$ 代入可得 $\text{Var}(\hat{\beta})$ 的估计量：

$$\overline{\text{Var}}(\hat{\beta})=(X^TX)^{-1}s^2 \tag{3.3.6}$$

由于 OLS 估计量 $\hat{\beta}_j$，$j=0, 1, \cdots, k$ 是误差 $u_i$ 的线性组合，因此：

$$\hat{\beta}_j\sim N(\beta_j,\ c_{jj}s^2) \tag{3.3.7}$$

其中，系数 $c_{jj}$ 是矩阵 $(X^TX)^{-1}$ 的主对角线上的第 $j$ 个元素。

对于给定的置信水平 $1-\alpha$，利用 OLS 估计量的抽样分布（3.3.7）可以构造参数 $\beta_j$ 的置信区间

$$(\hat{\beta}_j - se(\hat{\beta}_j)\cdot t_{\alpha/2}(n-k-1),\ \hat{\beta}_j + se(\hat{\beta}_j)\cdot t_{\alpha/2}(n-k-1)) \quad (3.3.8)$$

其中 $t_{\alpha/2}(n-k-1)$ 是自由度为 $n-k-1$ 的 $t$ - 分布的上侧分位数。

**例 3.2** 利用例 3.1 的回归结论计算参数的估计量 95% 置信区间。

样本回归直线方程为：

$$\hat{Y}_i = 626.509 - 9.7906X_{i1} + 0.0286X_{i2}$$

由此可以计算回归残差 $\hat{u}_i$ 及相关数据，获得表 3.3 数据。

**表 3.3** **回归参数的置信区间的计算**

| 序号 | $X_1$ | $X_2$ | $Y$ | $\hat{Y}_i$ | $\hat{u}_i$ | $\hat{u}_i^2$ |
|---|---|---|---|---|---|---|
| 1 | 23.56 | 7620 | 591.9 | 613.91 | -22.01 | 484.44 |
| 2 | 24.44 | 9120 | 654.5 | 648.23 | 6.27 | 39.31 |
| 3 | 32.07 | 10670 | 623.6 | 617.88 | 5.72 | 32.72 |
| 4 | 32.46 | 11160 | 647.0 | 628.09 | 18.91 | 357.59 |
| 5 | 31.15 | 11900 | 674.0 | 662.09 | 11.91 | 141.85 |
| 6 | 34.14 | 12920 | 644.4 | 662.01 | -17.61 | 310.11 |
| 7 | 35.30 | 14340 | 680.0 | 691.29 | -11.29 | 127.46 |
| 8 | 38.70 | 15960 | 724.0 | 704.36 | 19.64 | 385.73 |
| 9 | 39.63 | 18000 | 757.1 | 753.64 | 3.46 | 11.97 |
| 10 | 46.68 | 19300 | 706.8 | 721.82 | -15.02 | 225.60 |
| 合计 | 338.13 | 130990 | 6703.3 | — | 0 | 2116.78 |

由表 3.3 数据可知：

$$\overline{X}_1 = 33.813,\ \overline{X}_2 = 13099,\ \overline{Y} = 670.33$$

$$s^2 = \frac{1}{n-3}\sum \hat{u}_i^2 = \frac{2116.78}{7} = 302.397,\ s = 17.39$$

$$X^TX = \begin{pmatrix} n & \sum X_{i1} & \sum X_{i2} \\ \sum X_{i1} & \sum X_{i1}^2 & \sum X_{i1}X_{i2} \\ \sum X_{i2} & \sum X_{i1}X_{i2} & \sum X_{i2}^2 \end{pmatrix} = \begin{pmatrix} 10 & 338.13 & 130990 \\ 338.13 & 11863.73 & 4656752 \\ 130990 & 4656752 & 1845016900 \end{pmatrix}$$

$$(X^TX)^{-1}=\begin{pmatrix}5.325 & -0.363 & 5.382\times10^{-4}\\ -0.363 & 0.0338 & -5.958\times10^{-5}\\ 5.382\times10^{-4} & -5.958\times10^{-5} & 1.127\times10^{-7}\end{pmatrix}$$

因此：

$$se(\hat{\beta}_0)=\sqrt{c_{11}}s=\sqrt{5.325}\times17.39\approx40.13$$

$$se(\hat{\beta}_1)=\sqrt{c_{22}}s=\sqrt{0.0338}\times17.39\approx3.20$$

$$se(\hat{\beta}_2)=\sqrt{c_{33}}s=\sqrt{1.127\times10^{-7}}\times17.39\approx5.83\times10^{-3}$$

又已知在 $\alpha=5\%$ 时，$t_{0.025}(7)=2.365$。根据式（3.3.8），可分别计算得各参数的置信度为 95% 的置信区间如下：

$\beta_0$ 的置信区间为：

$(626.509-40.13\times2.365,\ 626.509+40.13\times2.365)=(531.60,\ 721.42)$

$\beta_1$ 的置信区间为：

$(-9.7906-3.20\times2.365,\ -9.7906+3.20\times2.365)=(-17.3586,\ -2.2226)$

$\beta_2$ 的置信区间为：

$(0.0286-0.00583\times2.365,\ 0.0286+0.000583\times2.365)=(0.0148,\ 0.0424)$

利用 $R$ 软件计算结果为：

```
                 2.5%        97.5%
(Intercept)    531.6167     721.4019
     X1        -17.3523     -2.2289
     X2          0.0148      0.0424
```

## 3.4　回归系数显著性检验

### 3.4.1　单个系数显著性检验

当我们根据某个经济理论或经验建立如式（3.2.1）形式的回归模型后，需要考虑的一个问题：如果选择用变量 $X_j$ 的变化来解释 $Y$ 的变化，这样的选择是否正确？即是否有可能出现在真实经济现实中变量 $X_j$ 对 $Y$ 是没有解释能力的，体现在回归模型中，就表现为变量 $X_j$ 的系数 $\beta_j=0$ 的情况。

由抽样分布式（3.3.7）可知，

$$\frac{\hat{\beta}_j-\beta_j}{se(\hat{\beta}_j)}\sim t(n-k-1),\ j=0,\ 1,\ \cdots,\ k \tag{3.4.1}$$

其中 $se(\hat{\beta}_j)$ 是估计量 $\hat{\beta}_j$ 的标准差。

为了判断解释变量 $X_j$，$j=1$，…，$k$ 是否对被解释变量 $Y$ 具有解释能力，可以构造假设检验：

$$H_0: \beta_j=0 \quad H_1: \beta_j\neq 0$$

在 $H_0$ 成立条件下，对应的检验统计量为：

$$t=\frac{\hat{\beta}_j}{se(\hat{\beta}_j)}\sim t(n-k-1) \tag{3.4.2}$$

如果在给定的显著性水平 $\alpha$ 下拒绝了原假设 $H_0$，即 $\beta_j\neq 0$ 成立，则说明对于给定的样本数据，没有理由拒绝 $H_1$，即在给定样本资料的条件下，变量 $X_j$ 对变量 $Y$ 具有相应的解释能力，也即是选择变量 $X_j$ 来解释变量 $Y$ 的变化特征是有效的。

在例 3.2 中考虑检验解释变量 $X_2$（月收入）是否对消费（$Y$）具有解释能力，可用以下假设检验完成：

$$H_0: \beta_2=0,\ H_1: \beta_2\neq 0$$

根据例 3.2 的结果，可得：

$$t=\frac{\hat{\beta}_2}{se(\hat{\beta}_2)}=\frac{0.0286}{0.00583}=4.90$$

在 $\alpha=5\%$ 时 $t_{0.025}(7)=2.365$，因此 $|t|>t_{0.025}(7)$，即应该拒绝 $H_0$，接受 $H_1$，这表明解释变量 $X_2$ 对 $Y$ 具有显著的解释能力。

在 R 软件中，获得参数估计量的统计检验量的程序：

```
summary(lm.sol)[[4]] #输出结果是 3×4 矩阵
```

| | Estimate | Std. Error | t value | Pr( >\|t\|) |
|---|---|---|---|---|
| (Intercept) | 626.509285 | 40.130100 | 15.612 | 1.07e-06*** |
| X1 | -9.790570 | 3.197843 | -3.062 | 0.01828* |
| X2 | 0.028618 | 0.005838 | 4.902 | 0.00175** |

其中第 3 列 t value 对应于各参数的 $t$-统计量。

如果需要检验的原假设形式是：

$H_0$：$\beta_j = a$，其中 $a$ 是某个确定常数。

由于 $se(\hat{\beta}_j - a) = se(\hat{\beta}_j)$，可构造检验统计量：

$$T = \frac{\hat{\beta}_j - a}{se(\hat{\beta}_j)} \sim t(n-k-1) \tag{3.4.3}$$

检验方法与式（3.4.2）是类似的。

## 3.4.2　两个系数的线性组合关系的显著性检验

如果需要检验的问题是：

$$\text{H}_0:\ \beta_i = \beta_j,\quad \text{H}_1:\ \beta_i \neq \beta_j, \tag{3.4.4}$$

其中 $\beta_i$，$\beta_j$ 分别是解释变量 $X_i$ 与 $X_j$ 的系数。

由于

$$\text{Var}(\hat{\beta}_i - \hat{\beta}_j) = \text{Var}(\hat{\beta}_i) + \text{Var}(\hat{\beta}_j) - 2\text{cov}(\hat{\beta}_i, \hat{\beta}_j)$$

从回归估计量中容易获得 $\text{Var}(\hat{\beta}_i)$ 与 $\text{Var}(\hat{\beta}_j)$ 的值，但是 $\text{cov}(\hat{\beta}_i, \hat{\beta}_j)$ 的值却不容易获得，因此 $se(\hat{\beta}_i - \hat{\beta}_j)$ 的值也就难以确定，为了完成相应的检验，可以将检验形式（3.4.4）进行调整，下面以例3.3为例说明调整方法。

**例3.3**　利用表3.1数据资料，试建立该社区居民家庭消费支出的弹性模型，即建立模型：

$$\log Y_i = \beta_0 + \beta_1 \log X_{1i} + \beta_2 \log X_{2i} + u_i \tag{3.4.5}$$

其中 $X_1$ 为商品的单价（元），$X_2$ 表示该社区中被调查家庭的月收入（元）。

利用相关数据，回归结果如下：

$$\widehat{\log Y} = 2.9354 - 0.5109X_1 + 0.5676X_2$$

$$(5.96)\quad(-3.54)\quad(5.56)$$

$$n = 10,\ s = 0.023,\ R^2 = 0.9218$$

$$F = 41.28\quad p\_value = 0.0001$$

如果我们关注的问题是商品单价 $X_1$ 和家庭月收入 $X_2$ 关于消费支出 $Y$ 的弹性是否互为相反数，即检验：

$$\text{H}_0:\ \beta_1 = -\beta_2\quad \text{H}_1:\ \beta_1 \neq -\beta_2 \tag{3.4.6}$$

令 $\delta_1 = \beta_1 + \beta_2$，则，$\beta_1 = \delta_1 - \beta_2$，模型（3.4.5）调整如下：

$$\log Y_i = \beta_0 + \delta_1 \log X_{i1} + \beta_2 \log(X_{i1}/X_{i2}) + u_i \tag{3.4.7}$$

检验目标调整为：

$$H_0: \beta_1 = 0, \quad H_1: \delta_1 \neq 0$$

因此可构造检验统计量：

$$t = \frac{\hat{\delta}_1}{se(\hat{\delta}_1)} \sim t(n-3) \tag{3.4.8}$$

计算结果如下：

| | Estimate | Std. Error | t value | Pr(>\|t\|) |
|---|---|---|---|---|
| (Intercept) | 2.93535577 | 0.49275904 | 5.956980 | 0.0005660901 |
| log(X1) | 0.05666481 | 0.05260187 | 1.077239 | 0.3170911269 |
| I(log(X1/X2)) | -0.56759188 | 0.10216024 | -5.555898 | 0.0008545934 |

根据上述计算结果，显然不应该拒绝 $H_0$，即商品单价 $X_1$ 和家庭月收入 $X_2$ 关于消费支出 $Y$ 的弹性是互为相反数的原假设不应该被拒绝。

在 R 软件中，对于 $H_0$ 的检验，可以检验修正模型（3.4.7）中参数 $\delta_1=0$ 是否成立来进行，也可以直接对模型（3.4.5）进行检验，其检验程序如下：

```
library(car)
#建立 H0，检验 log(X1) 与 log(X2) 的系数之和是否等于
myH0 <- c("log(X1) + log(X2) = 0")
linearHypothesis (lm.sol, myH0) #利用无约束模型的回归结果检验 H0
Hypothesis:
log(X1) + log(X2) = 0
Model 1:restricted model
Model 2:log(Y) ~ log(X1) + log(X2)
```

| | Res.Df | RSS | Df | Sum of Sq | F | Pr(>F) |
|---|---|---|---|---|---|---|
| 1 | 8 | 0.0043573 | | | | |
| 2 | 7 | 0.0037377 | 1 | 0.00061963 | 1.1604 | 0.3171 |

上述分析结果中，*Rse. Df* 表示对应模型的残差自由度，*RSS* 表示对应的残差平方和，*Df* 表示约束个数（$q$），*Sum of Sq* 对应于约束模型与无约束模型的残差平方和之差，$F$ 对应于 $F$ - 统计量，$Pr(>F)$ 对应于相应的 $F$ 检验的 $p$ - 值。

从检验结果看，对应的 $F$ 统计量为 1.16，其 $p$ 值为 0.3171，因此不能拒

绝原假设 $H_0$，即 $Y$ 关于 $X_1$ 与 $X_2$ 的弹性之和等于 0，换言之，变量 $\log(X_1)$ 与 $\log(X_2)$ 的系数是互为相反数的。

### 3.4.3　多个系数的联合假设检验

在建立多元线性回归模型时，对于解释变量的选择存在一定的随意性，不同的变量选择会直接影响到模型的分析，因此需要考虑在一个已经存在的回归模型的基础上是否进行解释变量的调整，即对部分变量进行增加或者删除。

如果参数检验问题是针对单个参数估计量或者两个参数估计量进行检验，通过 $t$ – 检验就可以完成，但是如果涉及三个或三个以上的参数的联合假设检验时，$t$ – 检验就无能为力了。

考虑如下两个线性回归模型：

$$Y=\beta_0+\beta_1X_1+\cdots+\beta_{k-q}X_{k-q}+u_i \tag{3.4.9}$$

$$Y=\beta_0+\beta_1X_1+\cdots+\beta_kX_k+u \tag{3.4.10}$$

式（3.4.9）可以看作是在式（3.4.10）中增加 $q$ 个约束条件（3.4.11）下的回归模型，其中：

$$H_0: \beta_{k-q+1}=0, \ \cdots, \ \beta_k=0 \tag{3.4.11}$$

记 $RSS_R$ 表示约束模型（3.4.9）的回归残差平方和，$RSS_{UR}$ 表示无约束模型（3.4.10）的回归残差平方和，显然，$RSS_R>RSS_{UR}$。

利用这两个残差平方和，可以构造检验 $H_0$ 的统计量：

$$F=\frac{(RSS_R-RSS_{UR})/q}{RSS_{UR}/(n-k-1)}\sim F(q, \ n-k-1) \tag{3.4.12}$$

利用式（3.4.9）和式（3.4.10）的拟合优度指标，可以构造 $R^2$ 形式的统计量：

$$F=\frac{(R_{UR}^2-R_R^2)/q}{(1-R_{UR}^2)/(n-k-1)}\sim F(q, \ n-k-1) \tag{3.4.13}$$

**例 3.4**　考虑美国棒球职业大联盟中运动员薪水的决定因素模型：

$$\log(salary)=\beta_0+\beta_1 years+\beta_2 gamesyr+\beta_3 bavg+\beta_4 hrunsyr+\beta_5 rbisyr+u \tag{3.4.14}$$

其中，*salary* 表示 1993 年的总薪水，*years* 表示加入联盟的年数，*gamesyr* 表示平均每年参加比赛的次数，*bavg* 表示职业击球率，*hrunsyr* 表示平均每年的本垒打次数，*rbisyr* 表示每年的击球跑垒得分。

假设我们打算分析在控制加入联盟的年数和每年的比赛次数以后，表现球

员能力的变量 *bavg*、*hrunsyr* 和 *rbisyr* 是否对球员的薪水具有显著影响，即考虑假设检验：

$H_0$：$\beta_3=0$，$\beta_4=0$，$\beta_5=0$ $H_1$：$\beta_3$，$\beta_4$，$\beta_5$ 至少有一个不等于 0 (3.4.15)

检验（3.4.15）中的原假设也称为排除性约束：若 $H_0$ 成立，则控制变量 *years* 和 *gamesyr* 后，变量 *bavg*、*hrunsyr* 和 *rbisyr* 对球员的薪水没有显著影响，因此就应该从式（3.4.14）中剔除，即建立如下约束模型：

$$\log(salary)=\beta_0+\beta_1 years+\beta_2 gamesyr+u \tag{3.4.16}$$

使用数据集 MLB1，估计获得：

$$\begin{aligned}\log(\widehat{salary})=&\ 11.90+0.0689years+0.0126gamesyr+0.00098bavg\\&(0.29)\quad(0.0121)\qquad(0.0026)\qquad\quad(0.0011)\\&+0.014hrunsyr+0.0108rbisyr\\&(0.0161)\qquad(0.0072)\\&n=353,\ RSS=183.186,\ R^2=0.6278\end{aligned} \tag{3.4.17}$$

回归结果（3.4.17）中，括号内的数据是参数估计量的标准差，控制变量 *years* 和 *gamesyr* 都是显著不等于 0，但是单独分析变量 *bavg*、*hrunsyr* 和 *rbisyr* 时，只有 *rbisyr* 是接近于显示的（*p_value* 约为 0.134），即这三个解释变量均没有统计显著地不等于 0。

但是假设检验（3.4.15）的目标是解释变量 *bavg*、*hrunsyr* 和 *rbisyr* 的系数同时等于 0，因此不能单独对这三个变量的系数是否等于 0 进行检验。

在 $H_0$ 成立下，回归估计结果如下：

$$\begin{aligned}\log(\widehat{salary})=&\ 11.22+0.0713years+0.0202gamesyr\\&(0.11)\quad(0.0125)\qquad(0.0013)\\&n=353,\ RSS=198.311,\ R^2=0.5971\end{aligned} \tag{3.4.18}$$

式（3.4.18）是约束模型（3.4.16）的估计结果，括号内的数据是参数估计量的标准差。

正如预想结果，式（3.4.18）的残差平方和 $RSS_R=198.311$ 比式（3.4.17）的残差平方和 $RSS_{UR}=183.186$ 大一些，同时无约束模型（3.4.17）的 $R_{UR}^2=0.6278$ 比约束模型（3.4.18）的 $R_R^2=0.5971$ 要大一点。

检验 $H_0$ 的统计量为：

$$F=\frac{(RSS_R-RSS_{UR})/q}{RSS_{UR}/(n-k-1)}=\frac{(198.311-183.186)/3}{183.186/347}=9.55$$

或者

$$F=\frac{(R_{UR}^2-R_R^2)/q}{(1-R_{UR}^2)/(n-k-1)}=\frac{(0.6278-0.5971)/3}{(1-0.6278)/347}=9.54$$

在5%的显著性水平下，$F$（3，347）的临界值约为2.6，在1%的显著性水平下，$F$（3，347）的临界值约为3.78，因此无论是5%的显著性水平，还是1%的显著性水平下，都可以拒绝原假设 $H_0$，即解释变量 *bavg*、*hrunsyr* 和 *rbisyr* 的系数不会同时等于0，说明这三个解释变量中至少有一个变量会对联盟中运动员的薪水有重要影响能力。

换言之，在反映联盟中运动员技术水平的这三个能力指标中，至少有一个变量对球员薪水具有重要作用。

```
#Modelling(3.4.14) - unrestricted model
MLB_ur < - lm(lsalary ~ years + gamesyr + bavg + hrunsyr + rbisyr)
#检验:bavg,hrunsyr,rbisyr 的系数是否同时都等于 0
#在 H0:beta_3 = beta_4 = beta_5 = 0 下构造约束模型 Model(3.4.16)
MLB_r < - lm(lsalary ~ years + gamesyr)
#检验模型(3.4.14)与模型(3.4.16)是否有显著差异
SSR_ur < - deviance(MLB_ur)          #模型(3.4.17)的残差平方和
df1 < - df.residual(MLB_ur)          #模型(3.4.17)的残差自由度
SSR_r < - deviance(MLB_r)            #模型(3.4.17)的残差平方和
df2 < - df.residual(MLB_r)           #模型(3.4.18)的残差自由度
q < - df2 - df1
F_1 < - ((SSR_r - SSR_ur)/q)/(SSR_ur/df1)   #计算残差平方和形式的 F
统计量
c < - qf(0.95,q,df1)                 #α = 5% 的单侧检验临界值 c
if(F_1 < c)list("failed to reject H0")else list("reject H0")   #
输出检验结果
p_value < - 1 - pf(F_1,q,df1)        #计算统计量对应和 p - 值
或者
R2_ur < - summary(MLB_ur) $ r.squared     #提取模型(3.4.17)的 R^2
```

```
R2_r < -summary(MLB_r)[[8]]              #提取模型(3.4.18)的 R²
F_2 < -((R2_r -R2_ur)/q)/((1 -R2_1)/df1)  # R² 形式的 F 统计量
p_value < -1 -pf(F_2,q,df1)
```

在 R 中也可以用以下检验程序完成：

```
library(car)
#H0:变量 bavg、hrunsyr 和 rbisyr 的系数是否等于 0
myH0 < -c("bavg =0","hrunsyr =0","rbisyr =0")
linearHypothesis(lm.sol,myH0)  #利用无约束模型的回归结果检验 H0
Linear hypothesis test
Hypothesis:
    bavg =0
    hrunsyr =0
    rbisyr =0
    Model 1:restricted model
    Model 2:lsalary ~ years +gamesyr +bavg +hrunsyr +rbisyr
        Res.Df    RSS      Df    Sum of Sq    F        Pr( >F)
  1      350     198.31
  2      347     183.19     3      15.125   9.5503  4.474e -06***
 ---
Signif.codes: 0 '***' 0.001 '**' 0.01 '*' 0.05 '.' 0.1 '' 1
```

联合假设检验的 $p$ - 值看是 $4.47\times10^{-6}$，应该拒绝原假设，即解释变量 bavg、hrunsyr 和 rbisyr 的系数同时等于 0 是不正确的。换言之，这 3 个变量的系数至少有一个不等于 0。

### 3.4.4 模型显著性检验

考虑如下线性回归模型：

$$Y=\beta_0+\beta_1X_1+\cdots+\beta_kX_k+u_i \tag{3.4.19}$$

对于模型（3.4.19），我们可能提出的一个原假设是该模型中所有解释变量对被解释变量都没有解释能力，即构造原假设：

$H_0$：$X_1$，…，$X_k$ 对 $Y$ 没有解释能力

上述原假设的参数形式为：

$$H_0: \beta_1 = 0, \cdots, \beta_k = 0$$

类似于统计量（3.4.13），可建立如下检验 $H_0$ 的统计量：

$$F = \frac{R^2/k}{(1-R^2)/(n-k-1)} \tag{3.4.20}$$

在构造拟合优度统计量 $R^2$ 时，我们获得了恒等式：

$$TSS = ESS + RSS$$

其中 $TSS$ 的自由度为 $n-1$，$ESS$ 的自由度为 $k$，$RSS$ 的自由度为 $n-k-1$，因此利用此恒等式可以构造方差分析的统计量，并用此统计量对模型的统计特征进行推断。

$$F = \frac{ESS/k}{RSS/(n-k-1)} \tag{3.4.21}$$

如果误差项 $u_i$ 是服从正态分布，且 $H_0$ 成立，则可证明 $F \sim F(k, n-k-1)$。

当 $H_0$ 为真时，两式均给出了误差方差 $\sigma^2$ 的无偏估计，此时解释变量 $X$ 对被解释变量 $Y$ 没有任何线性作用，$Y$ 的变异全部由随机误差项 $u_i$ 的变异来解释。当 $H_0$ 不为真时，解释变量 $X$ 对被解释变量 $Y$ 具有一定的线性作用，此时 $Y$ 的变异中有一部分由解释变量 $X$ 的变异来解释。

$F$ 统计量可以对 $H_0$ 是否成立给出一个定量的判定，如果 $F$ 的样本值大于显著性水平 $\alpha$ 下的临界值 $F_\alpha(k, n-k-1)$，可以拒绝原假设 $H_0$。

由此可知，$R^2$ 与 $F$ 统计量都是针对模型设定的检验方法，通过这个方法可确定模型形式的合理性。

利用例 3.2 的数据可计算得出对应回归模型的 $F$ 为：

$$F = 32.29 > F_{0.5}(2, 7) = 4.74$$

在 R 中可以用以下检验程序完成 $H_0$ 检验：

```
summary(lm.sol)[[10]]#从回归输出列表中提取 F -统计量的相关内容
```

### 3.4.5　一般性的线性约束性检验

考虑如下线性回归模型

$$Y = \beta_0 + \beta_1 X_1 + \cdots + \beta_k X_k + u_i \tag{3.4.22}$$

对于模型（3.4.22），考虑参数满足如下的一组线性约束

$$\begin{cases} r_{11}\beta_1 + r_{12}\beta_2 + \cdots + r_{1k}\beta_k = q_1 \\ r_{21}\beta_1 + r_{22}\beta_2 + \cdots + r_{2k}\beta_k = q_1 \\ \cdots\cdots \\ r_{J1}\beta_1 + r_{J2}\beta_2 + \cdots + r_{Jk}\beta_k = q_J \end{cases} \tag{3.4.23}$$

线性约束（3.4.23）可表示为 $R\beta = q$。其中

$$R = \begin{pmatrix} r_{11} & r_{12} & L & r_{1k} \\ r_{21} & r_{22} & L & r_{2k} \\ \vdots & \vdots & L & \vdots \\ r_{J1} & r_{J2} & L & r_{Jk} \end{pmatrix}, \quad \beta = \begin{pmatrix} \beta_1 \\ \beta_2 \\ \vdots \\ \beta_k \end{pmatrix}, \quad q = \begin{pmatrix} q_1 \\ q_2 \\ \vdots \\ q_j \end{pmatrix}$$

对于全部回归参数，给予 $J$ 个线性约束，由于需要这 $J$ 个约束具有独立性，因此矩阵 $R$ 必须是行满秩的，即 $J < K$。相应地，在线性约束（3.4.23）中，就只有 $k - J$ 个参数是自由变化的。

考虑对线性约束（3.4.23）的假设检验问题：

$$\mathrm{H}_0: R\beta - q = 0 \qquad \mathrm{H}_1: R\beta - q \neq 0$$

其中，$R$ 是一个 $J \times k$ 的矩阵，$J$ 表示需要检验的线性约束个数。下面举几个例子：

（1）一个系数等于0，$\mathrm{H}_0$：$\beta_j = 0$，

$$R = [0, \cdots, 0, 1, 0, \cdots 0], \quad q = 0$$

（2）两个系数相等，$\mathrm{H}_0$：$\beta_i = \beta_j$，

$$R = [0, \cdots, 0, 1, 0, \cdots, 1, \cdots 0], \quad q = 0$$

（3）多个系数的线性组合等于 $q$，$\mathrm{H}_0$：$c_1\beta_1 + c_2\beta_2 + c_3\beta_3 = a$，

$$R = [c_1, c_2, c_3, 0, \cdots, \cdots 0], \quad q = a$$

（4）系数的一个子集等于0，$\mathrm{H}_0$：$\beta_1 = 0$，$\beta_2 = 0$，$\beta_3 = 0$，

$$R = \begin{bmatrix} 1 & 0 & 0 & 0 & \cdots & 0 \\ 0 & 1 & 0 & 0 & \cdots & 0 \\ 0 & 0 & 1 & 0 & \cdots & 0 \end{bmatrix} = [I, 0], \quad q = \begin{bmatrix} 0 \\ 0 \\ 0 \end{bmatrix},$$

（5）多个线性约束：$\mathrm{H}_0$：$\beta_1 + \beta_2 = 1$，$\beta_1 + \beta_3 + \beta_5 = 0$，$\beta_2 + 2\beta_4 + \beta_6 = 0$，

$$R = \begin{bmatrix} 1 & 1 & 0 & 0 & 0 & 0 \\ 1 & 0 & 1 & 0 & 1 & 0 \\ 0 & 1 & 0 & 2 & 0 & 1 \end{bmatrix}, \quad q = \begin{bmatrix} 1 \\ 0 \\ 0 \end{bmatrix},$$

（6）回归模型全部解释变量系数均等于零：$H_0$：$\beta_j=0$，$j=1$，…，$k$。

$$R=[0,\ I_{k-1}],\ q=0,$$

对于给定的 OLS 估计量 $\hat{\beta}$，假设检验 $H_0$ 的主要目标是 $R\hat{\beta}-q=m$。

由于 $m$ 不一定正好等于 0，因此统计检验的目标就成为判断 $m$ 与 0 的差异是否是由随机误差形成的。

由于 $\hat{\beta}$ 服从正态分布，从而 $m$ 也是正态分布[①]，若 $H_0$：$R\beta-q=0$ 成立时，$m$ 满足的均值向量与协方差矩阵分别如下：

均值向量：

$$E[m\mid X]=Re[\hat{\beta}\mid X]-q=R\beta-q=0$$

协方差矩阵：

$$\mathrm{Var}[m\mid X]=\mathrm{Var}[R\hat{\beta}-q\mid X]=R\mathrm{Var}[\hat{\beta}\mid X]R^T=\sigma^2R(X^TX)^{-1}R^T$$

对于 $H_0$：$R\beta-q=0$ 可以构造 Wald 统计量：

$$\begin{aligned}W&=(R\hat{\beta}-q)^T(\sigma^2R(X^TX)^{-1}R^T)^{-1}(R\hat{\beta}-q)\\&=\frac{(R\hat{\beta}-q)^T[R(X^TX)^{-1}R^T]^{-1}(R\hat{\beta}-q)}{\sigma^2}\sim\chi^2(J)\end{aligned}\tag{3.4.24}$$

其中 $J$ 是线性约束的个数。

由于 $\sigma^2$ 未知，$W$ 统计量不能直接使用，需要用无约束模型的残差方差 $s^2$ 来估计 $\sigma^2$，即：

$$s^2=\frac{1}{n-k-1}\sum_{i=1}^{n}\hat{u}_i^2=\frac{1}{n-k-1}ESS,$$

因此，可以构造一个 $F$ 统计量，

$$\begin{aligned}F&=\frac{W/J}{\dfrac{(n-k-1)s^2/\sigma^2}{n-k-1}}\\&=\frac{(R\hat{\beta}-q)^T[s^2R(X^TX)^{-1}R^T]^{-1}(R\hat{\beta}-q)}{J}\sim F(J,\ n-k-1)\end{aligned}\tag{3.4.25}$$

利用相关参数估计量，就可以计算（3.4.25）形式的线性约束检验，从而完成对相关参数约束关系的统计推断。

---

① $m$ 是 $\hat{\beta}$ 的线性函数。

# 3.5 判定系数 $R^2$、调整的判决系数 $\overline{R}^2$ 和 $F$ 检验

## 3.5.1 判定系数 $R^2$

根据回归残差的定义，被解释变量 $Y_i$ 的离差可以表示如下：

$$Y_i - \overline{Y} = Y_i - \hat{Y}_i + \hat{Y}_i - \overline{Y} = \hat{u}_i + (\hat{Y}_i - \overline{Y}) \tag{3.5.1}$$

其中，$\hat{u}_i$ 表示回归残差，$\hat{Y}_i - \overline{Y}$ 表示回归直线的点（$X_i$，$\hat{Y}_i$）到被解释变量 $Y$ 的平均值线的距离。

对于一个给定的样本，“好的”回归方程应该满足对全部样本点而言，残差部分在 $Y_i$ 的总变差中占据的比例最小，可以定义以下三个量来说明这种方法：

总平方和（Total Sum of Square）：$TSS = \sum (Y_i - \overline{Y})^2$；

解释变量平方和（Explained Sum of Square）：$ESS = \sum (\hat{Y}_i - \overline{Y})^2$；

残差平方和（Residual Sum of Square）：$\mathrm{RSS} = \sum (Y_i - \hat{Y}_i)^2$。

利用回归模型的性质，可证明：

$$TSS = ESS + RSS \tag{3.5.2}$$

拟合优度统计量 $R^2$ 的定义：

$$R^2 = \frac{ESS}{TSS} = 1 - \frac{RSS}{TSS}$$

$R^2$ 称为判定系数或拟合优度，它是回归直线拟合优度的常用度量，显然 $0 \leqslant R^2 \leqslant 1$。通常地说，$R^2$ 衡量了在 $Y$ 的总变异中由回归模型解释的部分所占的比，常用于比较具有不同解释变量的回归模型结果的有效性。但是在使用 $R^2$ 时，存在一些问题：

首先，对于回归模型，当解释变量个数增加时，拟合优度指标 $R^2$ 一定不会降低，这样在使用中容易导致在回归模型中增加过多的解释变量。

其次，如果回归模型不包含截距项（常数项），$R^2$ 的使用与解释都比较困难，此时 $R^2$ 的取值不一定在 0 ~ 1 之间。

### 3.5.2　调整的判决系数 $\bar{R}^2$

用 $R^2$ 度量拟合优度的不足，主要在于 $R^2$ 只考虑了 $Y$ 的总变差中被解释部分和未被解释部分，没有考虑到两者的自由度的影响，同时 $R^2$ 也会简单地随着解释变量个数的增加而增大，从而利用 $R^2$ 对回归模型的优劣进行评价时可能会导致偏差。

基于上述原因，可以利用对应统计量的方差代替相应的变差构造新的拟合优度检验指标，即调整的判决系数 $\bar{R}^2$：

$$\bar{R}^2 = 1 - \frac{\widehat{\mathrm{Var}}(\hat{u})}{\widehat{\mathrm{Var}}(Y)} \tag{3.5.3}$$

其中：

$$\widehat{\mathrm{Var}}(\hat{u}) = \frac{RSS}{n-k-1}, \quad \widehat{\mathrm{Var}}(Y) = \frac{TSS}{n-1},$$

从而：

$$\bar{R}^2 = 1 - \frac{RSS/(n-k-1)}{TSS/(n-1)} \tag{3.5.4}$$

由此可得：

$$\bar{R}^2 = 1 - (n-1) \times \frac{1-R^2}{n-k-1} \tag{3.5.5}$$

利用例3.2的数据可计算得对应回归模型的 $R^2$、$\bar{R}^2$ 分别为：

$R^2 = 0.9022$，$\bar{R}^2 = 0.8743$.

根据式（3.5.5）可知，

（1）当 $k=1$ 时 $\bar{R}^2 = R^2$。

（2）当 $k>1$ 时 $\bar{R}^2 < R^2$。

（3）当 $R^2 < \frac{k}{n-1}$ 时，$\bar{R}^2 < 0$，即只有在 $R^2$ 较大时应用 $\bar{R}^2$ 才有价值。

因此，相比于 $R^2$，$\bar{R}^2$ 可以理解为带有惩罚性质的 $R^2$，其取值并不因为解释变量个数（$k$）的增加而一定增大，从式（3.5.5）可以发现，在 $k$ 增大时，$\bar{R}^2$ 存在减小的可能。

增加新解释变量的一个判断原则。

根据 $\bar{R}^2$ 的特点可以获得在原有模型中是否应该增加某一个新的解释变量的一个方法：

如果增加该解释变量之后，线性回归模型的 $\overline{R}^2$ 增大，则说明该解释变量确实能够提高对被解释变量的解释能力，否则该变量就不应该增加到原有模型中。

## 3.6 利用多元回归模型进行预测分析

利用例 3.1 的结论，

$$\hat{Y}_i = 626.509 - 9.7906X_1 + 0.0286X_2 \quad (3.6.1)$$

其中 $\hat{Y}_i$ 是对于给定 $X$ 条件下真实的 $E(Y_i)$ 的估计量。利用这个由有限样本获得的回归方程，可以预测或预报给定解释变量 $X$ 条件下的消费支出 $Y$。常用的预测有两种：

（1）对于给定的给定解释变量 $X_0$，预测 $Y$ 的条件均值 $E(Y|X_0)$，即均值预测（mean prediction）。

（2）对于给定的给定解释变量 $X_0$，预测 $Y$ 的一个个别值 $Y_0$，即个别值预测（individual prediction）。

### 3.6.1 均值预测分析

在给定 $X_0=(1, X_{10}, \cdots, X_{k0})$ 下对真实均值的预测 $E(Y|X_0)$ 的值为：

$$E(Y_0|X_0) = X_0\beta \quad (3.6.2)$$

利用式（3.7.1）可知这个真实均值预测的点估计为 $\hat{Y}_0 = X_0\hat{\beta}$，由于：

$$E(\hat{Y}_0) = E(X_0\hat{\beta}) = X_0\beta,$$

即点估计是真实均值 $E(Y_0|X_0)$ 的无偏估计量。

已知 $\mathrm{Var}(\hat{\beta}) = (X^TX)^{-1}\sigma^2$，因此：

$$\mathrm{Var}(\hat{Y}_0) = X_0\mathrm{Var}(\hat{\beta})X_0^T = X_0(X^TX)^{-1}X_0^T\sigma^2 \quad (3.6.3)$$

利用误差方差的无偏估计 $s^2$ 替代 $\sigma^2$，可得：

$$T = \frac{\hat{Y}_0 - X_0\beta}{se(\hat{Y}_0)} \sim t(n-k-1)$$

构造 $E(Y_0|X_0)$ 的置信区间：

$$(\hat{Y}_0 - se(\hat{Y}_0)\cdot t_{\alpha/2}(n-k-1), \hat{Y}_0 + se(\hat{Y}_0)t_{\alpha/2}(n-k-1)) \quad (3.6.4)$$

利用例3.1的结果估计 $X_0=(1, 35, 13500)$ 时 $E(Y|X_0)$ 的均值预测。首先利用（3.6.1）可知这个均值预测的点估计为：

$$\hat{Y}_i = 626.509 - 9.7906 \times 35 + 0.0286 \times 13500 = 669.94$$

再计算 $se(\hat{Y}_0)$，已知 $s=17.39$，

$$(X^TX)^{-1} = \begin{pmatrix} 5.325 & -0.363 & 5.382\times10^{-4} \\ -0.363 & 0.0338 & -5.958\times10^{-5} \\ 5.382\times10^{-4} & -5.958\times10^{-5} & 1.127\times10^{-7} \end{pmatrix},$$

则：

$$\mathrm{Var}(\hat{Y}_0) = X_0(X^TX)^{-1}X_0^Ts^2 = 32.98,\ se(\hat{Y}_0) = 5.74,$$

最后，计算 $E(Y_0|X_0)$ 的置信区间：

$$(669.94 - 5.74\times2.365,\ 669.94 + 5.74\times2.365) = (656.36,\ 683.52)$$

即：

$$656.36 < E(Y|X=2500) < 683.52$$

上述结果说明，对于给定的 $X_0$，在重复抽样中，平均来说，每100次的抽样预测均值区间大致有95次包含真实的均值，而对于真实均值的点估计是669.94元。

均值预测的R程序：

```
new < -data.frame(x1 =35,X2 =13500)#给定一个新的x值
pred < -predict(cons_sol,newdata = new,interval = "confi-
dence",level =0.95)
      fit       lwr       upr
670.1845  656.6052  683.7637
```

### 3.6.2 个别值预测分析

如果我们想预测在给定 $X_0$ 条件下对单一 $Y$ 值（$Y_0$）的预测，则其预测值为

$$Y_0 = X_0\beta + u_0$$

记 $Y_0$ 的预测值为 $\hat{Y}_0 = X_0\hat{\beta}$，则预测误差为 $Y_0 - \hat{Y}_0 = X_0(\beta - \hat{\beta}) + u_0$。

由于：

$$E(Y_0 - \hat{Y}_0) = X_0E(\beta - \hat{\beta}) + E(u_0) = 0,$$

即 $\hat{Y}_0$ 是真实值 $Y_0$ 的无偏估计量。同时，

$$\mathrm{Var}(\hat{Y}_0)=X_0\mathrm{Var}(\hat{\beta})X_0^T+\mathrm{Var}(u_0)=(1+X_0(X^TX)^{-1}X_0^T)\sigma^2 \quad (3.6.5)$$

利用误差方差的无偏估计 $s^2$ 替代 $\sigma^2$，可得：

$$t=\frac{Y_0-\hat{Y}_0}{se(Y_0-\hat{Y}_0)}\sim t(n-k-1)$$

可构造真实 $Y_0$ 的置信区间：

$$(\hat{Y}_0-se(Y_0-\hat{Y}_0)\cdot t_{\alpha/2}(n-k-1),\ \hat{Y}_0+se(Y_0-\hat{Y}_0)t_{\alpha/2}(n-k-1)) \quad (3.6.6)$$

利用例 2.3 的结果估计 $X_0=(35,\ 13500)$ 时 $Y$ 的个别值预测。

首先计算这个预测的点估计为：

$$\hat{Y}_i=626.509-9.7906\times35+0.0286\times13500=669.94$$

再计算 $se(Y_0-\hat{Y}_0)$，已知 $s=17.39$，则：

$$\mathrm{Var}(\hat{Y}_0)=(1+X_0(X^TX)^{-1}X_0^T)s^2=335.39,\ se(Y_0-\hat{Y}_0)=18.31$$

最后，计算真实值 $Y_0$ 的置信区间：

$$(669.94-18.31\times2.365,\ 669.94+18.31\times2.365)=(626.63,\ 713.25)$$

即：

$$626.63<Y_0\mid X_0<713.25$$

上述结果说明，对于给定的 $X_0=2000$，在重复抽样中，平均来说，每 100 次的抽样预测均值区间大致有 95 次包含真实的均值，而对于真实均值的点估计是 669.94 元。

个别值预测的 *R* 程序：

```
new < -data.frame(x1 =35,X2 =13500)#给定一个新的 X 值
pred < -predict(cons_sol,newdata = new,interval ="prediction",level =0.95)
pred
      fit       lwr       upr
670.1845  626.8799  713.4891
```

**例 3.5** 表 3.4 给出了 1990 年到 2013 年中国国内人均生产总值（GDP，元/人）与人均粮食产量（grain，千克/人），人均钢产量（steel，千克/人），人均原油产量（oil，千克/人），人均原煤产量（coal，千克/人）的资料，试建立适当的多元线性回归模型。

**表 3.4　　　　1990～2013 年中国国内人均生产总值与重要产品资料**

| 年份 | GDP | *X*1 | *X*2 | *X*3 | *X*4 | 年份 | *Y* | *X*1 | *X*2 | *X*3 | *X*4 |
|---|---|---|---|---|---|---|---|---|---|---|---|
| 1990 | 1654 | 393. 1 | 58. 45 | 121. 84 | 950 | 2002 | 9450 | 357 | 142. 43 | 130. 43 | 1211 |
| 1991 | 1903 | 378. 26 | 61. 70 | 122. 52 | 940 | 2003 | 10600 | 334 | 172. 57 | 131. 64 | 1424 |
| 1992 | 2324 | 379. 97 | 69. 48 | 121. 98 | 960 | 2004 | 12400 | 362 | 218. 28 | 135. 70 | 1638 |
| 1993 | 3015 | 387. 37 | 76. 00 | 123. 25 | 980 | 2005 | 14259 | 371 | 270. 95 | 139. 10 | 1802 |
| 1994 | 4066 | 373. 46 | 77. 70 | 122. 57 | 1040 | 2006 | 16602 | 380 | 319. 71 | 140. 93 | 1929 |
| 1995 | 5074 | 387. 28 | 79. 15 | 124. 54 | 1130 | 2007 | 20337 | 381 | 371. 27 | 141. 38 | 2042 |
| 1996 | 5878 | 414. 39 | 83. 15 | 129. 22 | 1147 | 2008 | 23912 | 399 | 379. 76 | 143. 76 | 2115 |
| 1997 | 6457 | 401. 74 | 88. 57 | 130. 68 | 1128 | 2009 | 25963 | 399 | 429. 81 | 142. 34 | 2233 |
| 1998 | 6835 | 412. 42 | 93. 07 | 129. 64 | 1073 | 2010 | 30567 | 409 | 476. 36 | 151. 31 | 2418 |
| 1999 | 7199 | 405. 55 | 99. 19 | 127. 72 | 1089 | 2011 | 36018 | 425 | 509. 83 | 150. 93 | 2619 |
| 2000 | 7902 | 366. 04 | 101. 77 | 129. 09 | 1096 | 2012 | 39544 | 437 | 535. 93 | 152. 30 | 2702 |
| 2001 | 8670 | 355. 89 | 119. 22 | 128. 91 | 1157 | 2013 | 43320 | 443 | 573. 93 | 154. 32 | 2711 |

资料来源：《中国统计年鉴》（2013）

```
Coefficients:
              Estimate     Std. Error    t value    Pr(>|t|)
(Intercept)  -50373.635    24332.960     -2.070     0.0523 .
grain            47.639       19.526      2.440     0.0247 *
steel            71.836       28.573      2.514     0.0211 *
oil             299.059      216.045      1.384     0.1823
coal             -6.552        8.958     -0.731     0.4734
Signif. codes: 0 '***' 0.001 '**' 0.01 '*' 0.05 '.' 0.1 ' ' 1

Residual standard error: 2082 on 19 degrees of freedom
```

Multiple R - squared：0.9772，Adjusted R - squared：0.9724

F - statistic：203.7 on 4 and 19 DF，p - value：2.576e - 15

因此，相应的回归方程为：

$$gdp = -50373.635 + 47.639grain + 71.836steel + 299.059oil - 6.552coal$$

$$\begin{gathered}(-2.060)\quad(2.440)\qquad(2.514)\qquad(1.384)\quad(-0.731)\\ n = 24,\ s = 2082,\ R^2 = 0.9772,\ \bar{R}^2 = 0.9724\\ F = 203.7,\ p\_value = 0\end{gathered} \tag{3.6.7}$$

由于变量 *oil* 和 *coal* 的 $t$ 统计量都较小，说明这两个变量都不是显著的，但是从经济上分析这两个变量应该对人均 GDP 的变化具有显著性作用，造成这种现象的原因可能是多重共线性，同时，模型的标准差估计量也是很大，可能隐含着回归模型误差的异方差特征，这需要进一步分析。

### 3.6.3 多重共线性

考虑多元线性回归模型：

$$Y_i = \beta_0 + \beta_1 X_{i1} + \beta_2 X_{i2} + \cdots + \beta_k X_{ik} + u_i \tag{3.6.8}$$

若某两个或多个解释变量之间出现相关性，即存在一组不全为零的常数 $c_i$，满足：

$$c_1 X_{i1} + c_2 X_{i2} + \cdots + c_k X_{ik} = 0 \tag{3.6.9}$$

则称解释变量存在完全共线性。

若某两个或多个解释变量之间出现相关性，即存在一组不全为零的常数 $c_i$ 和随机变量 $v_i$，满足：

$$c_1 X_{i1} + c_2 X_{i2} + \cdots + c_k X_{ik} + v_i = 0 \tag{3.6.10}$$

则称解释变量存在近似共线性。

对于矩阵形式的线性回归模型 $Y = X\beta + u$，当 $rank(X) < k + 1$ 时说明解释变量之间具有多重共线性，具体可分两类情形：

（1）如果解释变量之间存在完全的多重共线性时，则有 $rank(X^T X) < k$，因此 $(X^T X)^{-1}$ 不存在，即此时线性回归模型的参数是不可估计的。

（2）如果解释变量之间存在近似的多重共线性时，则有 $rank(X^T X) = k$，即此时线性回归模型的参数是可估计的，即：

$$\hat{\beta} = (X^T X)^{-1} X^T Y$$

因此，$\text{Var}(\hat{\beta})=\sigma^2(X^TX)^{-1}$。但是，由于 $|X^TX|\approx 0$，从而导致 $(X^TX)^{-1}$ 的主对角线上的元素较大，使得参数估计量的方差增大，导致参数进行统计推断分析时无法做出准确判断。

以二元回归模型 $Y_i=\beta_0+\beta_1X_{i1}+\beta_2X_{i2}+u_i$ 为例，在离差数据形式下，有：

$$\text{Var}(\hat{\beta}_1)=\frac{\sigma^2\sum x_{i2}^2}{\sum x_{i1}^2\sum x_{i2}^2-(\sum x_{1i}x_{2i})^2}=\frac{\sigma^2}{\sum x_{i1}^2}\times\frac{1}{1-r_{12}^2} \tag{3.6.11}$$

其中 $r_{12}$ 表示解释变量 $X_1$ 与 $X_2$ 之间的相关系数。

当 $r_{12}=0$，即 $X_1$ 与 $X_2$ 完全不相关时，$\text{Var}(\hat{\beta}_i)=\sigma^2/\sum x_{i1}^2$；

当 $|r_{12}|=1$，即 $X_1$ 与 $X_2$ 完全相关时，$\text{Var}(\hat{\beta}_1)=\infty$；

当 $-1<r_{12}<1$，即 $X_1$ 与 $X_2$ 近似共线性时，

$$\text{Var}(\hat{\beta}_1)=\frac{\sigma^2}{\sum x_{i1}^2}\times\frac{1}{1-r_{12}^2}>\frac{\sigma^2}{\sum x_{i1}^2}。$$

因此当存在多重共线性时，参数估计量的方差具有增大的趋势。

基于此原因，定义方差膨胀因子（variance inflation factor，VIF）：

$$VIF(\hat{\beta}_1)=\frac{1}{1-r_{12}^2} \tag{3.6.12}$$

来度量解释变量 $X_1$ 与 $X_2$ 之间的共线性强度，其中 $R_1^2$ 是 $X_1$ 关于 $X_2$ 的回归模型的拟合优度指标。

对于多元线性回归模型，考虑解释变量 $X_j$ 与其余解释变量是否存在多重共线性关系，可以建立以下辅助回归模型：

$$X_{ji}=\alpha_0+\alpha_1X_{1i}+\cdots+\alpha_{j-1}X_{j-1,i}+\cdots+\alpha_{j+1}X_{j+1,i}+\cdots+\alpha_kX_{k,i}+e_i \tag{3.6.13}$$

模型（3.6.13）的拟合优度指标 $R_j^2$ 可以度量 $X_j$ 与其余解释变量的相关性，如表3.5，由于：

$$\text{Var}(\hat{\beta}_j)=\frac{\sigma^2}{\sum x_{ij}^2}\times\frac{1}{1-R_j^2}$$

对应的方差膨胀因子 $VIF(\hat{\beta}_j)$ 也可以定义为

$$VIF(\hat{\beta}_1)=\frac{1}{1-R_j^2} \tag{3.6.14}$$

**表 3.5** 方差膨胀因子

| 模型（3.6.13）的 $R_j^2$ | 0 | 0.5 | 0.8 | 0.9 | 0.95 | 0.96 | 0.97 | 0.98 | 0.99 | 0.999 |
|---|---|---|---|---|---|---|---|---|---|---|
| 方差膨胀因子 VIF | 1 | 2 | 5 | 10 | 20 | 25 | 33 | 50 | 100 | 1000 |

判断解释变量之间是不是存在多重共线性以及多重共线性的严重程度，还可以使用矩阵 $X^TX$ 的条件数，即：

$$K=\frac{\lambda_{\max}(X^TX)}{\lambda_{\min}(X^TX)} \tag{3.6.15}$$

其中 $\lambda_{\max}(X^TX)$，$\lambda_{\min}(X^TX)$ 分别表示矩阵 $X^TX$ 的最大和最小特征值。

条件数 $K$ 刻画了矩阵 $X^TX$ 的特征值差异的大小，通常认为当 $\kappa<100$ 时解释变量间多重共线性的程度很弱，当 $100<\kappa<1000$ 时解释变量间存在中等程度的多重共线性，当 $\kappa>1000$ 时解释变量间存在严重的多重共线性。

在 R 软件中，计算 VIF 和条件数的方法如下：

```
library(car);vif(lm.sol)  #计算 VIF
kappa(lm.sol)             #计算条件数 κ
```

确定多重共线性的关系

```
XX <- cor(X)  #X 是解释变量组成的矩阵
eigen(XX)  #计算 XX 的特征值与对应的标准化特征向量
```

利用特征值 $\lambda_{\min}$ 对应的特征向量 $\varphi=(a_1,\ \cdots,\ a_k)^T$，确定解释变量的组合

$$a_1X_1+\cdots+a_kX_k=0$$

根据上式中各变量的系数绝对值的大小就可以确定在哪一些变量之间存在多重共线性特征。

对于已经确定存在多重共线性特征的解释变量关系之后，需要根据统计检验和经济检验相结合的方法，最后确定回归模型中解释变量的选择，从而获得在统计检验和经济检验上均能够符合要求的计量模型。

**例 3.6** 多重共线性问题。

表 3.6 是某地区 1990 年到 2000 进口总额（import）、地区 GDP、储蓄（save）与总消费（consume）的资料。

表 3.6　　某地区 1990 ~ 2000 年的经济指标

| 年份 | *import* | *gdp* | *save* | *comsume* | 年份 | *import* | *gdp* | *save* | *comsume* |
|---|---|---|---|---|---|---|---|---|---|
| 1990 | 15.9 | 149.3 | 4.2 | 108.1 | 1996 | 22.7 | 202.1 | 2.1 | 146.0 |
| 1991 | 16.4 | 161.2 | 4.1 | 114.8 | 1997 | 26.5 | 212.4 | 5.6 | 154.1 |
| 1992 | 19.0 | 171.5 | 3.1 | 123.2 | 1998 | 212.4 | 226.1 | 5.0 | 162.3 |
| 1993 | 19.1 | 175.5 | 3.1 | 126.9 | 1999 | 5.6 | 231.9 | 5.1 | 164.3 |
| 1994 | 18.8 | 180.8 | 1.1 | 132.1 | 2000 | 154.1 | 239.0 | 0.7 | 167.6 |
| 1995 | 20.4 | 190.7 | 2.2 | 137.7 | | | | | |

试建立该地区进口总额与国内生产总值、储蓄和总消费之间的关系。

考虑建立以下回归分析模型：

$$import = \beta_0 + \beta_1 gdp + \beta_2 save + \beta_3 consume + u \tag{3.6.16}$$

利用表 3.6 的数据，获得以下回归结果：

```
dt <- read.table("example 3.6.txt",header = TRUE)
attach(dt)
lm.sol <- lm(import ~ gdp + save + consume)
summary(lm.sol)
Coefficients:
              Estimate   Std.Error   t value   Pr(>|t|)
(Intercept)   -173.887   161.859     -1.074    0.318
    gdp        4.889      9.384       0.521    0.618
   save       -1.447     12.634      -0.115    0.912
  consume     -5.185     13.648      -0.380    0.715
Residual standard error:  65.28 on 7 degrees of freedom
Multiple R-squared: 0.3586, Adjusted R-squared: 0.08366
F-statistic: 1.304 on 3 and 7  DF, p-value: 0.3463
```

根据上述回归结果分析，从过低的 t 统计量与较大的 F 统计量来看，可以怀疑模型存在多重共线性问题。

下面计算与多重共性特征相关的一些统计指标：

```
>vif(lm.sol2)
      gdp        save      consume
185.997470  1.018909  186.110015
```

*gdp* 与 *consume* 的方差膨胀因子 VIF 都很大，说明解释变量 *gdp*、*save* 与 *consume* 之间存在严重多重共线性问题。

```
>kappa(lm.sol)
1154.71
```

回归模型的条件数很大，也说明了回归模型存在很严重的多重共线性问题，必有要处理数据之间的多重共线性问题，否则无法获得有效的回归参数估计量。

```
XX<-dt[,3:5]#由解释变量 gdp,save 与 consume 组成矩阵 XX
r<-cor(XX)#解释变量 gdp,save 与 consume 之间的相关系数 r
               gdp        save     consume
gdp     1.00000000 0.02585067 0.99726069
save    0.02585067 1.00000000 0.03567322
consume 0.99726069 0.03567322 1.00000000
```

从相关系数矩阵可以发现，变量 *gdp* 与 *consume* 是高度相关的，它们的相关系数是 0.9973，呈现出完全的线性关系。而变量 *gdp* 与 *save* 的相关系数是 0.036，因此这个变量之间是不相关关系。

```
eigen(r)   #方差—协方差矩阵的特征值与特征向量
```

$$\lambda_1 = 1.999154934, \ \lambda_2 = 0.998154176, \ \lambda_3 = 0.002690889$$

最小特征值对应的特征向量为：

$$\lambda_3 = (0.706982083, \ 0.006970795, \ -0.707197102)^T,$$

对应的解释变量的线性组为：

$$0.7070 \times gdp + 0.0070 \times save - 0.7072 \times consume = 0$$

由于变量 *save* 的组合系数特别小，因此可以简化 $gdp \approx 1.0003consume$。

式（3.6.16）可以调整为：

$$import = \beta_0 + \beta_1 gdp + \beta_2 save + u$$

估计结果如下

$$\widehat{import} = -204.40 + 1.334gdp - 2.090save \quad (3.6.17)$$
$$(132.80)\quad(0.6505)\quad(11.83)$$
$$n = 10,\ s = 61.69,\ R^2 = 0.3453$$

分析回归结果（3.6.17），可以发现这个回归模型的解释变量之间已经没有多重共线性特征，但是回归结果仍然存在一些问题，比如回归模型的标准误差偏大（$s = 61.69$），回归参数中只有 *gdp* 的系数在5%条件下基本达到显著性的要求，而 *save* 的系数是不显著的。进一步分析，形成这个问题的主要原因可能是数据存在异方差性，因此模型需要进行更加深入的分析。

## 本章练习题

1. 多元线性回归模型的基本假设是什么？在证明 OLS 估计量的无偏性和有效性的过程中，使用了哪些基本假设条件？

2. 多元线性回归模型的矩阵形式如下：

$$Y = X\beta + u$$

其中 $\mathrm{Var}(u) = \sigma^2 I$，$I$ 是 $n$ 阶单位矩阵，且 $\mathrm{Var}(Y|X) = \sigma^2 I$。模型的拟合或预测值计算如下：

$$\hat{Y} = X\hat{\beta} = X(X^TX)^{-1}X^TY = HY$$

其中 $H = X(X^TX)^{-1}X^T$。请证明：$\mathrm{Var}(\hat{Y}|X) = \sigma^2 H$。

3. 利用4137名大学生的调查数据，用 OLS 方法估计获得如下回归结果：

$$\widehat{colgpa} = 1.392 - 0.0135hsperc + 0.00148sat$$
$$n = 4137,\ R^2 = 0.273$$

其中，*colgpa* 是以4分制计分的大学绩点，*hsperc* 是在高中班上名次的百分位数，如 $hsperc = 10$ 表示位于班上前10位，*sat* 是学生参加能力测试时数学与语言的综合成绩。

（1）变量 *hsperc* 的系数是负数，合理吗？为什么？

（2）若已知某个学生在 $hsperc = 15$，$sat = 1150$，该大学生的 *clogpa* 预测值是多少？

（3）若两个学生 *A* 与 *B* 在高中班上具有相同的 *hsperc* 值，但是 *A* 的 *sat* 分数比 *B* 高140（大约是一个样本标准差），预计这两个学生的 *clogpa* 值相差多少？这个差值大吗？

（4）在 *hsperc* 不变条件下，*sat* 的分数相差多少才会导致 *clogpa* 值相差0.5？

4. 考虑一个刚从法学院毕业的学生，其起薪的中位数服从模型：

$$\log(salsary)=\beta_0+\beta_1 LAST+\beta_2 GPA+\beta_3\log(libvol)+\beta_4\log(cost)+\beta_5 rank+u$$

其中，LAST是全部待毕业年级LAST成绩的中位数，GPA是该年级大学GPA的中位数，libvol是法学院图书馆的藏书量，coas是进入法学院的每年的费用，rank是法学院的排名，rank =1表示最好的法学院。

（1）解释为什么预期 $\beta_5\leqslant 0$？

（2）你预测其他参数的符号是什么？并给出你的解释。

（3）回归估计结果如下：

$$\overline{\log}(salsary)=8.34+0.0047LAST+0.248GPA+0.095\log(libvol)$$
$$+0.038\log(cost)-0.0033rank$$

在其他条件不变时，若 *GPA* 中位数相差1分会导致薪水有多大差别？

（4）请解释变量 log(*libvol*) 的系数；

（5）你是否认为应该进入一个排名更高的法学院？从预测的起薪来看，相差20位的排名的价值有多大？

5. 考虑大学GPA与各种活动中消耗的时间之间的关系，通过问卷调查学生每周在学习、睡觉、工作和闲暇这四项活动中各花费的时间，学生的所有活动都归于这4项活动之一，即学生的全部时间之和为168小时。

（1）考虑模型：

$$GPA=\beta_0+\beta_1 study+\beta_2 sleep+\beta_3 work+\beta_4 leisure+u$$

若保持 *sleep*，*work* 和 *leisure* 不变，只改变 *study* 是否有意义？

（2）解释该模型违背了什么假设条件？

（3）如何重新构建这个模型才能获得一个有价值的模型。

6. 考虑社区住房价格中位数 *price* 和污染量 *nox*（一氧化二氮的含量）、社区住房的平均房间数 *rooms* 之间的关系：

$$\log(price)=\beta_0+\beta_1\log(nox)+\beta_2 rooms+u$$

（1）分析 $\beta_1$，$\beta_2$ 的符号，$\beta_1$ 的意义是什么？请解释。

（2）为什么 log(*nox*) 与 *rooms* 的符号是负相关的？如果建立 log(*price*) 与 log(*nox*) 的一元回归模型，

你预测 $\beta_1$ 的符号是向上还是向下有偏的估计量。

（3）回归估计结果如下：

$$\widehat{\log(price)} = 11.71 - 1.043\log(nox)$$

$$n = 506,\ R^2 = 0.264$$

$$\widehat{\log(price)} = 9.23 - 0.718\log(nox) + 0.306rooms$$

$$n = 506,\ R^2 = 0.514$$

上述一元回归与多元回归中 *price* 关于 *nox* 的弹性估计之间的关系是否可以得到（2）部分的答案？是否意味着 $-0.718$ 比 $-1.043$ 更加接近真实的弹性？

7. 叙述多重共线性的概念、后果和补救措施，并写出用方差膨胀因子检验多重共线性的检验过程。

8. 设 $X = [1,\ x_1,\ x_2,\ x_3]$，利用 100 次随机模拟技术生成 100 组样本 $X$，并用 $y = x_1 + x_2 + x_3 + u$ 计算得到 $y$，以下结果：

$$X^TX = \begin{bmatrix} 100 & 123 & 96 & 109 \\ 123 & 252 & 125 & 189 \\ 96 & 125 & 167 & 146 \\ 109 & 189 & 146 & 168 \end{bmatrix},\ X^TY = \begin{bmatrix} 460 \\ 810 \\ 615 \\ 712 \end{bmatrix},\ Y^TY = 3924,$$

（1）计算解释变量的简单相关系数；

（2）估计回归模型 $y_i = \beta_0 + \beta_1 x_{i1} + \beta_2 x_{i2} + \beta_3 x_{i3} + u_i$ 的参数：

（3）分别建立以下回归模型：

（a）$y_i = \beta_0 + \beta_1 x_{i1} + \beta_2 x_{i2} + u_i$

（b）$y_i = \beta_0 + \beta_1 x_{i1} + \beta_3 x_{i3} + u_i$

（c）$y_i = \beta_0 + \beta_1 x_{i2} + \beta_3 x_{i3} + u_i$

（4）估计每个变量的方差膨胀因子，并判断造成多重共线性的变量。

9. 利用 32 家化工企业数据建立以下模型：

$$\widehat{rdintens} = \underset{(1.369)}{0.472} + \underset{(0.216)}{0.321}\log(sales) + \underset{(0.046)}{0.050}profmarg$$

$$n = 32,\ R^2 = 0.099$$

其中，*rdintens* 是企业的研发支出（R$D）占销售额（百万美元）的百分比，变量 *profmarg* 是利润占销售额的百分比，括号内数据是估计标准差。

（1）解释 log（*sales*）的系数。若 *sales* 增加 10% 时，*rdintens* 会变化多少？

在经济上这个变化显著吗?

(2) 在5%和10%水平上检验R$D的强度不随 *sales* 变化，对立假设是其随着 *sales* 增加而提高。

(3) 解释 *profmarg* 的系数，变量在经济上这个变化显著吗?统计上显著吗?

10. 研究每周缺课次数对大学 *GPA* 的影响：

$$\widehat{cplGPA} = 1.39 + 0.412hsGPA + 0.015ACT - 0.083skip$$

$$(0.33)\ (0.094)\quad (0.011)\quad (0.026)$$

$$n = 141,\ R^2 = 0.234$$

其中 *colGPA* 是大学绩点，*hsGPA* 是高中绩点，*ACT* 是大学生能力测试，*skip* 是周缺课次数。

(1) 求 *hsGPA* 系数的99%置信区间。

(2) 对于双侧检验，在5%水平上，能否拒绝 $H_0$: $\beta_{hsGPS} = 0.4$?

(3) 对于双侧检验，在5%水平上，能否拒绝 $H_0$: $\beta_{hsGPS} = 1$?

11. 二手房销售的关键问题是给住房定价问题，这可通过专业的资产评估机构对住房进行评估，因此评估价格是否理性就成为一个核心问题，下面的分析是对这个问题进行的简单讨论。

(1) 建立简单回归模型：

$$price = \beta_0 + \beta_1 assess + u$$

其中，*price* 是住房价格，*assess* 是住房的评估价值。

若 $\beta_1 = 1$，$\beta_0 = 0$ 时，则判断评估价格是理性的，模型的回归估计结果是

$$\widehat{price} = -14.47 + 0.976assess$$

$$(16.27)\ (0.049)$$

$$n = 141,\ SSR = 165644,\ R^2 = 0.820$$

进行参数 $\beta_0$ 和 $\beta_1$ 的双侧检验，分别检验 $H_0$: $\beta_0 = 0$ 和 $H_0$: $\beta_1 = 1$。你的结论是什么?

(2) 为了完成联合假设检验 $H_0$: $\beta_0 = 0$，$\beta_1 = 1$，在 $H_0$ 下计算：

$$SSR = \sum_{i=1}^{n} (price_i - asses_i)^2,$$

因此 $SSR = 209448.99$，构造对应的 $F$ 统计量完成联合假设检验。

（3）下面检验模型：

$$price = \beta_0 + \beta_1 assess + \beta_2 lotsize + \beta_3 sqrft + \beta_4 bdrms + u$$

其中，*lotsize* 是以英尺计算的住房占地面积，*sqrft* 是住房的面积（平方米），*bdrms* 是住房的卧室数量。

假设 $H_0$：$\beta_2 = 0$，$\beta_3 = 0$，$\beta_4 = 1$，利用 88 个数据获得模型估计的 $R^2 = 0.829$。

（4）若 *price* 的方差随着解释变量而变化，你对（3）中的 $F$ 检验有什么看法？

12. 制造企业的废弃率是指每百个产品中因缺陷而必须丢弃的产品个数，因此废弃率的下降反映了更高的生产力。

（1）考虑如下总体模型：

$$\log(scrap) = \beta_0 + \beta_1 hrsemp + \beta_2 \log(sales) + \beta_3 \log(employ) + u$$

利用 1987 年的全部 43 个数据获得回归结果：

$$\widehat{\log(scrap)} = \underset{(4.57)}{11.74} - \underset{(0.019)}{0.042} hrsemp - \underset{(0.370)}{0.951} \log(sales) + \underset{(0.360)}{0.992} \log(employ)$$

$$n = 43,\ R^2 = 0.310$$

利用 1987 年的非工会的制造业的 29 个数据获得回归结果：

$$\widehat{\log(scrap)} = \underset{(5.69)}{12.46} - \underset{(0.023)}{0.029} hrsemp - \underset{(0.453)}{0.962} \log(sales) + \underset{(0.407)}{0.761} \log(employ)$$

$$n = 29,\ R^2 = 0.262$$

请比较这两个回归结果。

（2）若 $\theta_3 = \beta_2 + \beta_3$，则总体模型可表示为

$$\log(scrap) = \beta_0 + \beta_1 hrsemp + \beta_2 \log(sales/employ) + \theta_3 \log(employ) + u$$

并解释 $H_0$：$\theta_3 = 0$ 的含义。

（3）估计（2）中模型，结果如下：

$$\widehat{\log(scrap)} = \underset{(4.57)}{11.74} - \underset{(0.019)}{0.042} hrsemp - \underset{(0.370)}{0.951} \log(sales/employ)$$

$$+ \underset{(0.205)}{0.041} \log(employ)$$

$$n = 43,\ R^2 = 0.310$$

控制了工人培训变量 *hrsemp* 与销售量/雇员之比（*salse/employ*）后，是否企业越大，其废弃率也显著地更大？

（4）检验假设：*salse/employ* 提高1%，将导致废弃率下降1%。

13. 经典线性回归假设条件下考虑如下模型：

$$y=\beta_0+\beta_1x_1+\beta_2x_2+\beta_3x_3+u$$

若检验原假设 $H_0$：$\beta_1-3\beta_2=1$。

（1）令 $\hat{\beta}_1$ 和 $\hat{\beta}_2$ 分别表示 $\beta_1$ 和 $\beta_2$ 的估计量，用 $\hat{\beta}_1$ 和 $\hat{\beta}_2$ 的方差与协方差表示 $\mathrm{Var}(\hat{\beta}_1-3\hat{\beta}_2)$。

（2）给出检验 $H_0$：$\beta_1-3\beta_2=1$ 的 $t$ 统计量。

（3）定义 $\theta_1=\beta_1-3\beta_2$，$\hat{\theta}_1=\hat{\beta}_1-3\hat{\beta}_2$，写出一个涉及 $\beta_0$，$\theta_1$，$\beta_2$ 和 $\beta_3$ 的回归模型，从而使你能够直接获得 $\theta_1$ 的估计量及标准差。

14. 线性回归模型的方差分析。根据二元线性回归模型 $y_i=\beta_0+\beta_1x_{i1}+\beta_2x_{i2+}u_i$ 的回归结果，获得表3.7。

**表3.7　　方差分析表**

| 变差来源 | 平方和（SS） | 自由度（df） | 平方和的均值（MSS） |
|---|---|---|---|
| 来自回归 | 65965 | | |
| 来自残差 | | | |
| 来自总离差 | 66042 | 155 | |

（1）确定样本容量 $n$，回归平方和 $ESS$、残差平方和 $RSS$ 及自由度 $df$。

（2）求出拟合优度 $R^2$ 及 $\overline{R}^2$。

（3）若检验 $x_1$，$x_2$ 对 $y$ 无影响，应该采用何种检验？为什么？

（4）根据上述资料，能否确定 $x_1$ 与 $x_2$ 各自对 $y$ 的影响？

15. 根据表3.8给出的中国1980～2002年间国内生产总值GDP（亿元），劳动投入 $L$（从业人员，万人）以及资本投入 $K$（全社会固定投资，亿元），试建立我国的柯布—道格拉斯生产函数。

表 3.8　　1980～2002年中国GDP、劳动投入与资本投入数据

| 年份 | GDP | $L$ | $K$ | 年份 | GDP | $L$ | $K$ |
|---|---|---|---|---|---|---|---|
| 1980 | 4517.8 | 42361 | 910.9 | 1992 | 26638.1 | 65554 | 8080.1 |
| 1981 | 4862.4 | 43725 | 961.0 | 1993 | 34634.4 | 66373 | 13072.3 |
| 1982 | 5294.7 | 45295 | 1230.4 | 1994 | 46759.4 | 67199 | 17042.1 |
| 1983 | 5934.5 | 46436 | 1430.1 | 1995 | 58478.1 | 67947 | 20019.3 |
| 1984 | 7171.0 | 48197 | 1832.9 | 1996 | 67884.6 | 68850 | 22913.5 |
| 1985 | 8964.4 | 49873 | 2543.2 | 1997 | 74462.6 | 69600 | 24941.1 |
| 1986 | 10202.2 | 51282 | 3120.6 | 1998 | 78345.2 | 69957 | 28406.2 |
| 1987 | 11962.5 | 52783 | 3791.7 | 1999 | 82067.5 | 71394 | 29854.7 |
| 1988 | 14928.3 | 54334 | 4753.8 | 2000 | 89442.2 | 72085 | 32917.7 |
| 1989 | 16909.2 | 55329 | 4410.4 | 2001 | 95933.3 | 73025 | 37213.5 |
| 1990 | 18547.9 | 63909 | 4517.0 | 2002 | 102398.0 | 73740 | 43499.9 |
| 1991 | 21617.8 | 64799 | 5594.5 | | | | |

16. 某地区统计了机电行业的销售额 sales（万元）和汽车产量 auto（万辆）以及建筑业产值 construction（千万元）的数据如表3.9所示。试按照下面要求建立该地区机电行业的销售额和汽车产量以及建筑业产值之间的回归方程，并进行检验（显著性水平 $\alpha=5\%$）。

表 3.9　　某地机电行业的销售额（sales）、汽车产量（auto）与建筑业产值（constru）数据

| 年份 | sales | auto | constru | 年份 | sales | auto | constru |
|---|---|---|---|---|---|---|---|
| 1981 | 280.0 | 3.909 | 9.43 | 1990 | 620.8 | 6.113 | 32.17 |
| 1982 | 281.5 | 5.119 | 10.36 | 1991 | 513.6 | 4.258 | 35.09 |
| 1983 | 337.4 | 6.666 | 14.50 | 1992 | 606.9 | 5.591 | 36.42 |
| 1984 | 404.2 | 5.338 | 15.75 | 1993 | 629.0 | 6.675 | 36.58 |
| 1985 | 402.1 | 4.321 | 16.78 | 1994 | 602.7 | 5.543 | 37.14 |
| 1986 | 452.0 | 6.117 | 17.44 | 1995 | 656.7 | 6.933 | 41.30 |
| 1987 | 431.7 | 5.559 | 19.77 | 1996 | 998.5 | 7.638 | 45.62 |
| 1988 | 582.3 | 7.920 | 23.76 | 1997 | 877.6 | 7.752 | 47.38 |
| 1989 | 596.6 | 5.816 | 31.61 | | | | |

（1）根据上面的数据建立对数模型：

$$\log(salse)=\beta_0+\beta_1\log(auto)+\beta_2\log(constru)+u$$

（2）所估计的回归系数是否显著？用 $p$ 值回答这个问题。

（3）解释回归系数的意义。

（4）根据上面的数据建立线性回归模型：$salse=\beta_0+\beta_1 auto+\beta_2 constru+u$。

（5）（1）与（2）的两个模型的 $R^2$ 值能否直接比较？为什么？

（6）如果上述两个模型的结论不同，你将选择哪一个回归模型？为什么？

17. 表 3.10 是德国 1971 ~1987 年消费者价格指数 *CPI*（1980 =100）及货币供给 *M*（亿德国马克）的数据。

**表 3.10　　德国 1971 ~1987 年消费者价格指数与货币供给数据**

| 年份 | *CPI* | *M* | 年份 | *CPI* | *M* | 年份 | *CPI* | *M* |
|---|---|---|---|---|---|---|---|---|
| 1971 | 64.1 | 110.02 | 1977 | 88.7 | 190.80 | 1983 | 115.6 | 275.08 |
| 1972 | 67.7 | 125.02 | 1978 | 91.1 | 216.20 | 1984 | 118.4 | 283.89 |
| 1973 | 72.4 | 132.27 | 1979 | 94.9 | 232.41 | 1985 | 121.0 | 296.05 |
| 1974 | 77.5 | 137.17 | 1980 | 100.0 | 237.97 | 1986 | 120.7 | 325.75 |
| 1975 | 82.0 | 159.51 | 1981 | 106.3 | 240.77 | 1987 | 121.1 | 354.93 |
| 1976 | 85.6 | 176.16 | 1982 | 111.9 | 249.25 | | | |

（1）根据表 3.10 数据进行以下回归：

①*CPI* 对 *M*；②ln*CPI* 对 ln*M*；③ln*CPI* 对 *M*；④*CPI* 对 ln*M*。

（2）解释各回归结果。

（3）对每一个模型求 *CPI* 对 *M* 的变化率。

（4）对每一个模型求 *CPI* 对 *M* 的弹性。

（5）根据这些回归结果，你将选择哪个模型？为什么？

18. 某产品的产量与科技投入之间呈二次函数模型：$y=\beta_0+\beta_1x+\beta_2x^2+u$，数据资料如表 3.11 所示。

**表3.11**　　**某产品产量与科技投入数据**

| 项目 | 1991年 | 1992年 | 1993年 | 1994年 | 1995年 | 1996年 | 1997年 | 1998年 | 1999年 | 2000年 |
|---|---|---|---|---|---|---|---|---|---|---|
| 产量 $y$ | 30 | 40 | 48 | 60 | 80 | 100 | 120 | 150 | 200 | 300 |
| 投入 $x$ | 2.0 | 2.8 | 3.0 | 3.5 | 4.0 | 5.0 | 5.5 | 7.0 | 8.0 | 10.0 |

试对模型进行回归分析。

19. 根据表3.12给出的1980～2003年国内生产总值（GDP，亿元），最终消费 $CS$（亿元），固定资产投资总额 $I$（亿元），出口总额 $EX$（亿元）数据，试对中国经济增长影响因素进行回归分析。

**表3.12**　　**1980～2003年中国GDP、最终消费、固定资产投资总额与出口总额**

单位：亿元

| 年份 | GDP | $CS$ | $I$ | $EX$ | 年份 | $GDP$ | $CS$ | $I$ | $EX$ |
|---|---|---|---|---|---|---|---|---|---|
| 1980 | 4551.3 | 2976.1 | 910.9 | 271.2 | 1992 | 25863.7 | 15952.1 | 8080.1 | 4676.3 |
| 1981 | 4901.4 | 3309.1 | 961.0 | 367.6 | 1993 | 34500.7 | 20182.1 | 13072.3 | 5284.8 |
| 1982 | 5489.2 | 3637.9 | 1230.4 | 413.8 | 1994 | 46690.7 | 26796.0 | 17042.1 | 10421.8 |
| 1983 | 6076.3 | 4020.5 | 1430.1 | 438.3 | 1995 | 58510.5 | 33635.0 | 20019.3 | 12451.8 |
| 1984 | 7164.4 | 4694.5 | 1832.9 | 580.5 | 1996 | 68330.4 | 40003.9 | 22974.0 | 12576.4 |
| 1985 | 8792.1 | 5773.0 | 2543.2 | 808.9 | 1997 | 74894.2 | 43579.4 | 24941.1 | 15160.7 |
| 1986 | 10132.8 | 6542.0 | 3120.6 | 1082.1 | 1998 | 79003.3 | 46405.9 | 28406.2 | 15223.6 |
| 1987 | 11784.7 | 7451.2 | 3791.7 | 1614.2 | 1999 | 82673.1 | 49722.7 | 29854.7 | 16159.8 |
| 1988 | 14704.0 | 9360.1 | 4753.8 | 1766.7 | 2000 | 89340.9 | 54600.9 | 32917.7 | 20634.4 |
| 1989 | 16466.0 | 10556.5 | 4410.4 | 1956.1 | 2001 | 98592.9 | 58927.4 | 37213.5 | 22024.4 |
| 1990 | 18319.5 | 11365.2 | 4517.0 | 2985.8 | 2002 | 107897.6 | 62798.5 | 43499.9 | 26947.9 |
| 1991 | 21280.4 | 13145.9 | 5594.5 | 3827.1 | 2003 | 121511.4 | 67442.5 | 55566.6 | 36287.9 |

20. 表3.13列出了中国2000年按行业分的全部制造业国有企业及规模以上企业制造业非国有企业的工业总产值 $Y$（亿元），资产合计 $K$（亿元）及职工人数 $L$（万人）。

设定模型为：

$$Y = AK^{\alpha} L^{\beta} e^{u}$$

（1）利用表 3.13 资料，进行回归分析。

（2）中国 2000 年的制造业总体呈现规模报酬不变状态吗？

**表 3.13　　　　中国 2000 年制造业总产值、资产、职工人数统计资料**

| 序号 | 工业总产值 $Y$ | 资产合计 $K$ | 职工人数 $L$ | 序号 | 工业总产值 $Y$ | 资产合计 $K$ | 职工人数 $L$ |
|---|---|---|---|---|---|---|---|
| 1 | 3722.7 | 3078.22 | 113 | 17 | 812.7 | 1118.81 | 43 |
| 2 | 1442.52 | 1684.43 | 67 | 18 | 1899.7 | 2052.16 | 61 |
| 3 | 1752.37 | 2742.77 | 84 | 19 | 3692.85 | 6113.11 | 240 |
| 4 | 1451.29 | 1973.82 | 27 | 20 | 4732.9 | 9228.25 | 222 |
| 5 | 5149.3 | 5917.01 | 327 | 21 | 2180.23 | 2866.65 | 80 |
| 6 | 2291.16 | 1758.77 | 120 | 22 | 2539.76 | 2545.63 | 96 |
| 7 | 1345.17 | 939.1 | 58 | 23 | 3046.95 | 4787.9 | 222 |
| 8 | 656.77 | 694.94 | 31 | 24 | 2192.63 | 3255.29 | 163 |
| 9 | 370.18 | 363.48 | 16 | 25 | 5364.83 | 8129.68 | 244 |
| 10 | 1590.36 | 2511.99 | 66 | 26 | 4834.68 | 5260.2 | 145 |
| 11 | 616.71 | 973.73 | 58 | 27 | 7549.58 | 7518.79 | 138 |
| 12 | 617.94 | 516.01 | 28 | 28 | 867.91 | 984.52 | 46 |
| 13 | 4429.19 | 3785.91 | 61 | 29 | 4611.39 | 18626.94 | 218 |
| 14 | 5749.02 | 8688.03 | 254 | 30 | 170.3 | 610.91 | 19 |
| 15 | 1781.37 | 2798.9 | 83 | 31 | 325.53 | 1523.19 | 45 |
| 16 | 1243.07 | 1808.44 | 33 | | | | |

# 第 4 章

# 多元线性回归模型的扩展

第 3 章讨论的模型都是关于解释变量的比较简单的线性回归模型，在实际问题中这个假设并不完全合理。事实上，线性回归模型也可用于更加广泛的模型分析，本章将多元线性回归模型进行适当扩展，从而使得在建立相关计量经济模型时具有更多更好的选择。

## 4.1 一般线性回归模型

假设考虑如下模型：

$$Y_i = \beta_0 + \beta_1 g_1(X_1, \cdots, X_k) + \beta_2 g_2(X_1, \cdots, X_k) + \cdots + \beta_k g_k(X_1, \cdots, X_k) + u \tag{4.1.1}$$

其中函数 $g_j(\cdot)$，$j=1, \cdots, k$ 为已知函数。若令：

$$X_j^* = g_j(X_1, \cdots, X_k),\ j=1, \cdots, k$$

则式（4.1.1）可表示为：

$$Y = \beta_0 + \beta_1 X_1^* + \beta_2 X_2^* + \cdots + \beta_k X_k^* + u \tag{4.1.2}$$

由此可知，式（4.1.2）关于参数 $\beta_j$，$j=0, 1, \cdots, k$ 呈现出线性关系，因此式（4.1.2）称为多元线性回归模型。①

下面分析一些特殊的模型，以便于今后的讨论。

① 式（4.1.1）也称为本质线性模型，这是由于该模型关于参数 $\beta_j$，$j=0, 1, \cdots, R$ 是线性的。

**1. 多项式模型**

$$Y=\beta_0+\beta_1X_1+\beta_2X_2+\beta_3X_2^2+u \tag{4.1.3}$$

式（4.1.3）是一个多项式回归模型，其中 $\beta_1$，$\beta_2$ 表示变量 $X_1$，$X_2$ 对 $Y$ 的线性影响程度，$\beta_3$ 表示变量 $X_2$ 对 $Y$ 的非线性影响程度，或理解为 $X_2^2$ 对 $Y$ 的线性作用。

例如，若 $Y$ 表示工资收入水平，$X_2$ 表示年龄，则式（4.1.3）中的 $\beta_2$ 表示随着年龄的增加，工资收入增加程度，而 $\beta_3$ 表示则反映了工资收入的增加速度，体现了年龄在工资变化中的边际效应的变化特征。

**2. 弹性模型**

$$\log Y=\beta_0+\beta_1\log X_1+\beta_2\log X_2+\beta_3\log X_3+u \tag{4.1.4}$$

式（4.1.4）是一个弹性分析模型，其中 $\beta_j$ 度量了变量 $Y$ 对 $X_j$ 的弹性大小，即当变量 $X_2$ 增加1%时变量 $Y$ 增加（$\beta_j>0$）$\beta_j\%$ 或减小（$\beta_j<0$）$\beta_j\%$。

当然也可如同式（4.1.3），加入适当的二次项以体现可能存在的变弹性特征，如考虑模型：

$$\log Y=\beta_0+\beta_1\log X_1+\beta_2\log X_2+\beta_3\log X_3+\beta_4(\log X_2)^2+u$$

其中，$Y$ 关于变量 $X_2$ 的弹性为：

$$\frac{dY/Y}{dX_2/X_2}=\beta_2+\beta_4\log X_2$$

**3. 幂函数型模型**

$$Y=\gamma_0X_1^{\gamma_1}X_2^{\gamma_2}X_3^{\gamma_3}e \tag{4.1.5}$$

式（4.1.5）是一个非线性模型，但是如果对其作对数变换，则式（4.1.5）可转化为以下线性模型：

$$\log Y=\log\gamma_0+\gamma_1\log X_1+\gamma_2\log X_2+\gamma_3\log X_3+\log e$$

式（4.1.5）与式（4.1.4）基本一致，但是对该模型的分析需要对误差项 $e$ 提出特殊的约束，如对数正态分布，其中参数 $\gamma_j$ 度量了变量 $Y$ 对 $X_j$ 的弹性大小。

**4. 扩展的幂函数裁型模型**

$$Y=\gamma_0X_1^{\gamma_1}X_2^{\gamma_2}X_3^{\gamma_3}+e \tag{4.1.6}$$

式（4.1.6）与式（4.1.5）相似，但是式（4.1.6）是一个本质非线性模型，因为此模型不能转化为线性模型，其参数的估计必须采用非线性模型的分析方法，如最大似然法。

**5. 半弹性模型**

$$\log Y=\beta_0+\beta_1 X_1+\cdots+\beta_k X_k+u$$

或

$$Y=\beta_0+\beta_1\ln X_1+\cdots+\beta_k\ln X_k+u \tag{4.1.7}$$

式（4.1.7）是一个半弹性模型，该类模型中只有解释变量或被解释变量进行对数变化，其目标是用于刻画相关变量在增长率方面的变化特征，而且式（4.1.6）与式（4.1.7）还可以结合建立相应的更复杂的模型。

**6. 倒数模型**

$$Y=\frac{1}{\beta_0+\beta_1 X_1+\beta_2 X_2+\beta_3 X_3+u} \tag{4.1.8}$$

式（4.1.8）是一个非线性模型，但是如果对其作倒数变换，则式（4.1.8）可转化为线性模型：

$$Y^{-1}=\beta_0+\beta_1 X_1+\beta_2 X_2+\beta_3 X_3+u$$

倒数模型的经典应用是菲利普斯曲线模型。

## 4.2　含有对数项的线性回归模型

在第3章里，已经讨论过对数线性模型或半对数模型，对于简单线性回归模型，其含有对数函数形式通常有以下三种，具体内容如表4.1所示。

**表4.1　　含有对数的简单回归函数形式**

| 模型 | 被解释变量 | 解释变量 | $\beta_1$ 的含义 |
|---|---|---|---|
| （1）水平值－对数 | $Y$ | $\log(X)$ | $\Delta Y=(\beta_1/100)\%\Delta X$ |
| （2）对数－水平值 | $\log(Y)$ | $X$ | $\Delta Y\%=(100\beta_1)\Delta X$ |
| （3）对数－对数 | $\log(Y)$ | $\log(X)$ | $\Delta Y\%=\beta_1\%\Delta X$ |

其中模型（1）与（2）通常称为半弹性模型，模型（3）称为弹性模型。

在实际的应用中，还经常出现将上述三个模型混合应用的情形，如：

$$\log Y = \beta_0 + \beta_1 \log X_1 + \beta_2 X_2 + u \quad (4.2.1)$$

对于式（4.2.1）的估计结果，

$$\widehat{\log Y} = \hat{\beta}_0 + \hat{\beta}_1 \log X_1 + \hat{\beta}_2 X_2 \quad (4.2.2)$$

其中两个参数含义差异较大：

（1）当 $X_2$ 不变时，$\%\Delta Y = \hat{\beta}_1 \% \Delta X_1$，即 $\hat{\beta}_1$ 度量了被解释变量 $Y$ 关于解释变量 $X_1$ 的弹性，表示在变量 $X_2$ 不变条件下 $X_1$ 增加 1% 时 $Y$ 增加 $\hat{\beta}_1\%$。

（2）当 $X_1$ 不变时，$\%\Delta Y = \hat{\beta}_2 \% \Delta X_1$，若 $X_2$ 增加 1 个单位，$Y$ 增加 $100\hat{\beta}_2\%$，但是随着 $\log(Y)$ 的增大，$\%\Delta Y \approx 100\Delta\log(Y)$ 的近似程度将会越来越差，因此需要进行适当调整。

由于 $\Delta\widehat{\log Y} = \hat{\beta}_2 \Delta X_2$，因此 $\frac{\Delta\hat{Y}}{\hat{Y}} = \exp(\hat{\beta}_1 \Delta X_2) - 1$，从而：

$$\%\Delta\hat{Y} = 100[\exp(\hat{\beta}_2 \Delta X_2) - 1] \quad (4.2.3)$$

估计量（4.2.3）是 100［$\exp(\beta_2 \Delta X_2) - 1$］的一个一致估计量，特别地，当 $\Delta X_2$ 较小时该估计量的偏差是很小的。

在实际研究中是否利用对数形式模型，这没有一个一般的规律。一般而论，如果变量值为正数的量均可采用对数形式，但是也需要注意一个问题：如果变量值很接近 0，则对数形式的模型则不一定是一个好的选择，因为此时变量的对数值可能接近负无穷大，可能破坏数据的平稳性要求。

是否采用对数模型形式，通常由模型的分析目标来确定：如果分析的目标是考查相关变量的变化率问题，则原则上倾向于采用对数模型形式，这样估计量可能直接就反映了被解释变量 Y 关于相应解释变量的百分比变化关系。

**例 4.1**　为了研究住房需求，考虑用以下回归模型

$$\log sqreft = \beta_0 + \beta_1 \log P + \beta_2 \log income + u \quad (4.2.4)$$

其中，*sqreft* 表示家庭所需要的住房面积（平方米），$P$ 表示家庭所在地区的住房单位价格，*income* 表示家庭收入，回归结果如下：

$$\widehat{\log sqreft} = 4.17 - 0.247 \log P + 0.96 \log income$$

$$(0.11) \quad (0.017) \quad (0.026)$$

$$n = 3120, \quad R^2 = 0.371$$

需求的价格弹性 $\hat{\beta}_1 = -0.247$，需求的收入弹性 $\hat{\beta}_1 = 0.96$，两者都显著地不等于 0，其 $t$ - 统计量分别为

$$t_{\hat{\beta}_1} = -0.247/0.017 = -14.53,\ t_{\hat{\beta}_2} = 0.96/0.026 = 36.92。$$

但是对于表示弹性的指标量，我们通常关注的该弹性指标的表现状况可能有三种情况，即等于 1，大于 1，或者小于 1。

假设式（4.2.4）中，我们关注的问题是需求的收入弹性是否显著地不等于 1，即检验 $H_0$：$\beta = 1$，$H_1$：$\beta \neq 1$，对应的 $t$－统计量为：

$$t_{\hat{\beta}_2} = (0.96 - 1)/0.026 = -1.54$$

由于 $|t_{\hat{\beta}_2}| < c = 1.96$，因此不能拒绝原假设，即不应该拒绝需求的收入弹性显著地等于 1 的原假设。

## 4.3　含有二次项的线性回归模型

在前面讨论的线性回归模型中，解释变量 $X$ 对被解释变量 $Y$ 的影响都没有体现变量之间可能存在的边际效应变化，但是在实际的经济问题中不可避免地会出现边际效应递减的特征，因此我们需要在模型中考虑这种情形，这可通过在回归模型中加入解释变量的二次项实现。

考虑如下模型：

$$Y = \beta_0 + \beta_1 X_1 + \beta_2 X_1^2 + \beta_3 X_2 + u \tag{4.3.1}$$

由估计模型：

$$\hat{Y} = \hat{\beta}_0 + \hat{\beta}_1 X_1 + \hat{\beta}_2 X_1^2 + \hat{\beta}_3 X_2$$

可得：

$$\Delta\hat{Y}/\Delta X_1 \approx \hat{\beta}_1 + 2\hat{\beta}_2 X_1$$

在 $X_2$ 不变条件下，$\hat{\beta}_1$ 并没有完全度量了 $X_1$ 对 $Y$ 的影响，它只是度量了 $X_1$ 对 $Y$ 的线性影响，而 $\hat{\beta}_2$ 则度量了 $X_1$ 对 $Y$ 的非线性（二次）影响，因此 $\hat{\beta}_1 + 2\hat{\beta}_2 X_2$ 才能完整地反映 $X_1$ 对 $Y$ 的影响。

**例 4.2**　工人的工资水平（*wage*）受到其教育水平 *educ*（用受教育年限表示）、工作时间（*age*）等因素的影响，*exper* 是工作经历（用月数量表示），因此可考虑建立如下回归模型：

$$\log(wage) = \beta_0 + \beta_1 educ + \beta_2 age + \beta_3 exper + u \tag{4.3.2}$$

在该模型中，若 *age* 和 *exper* 不变时，*educ* 每增加一年，工资增长是

$100\beta_1\%$，若 *educ* 不变时，*age* 增长一年，工资增长是 $100\beta_2\%$，但是这并不完全符合实际情况。例如，对于相同的 $\Delta educ=1$，第 9 年到第 10 年的 $\Delta educ$ 对工资的影响与第 14 年到第 15 年的 $\Delta educ$ 应该是不相同的。

为了度量这种边际变化率，可以考虑在式（4.3.2）中加入对应变量的非线性项，如二次项，则可建立如下新模型：

$$\log(wage)=\beta_0+\beta_1 educ+\beta_2 age+\beta_3 educ^2+\beta_4 exper+u \qquad (4.3.3)$$

因此 $\beta_3$ 度量了 *educ* 改变时导致 *wage* 的边际变化率。估计结果如下：

$$\widehat{\log(wage)}=3.943+0.2498educ-0.0063educ^2+0.0141age+0.0147exper$$

$$(6.78)\ (3.19)\qquad(-2.27)\qquad(2.84)\qquad(3.74)$$

$$n=938\quad s=0.391\quad R^2=0.1417\quad F=38 \qquad (4.3.4)$$

括号内的数据是对应参数估计量的 $t$ - 统计量，各参数估计量在 5% 的显著性水平上均是显著的。回归方程（4.3.4）的估计量意味着：

当第 1 年的教育导致工资增长 24.98%，第 2 年的教育导致的工资增长为：

$$0.2498-2\times0.0063\times1=23.72\%。$$

当教育年限从 10 年变化为 11 年时，工资增长率为：

$$0.2498-2\times0.0063\times10=12.38\%$$

进一步分析可知，在其他因素不变条件下，当 $educ^*=0.2498/(2\times0.0063)=19.83\approx20$ 年时，*educ* 对工资增长的边际影响率变成 0。

## 4.4 含有交互项的线性回归模型

如果考虑被解释变量 $Y$ 关于某个解释变量 $X_i$ 的偏效应或弹性时，这种效应的度量有时还会受到另一个解释变量 $X_j$ 的大小。为了考虑这种作用，可以在模型中引入相应的交互项，从而度量这种变量之间的交互作用。

例如，对于房价模型：

$$price=\beta_0+\beta_1 sqrft+\beta bdrms+\beta_3 sqrft\cdot bdrms+\beta_4 bthrms+u$$

当其余量不变时，*bdrms* 关于 *sqrft* 的偏效应为：

$$\frac{\Delta price}{\Delta bdrms}=\beta_2+\beta_3 sqrft \qquad (4.4.1)$$

若 $\beta_3>0$，则表示当住房面积越大时，增加一间卧室导致价格上升越多，其房价增长效应要大于没有交互项时的偏效应 $\beta_2$，因此在分析卧室数量变化对房价的影响时，只考虑 $\beta_2$ 的作用是不完整的。事实上，决定房价的因素，除了每套住房的房间数量外，住房的面积大小也是重要因素，二者共同对房价的高低产生影响。

## 4.5　多元线性回归模型的设定与诊断检验

在经典回归模型中我们设定“模型设定是正确的”，但是由于模型设定具有比较大的主观性，因此我们需要仔细分析模型设定的问题，从而避免在建模的初期阶段产生致命的错误。

### 4.5.1　回归模型选择的一般准则

（1）模型应该与相关理论具有一致性，即模型设定要符合相关经济、社会或相关专业领域的规范要求。

（2）回归参数的稳定性，即模型参数不会因样本数据的变化而发生剧烈变动，从而保证模型预测功能的稳定性。

（3）模型对数据的协调性，即回归模型的残差必须满足完全的随机性。换言之，对于一个设定良好的模型，其回归残差必须是白噪声。

（4）模型具有一定的包容性，即选定的模型应该可以包容所有与其竞争的同类型模型，也就是说我们选择的模型应该是这类模型中最好的一个模型，其他模型都不可能有再改进模型的解释能力。

### 4.5.2　模型设定错误类型及其后果

模型设定误差的主要类型有以下几种：（1）遗漏一个相关变量；（2）包含一个无关变量；（3）采用错误函数形式；（4）对随机误差项设定不正确。下面主要讨论前面两类设定错误及其影响。

**1. 模型拟合不足（遗漏一个相关变量）**

假设真实模型：

$$Y_i = \beta_0 + \beta_1 X_{i1} + \beta_2 X_{i2} + u_i \tag{4.5.1}$$

但是由于设定误差，回归的模型是：

$$Y_i = \alpha_0 + \alpha_1 X_{i1} + e_i \tag{4.5.2}$$

利用式（4.5.2）可以得到估计量的离差形式：

$$\hat{\alpha}_1 = \frac{\sum x_{i1} y_i}{SST_1} \tag{4.5.3}$$

其中 $SST_1 = \sum (X_1 - \overline{X})^2$，将式（4.5.2）代入式（4.5.3）可得：

$$\hat{\alpha}_1 = \beta_1 + \beta_2 \frac{\sum x_{i1} x_{i2}}{SST_1} + \frac{\sum x_{i1} u_i}{SST_1} \tag{4.5.4}$$

因此：

$$E(\hat{\alpha}_1) = \beta_1 + \beta_2 \frac{\sum x_{i1} x_{i2}}{SST_1} = \beta_1 + \beta_2 \frac{\mathrm{cov}(x_1, x_2)}{\mathrm{Var}(x_1)} \tag{4.5.5}$$

由于第二项不一定等于0，因此式（4.5.3）的估计量是真实参数 $\beta_1$ 的有偏估计量，且该偏差不会随着样本数量的增加而消失。

若用 $R_1^2$ 表示变量 $X_1$ 关于变量 $X_2$ 的回归拟合优度，则：

$$\mathrm{Var}(\hat{\alpha}_1) = \frac{\sigma^2}{SST_j(1 - R_1^2)},$$

若 $R_1^2 = 0$ 或 $R_1^2 \approx 0$，则 $E(\hat{\alpha}_1) \approx \beta_1$，$\mathrm{Var}(\hat{\alpha}_1) \approx \mathrm{Var}(\beta_1)$，否则 $E(\hat{\alpha}_1) > \beta_1$，$\mathrm{Var}(\hat{\alpha}_1) > \mathrm{Var}(\beta_1)$。

基于上述分析，可以看出，当建立模型时遗漏一个相关变量 $X_2$，则变量 $X_1$ 的系数估计量是有偏的且方差也会增大，这表明遗漏一个相关变量对参数估计的准确性与精度性都有较大的影响，因此在建立模型时我们应该尽可能地将重要解释变量都考虑在内，从而在主观上减少这类错误形成的误差。

**2. 模型过度拟合（包含一个不相关变量）**

模型的过度拟合，其含义是模型中包含了一个不相关变量，从而导致估计模型与真实模型不一致。

假设真实模型：

$$Y_i = \beta_0 + \beta_1 X_{1i} + u_i \tag{4.5.6}$$

但是由于设定误差，回归的模型是：

$$Y_i = \alpha_0 + \alpha_1 X_{1i} + \alpha_2 X_{2i} + e_i \tag{4.5.7}$$

利用式（4.5.7）可以得到估计量的离差形式：

$$\hat{\alpha}_1 = \frac{\sum x_{2i}^2 \sum x_{1i}y_i - \sum x_{1i}x_{2i} \sum x_{2i}y_i}{\sum x_{1i}^2 \sum x_{2i}^2 - (\sum x_{1i}x_{2i})^2} \tag{4.5.8}$$

将式（4.5.6）代入式（4.5.8）可得：

$$\hat{\alpha}_1 = \beta_1 + \frac{\sum x_{2i}^2 \sum x_{1i}u_i - \sum x_{1i}x_{2i} \sum x_{2i}u_i}{\sum x_{1i}^2 \sum x_{2i}^2 - (\sum x_{1i}x_{2i})^2} \tag{4.5.9}$$

因此 $E(\hat{\alpha}_1)=\beta_1$，则式（4.5.8）的估计量是真实参数 $\beta_1$ 的无偏估计量。

若用 $R_1^2$ 表示变量 $X_1$ 关于变量 $X_2$ 的回归拟合优度，则：

$$\text{Var}(\hat{\alpha}_1) = \frac{\sigma^2}{SST_j(1-R_1^2)}$$

由于 $X_2$ 相对于 $X_1$ 而言是无关变量，因此 $R_1^2=0$ 或 $R_1^2\approx 0$，从而 $E(\hat{\alpha}_1)\approx\beta_1$。当然在实际分析中，$X_2$ 可能不是完全无关的变量，因此大多数状况下无关变量的引入也会导致 $\text{Var}(\hat{\alpha}_1)$ 增大。

基于上述分析，可以看出，当建立模型时增加一个无关变量 $X_2$，则变量 $X_1$ 的系数估计量是无偏的且方差也可能会增大，这表明增加一个无关变量对参数估计的准确性与精度性都有不大的影响，因此在建立模型时我们应该尽可能地将重要解释变量都考虑在内，同时对于必要的解释变量也尽可能保留，从而在主观上减少变量选择不足形成的误差。

### 4.5.3　模型设定的诊断检验

我们分析了建立回归模型时变量选择不当而产生的不良后果，但是在实际的分析中，我们并不能一开始就发现模型设定上的误差。出现这种设定错误大多数时候是由于疏忽大意，或者是基础知识不足，甚至是建模者经验缺乏导致，这造成研究者想尽可能准确地建立模型却又无能为力的状况。

选择一个适当的方法发现模型设定的错误就成为一个必须要考虑的问题，常用的模型设定方法有残差分析、拉姆齐的 RESET（regression specification error test）、拉格朗日乘数（LM）检验。在这里主要讨论拉姆齐的 RESET 检验和拉格朗日乘数（LM）检验，残差分析方法在异方差和序列相关的相关部分讨论。

### 1. 拉姆齐的 RESET 检验方法

为了说明 RESET 方法，利用一个简单的成本—产出函数，并假设成本对产出是线性函数：

$$Y_i = \lambda_0 + \lambda_1 X_i + u_i \tag{4.5.10}$$

其中，$Y$ 表示总成本，$X$ 表示产出，如表 4.2 所示。

**表 4.2　　总成本 $Y$（美元）与产出 $X$（件）**

| 总成本 $Y$ | 193 | 226 | 240 | 244 | 257 | 260 | 274 | 297 | 350 | 420 |
|---|---|---|---|---|---|---|---|---|---|---|
| 产出 $X$ | 1 | 2 | 3 | 4 | 5 | 6 | 7 | 8 | 9 | 10 |

如果用式（4.5.10）的回归残差 $\hat{u}_i$ 关于此模型的 $Y_i$ 估计量 $\hat{Y}_i$ 绘图，可以发现残差值随着 $\hat{Y}_i$ 的变化呈现出某种规律，从而提示我们是否应该将 $\hat{Y}_i$ 以某种函数形式加入式（4.5.10）的右边，相应的新模型的 $R^2$ 会增大。如果这种增加在统计上是显著的，这就表示式（4.5.10）的设定是有误的。

RESET 的检验过程如下：

（1）从所选模型，如式（4.5.10），估计 $Y_i$ 的估计量 $\hat{Y}_i$；

（2）将 $\hat{Y}_i$ 的某种形式的函数 $f(\hat{Y}_i)$ 作为新解释变量加入前面设定的模型，建立相应的辅助回归模型。

例如，参考由式（4.5.10）所得的 $\hat{u}_i - \hat{Y}_i$ 图形，确定回归模型（4.5.10）中增加 $q=2$ 个新解释变量 $\hat{Y}_i^2$，$\hat{Y}_i^2$ 建立以下辅助回归模型：

$$Y_i = \beta_0 + \beta_1 X_i + \beta_2 \hat{Y}_i + \beta_3 \hat{Y}_i^2 + u_i \tag{4.5.11}$$

（3）分别记式（4.5.10）和式（4.5.11）的 $R^2$ 为 $R^2_{old}$ 与 $R^2_{new}$，利用 $F$ 检验 $R^2$ 的增大是否统计显著。

$$F = \frac{(R^2_{new} - R^2_{old})/q}{(1 - R^2_{new})/(n-q-k-1)} \tag{4.5.12}$$

其中 $k$ 为式（4.5.10）中解释变量个数，$q$ 表示新增加的解释变量的个数。

（4）如果 $F$ 在显著性水平 $\alpha$ 下显著，则说明式（4.5.10）设定有误。

利用表 4.2 的数据，得到以下两个回归结果：

模型 1（约束模型）：

$$\hat{Y}_i = 166.467 + 19.933X_i$$
$$(19.021) \quad (3.066)$$
$$n = 10,\ R^2 = 0.8409$$

模型2（无约束模型）：

$$\hat{Y}_i = 166.467 + 19.933X_i - 0.09187\hat{Y}_i^2 + 0.000119\hat{Y}_i^3$$
$$(19.021) \quad (3.066) \quad (0.0062) \quad (0.000007)$$
$$n = 10,\ R^2 = 0.9983$$

计算 $F$ - 统计量为：

$$F = \frac{(0.9983 - 0.8409)/2}{(1 - 0.9983)/(10 - 4)} = 284.40$$

$F$ 值很大，表明模型（4.5.10）的设定是有误的，应该对此模型进行修改。

RESET 检验的优点是不需要设定对立模型，便于应用，但这也同时是其不足之处，因为即使检验结果说明初始设定的模型是不正确的，但是也不一定能帮助我们确定一个正确的模型。

**2. 拉格朗日乘数（LM）检验**

考虑相同的简单成本 - 产出函数，并假设两种不同形式的模型，其中一种是（4.5.10）形式，另一种为三次成本函数形式：

$$Y_i = \beta_0 + \beta_1 X_i + \beta_2 X_i^2 + \beta_3 X_i^3 + u_i \tag{4.5.13}$$

对比式（4.5.10）与式（4.5.13），可以将式（4.5.10）称为约束模型，式（4.5.13）为无约束模型，即约束式（4.5.10）中 $X^2$ 与 $X^3$ 的系数均等于零。

LM 检验方法如下：

（1）用 OLS 方法估计约束模型（4.5.10），获得估计残差 $\hat{u}_i$；

（2）如果无约束模型（4.5.13）是真实的模型，则式（4.5.10）的估计残差 $\hat{u}_i$ 与 $X^2$ 和 $X^3$ 均有关；

（3）利用约束模型（4.5.10）的估计残差 $\hat{u}_i$ 建立如下辅助回归模型：

$$\hat{u}_i = \alpha_0 + \alpha_1 X_i + \alpha_2 X_i^2 + \alpha_3 X_i^2 + v_i \tag{4.5.14}$$

其中误差项 $v_i$ 服从经典模型的误差要求。

（4）在大样本条件下，利用式（4.5.14）的 $R^2$ 可构造如下渐近统计量：

$$LM = nR_{asy}^2 \sim \chi_q^2 \tag{4.5.15}$$

其中，$asy$ 表示渐近地，$q$ 为约束参数的个数。如果 LM 统计量的值大于 $\alpha$ 下的临界值，则拒绝受约束模型；否则就不能拒绝约束模型。

利用表 4.2 的数据，得到以下辅助回归结果：

$$\hat{u}_i = -24.7 + 43.54X_i - 12.96X_i^2 + 0.94X_i^3$$
$$(6.375)\quad(4.779)\quad(0.986)\quad(0.059)$$
$$n = 10,\ R^2 = 0.9896 \tag{4.5.16}$$

计算 LM－统计量为：

$$LM = nR_{asy}^2 = 9.896 > \chi_{2,0.05}^2 = 5.99$$

上述结果表明应该拒绝式（4.5.10），即该模型设定有误的，对应地应该选择式（4.5.13）。

## 4.6 变量测量单位转换对参数估计的影响

在实际问题中，对于同一个变量，可能出现不同形式的度量单位，下面我们以含有两个解释变量的线性回归模型为例分析模型设定不变时不同变量的度量单位改变导致的模型参数估计量及相关参数估计值的变化状况。

$$Y_i = \beta_0 + \beta_1 X_{i1} + \beta_2 X_{i2} + u_i \tag{4.6.1}$$

假设解释变量 $X_1$，$X_2$ 与 $Y$ 在新单位下的度量值为 $X_1^*$，$X_2^*$，$Y^*$，且满足转换关系：

$$Y_i^* = dY_i,\ X_{i1}^* = k_1 X_{i1},\ X_{i2}^* = k_2 X_{i2} \tag{4.6.2}$$

其中，$d$，$k_1$，$k_2$ 分别表示相应变量的单位转换倍数。因此式（4.6.1）可表示为：

$$Y_i^* = \beta_0^* + \beta_1^* X_{i1}^* + \beta_2^* X_{i2}^* + u_i^* \tag{4.6.3}$$

式（4.6.1）可得参数估计量为：

$$\hat{\beta}_1 = \frac{\sum x_{i2}^2 \sum x_{i1} y_i - \sum x_{i1} x_{i2} \sum x_{i2} y_i}{\sum x_{i1}^2 \sum x_{i2}^2 - (\sum x_{i1} x_{i2})^2}$$

$$\hat{\beta}_2 = \frac{\sum x_{i1}^2 \sum x_{i2} y_i - \sum x_{i1} x_{i2} \sum x_{i1} y_i}{\sum x_{i1}^2 \sum x_{i2}^2 - (\sum x_{i1} x_{i2})^2}$$

$$\hat{\beta}_0 = \overline{Y} - \hat{\beta}_1 \overline{X}_1 - \hat{\beta}_2 \overline{X}_2$$

式（4. 6. 3）可得参数估计量为：

$$\hat{\beta}_1^* = \frac{\sum x_{i2}^{*2} \sum x_{i1}^* y_i^* - \sum x_{i1}^* x_{i2}^* \sum x_{i2}^* y_i^*}{\sum x_{i1}^{*2} \sum x_{i2}^{*2} - (\sum x_{i1}^* x_{i2}^*)^2}$$

$$\hat{\beta}_2^* = \frac{\sum x_{i1}^{*2} \sum x_{i2}^* y_i^* - \sum x_{i1}^* x_{i2}^* \sum x_{i1}^* y_i^*}{\sum x_{i1}^{*2} \sum x_{i2}^{*2} - (\sum x_{i1}^* x_{i2}^*)^2}$$

$$\hat{\beta}_0^* = \overline{Y}^* - \hat{\beta}_1^* \overline{X}_1^* - \hat{\beta}_2^* \overline{X}_2^*$$

利用转换关系式（4. 6. 2），计算得：

$$\hat{\beta}_1^* = \frac{d}{k_1}\hat{\beta}_1，\hat{\beta}_2^* = \frac{d}{k_2}\hat{\beta}_2，\hat{\beta}_0^* = d\hat{\beta}_0$$

还可以计算模型误差方差与标准差的估计量。

由于 $u_i^* = Y_i^* - \hat{Y}_i^* = d\hat{u}_i$，因此：

$$\hat{\sigma}^{*2} = \frac{1}{n-k-1} \sum \hat{u}_i^{*2} = d^2\hat{\sigma}^2，\hat{\sigma}^* = d\hat{\sigma}$$

$$\mathrm{Var}(\beta_j^*) = d^2\mathrm{Var}(\hat{\beta}_j)，se(\beta_j^*) = d \cdot se(\hat{\beta}_j)，j = 1，\cdots，k$$

$$R^{*2} = 1 - \frac{\hat{u}^{*T}\hat{u}^*}{Y^{*T}Y} = 1 - \frac{d^2\hat{u}^T\hat{u}}{d^2Y^TY} = 1 - \frac{\hat{u}^T\hat{u}}{Y^TY} = R^2$$

因此，只有被解释变量的单位转换对模型方差或标准差的估计具有影响。另外，变量的单位转换是否会影响到模型参数估计量的大小，要由被解释变量与解释变量两个变量在单位转换时转换倍数相对大小确定，即若 $d/k_i = 1$ 时有：

$$\hat{\beta}_i^* = \hat{\beta}_i，i = 1，2$$

**例 4. 3**　一个牙膏制造企业为了更好地拓展产品市场，销售部门根据市场调查找出牙膏销售量与销售价格、广告投入等因素之间的关系，从而预测出在不同销售价格和广告费用下的销售量。销售部门的研究人员收集了过去 30 个销售周期公司生产的牙膏的销售量、销售价格、投入的广告费用以及周期内其他厂家生产同类牙膏的市场平均销售价格，相关资料见表 4. 3，请根据相关资料建立相应的数学模型，分析牙膏销售量与其他因素的关系，为制订价格策略和广告投入策略提供数量依据。

表 4.3 牙膏销售价格与广告费用的相关数据

| 销售周期 | 公司销售单价（元） | 其他厂家平均价格（元） | 价格差（元） | 广告费（百万元） | 销售量（百万支） |
|---|---|---|---|---|---|
| 1 | 3.85 | 3.80 | -0.05 | 5.50 | 7.38 |
| 2 | 3.75 | 4.00 | 0.25 | 6.75 | 8.51 |
| 3 | 3.70 | 4.30 | 0.60 | 7.25 | 9.52 |
| 4 | 3.70 | 3.70 | 0.00 | 5.50 | 7.50 |
| 5 | 3.60 | 3.85 | 0.25 | 7.00 | 9.33 |
| 6 | 3.60 | 3.80 | 0.20 | 6.50 | 8.28 |
| 7 | 3.60 | 3.75 | 0.15 | 6.75 | 8.75 |
| 8 | 3.80 | 3.85 | 0.05 | 5.25 | 7.87 |
| 9 | 3.80 | 3.65 | -0.15 | 5.25 | 7.10 |
| 10 | 3.85 | 4.00 | 0.15 | 6.00 | 8.00 |
| 11 | 3.90 | 4.10 | 0.20 | 6.50 | 7.89 |
| 12 | 3.90 | 4.00 | 0.10 | 6.25 | 8.15 |
| 13 | 3.70 | 4.10 | 0.40 | 7.00 | 9.10 |
| 14 | 3.75 | 4.20 | 0.45 | 6.90 | 8.86 |
| 15 | 3.75 | 4.10 | 0.35 | 6.80 | 8.90 |
| 16 | 3.80 | 4.10 | 0.30 | 6.80 | 8.87 |
| 17 | 3.70 | 4.20 | 0.50 | 7.10 | 9.26 |
| 18 | 3.80 | 4.30 | 0.50 | 7.00 | 9.00 |
| 19 | 3.70 | 4.10 | 0.40 | 6.80 | 8.75 |
| 20 | 3.80 | 3.75 | -0.05 | 6.50 | 7.95 |
| 21 | 3.80 | 3.75 | -0.05 | 6.25 | 7.65 |
| 22 | 3.75 | 3.65 | -0.10 | 6.00 | 7.27 |
| 23 | 3.70 | 3.90 | 0.20 | 6.50 | 8.00 |
| 24 | 3.55 | 3.65 | 0.10 | 7.00 | 8.50 |
| 25 | 3.60 | 4.10 | 0.50 | 6.80 | 8.75 |
| 26 | 3.65 | 4.25 | 0.60 | 6.80 | 9.21 |
| 27 | 3.70 | 3.65 | -0.05 | 6.50 | 8.27 |
| 28 | 3.75 | 3.75 | 0.00 | 5.75 | 7.67 |
| 29 | 3.80 | 3.85 | 0.05 | 5.80 | 7.93 |
| 30 | 3.70 | 4.25 | 0.55 | 6.80 | 9.26 |

由于牙膏是生活必需品，因此对于大多数消费者而言，购买相同类型的牙膏产品时，更多地会比较不同品牌之间的价格差，并不是特别在意产品本身的价格高低，即在产品类型相似条件下，考虑产品价格对销售量的影响因素时，利用公司产品与其他公司的产品的平均价格之差可能更适当。

假设 *sales* 表示牙膏销售量，*dprice* 表示其他牙膏厂家的牙膏产品的平均价格与该公司牙膏产品销售价格之差，*ad* 表示该公司在牙膏产品销售上投入的广告费用。

为了探寻牙膏销售量 *sales* 与牙膏销售价格差 *dprice* 和广告投入费用 *ad* 的关系，我们可以用相应的散点图进行初步分析（见图4.1）。

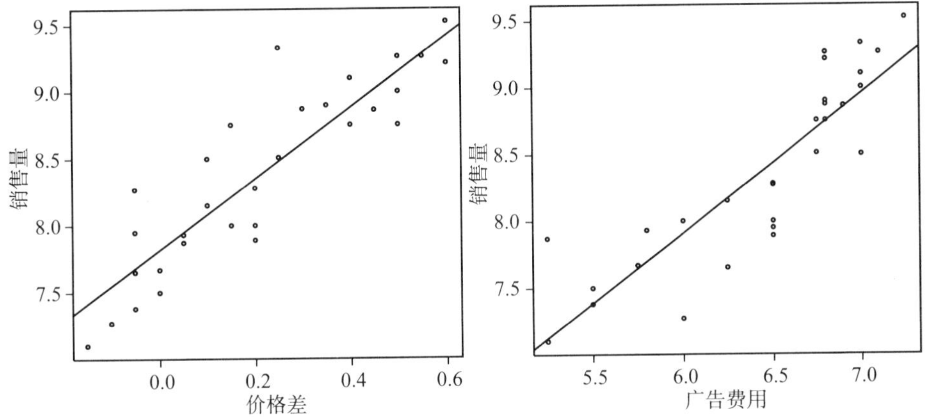


**图4.1　牙膏销量与销售价格和广告费用散点图及回归直线**

从图4.1可以看出，牙膏销售量 *sales* 与牙膏销售价格差 *dprice* 和广告费用 ad 之间呈现线性关系，可以考虑建立以下模型：

$$sales_i = \beta_0 + \beta_1 dprice_{i1} + \beta_2 ad_{i2} + u_i \tag{4.6.4}$$

回归估计结果如下：

$$\widehat{sales} = 4.4075 + 1.5883 dprice_{i1} + 0.5635 ad$$

$$(6.10) \quad (5.30) \qquad (4.733) \tag{4.6.5}$$

$$n = 30,\ s = 0.238,\ R^2 = 0.886,\ \overline{R}^2 = 0.8776$$

$$F = 105,\ p\_value = 1.845e-13$$

从图4.2可以看出，牙膏销售量 *sales* 与广告投入费用 *ad* 之间也呈现出二次函数形式关系，基于这个特征，可以考虑建立以下模型：

$$sales_i = \beta_0 + \beta_1 dprice_{i1} + \beta_2 ad_{i2} + \beta_3 ad_{i2}^2 + u_i \tag{4.6.6}$$

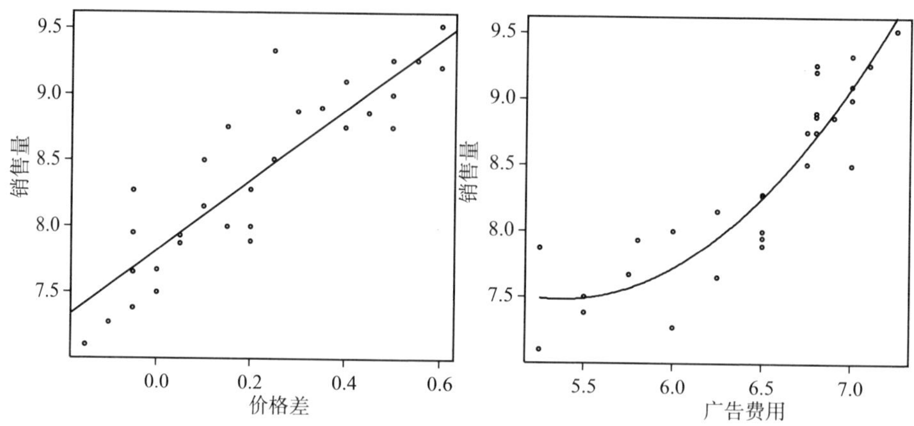


**图 4.2　牙膏销量与价格差和广告费用散点图及回归曲线**

估计结果如下：

$$\widehat{sales} = 17.3244 + 1.3070 dprice - 3.6956 ad + 0.3486 ad^2$$

$$(3.07)\quad(4.31)\quad(-2.00)\quad(2.306)$$

$$n = 30,\ s = 0.2213,\ R^2 = 0.9054,\ \bar{R}^2 = 0.8945$$

$$F = 82.94,\ p\_value = 1.94e-13 \tag{4.6.7}$$

回归结果式（4.6.7）表明，相比于回归结果式（4.6.5），模型的标准误差估计量 $s$ 下降了，同时修正 $R^2$ 增大了，说明增加广告费用 $ad$ 的二次形式能够显著地改善回归模型。

进一步分析，该牙膏生产厂家的广告支出费用可能与牙膏的价格差存在一定的交互影响作用，因此式（4.6.6）还可以修改如下：

$$sales_i = \beta_0 + \beta_1 dprice_i + \beta_2 ad_i + \beta_3 ad_i^2 + \beta_4 dprice_i * ad_i + u_i \tag{4.6.8}$$

估计结果如下：

$$\widehat{sales} = 29.1133 + 11.1342 dprice - 7.6080 ad + 0.6712 ad^2 - 1.4777 dprice * ad$$

$$(3.89)\quad(2.50)\quad(-3.08)\quad(3.31)\quad(-2.22)$$

$$n = 30,\ s = 0.2063,\ R^2 = 0.9209,\ \bar{R}^2 = 0.9083$$

$$F = 72.78,\ p\_value = 2.11e-13 \tag{4.6.9}$$

回归结果式（4.6.9）表明，相比于回归结果式（4.6.7），模型的标准误差估计量 $s$ 下降了，同时修正 $R^2$ 增大了，说明增加广告费用价格差变量 *dprice* 与广告费用 *ad* 的交互形式变量能够显著地改善回归模型。

综上所述，回归方程（4.6.9）可以认为是上述三个回归方程中最好的。当然，进一步确认这个模型的方法是在获得解释变量 *dprice* 与 *ad* 的新数据后进行预测分析，如果预测结果也能够达到预期要求，就进一步证明了模型的适用性。

## 4.7 回归诊断

在前面章节的模型分析内容中，我们主要是从变量选择角度分析各种方法，并没有对所建立的回归模型的特性进行进一步的分析，例如回归模型的估计结果是否会因为某些异常值变量导致估计结果出现很大偏差，因此下面主要分析这种由于数据问题导致回归结果不稳定的问题，即回归诊断问题。

回归诊断的主要内容包括以下几个方面：

（1）误差是否满足独立性、等方差性和正态性；

（2）选择线性回归模型是否合适；

（3）回归结果是否对某些样本过分依赖，即回归模型是否具有稳定性；

（4）解释变量之间是否存在高度相关性，即是否存在多重共线性。

### 4.7.1 回归模型形式的选择

**例 4.4**　安斯科姆（Anscombe，1973）构造了四组数据，每一组数据均由 11 对点（$X_i$，$Y_i$）组成，考虑用这四组数据建立简单线性回归模型

$$y_i = \beta_0 + \beta_1 x_i + u_i \tag{4.7.1}$$

试分析由这四组数据建立的回归模型的特征如表 4.4 所示。

表 4.4　　安斯科姆数据

| 序号 | 数据组 | | | | | |
|---|---|---|---|---|---|---|
| | 1～3 | 1 | 2 | 3 | 4 | |
| | $X$ | $Y$ | $Y$ | $Y$ | $X$ | $Y$ |
| 1 | 10.0 | 8.04 | 9.14 | 7.46 | 8.0 | 6.58 |
| 2 | 8.0 | 6.95 | 8.14 | 6.77 | 8.0 | 5.76 |
| 3 | 13.0 | 7.58 | 8.74 | 12.74 | 8.0 | 7.71 |
| 4 | 9.0 | 8.81 | 8.77 | 7.11 | 8.0 | 8.84 |
| 5 | 11.0 | 8.33 | 9.26 | 7.81 | 8.0 | 8.47 |
| 6 | 14.0 | 9.96 | 8.10 | 8.84 | 8.0 | 7.04 |
| 7 | 6.0 | 7.24 | 6.13 | 6.08 | 8.0 | 5.25 |
| 8 | 4.0 | 4.26 | 3.10 | 5.39 | 19.0 | 12.50 |
| 9 | 12.0 | 10.84 | 9.13 | 8.15 | 8.0 | 5.56 |
| 10 | 7.0 | 4.82 | 7.26 | 6.44 | 8.0 | 7.91 |
| 11 | 5.0 | 5.68 | 4.74 | 5.73 | 8.0 | 6.89 |

利用四组建立回归模型（4.7.1），其回归结果如表 4.5 所示。

表 4.5　　四个回归模型的估计结果

| 系数 | 估计量 | 标准差 | $t$ 值 | $P$ 值 |
|---|---|---|---|---|
| $\hat{\beta}_0$ | 3.0 | 1.125 | 2.67 | 0.026 |
| $\hat{\beta}_1$ | 0.5 | 0.118 | 4.24 | 0.0022 |
| | $\hat{\sigma}=1.24$　$R^2=0.667$　$F=17.99$　$P$ 值 $=0.002$ | | | |

根据表 4.5 数据，可考虑建立四个线性回归模型，如图 4.3 所示。

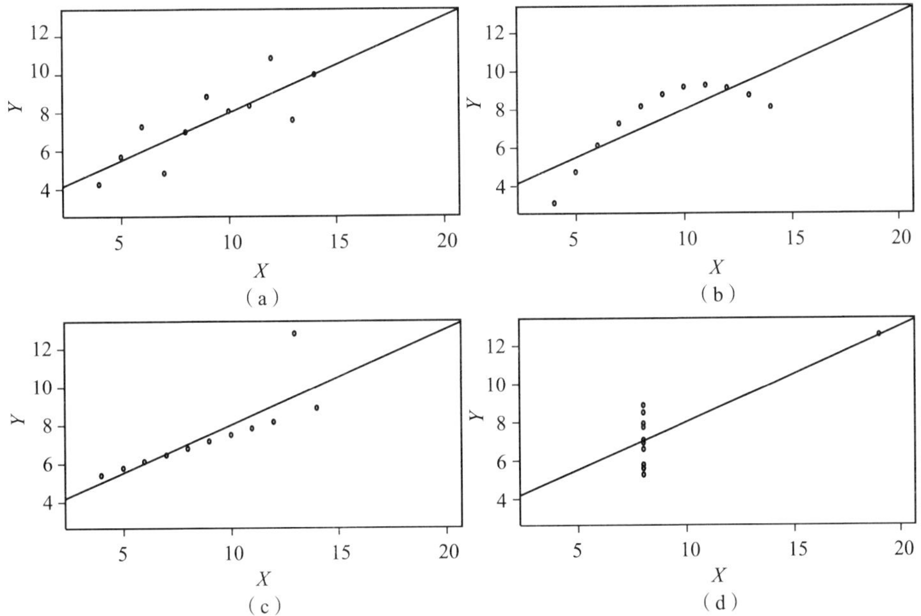

**图 4.3　Anscombe 数据的散点图与回归直线**

从图 4.3（a）图看，用简单线性回归模型分析第一组数据是合适的选择，图 4.3（b）显示选择简单线性回归模型分析第 2 组数据是不合适的，更加适当的模型形式应该考虑 $Y$ 与 $X$ 是二次函数形式的关系：

$$Y_i = \beta_0 + \beta_1 X_i + \beta_2 X_i^2 + u_i \tag{4.7.2}$$

图 4.3 中（b）表示对数据 2 采用二次函数拟合，其回归分析结果是：

$$\begin{gathered}\hat{Y}_i = -5.9957 + 2.7808X_i - 0.1267X_i^2 \\ (0.004)\quad(0.001)\quad(0.00006)\end{gathered} \tag{4.7.3}$$

$$\hat{\sigma} = 0.002,\ R^2 = 1,\ F = 7.38e+06$$

图 4.3 中（c）表示对数据 3 分析时，去掉了一个特别异常的数据点后，线性回归拟合效果也很好：

$$\begin{gathered}\hat{Y}_i = 4.0106 + 0.3450X_i \\ (0.008)\quad(0.0006) \\ \hat{\sigma} = 0.006,\ R^2 = 1,\ F = 3.04e+05\end{gathered} \tag{4.7.4}$$

将回归结果式（4.7.3）和式（4.7.4）与表 4.5 中对应数据比较，显然这两个新模型的参数估计精度高，同时模型误差的标准差变得非常小，即模型估计精度也有很大提高。

将修正后的回归结果式（4.7.3）和式（4.7.4）分别添加到相应的散点图中，获得图 4.4，从图 4.4 可以发现，修正模型很好地拟合了原始数据，说明修正方法有效地提高了模型的拟合性。

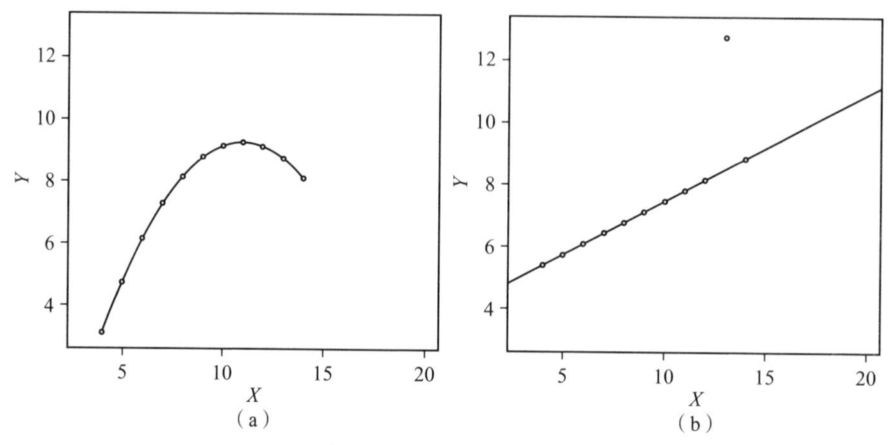


**图 4.4　Anscombe 数据修正后的拟合曲线**

对于第 4 组数据，如果去掉第 8 个样本点后，其余数据形成的散点图几乎在一条垂直的直线上，因此无法使用回归方法建立适当的拟合直线。

从安斯科姆的数据分析，在建立回归分析模型时，充分利用样本资料绘制适当的图形，会给建立适当的回归模型提供相当有价值的建议。

## 4.7.2　残差分析

利用 OLS 方法估计回归模型参数时，假设了模型残差具有独立性、同方差性，利用相关估计量进行统计假设检验时，还假设了残差是服从正态分布的。但是在实际使用样本进行相关参数估计并获得回归相应的残差，这些残差是否服从上述三个假设条件，其实是需要进行分析讨论的。

### 1. 普通残差

假设线性回归模型的矩阵形式为：

$$Y = X\beta + u_i \tag{4.7.5}$$

其中，$Y$ 是 $n$ 维被解释变量向量，$X$ 是由解释变量组成的 $n\times(k+1)$ 矩阵，$u$

是 $n$ 维误差向量。

模型（4.7.5）的参数估计量为：

$$\hat{\beta}=(X^TX)^{-1}X^TY,$$

拟合值 $\hat{Y}$ 为：

$$\hat{Y}=X\hat{\beta}=X(X^TX)^{-1}XY=HY,$$

其中，

$$H=X(X^TX)^{-1}X^T \tag{4.7.6}$$

残差值 $\hat{\varepsilon}$ 为：

$$\hat{\varepsilon}=Y-\hat{Y}=(I-H)Y.$$

残差正态性检验的方法很多，可用 Shapiro - Wilk 的 W 统计量检验残差序列是否服从正态分布。

在 R 软件中的检验程序：

```
shapiro.test(y.res)   #y.res 表示回归残差序列。
```

**2. 标准化（内学生化）残差**

由于 $E(\hat{\varepsilon})=0$，$\mathrm{var}(\hat{\varepsilon})=\sigma^2(I-H)$

因此，对于 $\hat{\varepsilon}_i$，$i=1$，…，$n$，有：

$$\frac{\hat{\varepsilon}_i}{\sigma\sqrt{1-h_{ii}}}\sim N(0,\ 1)$$

其中 $h_{ii}$是矩阵 $H$ 对角线上的元素。用 $\hat{\sigma}$ 替代上式中的 $\sigma$，称：

$$r_i=\frac{\hat{\varepsilon}_i}{\hat{\sigma}\sqrt{1-h_{ii}}} \tag{4.7.7}$$

为标准化残差，或内学生化残差①。

在 R 软件中，标准化残差的计算方法是使用函数：

```
rstandard(model,lm.influence(model,do.coef=FALSE),
          sd=sqrt(deviance(model)/df.residual(model)),…)
```

**3. 外学生化残差**

如果删除第 $i$ 个样本之后，由余下的 $n-1$ 个样本估计的回归系数记为 $\hat{\beta}_{(i)}$，相应地，$\sigma^2$ 的估计量为：

---

① 因为估计 $\hat{\sigma}$ 时用了包含第 $i$ 个样本在内的全部样本数量。

$$\hat{\sigma}_{(i)} = \frac{1}{n-k-2}\sum_{\substack{j=1\\ j\neq i}}^{n}(Y_j - \tilde{X}_j\hat{\beta}_{(i)})^2$$

其中，$\tilde{X}_j$ 为矩阵 $X$ 的第 $j$ 行。称：

$$\hat{\varepsilon}_i(\hat{\sigma}_{(i)}) = \frac{\hat{\varepsilon}_i}{\hat{\sigma}_{(i)}\sqrt{1-h_{ii}}} \tag{4.7.8}$$

为学生化残差，或外学生化残差。

在 R 软件中，学生化残差的计算方法是使用函数：

```
rstudent(model,lm.influence(model,do.coef = FALSE),res =
infl $wt.res,…)
```

## 4.7.3 残差图分析

由于残差的性质可以充分揭示回归模型的拟合特征，因此可以通过分析残差的分布特征来诊断回归模型是否达到了预期目标。

通常的残差诊断图是以 $\hat{\varepsilon}_i$ 为纵坐标，以拟合值 $\hat{Y}_i$，或者样本序号 $i$，或者时间序列数据的观测时点为横坐标绘制相应的散点图。

**1. 残差值 $\hat{\varepsilon}_i$ 与回归拟合值 $\hat{Y}_i$ 的残差图**

通过回归拟合值 $\hat{Y}_i$ 与残差 $\hat{\varepsilon}_i$ 的残差图，可以判断线性回归模型是否适合于相应的数据资料，通常的绘制方法是绘制两种形式的残差图：

（1）回归拟合值 $\hat{Y}_i$ 与普通残差 $\hat{\varepsilon}_i$ 的散点图（$\hat{Y}_i$，$\hat{\varepsilon}_i$），$i=1$，…，$n$。

（2）回归拟合值 $\hat{Y}_i$ 与标准化残差 $r_i$ 的散点图（$\hat{Y}_i$，$r_i$），$i=1$，…，$n$。

其图形大致可能存在三种形式（见图 4.5）。

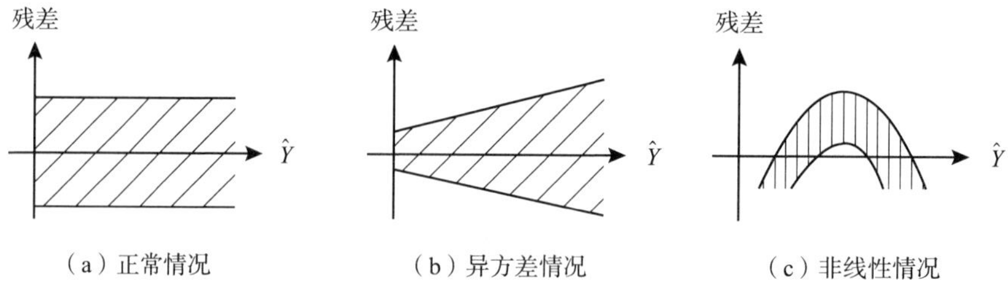


**图 4.5　回归拟合值与残差或标准化的散点图**

从图 4.5（a）可以看出，回归拟合值 $\hat{Y}_i$ 的大小变化对残差分布影响不大，即残差稳定地分布在一个以回归拟合值 $\hat{Y}_i$ 为中心的带状区域内，残差 $\hat{\varepsilon}_i$ 方差可以看出是一个常数。

从图 4.5（b）可以看出，回归拟合值 $\hat{Y}_i$ 的大小变化会导致残差分布变化，即残差随着回归拟合值 $\hat{Y}_i$ 的增大而增大，即残差 $\hat{\varepsilon}_i$ 方差不能当作一个常数处理。

从图 4.5（c）可以看出，回归拟合值 $\hat{Y}$ 的大小变化会导致残差分布的比较复杂的变化，因此选择线性回归模型分析相关数据可能不合适，即对相关数据可能需要采用非线性模型。

另外，对于图 4.5（a）的情形，如果小数点落在这个带状区域之外，就说明这些点可能是异常值，需要特别关注这种点对回归模型的影响。

**例 4.5**　根据经验，对于身高相同的人，血压的收缩压（*pressure*，mmHg 柱）与体重（*weight*，kg）、年龄（*age*）有关，利用表 4.6 数据建立适当回归模型，并绘制血压模型的残差图，如图 4.6 所示。

**表 4.6**　　血压与体重、年龄的数据

| *pressure* | *weight* | *age* | *pressure* | *weight* | *age* | *pressure* | *weight* | *age* |
|---|---|---|---|---|---|---|---|---|
| 76.0 | 50 | 120 | 80.5 | 50 | 125 | 82.0 | 40 | 132 |
| 91.5 | 20 | 141 | 74.5 | 60 | 123 | 95.0 | 40 | 155 |
| 85.5 | 20 | 124 | 79.0 | 50 | 125 | 92.5 | 20 | 147 |
| 82.5 | 30 | 126 | 85.0 | 40 | 132 | | | |
| 79.0 | 30 | 117 | 76.5 | 55 | 123 | | | |

利用表 4.6 数据，建立以下回归模型：

$$pressure_i = \beta_0 + \beta_1 weight_i + \beta_2 age_i + u_i \tag{4.7.9}$$

估计结果如下：

$$\widehat{pressure} = -62.9634 + 2.1366weight + 0.4002age$$
$$(-3.70)\quad(12.19)\qquad\quad(4.81)$$
$$n = 13 \quad s = 2.85 \quad R^2 = 0.9461 \quad F = 87.84$$

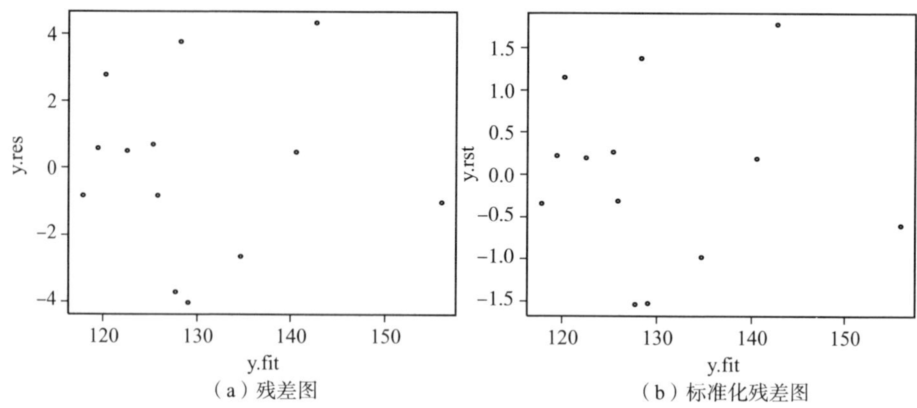

（a）残差图　　（b）标准化残差图

**图 4.6　血压模型的残差图**

通过图 4.6，可以看出无论是残差（y. res）还是标准化残差（y. res），都没有随着拟合值（y. fit）变化而呈现出规律性特征，这说明残差是没有规律性，基本满足经典回归模型对残差的独立性的要求。

如果残差服从正态分布的假设成立，则标准化残差也应该近似服从标准正态分布，从而标准化残差的 95% 置信区间为 [ -2，2]，因此从图 4.6（b）中可以看出，回归模型（4.7.9）的残差应该满足正态分布的假设条件，同时也位于 -2 到 2 的带状区域内，即满足同方差的假设条件，因此用线性回归模型拟合这个数据是合理的。

```
blood < -data.frame(
X1 =c(76.0,91.5,85.5,82.5,79.0,80.5,74.5,79.0,85.0,
76.5,82.0,95.0,92.5),
X2 =c(50,20,20,30,30,50,60,50,40,55,40,40,20),
Y =c(120,141,124,126,117,125,123,125,132,123,132,155,147)
)
lm.sol < -lm(Y ~ X1 +X2,data =blood)
summary(lm.sol)
par(mfrow =c(1,2))   #设置图形排列方式 1 ×2 格式
fit < -fitted(lm.sol)
res < -resid(lm.sol);    plot(res ~ fit,sub ="(a)残差图")
rst < -rstandard(lm.sol);plot(rst ~ fit,sub ="(b)标准化残
```

差图")

```
par(mfrow=c(1,1))  #还原图形排列方式 1×1 格式
```

**2. 残差 QQ 图**

QQ 图主要用于检验数据是否服从某个类型的已知分布。假设总体是正态分布 $N(\mu, \sigma^2)$，且 $X_{(1)}, \cdots, X_{(n)}$ 是样本 $X_1, X_2, \cdots, X_n$ 的顺序统计量。若 $\Phi(x)$ 是标准正态分布 $N(0, 1)$ 的分布函数，$\Phi^{-1}(x)$ 是反函数，由以下点

$$\left(\Phi^{-1}\left(\frac{i-0.375}{n+0.25}\right), X_{(i)}\right), i=1, \cdots, n$$

构成的散点图，称为正态分布的 QQ 图。

若样本数据近似服从正态分布，则在 QQ 图上的这些点近似地在直线

$$Y=\sigma X+\mu$$

附近。由于该直线的斜率是标准差 $\sigma$，截距是均值 $\mu$，因此利用此 QQ 图可以作为直观的正态性检验。

如果正态 QQ 图上的点近似地在一条直线附近，则可以认为样本数据来自正态分布总体。

设残差 $\hat{\varepsilon}_{(i)}$ 是残差 $\hat{\varepsilon}_i$ 的顺序统计量，$i=1, \cdots, n$，令：

$$q_{(i)}=\Phi^{-1}\left(\frac{i-0.375}{n+0.25}\right), i=1, \cdots, n. \tag{4.7.10}$$

若 $\hat{\varepsilon}_i$，$i=1, \cdots, n$ 来自正态分布总体样本，则 $(q_{(i)}, \hat{\varepsilon}_{(i)})$，$i=1, \cdots, n$ 应该在一条直线上，因此当残差 QQ 图明显不在一条直线上，则有理由怀疑残差服从正态分布的假设条件。

残差正态 QQ 图绘制命令：`plot(lm_sol, 2)`

**3. 以解释变量 $X_j$ 为横坐标的残差图**

以解释变量 $X_j$，$j=1, \cdots, k$ 的观测值为 $x_{ij}$，$i=1, \cdots, n$ 横坐标，以拟合值 $\hat{Y}_i$ 为纵坐标绘制残差图，大致可能在三种形式也如图 4.5 所示。

若残差图形呈现图 4.5（a）的形状，则说明回归模型的残差符合同方差的假设条件；

若残差图形呈现图 4.5（b）的形状，则说明回归模型的残差不符合同方差的假设条件；

若残差图形呈现图 4.5（c）的形状，则说明线性回归模型的设定不合适，需要加入解释变量 $X_j$ 的非线性项或对被解释变量 $Y$ 进行适当转换。

以例 4.6 的数据为例，绘制以 weight 和 age 为横坐标，回归拟合值 $\hat{Y}_i$ 为纵坐标的残差散点图，如图 4.7 所示。

```
y.res < -resid(lm.sol)
plot(y.res ~ weight,sub = "(a)体重 - 拟合值的残差图")
plot(y.res ~ age,sub = "(b)年龄 - 拟合值的残差图")
```

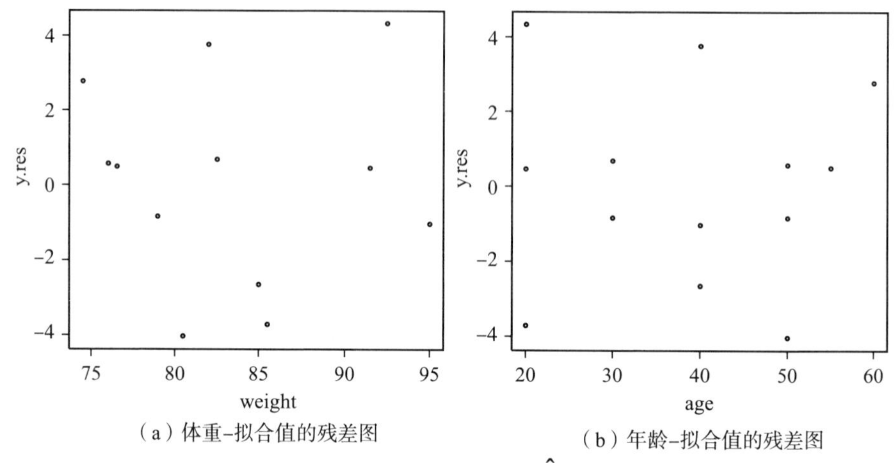


**图 4.7　体重、年龄与拟合值 $\hat{Y}_i$ 的散点图**

从图 4.7 可以看出，线性回归模型（4.7.9）的回归效果比较好，回归残差 $\hat{\varepsilon}_i$ 没有随着解释变量的变化而出现剧烈变动，而是稳定地出现在以 0 为中心的一个水平分布的带状区域内，即残差 $\hat{\varepsilon}_i$ 方差可以看出是一个常数。

在 R 软件中，plot( ) 函数可以绘制回归模型的残差图，调用格式为：

```
plot (x,which =1:4,
    caption = c( "Residuals vs Fitted","Normal Q - Q plot",
            "Scale - Location plot","Cook's distance plot"),
    panel = points,sub. caption = deparse( x $ call),main = "",
    ask = prod(par("mfcol")) < length(which) &&dev. interactive
(),…,id. n = 3,
    labels. id = names(residuals(x)),
    cex. id = 0.75)
```

其中，x 是线性回归模型，which 是 1 ~4 的全部或某一个子集，其中：

- 1 表示绘制普通残差与拟合值的残差图。
- 2 表示绘制正态 QQ 的残差图。
- 3 表示绘制标准化残差与拟合值的残差图。
- 4 表示绘制 Cook 统计量残差。

caption 表示题图内容。

### 4.7.4　影响点分析

影响点，就是数据中对模型估计量具有较大影响力的点。在进行回归分析时，我们通常需要假设样本数据的变化是以某个稳当范围内变化的，但是由于一些比较特别的数据的存在，可能导致模型估计量出现较大偏差，因此在进行回归分析时，分析样本数据中是否存在影响点就成为保证建模结果稳定性的一项重要任务。

如果某个样本点不服从某个模型，但是样本中的其余点是满足该模型的，这种点常常称为强影响点，或异常点，影响点分析的目标就是识别这种类型的样本点。

**1. 帽子矩阵 $H$ 的对角线元素 $h_{ii}$**

根据 $\hat{Y}=HY$ 可知$\dfrac{\partial \hat{Y}_i}{\partial Y_i}=h_{ii}$，即 $h_{ii}$度量了第 $i$ 个样本值 $Y_i$ 对估计量 $\hat{Y}_i$ 的影响程度①，由于：

$$\mathrm{var}(\hat{Y}_i)=h_{ii}\sigma^2$$

因此 $h_{ii}$还度量了 $\hat{Y}_i$ 的稳定性。

由于 $H$ 是投影矩阵，因此：

$$0\leqslant h_{ii}\leqslant 1,\ i=1,\ \cdots,\ n,\ \sum_{i=1}^{n} h_{ii}=k+1 \tag{4.7.11}$$

霍格林和韦尔施（Hoaglin and Welsch，1978）给出一个判断样本点为异常值的方法：

$$h_{ioio}\geqslant\frac{2(p+1)}{n} \tag{4.7.12}$$

则认为第 $i_0$ 个样本点影响较大，再结合其他方法，考虑是否将其识别为异常点。

---

① $\hat{Y}$ 是 $Y$ 在 $X$ 的列向量构成的子空间上的投影，因此 $H$ 也称为投影矩阵，满足 $H^T=H$，$H^2=H$。

R 软件中计算 $H$ 对角线上的元素 $h_{ii}$ 的函数为：*hatvalues*( )，*hat*( )。

```
hatvalues(model,infl = lm.influence(model,do.coef = FALSE),…)
hat(x,intercept = TRUE)   #x 是设计矩阵 X
```

**2. DFFITS 准则**

贝尔斯利、库和韦尔施（Belsley，Kuh and Welsch，1980）提出了判断异常点的 DFFITS 准则。考虑统计量：

$$D_i(\sigma) = \sqrt{\frac{h_{ii}}{1-h_{ii}}} \times \frac{\hat{\varepsilon}_i}{\sqrt{1-h_{ii}}} \tag{4.7.13}$$

其中 $\sigma$ 的估计量用 $\hat{\sigma}_{(i)}$ 替代。对于第 $i$ 个样本，若：

$$|D_i(\sigma)| > \sqrt{\frac{4(p+1)}{n}} \tag{4.7.14}$$

则认为第 $i$ 个样本点影响较大，需要特别注意该样本点，考虑是否将其识别为异常点。

R 软件中计算 DFFITS 准则的函数为：dffits( )。

```
dffits(model,infl = ,res = )
```

**3. Cook 统计量**

库克（Cook，1977）提出了 Cook 统计量：

$$D_i = \frac{(\hat{\beta}-\hat{\beta}_{(i)})^T X^T X(\hat{\beta}-\hat{\beta}_{(i)})}{(k+1)\hat{\sigma}^2},\ i=1,\ \cdots,\ n \tag{4.7.15}$$

其中估计量 $\hat{\beta}_{(i)}$ 为删除第 $i$ 个样本数据后用其余 $n-1$ 个样本数据计算而得的回归系数估计量。

利用标准化回归残差 $r_i$，Cook 统计量可以表示为：

$$D_i = \frac{1}{p+1}\left(\frac{h_{ii}}{1-h_{ii}}\right) r_i^2,\ i=1,\ 2,\ \cdots,\ n \tag{4.7.16}$$

直观地，Cook 统计量 $D_i$ 越大，则认为第 $i$ 个样本点是异常点的可能性越大，需要特别注意该样本点，考虑是否将其识别为异常点。

R 软件中计算 Cook 统计量的函数为：cooks.distance( )。

```
cooks.distance(model,infl = lm.influence(model,do.coef = FALSE),
               res = weighted.residuals(model),
               sd = sqrt(deviance(model)/df.residual(model)),
               hat = infl$hat,…)
```

**4. COVRATIO 准则**

采用全部样本所得的回归系数估计量 $\hat{\beta}$ 和去掉第 $i$ 个样本后利用其余样本所得的回归系数估计量 $\hat{\beta}_{(i)}$ 的协方差矩阵分别为：

$$\mathrm{var}(\hat{\beta}) = \sigma^2 (X^T X)^{-1},\ \mathrm{var}(\hat{\beta}_{(i)}) = \sigma^2 (X_{(i)}^T X_{(i)})^{-1} \tag{4.7.17}$$

其中 $X_{(i)}$ 为从 $X$ 中删除第 $i$ 行数据得到的矩阵，分别用 $\hat{\sigma}$ 和 $\hat{\sigma}_{(i)}$ 替代上式中的 $\sigma$。

为了比较第 $i$ 个样本数据对估计量方差的精度的影响程度，可以建立相应的协方差之比为：

$$COVRATIO = \frac{det(\hat{\sigma}_{(i)}^2 (X_{(i)}^T X_{(i)})^{-1})}{det(\hat{\sigma}^2 (X^T X)^{-1})} = \frac{(\hat{\sigma}_{(i)}^{2\ p+1})}{\hat{\sigma}^{2p+1}} \times \frac{h_{ii}}{1-h_{ii}},\ i=1,\ 2,\ \cdots,\ n \tag{4.7.18}$$

若第 $i$ 个样本点对应的 COVRATIO 统计量取值离 1 越远，则认为该点的影响越大，因此该点是异常点的可能性也越大。

R 软件中计算 COVRATIO 值的函数为 covratio( )。

```
covratio(model,infl = lm.influence(model,do.coef = FALSE),
         res = weighted.residuals(model))
```

将上面四种强影响点分析方法综合写一个统一的回归诊断程序：

```
Reg_Diag <- function(fm){
    n <- nrow(fm $ model);df <- fm $ df.residual
    k <- n - df - 1;s <- rep(" ",n)
    res <- residuals(fm);   s1 <- s;s1[abs(res) == max(abs
(res))] <- "*"
    sta <- rstandard(fm);s2 <- s;s2[abs(sta) >2)] <- "*"
    stu <- rstudent(fm);   s3 <- s;s3[abs(stu) >2] <- "*"
    h <- hatvalue(fm);   s4 <- s;s4[h >2 * (p +1)/n] <- "*"
    d <- dffits(fm);s5 <- s;s5[abs(d) >2 * sqrt((p +1)/n)] <- "*"
    c <- cooks.distance(fm);s6 <- s;s6[c == max(c)] <- "*"
    co <- covratio(fm);abs_co <- abs(co -1)
    s7 <- s;s7[abs_co == max(abs_co)] <- "*"
    data.frame(residual = res,s1,standard = sta,s2,
               student = stu,s3,hat_matrix = h,s4,
```

```
            DFFITS = d,s5,cooks_distance = c,s6
            COVRATIO < - co,s7)
}
```

说明:

函数 Reg_Diag（model）主要用于对 model 的回归残差进行诊断性分析，试图找出可能存在的异常点，函数输出结果是数据框形式，输出内容包含残差、标准差、学生化残差、帽子矩阵对角线元素、DFFITS 值、Cook 距离以及 COVRATIO 值，并对其中可能的异常值用 * 号标记，利于进一步分析确定相应点是否能够被识别为异常值点。

具体而言，7 种可能异常值样本的标记原则如下:

（1）残差绝对值最大的样本点;

（2）标准化残差绝对值大于 2 的样本点;

（3）外学生化残差绝对值大于 2 的样本点;

（4）满足 $h_{ii} > 2(p+1)/n$ 的样本点 $i$;

（5）满足 $|DFFITS|_i > 2\sqrt{(p+1)/n}$ 的样本点 $i$;

（6）Cook 距离最大的样本点;

（7）COVTARIO 值距离 1 最远的样本点。

## 本章练习题

1. 根据第 3 章练习 9，建立如下多元线性回归模型:

$$\widehat{rdintens} = 2.613 + 0.00030sales - 0.000000007sales^2$$
$$(0.429)\quad(0.00014)\quad(0.0000000037)$$
$$n = 32,\ R^2 = 0.1484$$

（1）*sales* 对 *rdintens* 的边际影响在什么时候变成负数?

（2）你会保留 *sales* 的二次项吗? 为什么?

（3）若定义 *sales* 为以十亿美元计的销售额: *salesbil* = *sales*/1000。用 *salesbil* 和 $salesbil^2$ 作为解释变量重写上述回归结果，并报告相差统计量。

（4）你喜欢哪个结果? 为什么?

2. 根据 401K 数据估计了 3 个结果:

$$\widehat{prate}=80.29+5.44mrate+0.269age-0.00013totemp$$
$$(0.78)\quad(0.52)\qquad(0.045)\quad(0.0004)$$
$$n=1534,\ R^2=0.100,\ \bar{R}^2=0.098 \qquad (M1)$$

$$\widehat{prate}=97.32+5.02mrate+0.314age-2.66\log(totemp)$$
$$(1.95)\quad(0.51)\qquad(0.044)\quad(0.28) \qquad (M2)$$
$$n=1534,\ R^2=0.144,\ \bar{R}^2=0.142$$

$$\widehat{prate}=80.62+5.34mrate+0.290age-0.00043totemp+0.0000000039totemp^2$$
$$(0.78)\quad(0.52)\qquad(0.045)\quad(0.00009)\qquad(0.0000000010)$$
$$n=1534,\ R^2=0.108,\ \bar{R}^2=0.106 \qquad (M3)$$

其中，*prate* 表示企业员工参与401K计划的比率，*mrate* 是企业给予参加401K计划员工的资金匹配率，如 $mrate=0.8$，表示当员工参与401K计划时，员工缴纳1美元，企业就为该员工缴纳0.8美元，*totemp* 是参与401K计划的企业总员工人数。

对于上述3个模型，你更偏好另一个模型？为什么？

3. 设 $\hat{\beta}_0$，$\hat{\beta}_1$，…，$\hat{\beta}_k$ 是 $y_i$ 关于 $x_{i1}$，…，$x_{ik}$ 回归的 OLS 估计量，$i=1$，…，$n$。对于非0常数 $c_i$，$i=1$，…，$k$，证明：$c_0y_i$ 关于 $c_1x_{i1}$，…，$c_kx_{ik}$ 的回归系数满足：

$$\tilde{\beta}_0=C_0\hat{\beta}_0,\quad \tilde{\beta}_j=\frac{C_0}{C_1}\hat{\beta}_j,\ j=1,\ \cdots,\ k$$

并分别讨论在数据变换下回归模型的其他统计量的表达形式。

4. 教育回报问题。考虑子女的受教育回报还可能受到父母双方受教育程度总和 *pareduc* 的影响：

$$\widehat{\log(wage)}=\beta_0+\beta_1educ+\beta_2educ\cdot pareduc+\beta_3exper+\beta_4tenure+u$$

其中，*wage* 是小时工资，*educ* 是学校教育年数，*pareduc* 是父母受教育年数总和，*exper* 是过去的工作经历（以月数计），*tenure* 任现职的时间（以月数计）。

（1）证明：多受1年教育与回报数量满足

$$\frac{\Delta\log(wage)}{\Delta educ}=\beta_1+\beta_2pareduc。$$

（2）模型的估计结果如下：

$$\widehat{\log(wage)} = 5.65 + 0.047educ + 0.00078educ \cdot pareduc + 0.019exper + 0.010tenure$$

$$(0.13)\quad(0.010)\quad(0.00021)\qquad\qquad(0.004)\qquad(0.003)$$

$$n = 722,\ R^2 = 0.169$$

解释交叉项的系数，并分析：

若父母均是大学教育（$pareduc = 32$）与父母均是高中教育（$pareduc = 24$），比较 *educ* 估计的回报差异。

（3）若将 *pareduc* 也作为变量单独进入回归模型，得到新的回归结果：

$$\widehat{\log(wage)} = 4.94 + 0.097educ + 0.033pareduc - 0.0016educ \cdot pareduc$$

$$(0.38)\quad(0.027)\qquad(0.0012)\qquad(0.0012)$$

$$+ 0.020exper + 0.010tenure$$

$$(0.004)\qquad(0.003)$$

$$n = 722,\ R^2 = 0.174$$

估计受教育的回报是否与父母受教育程度正相关？

并检验 $H_0$：受教育程度不依赖于父母的教育程度。

第5章

# 异方差模型

在第4章里，我们讨论了标准的多元线性回归模型的设定、参数估计及相关假设检验等问题，但是在大量的应用研究中，截面模型与时间序列数据模型都出现了异方差性问题。从本章开始，我们将在随后的章节中讨论违背经典线性回归模型的假设条件下的线性回归模型的估计与应用问题。在本章我们首先讨论线性回归模型的误差方差不再是常数，即异方差性（heteroscedasticity）。

## 5.1 线性回归模型中的异方差

在经典线性回归模型中我们假设：

给定解释变量 $X$，不同误差之间是不相关的，即：

$$E(u_i^2 | X_i) = \sigma^2,\ i = 1,\ 2,\ \cdots,\ n$$

但是在建立计量经济学模型时，假设不同误差项之间的不相关性却不是完全合理的。如果研究某个企业的投资数据时，利用不同时期的数据建立模型时模型的误差项之间相互影响。对家庭收入和支出进行研究，通常情况是低收入家庭的支出比较稳定，而高收入家庭的消费支出则表现较大的波动性特征，即以支出为解释变量的模型中，高收入家庭误差的方差多数情况下大于低收入家庭的误差方差。

### 5.1.1 经济社会数据的异方差现象

**例5.1** 经济学期刊的需求分析。

根据 R 软件包 AER 中数据集 *Journals*，变量 *subs* 表示图书馆订阅数，*citations* 表示引用数，*price* 表示期刊价格，图 5.1 表示 *subs* 与 *price/citations* 的散点图，从而图中可看出这两个变量之间存在异方差特征。从图 5.1 中可以发现，随着指标 *price/citations* 的增大，不同期刊的图书馆订阅数量变化幅度也在增大，使得数据的同方差性要求不能满足，这必然导致以此类形式的数据直接建立相应的计量经济模型会出现偏差。

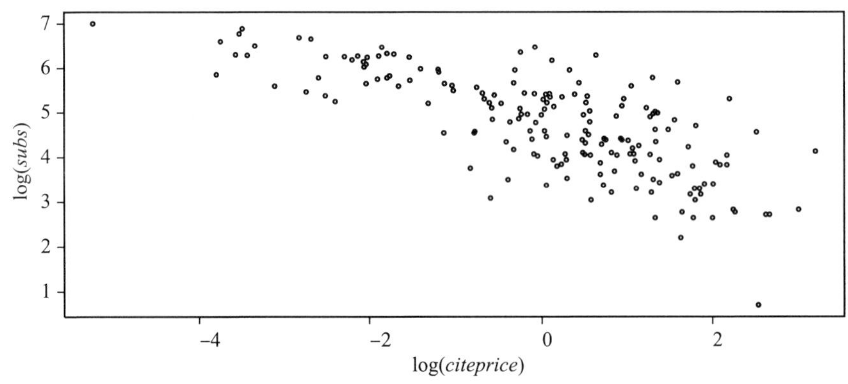


**图 5.1　log（*subs*）与 log（*price/citations*）的散点图**

**例 5.2**　分组数据中的异方差特征。

某社区居民家庭按月收入（$X$）分组的人均月消费支出（$Y$）数据如表 5.1 所示。

**表 5.1　某社区居民家庭按月收入（X）分组的人均月消费支出（Y）数据**　　单位：元

| | 月收入（$X$） | | | | | | | | | |
|---|---|---|---|---|---|---|---|---|---|---|
| | 2400 | 3000 | 3600 | 4200 | 4800 | 5400 | 6000 | 6600 | 7200 | 7800 |
| 消费支出 $Y$ | 2180 | 2750 | 3228 | 3636 | 4052 | 4630 | 5448 | 5458 | 6874 | 7740 |
| | 2070 | 2670 | 3280 | 3168 | 4072 | 4748 | 4670 | 6024 | 6580 | 7410 |
| | 1922 | 2320 | 2778 | 3270 | 3968 | 5150 | 4562 | 5984 | 7190 | 6888 |
| | 1928 | 2418 | 3012 | 3622 | 3794 | 4004 | 5558 | 5748 | 5784 | 6588 |
| | 2064 | 2968 | 3300 | 3560 | 4098 | 4280 | 5040 | 5392 | 5886 | 6880 |

续表

| 月收入（$X$） | | | | | | | | | | |
|---|---|---|---|---|---|---|---|---|---|---|
| 消费支出 $Y$ | 2228 | 2432 | 2884 | 3540 | 4558 | 4822 | 5320 | 5520 | 5778 | 6450 |
| | 2188 | 2790 | 2724 | 3896 | 4180 | 4680 | 4894 | 5900 | 6902 | 6350 |
| | 2130 | 2366 | 2724 | 3658 | 4370 | 5368 | 5496 | 5686 | 5806 | 6740 |
| | 2110 | 2384 | 3378 | 3874 | 4600 | 4152 | 5052 | 5224 | 6442 | 6410 |
| | 2380 | 2486 | 3232 | 3794 | 4538 | 4462 | 5860 | 5522 | 6046 | 6888 |
| | | 2760 | 3220 | 3410 | 3922 | 4738 | | 5292 | 5910 | |
| | | 2976 | 3440 | 3872 | 4560 | 4588 | | 5450 | | |
| | | 2480 | | 3330 | 4334 | 4378 | | | | |
| | | | | 3566 | 4702 | | | | | |
| | | | | 3804 | | | | | | |

利用表 5.1 的数据可以做出散点图 5.2。从图 5.2 中可以发现，随着居民家庭收入的增长，每个收入组家庭的消费支出的变化幅度，即各组的波动性都在增大，使得数据的同方差性要求难以满足，这必然导致以此类形式的数据直接建立相应的计量经济模型会出现偏差。

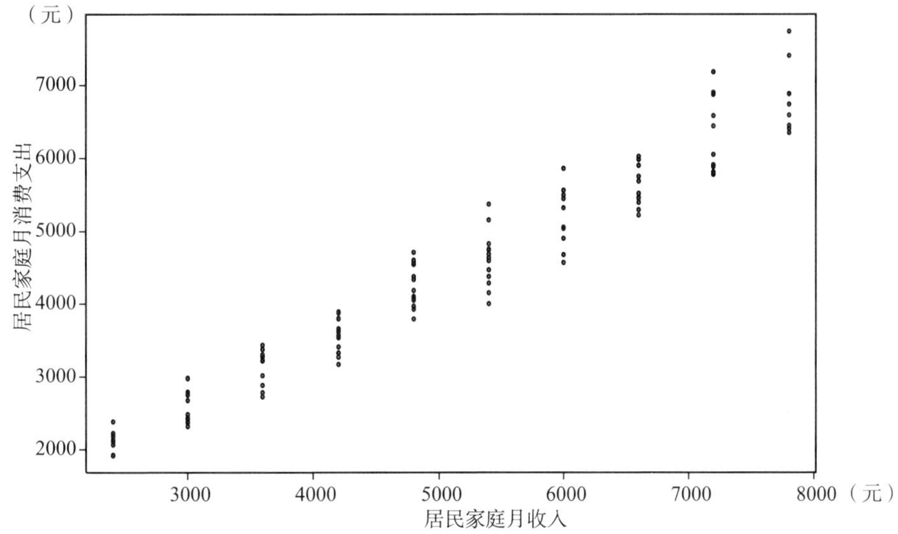


**图 5.2　某社区居民家庭按月收入（$X$）分组的人均消费支出（$Y$）散点图**

**例 5.3** 表 5.2 列出了 1998 年我国主要制造工业销售收入与销售利润的统计资料。

**表 5.2　　1998 年我国主要制造工业销售收入与销售利润**　　单位：亿元

| 行业名称 | 销售利润 | 销售收入 | 行业名称 | 销售利润 | 销售收入 |
|---|---|---|---|---|---|
| 食品加工业 | 187.25 | 3180.44 | 医药制造业 | 238.71 | 1264.10 |
| 食品制造业 | 111.42 | 1119.88 | 化学纤维制品 | 81.57 | 779.46 |
| 饮料制造业 | 205.42 | 1489.89 | 橡胶制品业 | 77.84 | 692.08 |
| 烟草加工业 | 183.87 | 1328.59 | 塑料制品业 | 144.34 | 1345.00 |
| 纺织业 | 316.79 | 3862.90 | 非金属矿制品 | 339.26 | 2866.14 |
| 服装制品业 | 157.70 | 1779.10 | 黑色金属冶炼 | 367.47 | 3868.28 |
| 皮革羽绒制品 | 81.70 | 1081.77 | 有色金属冶炼 | 144.29 | 1535.16 |
| 木材加工业 | 35.67 | 443.74 | 金属制品业 | 201.42 | 1948.12 |
| 家具制造业 | 31.06 | 226.78 | 普通机械制造 | 354.69 | 2351.68 |
| 造纸及纸品业 | 134.40 | 1124.94 | 专用设备制造 | 238.16 | 1714.73 |
| 印刷业 | 90.12 | 499.83 | 交通运输设备 | 511.94 | 4011.53 |
| 文教体育用品 | 54.40 | 504.44 | 电子机械制造 | 409.83 | 3286.15 |
| 石油加工业 | 194.45 | 2363.80 | 电子通信设备 | 508.15 | 4499.19 |
| 化学原料纸品 | 502.61 | 4195.22 | 仪器仪表设备 | 72.46 | 663.68 |

资料来源：《中国统计年鉴》（1998）。

图 5.3 是 1998 年中国主要制造业销售收入与销售利润的散点图。从图中可以发现，当销售收入增加时，不同类型的企业销售利润的变化幅度在增大，呈现出逐步扩大的状态，使得数据的同方差性要求难以满足，这必然导致以此数据直接建立相应的计量经济模型会出现偏差。

### 5.1.2　异方差的影响

由于模型误差的方差不再保持常数，即模型误差的方差会随着观测对象或观测时间发生变化，因此经典线性回归模型的参数估计与检验问题都需要进行相应的调整，从而保证我们获得的模型具有稳定的统计特征和计量特征。

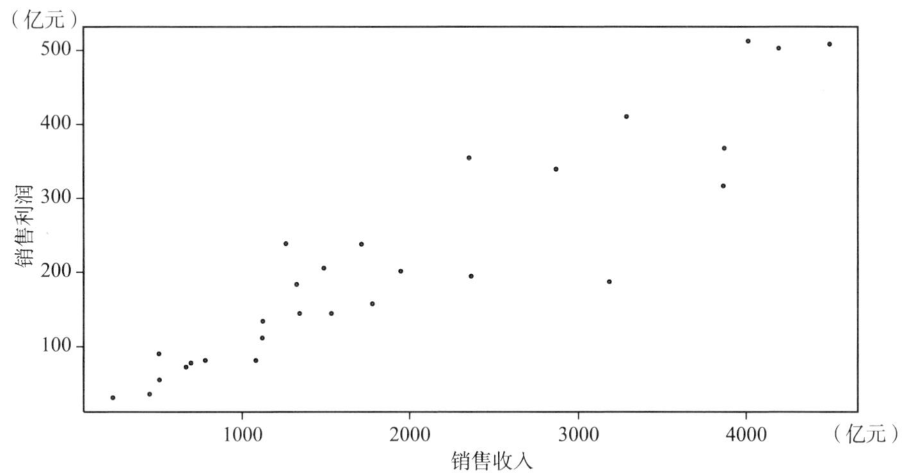


**图5.3 1998年中国主要制造业销售收入与销售利润散点图**

假设回归模型的误差项 $u_i$ 的方差为 $\sigma_i^2$，即给定解释变量 $X=(X_1, \cdots, X_k)$，误差项 $u_i$ 的方差不是常数，即：

$$E(u_i^2 | X_i) = \sigma_i^2,\ i=1,\ 2,\ \cdots,\ n \tag{5.1.1}$$

即对于不同的观测值 $X_i$，误差方差不再是常数具有这种现象的回归模型称为异方差模型。由于回归模型为

$$Y_i = \beta_0 + \beta_1 X_{i1} + \cdots + \beta_k X_{ik} + u_i$$

因此，式（5.1.1）也可表示为

$$\mathrm{Var}(Y_i | X) = \sigma_i^2,\ i=1,\ 2,\ \cdots,\ n. \tag{5.1.2}$$

为了讨论方便，我们假设误差仍然满足不相关的假设：

$$\mathrm{cov}(u_i,\ u_j | X_i) = 0,\ i \neq j,\ i,\ j=1,\ 2,\ \cdots,\ n.$$

从而可得

$$E(u^T u | X) = \begin{bmatrix} \sigma_1^2 & 0 & \cdots & 0 \\ 0 & \sigma_2^2 & \cdots & 0 \\ \vdots & \vdots & & \vdots \\ 0 & 0 & \cdots & \sigma_n^2 \end{bmatrix} = \Omega \text{ 或 } E(Y^T Y | X) = \begin{bmatrix} \sigma_1^2 & 0 & \cdots & 0 \\ 0 & \sigma_2^2 & \cdots & 0 \\ \vdots & \vdots & & \vdots \\ 0 & 0 & \cdots & \sigma_n^2 \end{bmatrix} = \Omega.$$

在同方差假设条件下，利用普通最小二乘方法（OLS）估计模型参数时对全部样本是等权重处理的，因此当回归模型的误差存在异方差性问题时，OLS估计法给误差方差大的观测值 $Y_i$ 赋予较大的权重，而给误差方差小的观测以

较小的权重。

这是因为方差大的误差项对应的残差平方和一般比方差小的误差项的残差平方和大很多。而回归直线是要使残差平方和最小，因此当方差大的那部分数据能得到很好的拟合时，就能达到残差平方和最小的目的。由于这个隐含的权重，导致方差不同的样本在数据集中的效用不相同。

在误差存在异方差情形下，OLS 方法获得的参数估计量虽然是无偏和一致的，但是它们不再是有效的，即参数估计量的方差不再保证是最小的方差，而且参数估计量的方差估计量是参数真实方差的有偏估计量。下面分别讨论在异方差存在时参数估计量的一些性质。

**1. 参数的 OLS 估计量仍然是真实值的无偏估计量**

考虑这一元回归模型，其中变量是关于它们的期望值的离差。设：

$$y_i = \beta_1 x_i + \varepsilon_i \tag{5.1.3}$$

因此，

$$\hat{\beta}_1 = \frac{\sum x_i y_i}{\sum x_i^2} = \beta_1 + \frac{\sum x_i \varepsilon_i}{\sum x_i^2} \tag{5.1.4}$$

以及，

$$E(\hat{\beta}_1) = \beta_1 + \frac{E(\sum x_i \varepsilon_i)}{\sum x_i^2} = \beta_1$$

注意，误差项的方差是否同方差在证明估计量的无偏性过程不起任何作用。

**2. 参数估计量的方差不再是最小方差**

由式（5.1.4）可知道：

$$\mathrm{Var}(\hat{\beta}_1) = \frac{\sum x_i^2 \mathrm{Var}(\varepsilon_i)}{(\sum x_i^2)^2} = \frac{\sum x_i^2 \sigma_i^2}{(\sum x_i^2)^2} = \sum_{i=1}^{n} w_i \sigma_i^2 \tag{5.1.5}$$

其中 $w_i = x_i^2 / (\sum x_i^2)^2$，即估计量 $\hat{\beta}_1$ 的方差是模型误差方差 $\sigma_i^2$ 的组合。

如果模型方差是常数 $\sigma^2$，则：

$$\mathrm{Var}(\hat{\beta}_1) = \frac{\sum x_i^2 \mathrm{Var}(\varepsilon_i)}{(\sum x_i^2)^2} = \frac{\sum x_i^2 \sigma^2}{(\sum x_i^2)^2} = \frac{\sigma^2}{\sum x_i^2} \tag{5.1.6}$$

当模型误差呈现出异方差特征时，随机误差项的方差不再是常数，导致式（5.1.6）的推导过程不再成立，即式（5.1.5）给出的参数估计量的方差不再是最小方差，而是有偏的。

实际分析经验发现，大多数情况下，式（5.1.5）给出的方差估计量是大于式（5.1.6）的方差估计量，即回归模型的误差的异方差特征通常会导致模型参数的方差变大，从而使用这些有偏的方差估计量进行相应的统计分析，则统计检验和置信区间就不正确的了。

### 5.1.3 异方差条件下参数估计量的异方差-稳健标准差估计方法

考虑多元回归模型：

$$y = \beta_0 + \beta_1 x_1 + \cdots + \beta_k x_k + \varepsilon \tag{5.1.7}$$

模型误差向量 $\varepsilon = (\varepsilon_1, \cdots, \varepsilon_n)^T$ 满足：

$$E(\varepsilon \mid X) = 0,\ \mathrm{Var}(\varepsilon \mid X) = \Omega,$$

其中 $\Omega$ 是一个对角矩阵①；参数估计量 $\hat{\beta}$ 的方差-协方差矩阵为：

$$\mathrm{Var}(\hat{\beta}) = (X^T X)^{-1} X^T \Omega X (X^T X)^{-1} \tag{5.1.8}$$

当式（5.1.7）的误差不存在异方差问题时，有 $\Omega = \sigma^2 I$，其中 $I$ 是 $n$ 阶单位矩阵，此时参数估计量 $\hat{\beta}$ 的方差为：

$$\mathrm{Var}(\hat{\beta}) = \sigma^2 (X^T X)^{-1} \tag{5.1.9}$$

当式（5.1.7）的误差存在异方差问题时，可设

$$\Omega = \mathrm{diag}(\sigma_1^2, \cdots, \sigma_n^2) \tag{5.1.10}$$

其中 $\mathrm{Var}(\varepsilon_i) = \sigma_i^2$，$i = 1, \cdots, n$，但是在实际应用中，式（5.1.10）中的 $\sigma_i^2$ 是未知量，怀特（White）证明了在上述公式中，用各回归残差的平方 $\hat{\varepsilon}_i^2$ 替代 $\sigma_i^2$，可以得到方差真值的一个一致估计量。

对于回归模型式（5.1.7），可以获得 $\mathrm{Var}(\hat{\beta}_j)$ 的一个一致估计量为：

$$\widehat{\mathrm{Var}(\hat{\beta}_j)} = \frac{1}{SSR_j^2} \sum_{i=1}^{n} \hat{r}_{ij}^2 \hat{u}_i^2,\ j = 1, \cdots, k \tag{5.1.11}$$

其中，$\hat{r}_{ij}$表示用 $x_{ij}$对其余解释变量进行回归年得的第 $i$ 个残差，$SSR_j$ 是该辅助回归模型的残差平方和。

由式（5.1.8）所计算的参数估计量的标准差通常称为参数估计量 $\hat{\beta}_j$ 的异

① 假设式（5.1.7）中误差之间无序列相关性。

方差 - 稳健的标准误（heteroskedasticity-robust standard error），这些稳健标准误通常是由怀特（White，1980）提出。

形如式（5.1.11）的参数估计量的方差估计是对式（5.1.8）的 White 方差估计方法的修正，类似的修正方法具有很多种变形，由这类修正方法获得的参数估计量的方差估计量都称为异方差 - 稳健的标准误，异方差 - 稳健的标准误估计中常见的权重形式如表 5.3 所示。

如果获得了式（5.1.8）形式的稳健标准误估计量，就可以构造异方差 - 稳健的 t 统计量。

最后，即使能够准确地得到这些参数估计量的方差，最小二乘估计的不一致性也还会存在。正如我们在下面将要讨论的那样，在这种情况下，最小二乘估计量的方差将比其他线性无偏估计量的方差大。

近 30 年来，出现了很多种异方差条件下参数估计量方差的一致估计量 HC（heteroskedasticty consistent），或者 HAC（heteroskedasticity and autocorrelation consistent）协方差矩阵估计方法。

```
vcovHC(x,type=c("HC3","const","HC","HC0","HC1","HC2","HC4",
        "HC4m","HC5"),omega=NULL,sandwich=TRUE,…)
```

其中 x 是 OLS 回归结果，type 是估计式（5.1.10）中 Ω 估计量的方法。

**表 5.3　　　　异方差 - 稳健的标准误估计中常见权重形式**

| 算法类型 | 表达式 | 算法类型 | 表达式 |
|---|---|---|---|
| const | $w_i=\hat{\sigma}^2$ | HC0 | $w_i=\hat{\varepsilon}_i^2$ |
| HC1 | $w_i=\frac{n}{n-k}\hat{\varepsilon}_i^2$ | HC2 | $w_i=\frac{\hat{\varepsilon}_i^2}{1-h_{ii}}$ |
| HC3 | $w_i=\frac{1}{(1-h_{ii})^2}\hat{\varepsilon}_i^2$ | HC4 | $w_i=\frac{1}{(1-h_{ii})^{\delta_i}}\hat{\varepsilon}_i^2$ |

其中 $h_{ii}$是帽子矩阵 $H=X(X^TX)^{-1}X^T$ 的对角线上的第 $i$ 个元素，$\bar{h}$ 是这些元素的平均值，$\delta_i=\min\{4,\ h_{ii}/\bar{h}\}$。

具体而言，常数（同方差，cons）给出同方差误差下的标准差估计量，HC0 由艾克尔（Eicker，1963）提出，怀特（White，1980）推广，HC1，HC2 与 HC3 估计方法由麦金农（MacKinnon）提出，怀特（White，1985）进行改进。朗和欧文（Long and Ervin，2000）进一步研究了 HC3 的小样性质，对小样条件下的估计提供了更加有效的方法，因此 vcocHC（）中 HC3 就成为默认方法，克里巴里－内托（Cribari－Neto，2004）建议用 HC4 估计方法，使得小样本估计量具有更加良好的性质，尤其是样本中出现强影响点时可能获得的估计量具有较好方差性质。

获得了参数估计量的方差的异方差－稳健估计量之后，就可以进行相应参数的统计检验了。

为了获得包含回归分析中的参数估计量、标准误、t 统计量及其 p－值的列表，可以使用扩展包 lmtest 中的函数 coeftest（）完成：

```
library(lmtest)
library(car)
coeftest(reg)                  #报告同方差条件下的标准误
coeftest(reg,vcov = hccm)  #报告修正版的 White 的稳健标准误
coeftest(reg,vcov = hccm(reg,type = "hc0"))
#报告经典版的 White 的稳健标准误
```

其中 reg 表示 OLS 估计结果，car 包中的函数 hccm（）的含义是 heteroscedasticity－corrected covariance matrices，即采用几种形如式（5.1.10）的修正形式的 White 方差估计量。

在异方差条件下的 F 检验，可用 car 包中的 linearHypothesis（）完成：

```
library(car)
linearHypothesis(reg,myH0)
linearHypothesis(reg,myH0,vcov = hccm)
linearHypothesis(reg,myH0,vcov = hccm(reg,type = "hc0"))
```

**例 5.4** 参数估计量的异方差－稳健估计量。

以 1976 年总体劳动力为研究对象，考虑影响小时工资（美元）的各种因素。

利用 526 个样本建立回归模型：

$$\widehat{\log(wage)} = 0.3214 + 0.2127 marrmale - 0.1983 marrfem - 0.1104 singfem$$
$$(0.1001)\quad(0.0536)\qquad(0.0578)\qquad(0.0557)$$
$$+ 0.0789 educ + 0.0268 exper - 0.0005 exper^2 + 0.0291 tenure$$
$$(0.0067)\qquad(0.0052)\qquad(0.0001)\qquad(0.0067)$$

$$-0.0005 tenure^2$$
$$(0.0002)$$

$$n=526,\ s=0.3933,\ R^2=0.4609,\ \overline{R}^2=0.4525 \qquad (5.1.12)$$

在回归结果（5.1.12）中，变量 *singfem* 的 $t$ 统计量是 -1.96，在 10% 的显著性水平下是显著的，其余解释变量的 $t$ 统计量的绝对值均大于 2，在 5% 的显著性水平下也是显著的。

由于该数据是截面数据，因此怀疑模型可能存在异方差特征，因此考虑用稳健方法估计参数的估计量、标准差、$t$ 统计量及相应的 $p$ 值：

```
coeftest(reg1,vcov=hccm)  #报告修正版的 White 的稳健标准误
coeftest(reg1,vcov=hccm(reg,type="hc0"))
```

为了分析方便，我们将用三种计算方法计算的参数估计量的方差的计算结果整理在表 5.4 中。

**表 5.4　采用 OLS、hccm 与 hc0 方法估计模型参数时估计量的比较**

| Independent variables | Estimate | Std. Error | | |
|---|---|---|---|---|
| | | OLS | hccm | hc0 |
| (Intercept) | 0.3214 | 0.1000 | 0.1115 | 0.1085 |
| marrmale | 0.2127 | 0.0554 | 0.0582 | 0.0567 |
| marrfem | -0.1983 | 0.0578 | 0.0597 | 0.0583 |
| singfem | -0.1103 | 0.0557 | 0.0579 | 0.0566 |
| educ | 0.0789 | 0.0067 | 0.0076 | 0.0074 |
| exper | 0.0268 | 0.0052 | 0.0052 | 0.0051 |
| I (exper^2) | -0.0005 | 0.0001 | 0.0001 | 0.0001 |
| tenure | 0.0291 | 0.0068 | 0.0074 | 0.0069 |
| I (tenure^2) | -0.0005 | 0.0002 | 0.0003 | 0.0002 |

从表 5.4 中，我们可以发现，对于模型（5.1.12），参数估计量的方差估计量采用三种不同方法估计时，差异并不是非常大，说明这个模型的误差存在一定的异方差性，但是程度较弱，因此采用不同方法估计参数估计量的方差时，并没有出现明显的不同。

## 5.2　异方差条件下回归模型的参数估计

由于误差方差不是常数，因此经典的 OLS 估计方法就不再适用了，在这种情形下我们通常采用的是加权最小二乘法（WLS）。为了说明 WLS 的估计原理，我们考虑两种不同类型条件下的估计过程。

### 5.2.1　误差方差已知

假设每一个误差项的方差为已知，即 $\mathrm{Var}(\varepsilon_i)=\sigma^2 c_i$，其中 $c_i$ 是一个正实数。在实际应用中这种已知方差的情形基本不发生，但是此处我们可以利用此方法说明如何修正异方差性。

我们采用加权最小二乘法估计模型参数，考虑一元回归模型（5.2.1）：

$$Y_i=\beta_0+\beta_1 X_i+\varepsilon_i \tag{5.2.1}$$

令权重函数 $w_i=1/\sqrt{c_i}$，模型（5.2.1）可变形为：

$$w_i Y_i=\beta_0 w_i+\beta_1\cdot w_i X_i+w_i\varepsilon_i \tag{5.2.2}$$

令

$$Y_i^*=w_i Y_i,\ X_{0i}^*=w_i,\ X_{i1}^*=w_i X_i,\ \varepsilon_i^*=w_i\varepsilon_i,\ i=1,\ \cdots,\ n,$$

则模型（5.2.2）可表示为

$$Y_i^*=\beta_0 X_0^*+\beta_1 X_{i1}^*+\varepsilon_i^* \tag{5.2.3}$$

显然，模型（5.2.3）的误差 $\varepsilon_i^*$ 满足经典回归模型的误差项要求：

$$\mathrm{Var}(\varepsilon_i^*)=\mathrm{Var}(w_i\varepsilon_i)=w_i^2\mathrm{Var}(\varepsilon_i^2)=\sigma^2,\ i=1,\ \cdots,\ n$$

对模型（5.2.3）采用通常的 OLS 估计方法，即可获得相应的参数估计量。

当然，模型（5.2.2）的参数也可以从极大似然函数推导出来，对表达式

$$\sum_{i=1}^{n}\frac{(Y_i-\beta_0-\beta_1 X_i)^2}{c_i}$$

求极小值就得到相应的估计量 $\hat{\beta}_0$ 和 $\hat{\beta}_1$，这也是回归参数的 WLS 估计量。

对于离差形式的模型（5.1.2），其参数的最小二乘估计为

$$\hat{\beta}_1=\frac{\sum x_i y_i/\sigma_i^2}{\sum x_i^2/\sigma_i^2}=\frac{\sum(x_i/\sigma_i)(y_i/\sigma_i)}{\sum(x_i/\sigma_i)^2}=\frac{\sum x_i^* y_i^*}{\sum(x_i^*)^2} \tag{5.2.4}$$

其中 $x_i^* = w_i x_i$，$y_i^* = w_i y_i$。

因此加权最小二乘估计就是将原数据加权，然后利用变换后的数据进行最小二乘估计，其中对于波动较大的数据给予较小的权重，波动性较小的数据给予较大的权重，从而使得数据的波动性达到一种平稳的要求。

对于多元回归模型：

$$Y_i = \beta_0 + \beta_1 X_{i1} + \beta_2 X_{i2} + \cdots + \beta_k X_{ik} + \varepsilon_i \tag{5.2.5}$$

令权重函数 $w_i = 1/\sqrt{c_i}$，把回归模型（5.2.5）中的变量重新定义为

$$Y_i^* = w_i Y_i,\ X_0^* = w_i,\ X_{ij}^* = w_i X_{ij},\ \varepsilon_i^* = w_i \varepsilon_i,\ j = 1,\ \cdots,\ k$$

我们用变换了的式（5.2.6）替代原来的线性模型

$$Y_i^* = \beta_0 X_0^* + \beta_1 X_{i1}^* + \beta_2 X_{i2}^* + \cdots + \beta_k X_{ik}^* + \varepsilon_i^* \tag{5.2.6}$$

注意到，与一元回归模型类似，变换后的误差项具有相同的方差：

$$\mathrm{Var}(\varepsilon_i^*) = \mathrm{Var}(w_i \varepsilon_i) = w_i^2 \mathrm{Var}(\varepsilon_i) = \sigma^2. \tag{5.2.7}$$

由于式（5.2.6）满足经典线性模型的所有假设（包括误差项的同方差假设），因此由高斯－马尔可夫定理可知加权最小二乘估计量一定是有效的。

### 5.2.2 误差方差未知

由于使用加权最小二乘估计法获得准确估计量的必要条件是确定误差项方差的大小。但是在很多情况下，误差项方差的大小不是已知的，基于此原因，需要考虑足够的样本信息，从而能够对误差项的方差进行合理估计。

误差项方差随自变量变化有一种可能性是回归模型误差项的方差与一个或多个解释变量的取值之间存在着某种关系。

一般地，可设

$$\mathrm{Var}(\varepsilon_i) = C \cdot f(X_{1i},\ \cdots,\ X_{ki}) \tag{5.2.8}$$

其中 $C$ 为一个正常数，函数 $f(X_{i1},\ \cdots,\ X_{ik})$ 表示一个或多个解释变量对误差方差的影响因子。

如果能够确定该函数，则可以将其作为加权最小二乘估计中相应变量的权重对模型进行调整后估计参数，从而获得准确的估计量。

设 $w_i = 1/f(Z_{i1},\ \cdots,\ Z_{ik})$，式（5.2.5）可调整为：

$$Y_i^* = \beta_0 X_0^* + \beta_1 X_{1i}^* + \beta_2 X_{2i}^* + \cdots + \beta_k X_{ki}^* + \varepsilon_i^* \tag{5.2.9}$$

其中 $X_{0i}^* = w_i \cdot 1$，$X_{ij}^* = w_i X_{ij}$，$\varepsilon_i^* = w_i \varepsilon_i$，$j=1$，…，$k$，$i=1$，…，$n$。因此

$$\mathrm{Var}(\varepsilon_i^*) = \mathrm{Var}(w_i \varepsilon_i) = w_i^2 \mathrm{Var}(\varepsilon_i) = \frac{\mathrm{Var}(\varepsilon_i)}{f(Z_{i1}, \cdots, Z_{ik})} = C$$

即式（5.2.9）符合经典回归模型的要求，其参数估计是一致有效的估计量。

在这里，出现了一个问题，即确定权函数 $w_i$，或函数 $f(X_1, \cdots, X_k)$ 的形式，在实际建模分析中，这个问题大多数是根据经验法则来解决的。

对于一元回归模型，可设 $f(x_i) = CX_i^{\alpha}$，利用散点图或非参数方法可确定其中的参数 $\alpha$，在实际工作中也可简单取为1或2。

对于多元回归模型，则该函数的确定比较困难，其中一个比较通用的方法是利用式（5.2.5）的OLS残差平方 $\hat{\varepsilon}_i^2$ 构造 $w_i$，即取 $w_i = 1/|\hat{\varepsilon}_i|$，其理由是：如果模型误差是异方差性的，则回归残差项就含有部分解释变量的相关信息，因此模型的回归残差的变化就反映了各解释变量对原模型方差的影响。

当然，类似于多元回归模型，也可考虑如下形式的函数：

$$\log f(X_{1i}, \cdots, X_{ki}) = \alpha_0 + \alpha_1 X_{i1} + \cdots + \alpha_k X_{ik}$$

该形式的权重函数反映了各解释变量对误差方差的程度不同的非线性影响，下面我们以一元回归模型简要说明上述方法的应用过程。

**例5.5** 考虑由四组家庭住房支出（*expend*）和年收入（*income*）组成的截面数据，如表5.5所示，研究家庭收入与住房消费支出之间的关系。

**表5.5　　四组家庭的收入与住房支出数据**　　单位：千美元

| 组别 | 住房支出 | | | | | | | | | | 收入 |
|---|---|---|---|---|---|---|---|---|---|---|---|
| 1 | 2.7 | 2.8 | 2.8 | 3.0 | 3.2 | 3.3 | 3.2 | 3.2 | 3.2 | 3.3 | 7.50 |
| 2 | 4.2 | 4.5 | 4.7 | 4.7 | 4.8 | 5.0 | 5.1 | 5.2 | 5.4 | 5.6 | 15.0 |
| 3 | 6.0 | 6.3 | 6.6 | 6.8 | 6.9 | 7.1 | 7.2 | 7.5 | 7.6 | 8.2 | 22.5 |
| 4 | 7.2 | 7.4 | 7.5 | 7.8 | 8.1 | 8.2 | 9.0 | 9.6 | 10.1 | 10.8 | 30.0 |

考虑模型

$$expend_i = \beta_0 + \beta_1 income_i + \varepsilon_i \tag{5.2.10}$$

为了正确识别 *income* 与 *expend* 之间的关系，我们绘制了散点图 5.4。从图上可发现各组数据的分布范围随着收入的增加呈现扩大趋势，

从图 5.4 可以发现，根据 *income* 分组的每一组家庭的住房支出 *expend* 的分散程度差异较大，显示出被解释变量 *expend* 的方差随着解释变量 *income* 的增大而增大，意味着该数据集具有异方差的可能性。

根据图 5.4 的特征，可假设误差方差与解释变量 $X$ 之间的关系为：

$$\mathrm{Var}(\varepsilon_i) = CX_i^2$$

其中 $C$ 是一个正常数，$X_i$ 是表示居民家庭收入，即 $w_i = 1/X_i$。

令 $X_{i0}^* = w_i \cdot 1 = \dfrac{1}{\sqrt{X_i}}$，$X_{i1}^* = w_i X_{ij} = 1$，$\varepsilon_i^* = w_i \varepsilon_i$，则回归模型（5.2.10）可修改为：

$$Y_i^* = \beta_0 X_0^* + \beta_1 + \varepsilon_i^* \tag{5.2.11}$$

根据对误差的设定，有

$$\mathrm{Var}(\varepsilon_i^*) = \mathrm{Var}(w_i \varepsilon_i) = w_i^2 \mathrm{Var}(\varepsilon_i) = C,$$

因此，式（5.2.11）符合经典回归模型的误差条件，该模型参数估计量应该是一致和有效估计量。

为了直观说明修正方法的效果，可以利用修正后的变量绘制新的散点图 5.5。

与图 5.4 相比较，图 5.5 中各组数据的分散就比较接近了，基本上可以认为各组数据是同方差分布的，这说明利用式（5.2.11）估计的模型参数的要优于直接用式（5.2.10）估计的结果。

当然也需要注意的是修正模型的常数项是原模型中 $X$ 的系数，在最后确定模型时应该小心。在这个特殊的例子中，原来的截距项变成了变量项，变量 $X$ 的斜率参数变成了新模型的截距项。

回归模型（5.2.11）中参数的 OLS 回归估计量给出我们想要的（有效）参数估计，因为在变换后的模型中，误差项具有相同的方差。

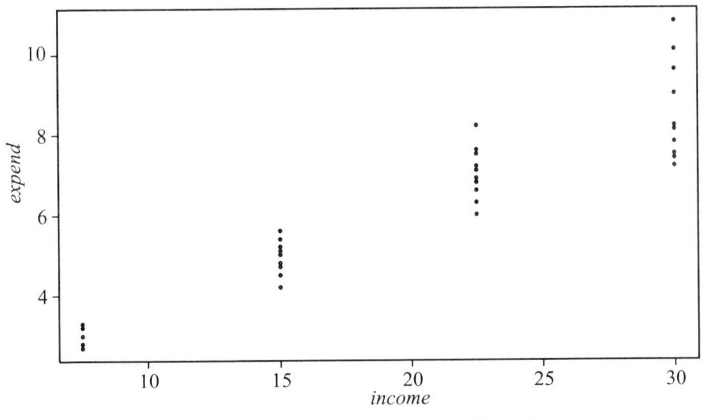


图 5.4　四组居民家庭年收入与住房支出

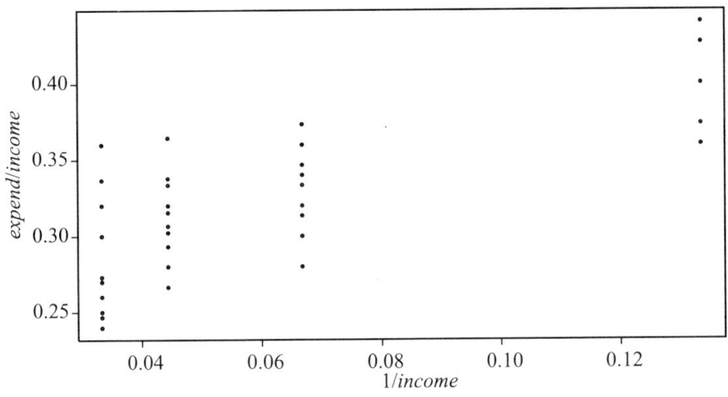


图 5.5　利用权重修正异方差性后的散点图

## 5.3　异方差的检验

我们讨论了两种条件下对经典最小二乘估计法的修正方法，但是一个很自然问题是：在进行异方差修正之前，我们应当首先对模型的误差结构是否存在异方差性进行统计检验，并能够在检验异方差有存在性的同时尽可能给出异方差的具体形式。

在各种情形下，希望能找到适当方法检验同方差性的假设：

$$H_0: \sigma_i^2 = \sigma^2, \; i = 1, \; \cdots, \; n$$

其中 $n$ 为观测值个数，$\sigma_i^2$ 是误差 $\varepsilon_i$ 的方差，与此相对应备择假设可设为

$$H_1: \sigma_i^2 = f(X_{i1}, \cdots, X_{ik})$$

其中，$f(\cdot)$ 是选定函数，其形式取决于异方差的表现形式，当我们确定了 $f(\cdot)$ 的具体形式后也就获得了进行异方差修正所应该采用的估计方法。

虽然有许多种检验异方差的方法，但是我们首先讨论一个非正式的检验，即对解释变量、残差进行观察，看看方差的估计量是否随观测值而变，然后再给出多种正式的统计检验方法进行完善。

## 5.3.1 异方差的非正式检验

**1. $X-Y$ 散点图**

利用 $X-Y$ 的散点图，可以直观分析解释变量导致的异方差的可能性与程度大小，但是这个方法也存在不足，即需要分析每一个 $X$ 与 $Y$ 的关系，分析结果可能出现多组呈现异方差性的变量对，这就在最终建模时需要进行异方差分析。

在图 5.6（a）中，$Y$ 的方差在一个较小的带形区域内。具体分析，图 5.6（b）中随着 $X$ 的变化，$Y$ 的方差呈现增大特征，图 5.6（c）中随着 $X$ 的变化，$Y$ 的方差呈现减小特征，图 5.6（d）中随着 $X$ 的变化，$Y$ 的方差呈现复杂特征，先减小到一定程度，然后又增大。因此从图 5.6（b）至图 5.6（d）中可发现，随着 $X$ 的变化，$Y$ 的变化明显呈现出方差不稳定的特征，这表明变量 $Y$ 具异方差特征。

**2. $X_i$—$\hat{\varepsilon}_i^2$ 散点图**

我们建议计算残差的平方 $\hat{\varepsilon}_i^2$。并用它来初步判断回归模型的误差是否存在异方差特征。如果模型是时间序列模型，这些残差的平方 $\hat{\varepsilon}_i^2$ 关于时间的散点图会告诉我们估计的方差是否会随时间而增加。

如果模型是关于截面数据的，残差的平方 $\hat{\varepsilon}_i^2$ 关于一个或几个解释变量或 $\hat{Y}$ 的散点图，将会起到同样的作用。

图 5.7（1）表示 $\hat{\varepsilon}_i^2$ 随着 $X_i$ 的增大而增大，$X=5$ 时 $Y$ 的分散程度显著地小于 $X=30$ 时 $Y$ 的分散程度，这说明回归模型的残差具有异方差特征性。图 5.7（2）表示 $\hat{\varepsilon}_i^2$ 随着 $\hat{Y}_i$ 的增大而增大，说明预测值 $\hat{Y}_i$ 的变化与 $\hat{\varepsilon}_i^2$ 是密切相关的，也说明了回归模型的残差具有异方差特征性，其理由是在同方差条件下预测值 $\hat{Y}_i$ 只与解释变量 $X$ 的变化相关，与残差 $\hat{\varepsilon}_i$ 的变化无关。

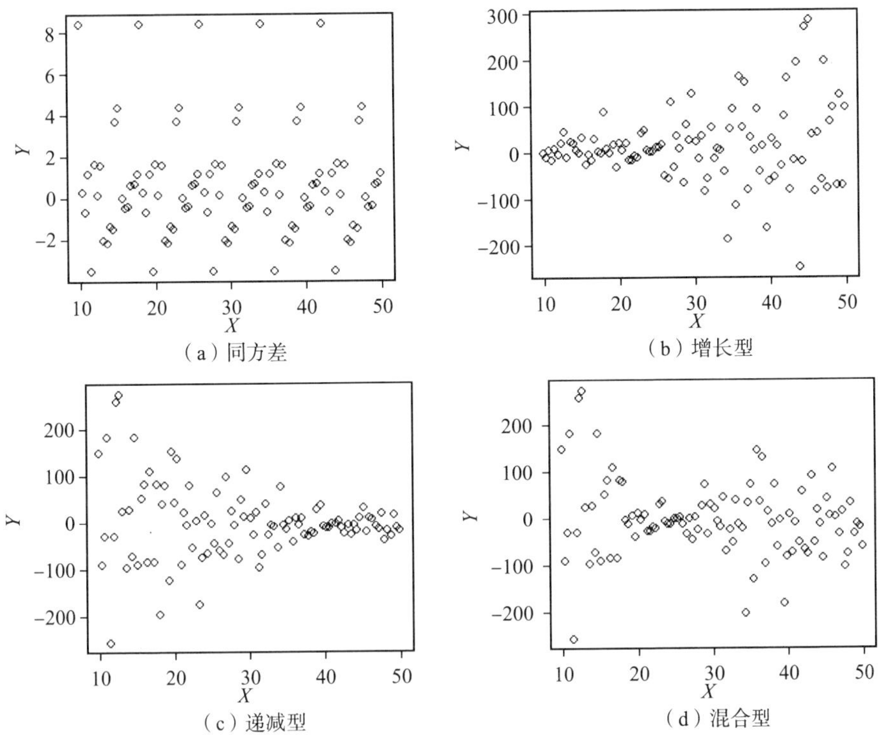


（a）同方差　（b）增长型　（c）递减型　（d）混合型

**图5.6　$X-Y$ 散点图**

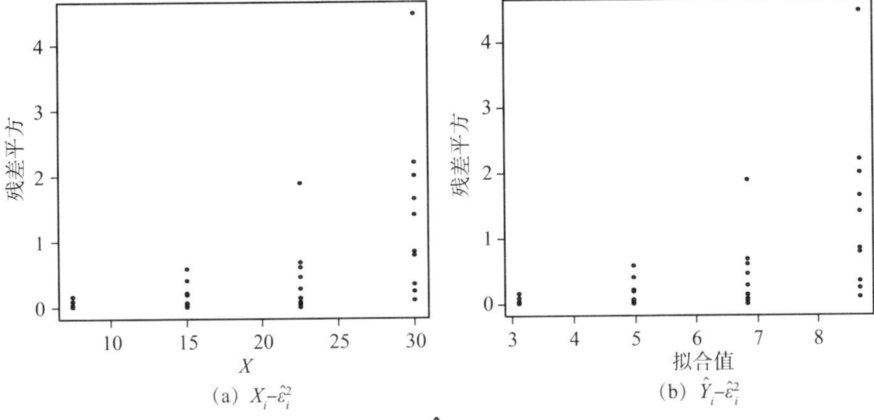


（a）$X_i$–$\hat{\varepsilon}_i^2$　（b）$\hat{Y}_i$–$\hat{\varepsilon}_i^2$

**图5.7　$X_i$ 或 $\hat{Y}_i$ 与 $\hat{\varepsilon}_i^2$ 的散点图**

## 5.3.2 异方差的统计检验

下面我们考虑正式的异方差统计检验方法，所有这些方法都这样或那样地依赖于残差值本身或残差值的平方。

**1. 帕克检验（Park Test）**

帕克提出 $\sigma_i^2$ 是解释变量 $X_i$ 的某个函数，即将图示化的异方差问题公式化：

$$\sigma_i^2 = \sigma^2 X_i^{\beta} e^{v_i} \text{或} \ln(\sigma_i^2) = \ln(\sigma^2) + \beta \ln X_i + v_i \tag{5.3.1}$$

其中 $v_i$ 是随机误差项，由于 $\sigma_i^2$ 通常是未知的，帕克建议用回归残差 $\hat{u}_i^2$ 用为替代变量并回归

$$\ln \hat{u}_i^2 = \alpha + \beta \ln X_i + v_i \tag{5.3.2}$$

如果式（5.3.2）中系数 $\beta$ 是统计显著不等于 0 的，则说明原始数据中存在异方差性，反之则不能拒绝同方差性的假设。

利用帕克检验方法检验异方差性，从经验上看是很有吸引力的，但是这个方法中建立的模型，其误差 $v_i$ 可能不服从经典回归条件。不过作为一个探索性方法，还是具有一定的实用价值的。

**2. 戈里瑟检验（Glejser Test）**

戈里瑟检验类似于帕克检验，戈里瑟建议将 OLS 回归获得的残差 $\hat{u}_i$ 与可能与其相关的解释变量 $X_i$ 建立某个回归函数。

具体而言，戈里瑟提出以下几个试检验形式的回归模型：

$$|u_i| = \beta_0 + \beta_1 X_i + v_i, \ |u_i| = \beta_0 + \beta_1 \sqrt{X_i} + v_i$$

$$|u_i| = \beta_0 + \beta_1 \frac{1}{X_i} + v_i, \ |u_i| = \beta_0 + \beta_1 \frac{1}{\sqrt{X_i}} + v_i$$

$$|u_i| = \sqrt{\beta_0 + \beta_1 X_i} + v_i, \ |u_i| = \sqrt{\beta_0 + \beta_1 X_i^2} + v_i$$

其中 $v_i$ 是随机误差项。与帕克检验方法相似，戈里瑟检验更多的是一种探索性方法。

**3. 戈德菲尔德－匡特检验（Goldfeld－Quandt Test，GQ test）**

考虑一元回归模型，并检验同方差原假设以及 $\sigma_i^2 = CX_i^2$ 的备择假设。

根据备择假设的特征，可以预测的情况是：如果数据具有异方差特征，则当解释变量 $X_i$ 的值增大时，数据的波动性将增大。如果将原始数据依据 $X_i$ 的大小关系分成两个组建立回归模型，则两个回归模型的残差平方和应该有较大

差异。

戈德菲尔德 - 匡特检验法涉及两个回归模型的计算，其中一个回归直线采用我们认为误差方差较小的数据，另一个模型则采用我们认为误差方差较大的数据。如果各回归模型残差的方差差异不大，则不能拒绝同方差的原假设，但是如果残差的方差增加很多，就有理由拒绝原假设。

GQ 检验可以按下列步骤进行：

（1）将数据按解释变量 $X$ 的大小排列，即认为 $X$ 的大小与误差的方差有关。

（2）省略中间的 $d$ 项观测值，其中 $d$ 的大小可以选择（可以选择 $d$ 大约为总样本容量的 1/5 或 1/4）。

（3）拟合两个回归模型，第一个是关于较小 $X$ 值的那部分数据，其残差平方和记为 $RSS_1$，第二个是关于较大 $X$ 值的部分数据的模型，其残差平方和记为 $RSS_2$，两个回归残差的自由度均为 $[(n-d)/2]-2$。

在这两个模型中，每个模型的数据均是 $(n-d)/2$，其中 $d$ 必须足够小以保证有足够的自由度，从而能够对每一个回归模型进行适当的估计。

（4）假设模型误差服从正态分布，且不存在序列相关，则统计量 $RSS_2/RSS_1$ 将服从分子自由度和分母自由度均为 $(n-d-4)/2$ 的 $F$ 分布。对于给定的显著性水平，如果统计量的值大于上述 $F$ 分布的临界值，我们就拒绝原假设。

戈德菲尔德 - 匡特检验法可以很容易地通过按某一个自变量的大小排列观测值，从而可以应用于广义线性模型。此时 $F$ 统计量的两个自由度均为 $(n-d-2k+2)/2$，其中 $k$ 是模型中解释变量的个数。

因为这个检验能对较大和较小的两个子观测数据进行独立的回归估计，所以它能够检验异方差是否存在。当然这种检验也有其代价，其一，由于对两个回归模型进行估计时，对回归参数及误差项方差没有任何限制条件，统计的势（power）有所损失，即容易发生误判（发生第二类错误的概率较大）[①]。其二，在检验中省略多少个中间数据 $d$ 也是随意的。如果不省略，检验也可以做，但是经验证明，省略误差项方差几乎相同的一些观测值会增加检验的势。

**4. 布罗驰 - 帕甘检验（Breusch - Pagan test，BP）**

考虑下面的模型，这个模型假设真正的误差项方差与某个自变量 $Z$ 之间存

① 一个势较大（发生第二类错误的概率较小）的检验会考虑到回归参数对于两个数据集完全相同，只有误差项的方差可以是不同的信息。

在某种关系：

$$Y_i = \beta_0 + \beta_1 X_{i1} + \cdots + \beta_k X_{ik} + \varepsilon_i \tag{5.3.3}$$

$$\sigma_i^2 = f(\gamma + \delta Z_i) \tag{5.3.4}$$

如果异方差存在的话，式（5.3.4）给出了它的形式，$f(\cdot)$ 代表一个函数，可以是线性或对数等形式。$Z$ 可以是解释变量 $X$，也可以是 $X$ 以外的一组解释变量。

为了检验异方差是否存在，首先用式（5.3.3）计算最小二乘估计的残差 $\hat{\varepsilon}_i$，并用这些残差来估计①：

$$\hat{\sigma}^2 = \frac{1}{n}\sum \hat{\varepsilon}_i^2 \tag{5.3.5}$$

令 $p_i = \hat{\varepsilon}_i^2/\hat{\sigma}^2$，并进行下列回归分析：

$$p_i = \gamma + \delta Z_i + \nu_i \tag{5.3.6}$$

如果式（5.3.3）中的误差项 $\nu_i$ 服从正态分布，而且不存在异方差，那么回归平方和的一半即 $ESS/2$ 就是一个适当的统计量。特别地，在同方差的原假设下，$ESS/2 \sim \chi^2(1)$。

更一般地，如果有 $p$ 个自变量 $Z$，$ESS/2$ 将服从 $\chi^2(p)$ 分布。回归平方和的值越大，$Z$ 与误差项方差的相关程度就越大，因此原假设就越不可能成立。

假如在如式（5.3.6）的单个 $Z$ 变量情形下，用布罗驰-帕甘检验发现存在着异方差现象，一个修正异方差的明显的办法是用 $Z$ 变量对原方程进行变换。

式（5.3.4）的一种更加具体设定形式如下：

$$\hat{u}_i^2 = \delta_0 + \delta_1 x_{i1} + \delta_2 x_{i2} + \cdots + \delta_k x_{ik} + v_i \tag{5.3.7}$$

其中 $\hat{u}_i^2$ 表示式（5.3.3）的 OLS 回归残差的平方，可以理解为模型误差 $\varepsilon_i$ 的方差 $\sigma_i^2$ 的估计量，$i=1, \cdots, n$。

同方差的原假设用于模型（5.3.7），相应的原假设为

$$\mathrm{H}_0: \delta_1 = \delta_2 = \cdots = \delta_k = 0$$

$\mathrm{H}_1$：$\delta_j$，$j=1, \cdots, k$ 中至少有一个不等于 0

可以利用 F 统计量或 LM 统计量检验 $\mathrm{H}_0$ 的联合假设检验，令 $R_{\hat{u}_2}^2$ 表示式（5.3.7）的拟合优度指标。

① 这里的方差估计量是最大似然估计量，注意方差的 OLS 估计量形式是 $\hat{\sigma}_i^2 = \sum \hat{\varepsilon}_i^2/(n-k-1)$，其中 $k$ 为回归模型（5.3.3）中解释变量个数。

相应的F统计量为

$$F=\frac{R_{\hat{u}2}^2/k}{(1-R_{\hat{u}2}^2)/(n-k-1)}\sim F(k,\ n-k-1) \tag{5.3.8}$$

相应的LM统计量为：

$$LM=nR_{\hat{u}2}^2\xrightarrow{asy.}\chi^2(k) \tag{5.3.9}$$

上述LM形式统计量常称为布罗施－帕甘异方差检验（1979）。

**5. 怀特检验（White检验）**

布罗驰－帕甘检验的一个重要前提是误差项服从正态分布。怀特（H. White）提出了一个与此紧密相关的检验，但是这个检验不那么依赖于正态分布的假设。

考虑如下回归模型：

$$Y_i=\beta_0+\beta_1X_{i1}+\beta_2X_{i2}+\varepsilon_i \tag{5.3.10}$$

怀特异方差检验的方法如下：

对式（5.3.10）的回归残差 $\hat{u}_i$ 采用下面的辅助回归模型：

$$\hat{u}_i^2=\alpha_0+\alpha_1X_{i1}+\alpha_2X_{i2}+\alpha_3X_{i1}^2+\alpha_4X_{i2}^2+\alpha_5X_{i1}X_{i2}+v_i \tag{5.3.11}$$

如果需要，还可在辅助回归模型（5.3.11）中引入解释变量的更高次项，并由此辅助回归模型获得拟合优度 $R^2$。

可以证明，在同方差假设成立时统计量 $nR^2\xrightarrow{asy.}\chi^2(p)$，$p$ 是辅助回归模型（5.3.11）中解释变量个数。

怀特检验和布罗驰－帕甘检验非常相似，因此选择采用哪一个检验应取决于应用的容易程度，变量 $Z$ 的选择在检验中具有极其重要的作用。

怀特认为，如果异方差与某一个变量 $X$ 相联系，我们就可以选用 $X$ 和 $X^2$ 来反映非线性。若 $X$ 与 $Z$ 是两个相联系的变量，也可以采用 $X^2$、$Z^2$ 和 $XZ$，即式（5.3.11）可改造为：

$$\log(\sigma_i^2)=\delta_0+\delta_1\log X_i+\delta_2\log Z_i+\delta_3(\log Z_i)^2+\delta_4(\log X_i)^2+\delta_5\log Z_i\cdot\log X_i+v_i \tag{5.3.12}$$

该回归模型的 $R^2$ 反映了各变量对误差平方的作用，因此可构造相应的检验统计量 $nR^2$。

怀特检验方法的优点是易于实施，对数据的适应性较好，但是该方法的不足也明显，即在原始模型（5.3.11）中的解释变量较多时，辅助回归模型

(5.3.11) 中的解释变量个数增加很快，从而造成自由度的消耗是较大的，因此在应用怀特检验方法检验异方差时需要特别注意这一点。

**6. 柯因克 - 巴塞特检验 (Koenker - Bassett，KB test)**

柯因克 - 巴塞特检验与异方差性检验中的帕克检验、布罗施—帕甘检验类似，基本原理是利用回归模型的残差的平方 $\hat{u}_i^2$，但是其辅助回归模型中的解释变量不是原始模型中的解释变量或其相关形式，而是回归预测量 $\hat{Y}_i$ 的平方 $\hat{Y}_i^2$。具体地，该方法的程序如下：

(1) 利用式 (5.3.3) 估计，并获得相应的残差的平方 $\hat{u}_i^2$ 和被解释变量 $Y_i$ 的回归预测值的平方 $\hat{Y}_i^2$；

(2) 建立辅助回归模型

$$\hat{u}_i^2 = \alpha_0 + \alpha_1 \hat{Y}_i^2 + v_i \tag{5.3.13}$$

式 (5.3.3) 没有异方差的原假设对应于辅助回归模型 (5.3.10) 中的 $\alpha_1 = 0$。在式 (5.3.10) 中对 $\alpha_1 = 0$ 的检验可能用通常的 $t$ - 检验完成。若式 (5.3.3) 是双对数式，则模型 (5.3.13) 中的解释变量形式取为 $(\widehat{\log Y_i})^2$。

*KB* 检验除了操作简便易用的优点，另一个优点是对原回归模型 (5.3.3) 的误差是否是正态分布没有强制要求，即使其误差不是正态分布，该检验仍然是有效的检验方法，而且该检验方法在式 (5.3.3) 是多元回归时更具有优势。

## 5.4 异方差分析方法的应用

### 5.4.1 简单形式的异方差问题

为了讨论方便，我们从一元回归模型中可能存在的异方差问题开始分析，从而使得我们可以更加容易理解和掌握异方差建模中的方法。

**例 5.6** 家庭住房支出模型分析。

利用表 5.5 数据建立家庭收入 (*income*) 对住房消费支出 (*expend*) 影响的模型：

$$expend_i = b_0 + b_1 income_i + u_i \tag{5.4.1}$$

其中，$income_i$ 表示第 $i$ 个家庭的收入 (千美元)，$expend_i$ 表示第 $i$ 个家庭的住房消费支出（千美元）。

利用 OLS 方法可得到式（5.4.1）的估计结果：

$$\widehat{expend_i} = 1.245 + 0.248 income_i$$

$$(4.40)\ (17.99) \tag{5.4.2}$$

$$n = 40,\ s = 0.7312,\ R^2 = 0.8949$$

其中，括号内的数据是参数估计量的 $t$ - 统计量。从直观上简单分析，估计结果（5.4.2）是看不出任何异常问题的，该估计结果的各项指标都好像符合经典回归模型的要求，但是由于截面数据在大多数情况下都存在异方差特征，因此我们需要对数据是否存在异方差性进行检验。

根据图 5.4 可知，收入和住房消费支出数据具有异方差特征，因此我们需要进一步进行检验，并设法确定异方差的形式，从而为建立合理的模型提供基础。

（1）异方差性的初步分析：图形检验。

绘制 $X - Y$ 与 $\hat{u}_i^2 \sim X_i$ 的散点图，从直观上判断可能存在的异方差特征和形式。利用 OLS 方法估计回归模型（5.4.1），以获取回归残差 $\hat{u}_i$ 和被解释变量的拟合值 $\hat{Y}_i$，分析图 5.8 可以发现：

*income-expend* 的散点图说明 *expend* 的波动性随着 *income* 的增大而增加，$\hat{u}_i^2 \sim income_i$ 散点图都表明式（5.4.1）的回归残差平方可能随着收入 *income* 的增大而变化，显示了异方差特征。

（2）异方差性的统计检验。

帕克检验（Park Test）：对模型（5.4.1）进行帕克检验，其实就是进行如下回归，并观察其统计显著性：

$$\ln(\hat{u}_i^2) = \alpha_0 + \alpha_1 \ln(income_i) + v_i \tag{5.4.3}$$

如果 $H_0$：$\alpha_1 = 0$ 成立，则说明式（5.4.1）的误差项是同方差的，即原始数据不存在异方差性。

辅助回归模型（5.4.3）的估计结果如下：

$$\ln(\hat{u}_i^2) = -8.415 + 2.217 \ln(income_i)$$

$$(-5.47)\ (4.12)$$

显然，应该拒绝 $H_0$：$\alpha_1 = 0$ 成立，即式（5.4.1）的误差项存在异方差性特征，其形式可推测为 $\sigma_i^2 \approx C \cdot income_i^{2.17}$。

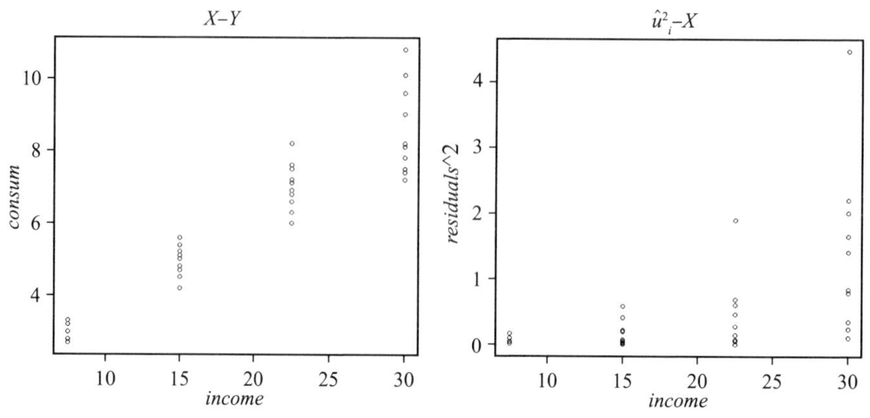


**图 5.8 *income-expend* 散点图与残差 $\hat{u}_i^2$ – $income_i$ 散点图**

戈里瑟检验（Glejser Test）

考虑 OLS 回归残差 $\hat{u}_i$ 与 $X$ 的以下几种辅助回归模型

$$|\hat{u}_i| = \alpha_0 + \alpha_1 X_i + v_i,\quad |\hat{u}_i| = \alpha_0 + \alpha_1 \sqrt{X_i} + v_i,\quad |\hat{u}_i| = \alpha_0 + \alpha_1 X_i^2 + v_i$$

其中 $v_i$ 是随机误差项，相应的估计结果如下：

$$\underset{(10.33)}{|\hat{u}_i| = 0.0297X_i},\quad \underset{(8.94)}{|\hat{u}_i| = 0.135\sqrt{X_i}},\quad \underset{(10.87)}{|\hat{u}_i| = 0.0012X_i^2} \tag{5.4.4}$$

对上述三种形式进一步分析，可以发现每一种结果都是显著成立的，即都说明解释变量 $X$ 对残差绝对值都存在显著影响，而且第一种形式与 *Park* 的结果类似，这表示式（5.4.1）的误差项是存在异方差性特征。

**1. 戈德菲尔德－匡特检验**

将数据分成两个样本，第一个包含收入为 7500 美元和 15000 美元的家庭，第二个包含收入更高的家庭（22500 美元和 30000 美元）。由于数据量少，且此观测数据存在着一个自然的划分，我们就不省略任何中间的观测了，即 $d=0$。

以下是两个回归方程的分析结果（括号内是 $t$ 统计值）：

（1）低收入家庭：

$$\hat{Y}_i = \underset{(5.08)}{1.220} + \underset{(12.18)}{0.247}X_i \tag{5.4.5}$$

$$n=20,\ s=0.340,\ R^2=0.8918,\ RSS_1=2.077$$

（2）高收入家庭：

$$\hat{Y}_i = 2.370 + 0.207X_i$$
$$(1.57)\quad(3.50) \tag{5.4.6}$$
$$n = 20,\ s = 0.992,\ R^2 = 0.4043,\ RSS_2 = 17.697$$

用来检验同方差假设的 $F$ 统计值为 $F = RSS_2/RSS_1 = 8.527$。在原假设为真的条件下，它服从 $F(18,18)$ 分布，显著性水平为5%的 $F$ 分布的临界值为2.22，应该可以拒绝原假设，即接受异方差存在的备择假设。

G－Q 检验的 R 代码：

```
gqtest(lm.sol,order.by = ~xj,data = dt)
```

其中 lm. sol 是用 OLS 方法回归结果，order. by = ~xj 表示将数据按照 xj 的数值由小到大进行排序，data = dt 表示使用的数据集。

**2. 布罗驰－帕甘检验**

由式（5.4.1）估计得

$$\hat{Y}_i = 1.245 + 0.248X_i$$
$$(4.40)\quad(17.99) \tag{5.4.7}$$
$$n = 40,\ s = 0.7312,\ R^2 = 0.8949$$

对应的残差平方和 $RSS = (n-2)s^2 = 20.319$，因此 $\hat{\sigma}_i^2 = RSS/n = 0.5080$，令 $p_i = \hat{u}_i^2/\hat{\sigma}_i^2$，相应的辅助回归模型估计结果为：

$$\hat{p}_i = -1.127 + 0.1134X_i$$
$$(-1.13)\quad(4.13) \tag{5.4.8}$$
$$n = 40,\ s = 1.456,\ R^2 = 0.3101$$

对应的回归平方和为：

$$ESS = \frac{R^2}{1-R^2} \times RSS = \frac{R^2}{1-R^2} \times (n-2)s^2 = 36.2$$

因此 $ESS/2 = 18.1$。由于 $\chi^2(1)$ 的临界值为3.84，因此应该拒绝原假设，即原始数据具有异方差特征。

**3. 怀特检验**

考虑残差与 $X$ 的以下辅助回归模型

$$\hat{u}_i^2 = \alpha_0 + \alpha_1 X_i + \alpha_2 X_i^2 + v_i$$

其中 $v_i$ 是随机误差项，且 $E(V_i) = 0$，$\mathrm{Var}(V_i) = \sigma_v^2$，$E(v_i v_j) = 0$，$i \neq j$。相应

的估计结果如下：

$$u_i^2 = 0.514 - 0.087X_i + 0.0039X_i^2,\ R^2 = 0.3729 \qquad (5.4.9)$$

对应的统计量 $nR^2 = 14.92$，此时 $X_{0.05}^2(2)$：5.89，因此应该拒绝原假设，即原始数据存在异方差性。

**4. 柯因克－巴塞特检验**

*KB* 检验的辅助回归模型是

$$\hat{u}_i^2 = \alpha_0 + \alpha_1(\hat{Y}_i^2) + v_i$$

其中 $v_i$ 是随机误差项，相应的估计结果如下：

$$\hat{u}_i^2 = -0.2950 + 0.0206\hat{Y}_i^2 \qquad (5.4.10)$$

$$(-1.385)\ (4.463)$$

对应的估计量 $\hat{\alpha}_1 = 0.0206$，相应的 $t$－统计量 $T = 4.463$，由此可知在此时是应该拒绝原假设 $H_0$：$\alpha_1 = 0$，即原始数据存在异方差性。

**例 5.7** 四川省城镇居民家庭收入消费模型。

表 5.6 是四川省 2014 年 21 个地区城镇居民家庭人均可支配收入（$X$）和消费支出（$Y$）的数据，这些收入消费数据是截面数据，因此大多数条件下是存在异方差特征的。

**表 5.6 四川省 21 个地区城镇居民家庭人均可支配收入 *X* 和消费支出 *Y*** 单位：元

| 地区 | $X$ | $Y$ | 地区 | $X$ | $Y$ | 地区 | $X$ | $Y$ |
|---|---|---|---|---|---|---|---|---|
| 成都 | 32665 | 21711 | 遂宁 | 22790 | 15295 | 达州 | 20939 | 14463 |
| 自贡 | 23552 | 17397 | 内江 | 23162 | 12822 | 雅安 | 24435 | 12025 |
| 攀枝 | 27322 | 17506 | 乐山 | 24791 | 15266 | 巴中 | 20887 | 11749 |
| 泸州 | 25240 | 18132 | 南充 | 21223 | 12735 | 资阳 | 25154 | 17704 |
| 德阳 | 26998 | 18517 | 眉山 | 24135 | 17615 | 阿坝 | 25150 | 16310 |
| 绵阳 | 25341 | 17973 | 宜宾 | 24990 | 17485 | 甘孜 | 23303 | 16127 |
| 广元 | 20547 | 12486 | 广安 | 24475 | 15985 | 凉山 | 23609 | 16525 |

考虑建立四川省 21 个地区城镇居民家庭可支配收入对消费支出影响的模型：

$$Y_i = b_0 + b_1X_i + u_i \qquad (5.4.11)$$

其中 $X_i$ 表示第 $i$ 个地区的可支配收入，$Y_i$ 表示第 $i$ 个地区的消费支出。

由于截面数据在大多数情况下都存在异方差特征，因此我们需要对数据是否存在异方差性进行检验。具体过程如下：

（1）异方差性的图形检验：绘制 $X-Y$ 与 $|\hat{u}_i| \sim X_i$ 的散点图。

估计模型（5.4.11），以获取回归残差 $\hat{u}_i$ 和被解释变量的拟合值 $\hat{Y}_i$，绘制 $|\hat{u}_i| \sim X_i$ 图形。

从图 5.9 上可以发现 $X-Y$ 的散点图没有表现出明显的异方差特征，但是 $|\hat{u}_i| \sim X_i$ 散点图则表明模型（5.4.11）的回归残差平方随着可支配收入 $X$ 的变化变化巨大，显示了误差有可能存在异方差特征。

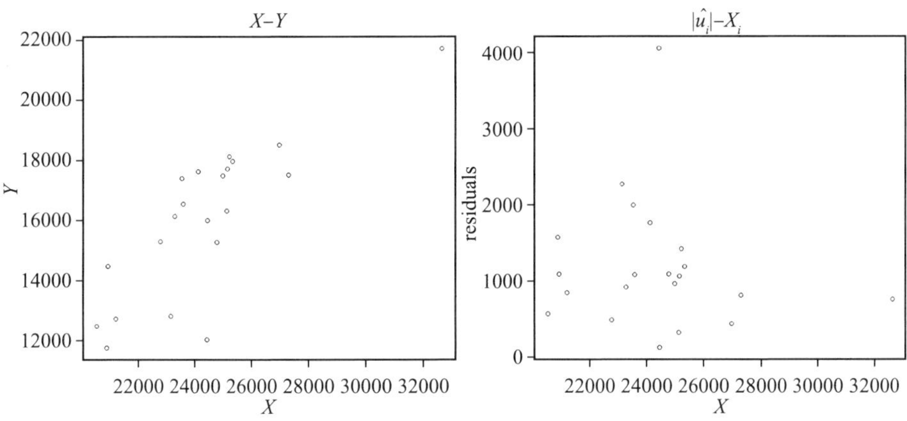


**图 5.9　$X-Y$ 散点图与残差 $|\hat{u}_i| \sim X_i$ 散点图**

（2）异方差性的统计检验。

Park 检验：对式（5.4.12）进行 Park 检验，其实就是根据式（5.4.12）进行如下回归，并观察其中参数 $\alpha_1=0$ 是否具有统计显著性。

$$\ln(\hat{u}_i^2) = \alpha_0 + \alpha_1 \ln X_i + v_i \tag{5.4.12}$$

如果 $H_0$：$\alpha_1=0$ 成立，则说明式（5.4.12）的误差项是同方差的，即原始数据不存在异方差性。

R 程序

```
sc2014 < - data.frame(
    region = c("成都市","自贡市","攀枝花","泸州市","德阳市","绵阳市",
```

```
                "广元市","遂宁市","内江市","乐山市","南充市","眉山市",
                "宜宾市","广安市","达州市","雅安市","巴中市","资阳市",
                "阿坝州","甘孜州","凉山州"),
    income = c(32665,23552,27322,25240,26998,25341,20547,
               22790,23162,24791,21223,24135,24990,24475,
               20939,24435,20887,25154,25150,23303,23609),
    consum = c(21711,17397,17506,18132,18517,17973,12486,
               15295,12822,15266,12735,17615,17485,15985,
               14463,12025,11749,17704,16310,16127,16525))
attach(sc2014)
x < - sort(income)            #将变量 X 排序
y < - consum[order(income)]   #将变量 Y 与上一步的 X 对应排序
par(mfrow = c(1,2))           #设置图形输出格式
#绘制图 5.9 的左图
plot(x,y,xlab = "X",ylab = "Y",main = "X - Y 散点图")
OLS < - lm(y ~ x)   #估计模型(5.4.11)
r < - residuals(OLS)
#绘制图 5.9 的右图
plot(x,r2,xlab = "x",ylab = "residual^2",main = "残差平方 - X 散点图")
par(mfrow = c(1,1))
#Park test
r2 < - r^2
park < - lm (log (r 2) ~ log (x))    #估计辅助回归模型 (5.4.12)
                Estimate Std. Error t value Pr ( > |t|)
(Intercept)     32.346     32.237   1.003     0.328
log (x)         -1.847      3.194  -0.578     0.570
```

式（5.4.11）的估计结果：

$$\hat{Y}_i = -2893.50 + 0.7766X_i$$
$$(-0.928)\ (6.09) \quad (5.4.13)$$
$$s = 1522,\ n = 21,\ R^2 = 0.6615$$

辅助回归模型（5.4.12）的估计结果为：

$$\ln(\hat{u}_i^2)=32.346-1.847\ln X_i$$
$$(1.00)\quad(-0.578)$$

辅助回归模型的参数 $\alpha_1$ 的 $t$ 统计量是 $-0.578$，则不应该拒绝 $H_0$：$\alpha_1=0$，因此模型（5.4.11）不存在异方差特征。

戈里瑟检验

考虑残差与 $X$ 的以下几种辅助回归模型：

$$|u_i|=\alpha_0+\alpha_1X_i+v_i,\quad |u_i|=\alpha_0+\alpha_1\sqrt{X_i}+v_i,\quad |u_i|=\alpha_0+\alpha_1X_i^2+v_i$$

其中 $v_i$ 是随机误差项，相应的估计结果如下：

$$|\hat{u}_i|=2130-0.039X_i,\quad |\hat{u}_i|=3012-11.72\sqrt{X_i},\quad |\hat{u}_i|=1676-8.18\times10^{-7}X_i^2$$
$$(1.20)\ (-0.535)\qquad (0.832)\ (-0.505)\qquad (1.965)\ (-0.588)$$

也表明不应该拒绝 $H_0$：$\alpha_1=0$，即模型（5.4.11）不存在异方差特征。

```
Glejser_1 <- lm(abs(r) ~ x); summary(Glejser_1)
Glejser_2 <- lm(abs(r) ~ sqrt(x)); summary(Glejser_2)
Glejser_3 <- lm(abs(r) ~ I(x^2)); summary(Glejser_3)
```

布罗驰－帕甘检验

```
bptest (OLS)

        studentized Breusch - Pagan test

data:   OLS
BP = 0.098358, df = 1, p - value = 0.7538
```

根据 BP 检验结果可知，不应该拒绝原假设，即利用原始数据建立的回归模型的残差没有异方差特征。

怀特检验（White test）

考虑残差与 $X$ 的以下辅助回归模型

$$\hat{u}_i^2=\alpha_0+\alpha_1X_i+\alpha_2X_i^2+v_i$$

其中 $v_i$ 是随机误差项，相应的估计结果如下：

$$\hat{u}_i^2=-2.53\times10^7+2226X_i-0.0447X_i^2,\quad R^2=0.0292$$

对应的统计量 $nR^2=0.6137$，由此可知在此时是不能拒绝原假设，即原始数据没有异方差性。

```
bptest(OLS, ~ x + I(x^2))
```

```
        studentized Breusch - Pagan test
data:   OLS
BP = 0.6137, df = 2, p - value = 0.7358
```

全部的检验结论，都说明原模型（5.4.11）的误差不存在异方差特征，因此用 OLS 方法估计参数可以获得 BLUE 估计量。

不过检验过程中也发现模型的标准差偏大，说明模型（5.4.11）的估计量也存在一些不足，因此可以考虑将模型（5.4.11）重新估计如下：

$$\log(Y_i) = -2.7926 + 1.2344\log(X_i)$$
$$(-1.258)\quad(5.615)$$
$$n = 21,\ s = 0.1032,\ R^2 = 0.624$$

与式（5.4.13）相比，该回归结果的标准误差减小很多，模型的拟合度也比较高。

### 5.4.2 异方差性条件下模型参数的估计

下面以住房支出模型为例说明存在异方差时的估计方法。

方法 1：利用某个解释变量构造权重函数。

根据住房模型误差项的异方差特征统计检验分析，可以设定住房数据的异方差形式为 $\sigma_i^2 = CX_i^2$，因此可考虑取权重 $w_i = 1/X_i$，并作如下数据变换：

$$Y_i^* = w_i Y_i,\ X_i^* = w_i,\ \varepsilon_i^* = w_i \varepsilon_i$$

从而式（5.4.1）可变换为式（5.4.14）：

$$Y_i^* = \beta_0 X_i^* + \beta_1 + \varepsilon_i^* \tag{5.4.14}$$

模型估计结果如下：

$$\hat{Y}_i^* = 1.184X_i^* + 0.252$$
$$(9.03)\quad(24.13)$$
$$n = 40,\ s = 0.032,\ R^2 = 0.6823,\ F = 81.6$$

由此可获得的与原始模型（5.4.1）对应的模型为：

$$\hat{Y}_i = 1.184 + 0.252X_i$$
$$(9.03)\ (24.13) \tag{5.4.15}$$
$$n = 40,\ s = 0.032,\ R^2 = 0.6823,\ F = 81.6$$

比较式（5.4.2）和式（5.4.15）的结果，两个估计结果表面上没有明显差异，但是一定要注意的事实是：

式（5.4.15）的估计结果是在进行了异方差修正之后的估计结果，即该模型的估计量是在满足经典假设条件下进行回归估计的结果，因此其结果是 BLUE，而式（5.4.2）的结果则无法保证这一点。

方法 2：利用原始模型的 OLS 回归残差构造权重函数。

对于异方差模型的修正方法，还有一个比较常用的修正方法，即用式（5.4.1）的 OLS 回归残差作为权重进行修正，即取 $w_i=1/|\hat{u}_i|$，该修正方法的原理是基于以下考虑：

如果式（5.4.1）的误差是异方差性的，则误差的方差会随着数据的变化而改变，对于方差较大（$|\hat{u}_i|$较大，则 $w_i$ 较小）的数据赋予较小的权重值 $w_i$，对于方差或标准差较小（$|\hat{u}_i|$较小，则 $w_i$ 较大）的数据赋予较大的权重值 $w_i$，从而使得变换后的数据的变化相对平稳，达到同方差性的要求。

对于式（5.4.1），如果采用权重函数为 $w_i=1/|\hat{u}_i|$，则估计结果如下：

$$\begin{aligned}\hat{Y}_i^* = 1.3402X_0^* &+ 0.2432X_{i1}^* \\ (24.82) \quad &\quad (84.12) \\ n=40,\ s=0.9864,\ &R^2=0.9997\end{aligned} \tag{5.4.16}$$

式（5.4.16）的结果是依赖于式（5.4.1）的 OLS 估计残差，这个结论与式（5.4.15）是有差异的。

这种异方差修正方法的优点在于不需要估计权重函数受到解释变量影响的具体形式，尤其在多元回归模型时这种方法的优势更加明显。

## 5.4.3　复杂形式的异方差问题

在多元回归模型中，形成异方差的原因是多种多样的，因此很难确定是哪一些变量影响了方差变化，或也可能很难确定解释变量是以哪种方式造成了异方差的结果。

对于多元回归模型，可以构造更一般性特征的权重函数，使得进行异方差修正时可能获得更好的效果，其中可行的 GLS 方法（feasible general least square estimator，FGLS）就是一种比较有效的估计方法。

考虑多元回归模型

$$Y_i=\beta_0+\beta_1X_{i1}+\cdots+\beta_kX_{ik}+u_i$$

在怀特检验中设定了误差方差形式，但是在实际应用中由于不能确保 $\hat{u}_i^2$ 的预测值是正值，因此可以考虑另一种形式的误差结构：

$$\mathrm{Var}(u_i \mid X) = \sigma^2 \exp(\delta_0 + \delta_1 X_{i1} + \cdots + \delta_k X_{ik})$$

或

$$u_i^2 = \sigma^2 \exp(\delta_0 + \delta_1 X_{i1} + \cdots + \delta_k X_{ik}) \tag{5.4.17}$$

如果参数 $\delta_j$，$j=0$，1，…，$k$ 是已知量，则方差形式就是已知的。但是大多数情况下式（5.4.16）中的参数 $\delta_j$，$i=0$，1，…，$k$ 是未知的，因此需要估计。

可将式（5.4.17）改造成如下形式：

$$u_i^2 = \sigma^2 \exp(\delta_0 + \delta_1 X_{i1} + \cdots + \delta_k X_{ik}) v_i$$

因此可设定如下形式回归模型：

$$\log(u_i^2) = \delta_0 + \delta_1 X_{i1} + \cdots + \delta_k X_{ik} + e_i \tag{5.4.18}$$

式（5.4.18）符合经典线性回归模型的条件，因此可用 OLS 方法估计并获得相应的预测值 $\hat{g}_i$，从而可以估计权重函数 $w_i = e^{-\hat{g}_i}$，以此权重函数进行 WLS 估计。

**例 5.8** 香烟消费量的问题。

讨论影响香烟的消费需求量的各种因素。设定模型如下：

$$\begin{aligned} cigs_i = &\beta_0 + \beta_1 \log(income_i) + \beta_2 \log(cigpric_i) + \beta_3 educ_i + \beta_4 age_i \\ &+ \beta_5 age_i^2 + \beta_6 restaurn_i + u_i \end{aligned} \tag{5.4.19}$$

其中 $cigs$ 表示每天抽烟数量，$income$ 表示年收入，$cigpric$ 表示每包香烟的价格（美分），$educ$ 表示受教育年限，$age$ 表示年龄（以年为单位），$restaurn$ 是一个虚拟变量（若此人所居住的州禁止在餐馆吸烟，则取值为 1，否则取值 0）。

利用 SMOKE 数据估计，获得如下结果：

$$\begin{aligned} \bar{cigs}_i = &-3.64 + 0.880\log(income_i) - 0.751\log(cigpric_i) - 0.501 educ_i \\ &(24.08)\quad(0.728)\qquad\qquad(5.77)\qquad\qquad(0.167) \\ &+0.77 age_i - 0.009 age_i^2 - 2.83 restaurn_i \\ &(0.160)\quad(0.002)\quad(1.11) \end{aligned} \tag{5.4.20}$$

$$n = 807 \quad R^2 = 0.0526$$

括号内的数值是对应参数估计量的标准差。从估计结果（5.4.20）可以发现，收入与香烟价格的系数均是统计不显著的，即这两个量的变化对香烟消费数量影响不显著，其余变量均显示出对香烟消费数量有显著影响。

从式（5.4.20）的结果中，看不出模型误差是否存在异方差特征，因此需要进行模型误差是否存在异方差性的检验。

采用 BP 检验，其结果如下：

$$\hat{u}_i^2 = -636.30 + 24.63\log(income_i) + 60.98\log(cigpric_i) - 2.38educ_i + 19.42age_i - 0.21age_i^2 - 71.18restaurn_i$$

$$n = 807 \quad R^2 = 0.04$$

因此 BP 检验统计量 $LM = nR^2 = 32.28$，相应的 5% 显著性水平下 $\chi^2(6) = 12.59$，由此可知该拒绝同方差的原假设，即模型（5.4.20）的误差具有异方差特征。

由于模型（5.4.20）是多元回归模型，因此可用 KB 检验进行误差异方差性检验，其辅助回归的估计结果如下：

$$\hat{u}_i^2 = 62.75 + 1.35\hat{Y}_i^2$$
$$(26.04)\quad(0.27)$$

对应的参数估计量 $\hat{\alpha}_1 = 1.35$，相应的 $t$ 统计量是 5，由此可知在此时应该拒绝原假设 $H_0$：$\alpha_1 = 0$，即原始数据存在异方差性。

下面考虑估计异方差修正的权重函数 $w_i$：

$$\hat{g}_i = -1.92 + 0.292\log(income_i) + 0.195\log(cigpric_i) - 0.08educ_i + 0.20age_i - 0.002age_i^2 - 0.63restaurn_i$$

用 $w_i = e^{-\hat{g}_i}$ 作为异方差修正的权重，进行 $WLS$ 可得

$$\begin{aligned}\widehat{cigs}_i = {} & 5.64 + 1.30\log(income_i) - 2.94\log(cigpric_i) - 0.46educ_i \\ & (17.80)\quad(0.44)\qquad\qquad(4.46)\qquad\qquad(0.12) \\ & + 0.48age_i - 0.006age_i^2 - 3.46restaurn_i \\ & (0.10)\quad(0.001)\quad(0.80) \\ & n = 807 \quad s = 1.579 \quad R^2 = 0.1134 \quad F = 17.06\end{aligned} \tag{5.4.21}$$

修正后的回归结果显示出收入效应是显著的，且边际作用比回归结果（5.4.20）的对应值要大一些，同样，价格效应也有较大提高，但是依然是统计不显著的，其余估计量也有一些变化，不过其统计显著性特征依然保持。

从上述例子，可以看出一个问题：在 WLS 和 OLS 估计的结果可能有较大

的差异。在香烟消费需求模型中，所有系数都保持了相同的符号，且只有用为 OLS 估计时统计不显著的变量才有最大变化，因此这两种估计方法形成的差异并不是大问题，因为这种差异主要是由于抽样误差和估计方法选择不同造成的，因此它们不足以改变重要的结论。

如果 WLS 估计与 OLS 估计的结果符号不同，但是两者都是统计显著的，或者两种估计方法的对应参数符号相同，但是数值差异巨大，这时我们就应该表示怀疑了。产生这种问题的原因主要有两个：其一是 WLS 估计时使用修正权重函数估计的准确性；其二是原始模型设定的准确性。当然还有一种可能性就是模型并不满足经典回归模型的其他假设条件，也会导致用 WLS 进行修正估计时出现异常情况。

## 本章练习题

1. 叙述异方差性的概念、后果和补救措施。

2. 简述异方差的检验方法，写出用 White 检验进行异方差的检验过程。

3. 考虑一元线性回归模型 $Y_i=\beta_0+\beta_1X_i+u_i$，

(1) 若模型满足其他基本假设条件，但是 $\mathrm{Var}(u_i)=\sigma_i^2\neq\sigma^2$，证明：参数 $\beta_1$ 的估计量仍然是无偏估计量，但是

$$\mathrm{Var}(\tilde{\beta}_1)=\frac{\sum x_i^2\sigma_i^2}{(\sum x_i^2)},$$

其中 $x_i$ 是 $X_i$ 的离差形式。

(2) 若 $\mathrm{Var}(u_i)=\sigma^2K_i$，则参数 $\beta_1$ 的方差形式为：

$$\mathrm{Var}(\tilde{\beta}_1)=\frac{\sigma^2}{\sum x_i^2}\cdot\frac{\sum x_i^2K_i}{\sum x_i^2}$$

比较同方差条件下的方差 $\mathrm{Var}(\tilde{\beta}_1)$ 的表达式，说明两者之间的差异。

(3) 根据 (2) 的结论，说明异方差对模型分析的其他影响。

(4) 若 (2) 中的数据 $K_i$ 是已知量，如何调整，使得利用调整之后的数据建立的新模型就不存在异方差性？若 $K_i$ 是未知量时，你有何建议？

(5) 若线性回归模型是多元回归形式时，如何表示 $\mathrm{Var}(\tilde{\beta}_j)$，$j=1$，…，$k$。

4. 对大学生 GPA 进行调查，并获得以下回归结果：

总模型 M1：

$$\widehat{score}=13.79+6.73male+11.89colgpa+1.038ACT+1.72male\cdot colgpa$$
$$(3.91)\quad(5.55)\qquad(1.04)\qquad(0.17)\qquad(1.44)$$
$$-0.364male\cdot ACT$$
$$(0.232)$$
$$n=814,\ R^2=0.3968,\ SSR=86811.20$$

总模型 M2：

$$\widehat{score}=15.60+3.17male+12.82colgpa+0.838ACT$$
$$(2.80)\quad(0.73)\qquad(0.72)\qquad(0.116)$$
$$n=814,\ R^2=0.3946,\ SSR=87128.96$$

男生模型 M3：

$$\widehat{score}=20.52+13.60colgpa+0.670ACT$$
$$(3.72)\quad(0.94)\qquad(0.15)$$
$$n=406,\ R^2=0.4025,\ SSR=38781.38$$

女生模型 M4：

$$\widehat{score}=13.79+11.89colgpa+1.03ACT$$
$$(4.11)\quad(1.09)\qquad(0.18)$$
$$n=408,\ R^2=0.366,\ SSR=48029.82$$

(1) 用邹至庄检验 $H_0$：回归模型对男生和女生均相同，并给出相应的 $p-$值。

(2) 用邹至庄检验 $H_0$：斜率系数对男生和女生均相同，并给出相应的 $p-$值。

(3) 能否对利用 (1) 和 (2) 估计资料计算模型的稳健统计量。

5. 估计某国制造工业利润函数，表 5.7 列出了某国主要制造工业销售收入 ($X$) 与销售利润 ($Y$) 的统计资料。

根据表 5.7 数据完成以下问题：

(1) 试分析销售利润 $y$ 与销售收入 $x$ 的关系，并建立相应的回归模型；

(2) 检验模型的异方差性；

(3) 如果存在异方差性，请判断异方差的特征，并进行异方差修正。

表 5.7　　某国制造工业年销售利润与销售收入情况　　单位：亿元

| 行业名称 | 销售利润 $y$ | 销售收入 $x$ | 行业名称 | 销售利润 $y$ | 销售收入 $x$ |
|---|---|---|---|---|---|
| 食品加工业 | 187.25 | 3180.44 | 医药制造业 | 238.71 | 1264.10 |
| 食品制造业 | 111.42 | 1119.88 | 化学纤维制造 | 81.57 | 779.46 |
| 饮料制造业 | 205.42 | 1489.89 | 橡胶制品业 | 77.84 | 692.08 |
| 烟草加工业 | 183.87 | 1328.59 | 塑料制品业 | 144.34 | 1345.00 |
| 纺织业 | 316.79 | 3862.90 | 非金属矿制品 | 339.26 | 2866.14 |
| 服装制品业 | 157.70 | 1779.10 | 黑色金属冶炼 | 367.47 | 3868.28 |
| 皮革羽绒制品 | 81.70 | 1081.77 | 有色金属冶炼 | 144.29 | 1535.16 |
| 木材加工业 | 35.67 | 443.74 | 金属制品业 | 201.42 | 1948.12 |
| 家具制造业 | 31.06 | 226.78 | 普通机械制造 | 354.69 | 2351.68 |
| 造纸及纸制品 | 134.40 | 1124.94 | 专用设备制造 | 238.16 | 1714.73 |
| 印刷业 | 90.12 | 499.83 | 交通运精设备 | 511.94 | 4011.53 |
| 文教体育用品 | 54.40 | 504.44 | 电子机械制造 | 409.83 | 3286.15 |
| 石油加工业 | 194.45 | 2363.80 | 电子通信设备 | 508.15 | 4499.19 |
| 化学原料制品 | 502.61 | 4195.22 | 仪器仪表设备 | 72.46 | 663.68 |

6. 表 5.8 列出了某市规模最大的 20 家百货零售商店的商品销售收入 $x$ 和销售利润 $y$ 的统计资料。

表 5.8　　20 家百货商店商品销售收入与利润　　单位：千万元

| 商店名称 | 销售收入 | 销售利润 | 商店名称 | 销售收入 | 销售利润 |
|---|---|---|---|---|---|
| BH 大楼 | 160.0 | 2.8 | GY 大厦 | 49.3 | 4.1 |
| CX 贸易中心 | 151.8 | 8.9 | JL 商场 | 43.0 | 2.0 |
| XD 商场 | 108.1 | 4.1 | LF 大厦 | 42.9 | 1.3 |
| LN 大厦 | 102.8 | 2.8 | YY 商业集团 | 37.6 | 1.8 |
| YY 商场 | 89.3 | 8.4 | TQ 百货商场 | 29.0 | 1.8 |
| DA 商场 | 68.7 | 4.3 | BS 轻工公司 | 27.4 | 1.4 |
| SA 商场 | 66.8 | 4.0 | CSK 百货商场 | 26.2 | 2.0 |
| ST 购物中心 | 56.2 | 4.5 | DAM 商场 | 22.4 | 0.9 |
| XD 购物中心 | 55.7 | 3.1 | XJK 百货商场 | 22.2 | 1.0 |
| FX 商业城 | 53.0 | 2.3 | XZ 商厦 | 20.7 | 0.5 |

（1）根据 $y$、$x$ 的相关图分析异方差性；

（2）利用怀特检验、帕克检验和戈里瑟检验进行异方差性检验；

（3）利用 WLS 方法估计利润函数。

7. 表 5.9 是某地区个人储蓄（*save*）与可支配收入（*income*）的截面样本数据。请根据表 5.9 数据完成以下问题：

（1）利用 OLS 法建立个人储蓄与可支配收入的线性模型。

（2）利用怀特检验、戈里瑟检验和帕克检验、戈德菲尔德－匡特检验对模型进行异方差性检验。

（3）如果存在异方差，试采用适当的方法加以消除。

**表 5.9　　某地区个人储蓄 *save*、可支配收入 *income* 数据**　　单位：元

| *n* | *save* | *income* | *n* | *save* | *income* | *n* | *save* | *income* | *n* | *save* | *income* |
|---|---|---|---|---|---|---|---|---|---|---|---|
| 1 | 264 | 8777 | 9 | 431 | 14269 | 17 | 1578 | 24127 | 25 | 2250 | 32100 |
| 2 | 105 | 9210 | 10 | 588 | 15522 | 18 | 1654 | 25604 | 26 | 2420 | 32500 |
| 3 | 90 | 9954 | 11 | 898 | 16730 | 19 | 1400 | 26500 | 27 | 2570 | 35250 |
| 4 | 131 | 10508 | 12 | 950 | 17663 | 20 | 1829 | 26760 | 28 | 1720 | 33500 |
| 5 | 122 | 10979 | 13 | 779 | 18575 | 21 | 2200 | 28300 | 29 | 1900 | 36000 |
| 6 | 107 | 11912 | 14 | 819 | 19635 | 22 | 2017 | 27430 | 30 | 2100 | 36200 |
| 7 | 406 | 12747 | 15 | 1222 | 21163 | 23 | 2105 | 29560 | 31 | 2800 | 38200 |
| 8 | 503 | 13499 | 16 | 1702 | 22880 | 24 | 1600 | 28150 | | | |

8. 现有 20 个家庭的年收入和消费支出资料如表 5.10 所示。

**表 5.10　　20 个家庭年收入（*X*）和消费支出（*Y*）资料**　　单位：千元

| *n* | *x* | *y* | *n* | *x* | *y* | *n* | *x* | *y* | *n* | *x* | *y* |
|---|---|---|---|---|---|---|---|---|---|---|---|
| 1 | 22.3 | 19.9 | 6 | 6.2 | 6.1 | 11 | 8.1 | 8.0 | 16 | 24.1 | 21.6 |
| 2 | 32.2 | 31.2 | 7 | 44.2 | 38.6 | 12 | 34.5 | 33.1 | 17 | 30.1 | 29.3 |
| 3 | 36.6 | 31.8 | 8 | 26.1 | 25.5 | 13 | 38.0 | 33.5 | 18 | 28.3 | 25.0 |
| 4 | 12.1 | 12.1 | 9 | 10.3 | 10.3 | 14 | 14.1 | 13.1 | 19 | 18.2 | 17.9 |
| 5 | 42.3 | 40.7 | 10 | 40.2 | 38.8 | 15 | 16.4 | 14.8 | 20 | 20.1 | 19.8 |

（1）用普通最小二乘法估计家庭消费函数：

$$y_t = \beta_0 + \beta_1 x_t + u_t$$

（2）用戈德菲尔德-匡特检验进行异方差性检验；

（3）怀特检验、戈里瑟检验和帕克检验进行异方差性检验；

（4）用加权最小二乘法估计家庭消费函数。

9. 中国农村居民人均消费支出主要由人均纯收入来决定。农村人均纯收入除了从事农业经营的收入外，还包括非农经营收入，即从事其他产业的经营性收入及工资性收入、财产收入和转移支付收入等。

试根据表 5.11 的数据，建立我国农村居民人均消费函数：

$$\log Y = \beta_0 + \beta_1 \log X_1 + \beta_2 \log X_2 + u$$

其中，$Y$ 表示农村人均消费支出，$X_1$ 表示从事农业经营的收入，$X_2$ 表示其他收入。

**表 5.11　中国 2001 年各地区农村居民家庭人均纯收入与消费支出**　单位：元

| 地区 | $Y$ | $X_1$ | $X_2$ | 地区 | $Y$ | $X_1$ | $X_2$ | 地区 | $Y$ | $X_1$ | $X_2$ |
|---|---|---|---|---|---|---|---|---|---|---|---|
| 北京 | 3552.1 | 579.1 | 4446.4 | 安徽 | 1412.4 | 1013.1 | 1006.9 | 四川 | 1336.25 | 889.4 | 644.3 |
| 天津 | 2050.9 | 1314.6 | 2633.1 | 福建 | 2503.1 | 1053.0 | 2327.7 | 贵州 | 1123.71 | 589.6 | 814.4 |
| 河北 | 1429.8 | 928.8 | 1674.8 | 江西 | 1720.0 | 1027.8 | 1203.8 | 云南 | 1331.03 | 614.8 | 876.0 |
| 山西 | 1221.6 | 609.8 | 1346.2 | 山东 | 1905.0 | 1293.0 | 1511.6 | 西藏 | 1127.37 | 621.6 | 887.0 |
| 内蒙古 | 1554.6 | 1492.8 | 480.5 | 河南 | 1375.6 | 1083.8 | 1014.1 | 陕西 | 1330.45 | 803.8 | 753.5 |
| 辽宁 | 1786.3 | 1254.3 | 1303.6 | 湖北 | 2703.36 | 1242.9 | 2526.9 | 甘肃 | 1388.79 | 859.6 | 963.4 |
| 吉林 | 1661.7 | 1634.6 | 547.6 | 湖南 | 1550.62 | 1068.8 | 875.6 | 青海 | 1350.23 | 1300.1 | 410.3 |
| 黑龙江 | 1604.5 | 1684.1 | 596.2 | 广东 | 1357.43 | 1386.7 | 839.8 | 宁夏 | 2703.36 | 1242.9 | 2526.9 |
| 上海 | 4753.2 | 652.5 | 5218.4 | 广西 | 1475.16 | 883.2 | 1088.0 | 新疆 | 1550.62 | 1068.8 | 875.6 |
| 江苏 | 2374.7 | 1177.6 | 2607.2 | 海南 | 1497.52 | 919.3 | 1067.7 | | | | |
| 浙江 | 3479.2 | 985.8 | 3596.6 | 重庆 | 1098.39 | 764.0 | 647.8 | | | | |

资料来源：《中国农村住户调查年鉴》（2002）、《中国统计年鉴》（2002）。

第6章

# 序列相关模型

在第5章里，我们讨论了误差呈现异方差性时的线性回归模型的估计与推断问题，本章我们将讨论线性回归模型的误差之间存在的相关性，即模型误差的序列相关性。

我们将讨论线性回归模型的误差呈现序列相关条件下的模型参数估计量的性质，通过适当方法检验误差序列相关性的存在，并采用相应方法消除误差相关性，从而建立合理的时间序列分析模型。

## 6.1 序列相关误差及产生原因

在经典线性回归模型中我们假设：

给定解释变量 $X$，误差 $u_i$ 的方差不变，即：

$$\mathrm{cov}(u_i, u_j)=0, \ i \neq j, \ i, j=1, 2, \cdots, n$$

上式表明，经典回归模型的误差要满足不同误差之间是不相关的，但是在利用时间序列数据研究某个对象的特征时，其误差结构并不能满足这个要求，即不同时刻的误差项之间可能是相关的，我们称模型的误差结构是序列相关的。

### 6.1.1 序列相关误差

利用时间序列数据建立模型（6.1.1）：

$$Y_t = \beta_0 + \beta_1 X_{t1} + \beta_2 X_{t2} + \cdots + \beta_k X_{tk} + \varepsilon_t \tag{6.1.1}$$

如果模型（6.1.1）的随机误差项 $\varepsilon_t$ 满足

$$\text{cov}(\varepsilon_t,\ \varepsilon_s) \neq 0,\ t \neq s \tag{6.1.2}$$

由条件（6.1.2）可以说明模型（6.1.1）的随机误差在不同时刻 $t$ 与 $s$ 时会相互影响，即任一给定时刻观测值所对应的误差对未来时刻有影响，就产生了序列相关。

在图 6.1 中，考虑了随机误差的几种结构形式，其中图（f）表示相关系数 $\rho = 0$ 时的误差结构，即没有明显的规律性。图（a）与图（c）表示误差的时序图，表示误差随着时间改变而变化的特征，其中图（a）表现出误差的出现具有一定的集束特征，即一段时期内密集，另一段时期内稀疏，图（c）表现出误差的出现具有一定的周期性特征，图（b）与图（d）表示误差 $e_t$ 与 $e_{t-1}$ 的散点图，即两个相邻误差之间的变化特征，其中图（b）表现出误差之间具有的较强的负相关性特征，图（d）则表现出误差之间具有较强的正相关性特征。图（e）则体现了 $e_t$ 与 $e_{t-1}$ 之间可能呈现出比较复杂的非线性关系的情形，比如在该图中表现出 $e_t$ 与 $e_{t-1}$ 之间可能是二次函数形式的关系。

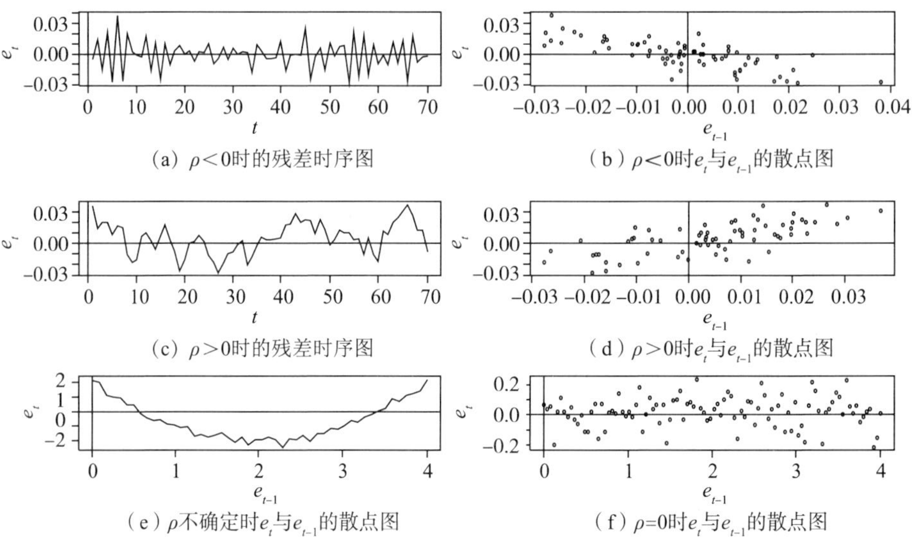


**图 6.1　误差的序列相关结构形式示意**

图 6.1 只是呈现出随机误差项之间可能存在的一阶相关结构的特征，如果

随机误差项之间存在更高阶数的相关结构或者更加复杂的相关结构，如 GARCH 结构特征，则需要更加复杂的技术处理。

### 6.1.2　误差序列相关产生的原因

在式（6.1.1）中，我们很自然地会产生一个疑问：为什么用时间序列数据或具有特殊结构的截面数据建立模型时会出现随机误差的相关问题①。

随机误差之间产生相关性现象，其原因是多种多样，下面我们简单分析一些主要的原因。

**1. 经济数据的惯性特征**

大多数经济数据都是根据经济活动发生时间的先后顺序记录下来的，因此具有一个比较明显的特征，即其惯性特征。

比如 GDP 数据，如果经济处于增长时期，后一期的 GDP 通常是高于前一期的数据，如果经济处于衰退时期，后一期的 GDP 通常是低于前一期的数据，从而造成前后不同时期 GDP 数据之间出现相关性特征，即后面的数据依赖于前期数据的大小和变化特征。另一个例子，比如金融投资分析中，如果某一时期的股票红利比较高的话，可以预测下一时期的收益估计也比较高。

**2. 遗漏变量导致模型的序列相关**

具体而言，如果设定时间序列数据的回归分析模型时，遗漏了某个或某些重要的解释变量，也可能造成回归模型的误差存在序列相关。这是因为在建立回归分析模型时，研究者通常是从一个认为比较简单且较好的模型开始进行分析，并对这个模型回归之后再进行事后检验，这样就可能出现图 6.1（a）至图 6.1（d）中的情况，这些现象就反映出相关模型的残差存在不同形式的序列相关。换言之，这个方法也就提示我们可以考虑使用回归模型的残差特征进行序列相关性是否存在的简单分析。

**3. 函数形式设定错误导致的序列相关**

如果被解释变量与解释变量之间具有非线性关系，但是在建立模型时并没有考虑到数据之间的这个特征，而采用简单化的线性回归模型，这也会导致回归模型的误差存在序列相关，如考虑生产成本模型时，用产出量去解释边际成

---

① 当观测值的单位具有自然的排序（大小或地理）时，序列相关在截面数据研究中也会发生。

本的变化特征，如果只使用了产出量 Q 的一次表达式，则会导致模型的回归误差呈现出序列相关，因此根据相关经济理论，边际成本是产量 Q 的二次函数形式，没有在解释变量中加入 Q 的二次项，必然导致误差之间存在相关性。

**4. 时间序列数据的处理方法导致的序列相关性**

在实证分析时，原始数据经常需要进行加工处理之后才能建立相应的分析模型。例如使用季度数据的分析模型中，我们可能用月度数据构造出季度数据，即通过对 3 个月度数据进行简单处理就转换成相应的季度数据，这种新数据削弱了每月数据的波动而引入了数据的趋势性，使得新数据具有前后相关性。

另一种数据编造的情况是数据的内插技术。如果在一个时间序列中某一个或几个数据缺失了，可以利用内插技术“补上”对应的缺失数据，这时也增加了数据的序列相关性。

时间序列模型的误差之间呈现出序列相关性问题是利用该类型数据建立分析模型时必须谨慎对待的问题。由于模型的误差不满足经典回归分析框架中对于误差不相关的要求，导致模型参数估计量虽然是无偏的估计量，但是却不能保证获得的估计量是有效的。

## 6.2 序列相关误差的影响

在利用时间序列数据建立回归分析模型时，如果模型的误差之间存在序列相关性时，不会影响参数的 OLS 估计量的无偏性，但是会影响估计量的有效性。

考虑简单线性回归模型

$$Y_t = \beta_0 + \beta_1 X_t + \varepsilon_t \tag{6.2.1}$$

其中误差项 $\varepsilon_t$ 满足 $E(\varepsilon_t)=0$，$\mathrm{Var}(\varepsilon_t)=\sigma^2$，$\mathrm{cov}(\varepsilon_t, \varepsilon_s)\neq 0$，$t\neq s$。

式（6.2.1）的参数 $\beta$ 的估计量为

$$\hat{\beta}_1 = \frac{\sum x_t y_t}{\sum x_t^2}$$

其中 $x_t = X_t - \overline{X}$，$y_t = Y_t - \overline{Y}$。由于

$$\hat{\beta}_1 = \beta_1 + \frac{\sum x_t \varepsilon_t}{\sum x_t^2}$$

因此，有

$$E(\hat{\beta}_1) = \beta_1 + \frac{\sum x_t E(\varepsilon_t)}{\sum x_t^2} = \beta_1$$

即 $\hat{\beta}_1$ 是 $\beta_1$ 的无偏估计量。

令 $SST_x = \sum x_t^2$，则

$$\operatorname{Var}(\hat{\beta}_1) = \frac{\sigma^2}{SST_x} + \frac{1}{SST_x}\sum_{t \neq s} x_t x_s \operatorname{cov}(\varepsilon_t, \varepsilon_s) = \frac{\sigma^2}{SST_x}(1 + \sum_{t \neq s} x_t x_s \rho_{ts}) \tag{6.2.2}$$

其中，$\rho_{ts}$ 表示误差项 $\varepsilon_t$ 与 $\varepsilon_s$ 之间的相关系数。

从式（6.2.2）可知，当 $\rho_{ts} \neq 0$ 时，参数估计量的方差 $\operatorname{Var}(\hat{\beta}_1) \neq \frac{\sigma^2}{SST_x}$，即不等于经典模型中参数估计量的方差，因此无法保证估计量的有效性。

如果假设式（6.2.2）的回归误差满足

$$\varepsilon_t = \rho \varepsilon_{t-1} + v_t \tag{6.2.3}$$

该模型称为 $AR$（1），其中误差服从经典回归模型的假设条件：

$$E(v_t) = 0,\ \operatorname{var}(v_t) = ,\ \operatorname{cov}(v_t, v_s) = 0,\ t \neq s。$$

其中参数 $\rho$ 度量了随机误差项 $\varepsilon_{t-1}$ 与 $\varepsilon_t$ 之间的相关性，即随机误差项 $\varepsilon_{t-1}$ 对 $\varepsilon_t$ 的影响程度。

在式（6.2.3）条件下，式（6.2.2）可表示为

$$\operatorname{Var}(\hat{\beta}_1) = \frac{\sigma^2}{SST_x}\left[1 + 2\rho \frac{\sum x_t x_{t-1}}{SST_x} + 2\rho^2 \frac{\sum x_t x_{t-2}}{SST_x} + \cdots + 2\rho^{n-1} \frac{x_1 x_n}{SST_x}\right] \tag{6.2.4}$$

如果我们仍然考虑用 OLS 方法估计式（6.2.1），可得参数 $\beta_1$ 的无偏估计量，然后用式（6.2.4）获得估计量的方差修正估计量，则可以在一定程度上减小方差变化导致的无效性问题。

下面分析误差存在序列相关时对模型参数估计造成的影响。如果估计式（6.2.1）的误差结构满足式（6.2.3），但是我们忽视误差之间存在的序列相关，仍然用 OLS 方法估计模型参数，所得参数估计量将导致如下方面的问题：

（1）模型误差方差估计量 $\hat{\sigma}_\varepsilon^2 = \sum \hat{\varepsilon}_t^2/(n-2)$ 很可能低估计真实的误差方

差 $\sigma^2$；

（2）模型的拟合优度满足 $R^2=1-\hat{\sigma}_\varepsilon^2/\sigma_y^2$，可能导致高估 $R^2$；

（3）利用式（6.2.4）可以看出，在 $\rho=0$ 时参数估计量的方差估计量

$$\mathrm{Var}(\hat{\beta}_1)=\sigma_\varepsilon^2/SST_x。$$

很可能低估模型误差的真实方差 $\sigma^2$，从而导致通常的 $t$ - 检验和 $F$ 的显著性检验均失效，很可能对回归系数做出有比较严重错误的统计结论。

在误差 $\varepsilon_t$ 服从 $AR(1)$ 时，$\varepsilon_t$ 可以表示为

$$\varepsilon_t=v_t+\rho u_{t-1}+\rho^2 v_{t-2}+\cdots \tag{6.2.5}$$

因此

$$\sigma_\varepsilon^2=\mathrm{var}(\varepsilon_t)=\sigma_v^2+\rho^2\sigma_v^2+\rho^4\sigma_v^2+\cdots$$

当 $|\rho|<1$ 时，有

$$\sigma_\varepsilon^2=\sigma_v^2/(1-\rho^2),\ \mathrm{cov}(\varepsilon_t,\ \varepsilon_{t+j})=\rho^j\sigma_v^2,\ j=1,\ 2,\ \cdots$$

从而可知当式（6.2.1）的误差项存在序列相关，即 $\rho\neq0$ 时，模型误差方差估计量 $\hat{\sigma}_\varepsilon^2$ 将会增大，相应地也可能会导致 $\mathrm{Var}(\hat{\beta}_1)$ 增大，此时将会导致参数的相关假设检验失效，可能增大犯第二类错误的概率，例如不适当地拒绝了 $\beta_1\neq0$ 的备择假设。

**例 6.1** 序列相关的影响分析。

为了说明忽略误差的序列相关是如何导致 $\beta_1$ 和 $\sigma^2$ 被低估的，我们用随机模拟的方法进行验证。

假设已经知道式（6.2.1）和式（6.2.3）的参数是 $\beta_0=2$，$\beta_1=0.75$，$\rho=0.7$，则

$$Y_t=2+0.8X_t+\varepsilon_t \tag{6.2.6}$$

$$\varepsilon_t=0.7\varepsilon_{t-1}+v_t \tag{6.2.7}$$

并设定 $\varepsilon_0=0$，$v_t\sim N(0,\ 6.25)$。我们按照以下程序完成随机模拟分析过程：

（a）生成随机序列：$v_t$，$t=1$，⋯，200；

（b）利用式（6.2.7）计算，获得误差序列 $\varepsilon_t$ 的模拟序列；

（c）设 $X_t=0.5t$，$t=1$，⋯，200，利用式（6.2.6）与式（6.2.7）中的误差序列计算 $Y_t$；

（d）利用（c）中产生的序列 $\{X_t\}$ 与 $\{Y_t\}$ 估计模型（6.2.6），获得估计量：$\hat{\beta}_1$，$\hat{\sigma}_\varepsilon^2$。

从表 6.1 的 500 次随机模拟结果可以发现：

（1）不考虑误差有序列相关性时，即假设 $\rho=0$，估计量 $\hat{\beta}_1$ 的平均值为 0.8005，标准差 $\hat{\sigma}_\varepsilon$ 的平均值为 2.4979；

（2）若考虑误差序列相关性时，即假设 $\rho=0.7$，估计 $\hat{\beta}_1$ 的平均值为 0.7878，标准差 $\hat{\sigma}_\varepsilon$ 的平均值为 3.3368。

因此，可以说明误差存在序列相关时参数 $\beta_1$ 的估计量可能会低估。不过，利用假设检验方法可以说明此估计量 $\hat{\beta}_1$ 与真实值 $\beta_1=0.8$ 是没有显著差异的：

$$|t|=\frac{|\hat{\beta}_1-0.8|}{se(\hat{\beta}_1)}=\frac{0.0122}{0.0231}\approx 0.528$$

即该估计量是无偏的，但是却会导致其标准变大，即标准差 $\sigma_\varepsilon$ 的估计量由 $\rho=0$ 时的 2.4979 增大到 $\rho=0.7$ 时的 3.3368。

**表 6.1　500 次随机模拟时估计量 $\hat{\beta}_1$、$se(\hat{\beta}_1)$ 与 $\hat{\sigma}_\varepsilon$ 的平均值**

| $\rho=0.70$ | | | $\rho=0$ | | |
|---|---|---|---|---|---|
| $\hat{\beta}_1$ | $se(\hat{\beta}_1)$ | $\hat{\sigma}_\varepsilon$ | $\hat{\beta}_1$ | $se(\hat{\beta}_1)$ | $\hat{\sigma}_\varepsilon$ |
| 0.7878 | 0.0231 | 3.3368 | 0.8005 | 0.0173 | 2.4979 |

上述随机模拟的 R 程序如下：

```
mu <-0;sigma_v <-2.5
 m <-500;n <-100;e <-5
 yrho <-numeric(n);yzero <-numeric(n)
 betarho <-numeric(m);  sigmarho <-numeric(m)
 betazero <-numeric(m);sigmazero <-numeric(m)
 sbrho <-numeric(m);    sbzero <-numeric(m)
 x <-0.5*1:n
 rho <-0.7

for(j in 1:m){
   u <-rnorm(n,mu,sigma_v)
   for(i in 1:n){
```

```
    e[i+1] <-rho*e[i]+u[i]#rho is not equite to 0
    }
    yrho <-2+0.8*x+e[-1]
    yzero <-2+0.8*x+u        #rho=0

  beta_rho <-summary(lm(yrho~x))[[4]]
  betarho[j] <-beta_rho[2,1]
  sigmarho[j] <-summary(lm(yrho~x))[[6]]
  sbrho[j] <-beta_rho[2,2]
  #dim(betarho)
  beta_zero <-summary(lm(yzero~x))[[4]]
  betazero[j] <-beta_zero[2,1]
  sbzero[j] <-beta_zero[2,2]
  sigmazero[j] <-summary(lm(yzero~x))[[6]]
}
p <-round(cbind(betarho,sbrho,sigmarho,betazero,sbzero,sig-
mazero),4)
apply(p,2,mean)
```

上述随机模拟的结果，验证了回归模型存在随机误差的一阶序列相关时不影响 OLS 回归估计量的无偏性和一致性，但是会影响到它们的有效性[①]。

在存在序列相关情形，如果我们采用无序列相关的方法进行 OLS 估计，所获得的参数估计量可能具有更小的方差，即参数估计量的有效性失去了。由于 OLS 回归估计得到的标准误差的估计会比真正的标准差小，即参数的估计比实际显得更精确，从而导致拒绝原假设的事情常常发生。

## 6.3 序列相关性的检验

如果我们怀疑回归模型的误差存在序列相关，就需要进行定量分析，从而

① 如果模型中含有因变量的滞后变量，问题就更加严重。

确定相应回归模型的误差是否确实存在序列相关性。

序列相关性的检测方法有很多，下面我们分别进行分析。首先可以考虑用图 6.1 形式的图示方法检验，即利用残差的时序图、残差散点图进行初步分析，从而在大体上判断误差序列是否存在序列相关性。

由于根据实际应用分析的经验，在经济分析中一般把两个变量的相关系数满足 $|\rho|<0.3$ 时理解为两个变量之间就不存在明显的相关性，正是由于这个经验分析的原因，从而导致利用图示方法进行的误差序列相关分析的结论并不准确。

为了提高序列相关检验的准确性，德宾 – 瓦特逊（Durbin – Watson）构造了 DW 检验方法，考虑以下的假设检验：

$$H_0: \rho=0 \quad H_1: \rho\neq 0, \ \rho>0 \text{ 或者 } \rho<0.$$

德宾 – 瓦特逊检验的设定条件如下：

（1）解释变量 $X_1$，$X_2$，…，$X_k$ 是非随机变量；

（2）回归模型的随机误差为 $AR$（1）形式[①]；

（3）回归模型中不含有被解释变量的滞后项，即模型不应该如下形式：

$$Y_t=\beta_0+\beta_1 X_{t1}+\cdots+\beta_k X_{tk}+\alpha_1 Y_{t-1}+\cdots+\alpha_p Y_{t-p}+\varepsilon_t \tag{6.3.1}$$

（4）回归模型包含截距项；

（5）模型回归误差项服从正态分布。

基于上述假设，$DW$ 检验方法采用模型结构如下：

$$Y_t=\beta_0+\beta_1 X_{t1}+\beta_2 X_{t2}+\cdots+\beta_k X_{tk}+\varepsilon_t \tag{6.3.2}$$

$$\varepsilon_t=\rho\varepsilon_{t-1}+v_t \tag{6.3.3}$$

其中 $v_t$ 服从 $N(0,\ \sigma_v^2)$ 分布，且 $\mathrm{cov}(v_t,\ v_s)=0$，$t\neq s$，误差 $\varepsilon_t$ 服从 $AR(1)$ 过程。

利用模型（6.3.2）的 OLS 回归残差建立辅助回归模型（6.3.3），获得相关系数 $\rho$ 的估计量 $\hat{\rho}$：

$$\hat{\rho}=\frac{\sum_{t=2}^{T}\hat{\varepsilon}_t\hat{\varepsilon}_{t-1}}{\sum_{t=1}^{T}\hat{\varepsilon}_t^2} \tag{6.3.4}$$

① AR（1）模型的详细讨论在第 10 章进行。

基于估计量（6.3.4），$DW$ 检验统计量设计为

$$DW = \frac{\sum_{t=2}^{T}(\hat{\varepsilon}_t - \hat{\varepsilon}_{t-1})^2}{\sum_{t=1}^{T}\hat{\varepsilon}_t^2} \tag{6.3.5}$$

由于

$$\sum_{t=2}^{T}(\hat{\varepsilon}_t - \hat{\varepsilon}_{t-1})^2 = \sum_{t=2}^{T}\hat{\varepsilon}_t^2 + \sum_{t=2}^{T}\hat{\varepsilon}_{t-1}^2 - 2\sum_{t=2}^{T}\hat{\varepsilon}_t\hat{\varepsilon}_{t-1}$$

残差 $\hat{\varepsilon}_t$ 通常都较小，因此

$$\sum_{t=2}^{T}\hat{\varepsilon}_t^2 \approx \sum_{t=2}^{T}\hat{\varepsilon}_{t-1}^2 \approx \sum_{t=1}^{T}\hat{\varepsilon}_t^2,$$

从而 $DW \approx 2(1-\hat{\rho})$。

$DW$ 统计量的取值范围是 0 ~ 4，取值在 2 附近表明不存在一阶序列相关。当相邻的 $\hat{\varepsilon}_t$ 值十分接近时，$DW$ 统计值就会很小，表明存在着正的序列相关。正序列相关对应于小于 2 的 $DW$ 值，负序列相关对应于大于 2 的 $DW$ 值。

由于估计量 $\hat{\rho}$ 不仅依赖于残差序列，也依赖于所有的 $X$ 值序列，所以很难准确解释 $DW$ 统计量的含义。大多数 $DW$ 统计量的临界值数表都包含依赖于自变量个数和观测值个数的检验统计量。目前可以完成计量分析软件大多数都有相关的计算方法，从而获得相应的临界值和统计检验对应的显著性水平值。

$DW$ 统计表中给出两个值，一般记为 $D_L$ 和 $D_U$，$DW$ 检验大致可以分成三种类型：

（1）如果研究的是正序列相关的可能性，则低于 $D_L$ 的 $DW$ 统计量能够给出拒绝原假设的判断。如果 $DW$ 值大于 $D_U$，则不拒绝原假设。

（2）如果是检验是否存在负序列相关性，当 $DW$ 值大于 $4-D_L$ 时拒绝原假设；当 $DW$ 值小于 $4-D_U$ 时则不拒绝原假设。

（3）如果 $DW$ 值位于 $D_L$ 到 $D_U$ 之间和 $4-D_U$ 到 $4-D_L$ 之间时，$DW$ 检验则无法做出判断。

关于 Durbin – Watson 检验的详细描述见表 6.2。

**表 6.2** **DW 统计值的判断区域**

| $DW$ 值 | 结论 |
|---|---|
| $4-D_L<DW<4$ | 拒绝原假设，存在负序列相关 |
| $4-D_U<DW<4-D_L$ | 无法确定 |
| $2<DW<4-d_U$ | 不拒绝原假设 |
| $D_U<DW<2$ | 不拒绝原假设 |
| $D_L<DW<D_U$ | 无法确定 |
| $0<DW<D_L$ | 拒绝原假设，存在正序列相关 |

对于表6.2中存在的检验统计量无法进行判断的区域，大多数经验分析反映出序列还是存在序列相关的，因此也可以认为回归模型的残差序列是存在序列相关的。

需要特别说明的是：导致残差之间的序列相关的原因，有可能并不在残差序列自身。由于残差序列受回归模型中解释变量的影响，因此误差之间看上去相关很可能是由于自变量之间的序列相关性，而不是误差间的序列相关性。

例如，假设回归模型（6.2.1）中解释变量 $x_t$ 服从 $AR(1)$ 过程，即

$$x_t = rx_{t-1} + w_t \tag{6.3.6}$$

其中 $0 \leqslant r < 1$，$w_t$ 是无序列相关的误差项。经过计算，有

$$DW \approx 2 - 2\frac{\mathrm{cov}(\varepsilon_t,\ \varepsilon_{t-1}) + r(\beta - \hat{\beta})^2 \mathrm{Var}(x_t)}{\mathrm{Var}(\varepsilon_t) + (\beta - \hat{\beta})^2 \mathrm{Var}(x_t)} \tag{6.3.7}$$

如果斜率参数的估计量 $\hat{\beta}$ 正好等于参数的真值 $\beta$ 的话，则变量 $x$ 的序列相关性不影响 $DW$ 统计量的计算。但是 $\hat{\beta}$ 是 $\beta$ 的无偏估计量，由于抽样误差的存在导致 $\hat{\beta}$ 不会正好等于 $\beta$。

由式（6.3.7）应当容易看出，在其他条件不变的情况下，较大的 $r$ 值将导致较小的 $DW$ 值。因此即使误差项 $\varepsilon_t$ 本身可能并不相关，但是接近于1的 $r$ 值也会使 $DW$ 值接近于0。$DW$ 检验的上、下限存在的原因现在就很清楚了。如果 $r=1$，应当用 $D_L$，任何小于 $D_L$ 的值表明正序列相关的存在。相反，如果 $r=-1$，应当用 $D_U$，任何大于 $D_U$ 的值表明正序列相关存在的假设不能被接受。在时间序列的研究中，$x$ 很有可能是正自相关的，所以 $D_L$ 可能是上、下限中比较准确的一个。

## 6.4 误差序列相关时参数估计的修正方法

假设线性回归模型中的每一个误差项都来自均值为 0、方差为 $\sigma^2$ 的正态总体，但是不同时刻的误差不相互独立。

由于序列相关通常存在于时间序列数据，考虑以下回归模型：

$$Y_t = \beta_0 + \beta_1 X_{t1} + \beta_2 X_{t2} + \cdots + \beta_k X_{tk} + \varepsilon_t \tag{6.4.1}$$

$$\varepsilon_t = \rho\varepsilon_{t-1} + v_t \tag{6.4.2}$$

其中 $v_t$ 服从 $N(0, \sigma_v^2)$，且 $\mathrm{cov}(v_t, v_s) = 0$，$t \neq s$，随机误差 $\varepsilon_t$ 服从 $AR(1)$ 过程。

在模型（6.4.1）中，任一时刻的误差都可能会影响到未来所有时刻，但是在 $|\rho| < 1$ 时，两个误差项之间的影响程度随两者间隔的时间长度增加而减小。

考虑 $\varepsilon_t$ 与 $\varepsilon_j$，$j < t$ 的协方差：由于 $\varepsilon_{t-1}$ 与 $v_t$ 相互独立，则

$$\mathrm{Var}(\varepsilon_t) = E(\varepsilon_t^2) = E[(\rho\varepsilon_{t-1} + v_t)^2] = \rho^2 E(\varepsilon_{t-1}^2) + E(v_t^2) = \rho^2 \mathrm{Var}(\varepsilon_t) + \sigma_v^2$$

因此

$$\mathrm{Var}(\varepsilon_t) = \frac{\sigma_v^2}{1-\rho^2} = \sigma_\varepsilon^2 \tag{6.4.3}$$

$$\gamma_1 = \mathrm{cov}(\varepsilon_t, \varepsilon_{t-1}) = E[(\rho\varepsilon_{t-1} + v_t)\varepsilon_{t-1}] = \rho E(\varepsilon_{t-1}^2) + E(\varepsilon_{t-1}v_t) = \rho \mathrm{Var}(\varepsilon_t) = \rho\sigma_\varepsilon^2,$$

同理，

$$\begin{aligned}\gamma_2 &= \mathrm{cov}(\varepsilon_{t+1}, \varepsilon_{t-1}) = E[(\rho\varepsilon_t + v_{t+1})\varepsilon_{t-1}] \\ &= \rho\mathrm{cov}(\varepsilon_t, \varepsilon_{t-1}) + \rho\mathrm{cov}(\varepsilon_{t-1}, v_t) = \rho\sigma_\varepsilon^2, \cdots, \\ \gamma_k &= \mathrm{cov}(\varepsilon_{t+k}, \varepsilon_t) = \rho^k\sigma_\varepsilon^2\end{aligned}$$

因此

$$\rho_k = \rho^k, \ k = 1, 2, \cdots, \tag{6.4.4}$$

其中，$\rho$ 是误差 $\varepsilon_t$ 与 $\varepsilon_{t-1}$ 与之间的相关系数，其特征大致如下：

（1）当 $\rho = 0$ 时，不存在一阶序列相关，较大的 $\rho$ 值表明存在一阶序列相关；

（2）当 $0 < |\rho| < 0.3$ 时，存在很弱的一阶序列相关，在经济金融分析中

可以认为是不相关的；

（3）当 $0.3 < |\rho| < 0.5$ 时，存在弱一阶序列相关，但是 $\rho^k$ 会很快趋于 0，即 $\varepsilon_t$ 与 $\varepsilon_{t-k}$ 之间相关性弱，即相离较远的误差之间没有序列相关性；

（4）当 $0.5 < |\rho| < 0.8$ 时，存在较强一阶序列相关，但是 $\rho^k$ 会比较快趋于 0，即 $\varepsilon_t$ 与 $\varepsilon_{t-k}$ 之间相关性较强，此时两个相离比较远的误差之间也存在序列相关；

（5）当 $|\rho| > 0.8$ 时，存在强一阶序列相关，且 $\rho^k$ 趋于 0 的速度也很慢，即 $\varepsilon_t$ 与 $\varepsilon_{t-k}$ 之间相关性很强，较远的两个误差项之间也存在强序列相关性。

## 6.4.1　序列相关系数 ρ 已知时的参数估计

（1）广义差分法。

如果相关系数 $\rho$ 已知，且 $|\rho| < 1$，则很容易对式（6.4.1）进行修正，从而得到参数的有效估计。

利用式（6.4.1），有

$$Y_{t-1} = \beta_0 + \beta_1 X_{t-1,1} + \beta_2 X_{t-1,2} + \cdots + \beta_k X_{t-1,k} + \varepsilon_{t-1} \qquad (6.4.5)$$

在式（6.4.5）两边同乘 $\rho$，并与式（6.4.1）相减，获得：

$$Y_t^* = \alpha + \beta_1 X_{t1}^* + \beta_2 X_{t2}^* + \cdots + \beta_k X_{tk}^* + v_t \qquad (6.4.6)$$

其中 $\alpha = (1-\rho)\beta$，且

$$Y_t^* = Y_t - \rho Y_{t-1},\ X_{jt}^* = X_{jt} - \rho X_{j,t-1},\ j = 1, \cdots, k,\ t = 2, \cdots, T \qquad (6.4.7)$$

变量变换（6.4.7）称为 $Y_t$，$X_{1t}$，…，$X_{kt}$ 的广义差分。

根据式（6.4.1），变换后模型（6.4.6）的误差项 $v_t = \varepsilon_t - \rho\varepsilon_{t-1}$，满足相互独立，服从均值为 0、方差相同的分布条件，因此将 OLS 方法用于式（6.4.6）所获得全部回归参数的有效估计①。

式（6.4.1）的截距 $\beta_0$ 必须从式（6.4.6）截距估计值中变换得到，即

$$\hat{\beta}_0 = \hat{\alpha}/(1-\rho)。$$

对变量进行广义差分方法变换后，在式（6.4.6）中时间 $t$ 必须满足 $t \geq 2$，从而导致第 1 时刻的数据信息的损失。

① 采用广义差分方法将线性模型改写成误差项相互独立的模型。

（2）差分法。

当 $\rho=1$ 或者很接近 1 时，存在一个常用的估计方法，即

$$Y_t^*=\beta_1X_{t1}^*+\beta_2X_{t2}^*+\cdots+\beta_kX_{tk}^*+v_t \tag{6.4.8}$$

其中

$$Y_t^*=Y_t-Y_{t-1},\ X_{tj}^*=X_{tj}-X_{t-1,j},\ j=1,\ \cdots,\ k \tag{6.4.9}$$

变量变换（6.4.9）称为一阶差分。

由于一阶差分消除了模型（6.4.8）的常数项，因此原模型（6.4.1）中的截距项必须通过在原方程中把各变量用它们的均值代替求得，即

$$\hat{\beta}_0=\overline{Y}-\hat{\beta}_1\overline{X}_1-\hat{\beta}_2\overline{X}_2-\cdots-\hat{\beta}_k\overline{X}_k \tag{6.4.10}$$

当然，如果模型（6.4.10）中的确是包含常数项，则该模型反映了原模型中具有确定的线性时间趋势的影响①。

由于广义差分法在 $\rho$ 的值事先已知时会非常有用，但是实际分析中 $\rho$ 经常是不知道的。因此下面探讨一些对 $\rho$ 值进行估计的方法，并以此为基础估计估计模型（6.4.1）的参数。在大样本情形，这些方法给出的参数估计能够具有我们希望的性质，但是在小样本情形，这些估计具有哪些性质就不能确定了。

## 6.4.2 序列相关系数 $\rho$ 未知时回归参数的估计

为了获得广义差分变换，我们需要估计误差序列的相关系数 $\rho$。考虑误差序列服从 $AR(1)$ 过程的形式。采用迭代运算方法进行相关系数 $\rho$ 和模型参数 $\beta$ 的估计，具体操作方法有三大类。

**1. Cochrane - Orcutt 计算法**

CO 算法是一系列的迭代过程，每一次迭代产生的 $\rho$ 的估计都比前一次迭代的 $\rho$ 的估计更好一些，该方法主要用于模型误差过程服从（6.4.2）的形式。

第一步：采用 OLS 方法对原模型（6.4.1）进行估计（即设定 $\rho=0$），并利用残差序列 $\hat{\varepsilon}_i^{(1)}$ 建立辅助回归：

$$\hat{\varepsilon}_t^{(1)}=\rho\hat{\varepsilon}_{t-1}^{(1)}+v_t,\ t=1,\ \cdots,\ T \tag{6.4.11}$$

第二步：利用（6.4.11）估计出来的 $\hat{\rho}^{(1)}$ 值进行广义差分变换（6.4.7），获得变换后的模型：

---

① 详细分析将在第 9 章讨论。

$$Y_t^* = \alpha + \beta_1 X_{t1}^* + \beta_2 X_{t2}^* + \cdots + \beta_k X_{tk}^* + v_t \qquad (6.4.12)$$

其中

$Y_t^* = Y_t - \hat{\rho}^{(1)} Y_{t-1}$，$X_{tj}^* = X_{tj} - \hat{\rho}^{(1)} X_{t-1,j}$，$j=1$，…，$k$，$v_t = \hat{\varepsilon}_t^{(1)} - \hat{\rho}^{(1)} \hat{\varepsilon}_{t-1}^{(1)}$。

对变换后的式（6.4.12）进行估计，得到参数 $\alpha$，$\beta_1$，…，$\beta_k$ 的 OLS 估计量

$$\hat{\alpha}^{(1)}, \hat{\beta}_1^{(1)}, \cdots, \hat{\beta}_k^{(1)},$$

并由此获得式（6.4.1）中截距项 $\beta_0$ 的估计量

$$\hat{\beta}_0^{(1)} = \hat{\alpha}^{(1)} / (1 - \hat{\rho}^{(1)}),$$

第三步：将估计量 $\hat{\beta}_0^{(1)}$，$\hat{\beta}_1^{(1)}$，…，$\hat{\beta}_k^{(1)}$ 代入式（6.4.1），获得到新的回归残差序列 $\hat{\varepsilon}_t^{(2)}$，新残差的定义为

$$\hat{\varepsilon}_t^{(2)} = Y_t - \hat{\beta}_0 - \hat{\beta}_0 X_{t1} - \beta_2 X_{t2} - \cdots - \hat{\beta}_k X_{tk} \qquad (6.4.13)$$

如果利用残差序列，$\hat{\varepsilon}_i^{(2)}$，$i=1$，2，…，$T$ 建立以下辅助回归模型

$$\hat{\varepsilon}_t^{(2)} = \rho \hat{\varepsilon}_{t-1}^{(2)} + v_t$$

获得 $\rho$ 的新估计值 $\hat{\rho}^{(2)}$。

第四步：停止迭代运算方法

由于第一步至第三步的迭代过程可以一直做下去，因此需要确定终止迭代运算的标准。一般而言，停止迭代运算的方法经常有两类。

第一种方法：预先确定某一个精度标准 $\delta$，当 $\rho$ 的第 $k+1$ 次与第 $k$ 次估计值之差或相对差小于该标准时，就可以停止迭代运算。

如对于给定的精度标准 $\delta$，可以有判定方法

$$|\hat{\rho}^{(k+1)} - \hat{\rho}^{(k)}| < \delta \text{ 或 } \left| \frac{\hat{\rho}^{(k+1)} - \hat{\rho}^{(k)}}{\hat{\rho}^{(k)}} \right| < \delta \qquad (6.4.14)$$

第二种方法：设定最大迭代次数，如 10 次或 20 次，当达到该次数后停止迭代。利用上述迭代运算规则，我们所获得的 $\rho$ 的最后估计量不一定能够实现回归残差平方和最小的理论目标。这主要是因为迭代法得到的估计量可能是局部最小值，而不是全局最小值。

Cochrane－Orcutt 计算法的 R 程序

```
install.packages("orcutt")
library(orcutt)
cochrane,orcutt(lm_sol)
```

其中 lm_sol 是前面的回归结果

**2. Prais – Winsten 估计法**

运用 CO 算法时会造成第一个观测值丢失的问题，从而导致信息损失，因此需要进行适当修改。PW 算法与 CO 算法的区别主要在于对第一个观测值的处理方法上。

PW 算法中对 $t=1$ 时的样本处理方法：考虑以下方法进行变换：

$$Y_1^* = \sqrt{1-\rho^2}Y_1, \quad X_{11}^* = \sqrt{1-\rho^2}X_{11}, \tag{6.4.15}$$

对于此变换，有

$$\varepsilon_1^* = \sqrt{1-\rho^2}\varepsilon_1, \quad \mathrm{Var}(\varepsilon_1^*) = (1-\rho^2)\mathrm{Var}(\varepsilon_1) = \sigma_v^2. \tag{6.4.16}$$

式（6.4.15）的变换中，我们把关于序列相关的讨论限制在 $|\rho|<1$ 的情形，可以确保式（6.4.16）是确定的。

将变换式（6.4.7）与式（6.4.15）的结果结合，形成完整的变换数据集，用该数据集进行迭代计算，获得相应参数的估计量。当数据集的数据量充分大时，CO 算法与 PW 算法的结论差异不大，但是当数据量较小时，两者差异还是比较大的。

Prais – Winsten 估计法的 R 程序

```
install.packages("prais")
library(prais)
pw < -prais -winsten(y ~ x,data).
#PW 算法处理误差为 AR(1)的回归分析
Summary(pw)
```

**3. Hildreth – Lu 方法**

HL 方法是通过预先确定 $\rho$ 的一组网格点值，这些值通常是作为 $\rho$ 的一些猜测值。假如知道存在着正序列相关，就可以选择 $\rho$ 的一些网格点值为 0，0.1，0.2，…，0.9，1.0。

利用每一个这样的值，对模型（6.18）进行广义差分变换，获得模型（6.4.17）：

$$Y_t^* = \beta_0(1-\rho) + \beta_1 X_{t1}^* + \cdots + \beta_k X_{tk}^* + v_t \tag{6.4.17}$$

估计模型（6.4.17），并选择具有最小误差平方和的模型作为最好的回归模型结果。

如果利用第一次选定的$\rho$的分割格点进行估计后，没有达到预期目标，可以考虑在第一次分割的某一个子区间内插入新的网格点值，继续用相同的方式进行回归分析，第2次分析的最优模型的回归残差平方和与第1次分析的最优模型的残差平方和之差小于预先确定的精度时停止运算。

使用HL方法时，网格点值的选择可以任意间隔，任意细密。这个方法很实用，并且如果仔细使用的话，很可能会逐步地得到$\rho$的极大似然估计值。

选择网格点值必须小心仔细，以便得到的回归残差平方和是整体最小的，而不是局部最小的。

**例6.2** 假如想用联邦储备委员会的钢铁生产指数（*FIS*），电力生产指数（*FEU*），煤炭批发价格指数（*PCOAL*），以及天然气批发价格指数（*PGAS*）的函数来解释烟煤的需求量。烟煤的需求量经过了季节调整，然后用调整后的序列数据对上述解释变量做线性回归。这个时间序列是从1965年1月~1972年12月的月度数据，最初的回归结果如下（括号内是$t$统计值）：

$$\widehat{COAL} = 12262 + 92.34FIS + 118.57FEU - 48.90PCOAL + 118.91PGAS$$
$$(3.51)\quad(6.46)\qquad(7.14)\qquad(-3.82)\qquad(3.18)$$
$$R^2 = 0.692 \quad F(4,\ 91) = 51.0 \quad DW = 0.95 \tag{6.4.18}$$

其中，回归模型中所有参数估计量的$t$统计值都很显著，但是$DW$值很小，因此回归残差序列可能存在着序列相关性。

为了对一阶正序列相关进行修正，可以采用Hildreth－Lu方法，即利用不同的相关系数$\rho$的数值进行一系列回归分析，表6.3列出了计算的过程，其中*RSS*表示利用对应的相关$\rho$系数进行广义差分估计所得的残差平方和。

**表6.3　　Hildreth－Lu方法计算过程**

| $\rho$ | *RSS* | $\rho$ | *RSS* | $\rho$ | *RSS* | $\rho$ | *RSS* |
|---|---|---|---|---|---|---|---|
| -1.0 | $3.8\times10^8$ | -0.4 | $2.0\times10^8$ | 0.2 | $1.0\times10^8$ | 0.8 | $9.6\times10^7$ |
| -0.8 | $3.1\times10^8$ | -0.2 | $1.5\times10^8$ | 0.4 | $9.2\times10^7$ | 1.0 | $1.1\times10^8$ |
| -0.6 | $2.5\times10^8$ | 0.0 | $1.2\times10^8$ | 0.6 | $9.0\times10^7$ | | |

最后选定的$\rho$值估计量为0.6，此时回归模型具有最小的回归残差平方和。

利用$\rho=0.6$进行广义差分变换，最后的回归结果为：

$$\widehat{COAL}^* = 16245 + 75.29FIS^* + 100.26FEU^* - 38.98PCOAL^* + 105.99PGAS^*$$
$$(3.3) \quad (4.4) \quad (3.7) \quad (-2.0) \quad (2.0)$$

(6.4.19)

模型（6.4.19）的 $DW = 2.07$，比回归模型（6.4.18）估计中的 $DW$ 值大了很多，并且在5%的显著性水平下，所有的回归参数仍然都是显著的。

**例6.3** （利率问题）考虑用工业生产（$IP_t$），货币供给量增长率（$GM2_t$），以及通货膨胀率（$GPW_t$）的函数来解释国债利率 $R_t$ 的变化这样一个单方程模型的估计，模型的估计为（括号内是 $t$ 统计值）：

$$\hat{R}_t = 1.214 + 0.0484IP_t + 140.33GM2_t + 104.58GPW_t \tag{6.4.20}$$
$$(2.20) \quad (8.79) \quad (3.89) \quad (6.00)$$
$$R^2 = 0.22 \quad s = 2.481 \quad DW = 0.18$$

$DW = 0.18$ 显示存在正序列相关性。从图6.2中也可以看出，回归残差高度序列相关。某一时期的残差若是正（负）的，则下一时期的残差有可能也是正（负）的。由20世纪70年代后期到20世纪80年代初期，这一现象更加明显，这一时期是票面利息很高的时期。如果不对序列相关进行修正，不仅参数的估计不是有效的，而且利率的预测值也很可能会比实际值低很多。

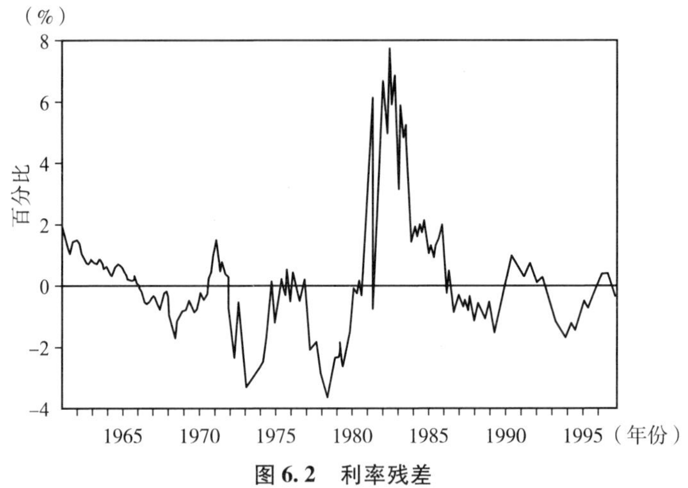


**图6.2　利率残差**

下面利用 Cochrane – Orcutt 方法对利率方程重新进行估计，其结果如下：

$$\hat{R}_t = -49.601 + 0.244IP_t - 62.358GM2_t + 6.210GPW_{t-1}$$
$$(-0.35)\quad(6.01)\quad(-6.55)\qquad(2.09) \tag{6.4.21}$$
$$R^2 = 0.97 \quad s = 0.500 \quad DW = 1.64 \quad \hat{\rho} = 0.99$$

回归结果（6.4.21）的拟合程度比没修正的方程强很多。$t$ 统计值有所下降，但是它们都是正确且有效的估计，最后注意到 1.64 的 $DW$ 值比 2 还是小很多，表明残差间可能存在着形式更为复杂的相关关系，将在第 10 章考虑这种可能性。

## 6.5　解释变量有非外生变量时的序列相关性的检验

如果回归模型（6.4.1）中存在有一个或多个非外生变量，如被解释变量的滞后变量时，即使是误差存在序列相关，$DW$ 值也常常会接近于 2。基于此情况，杜宾（Durbin）提出的另一个检验方法完成误差的序列相关性的检验。

假设用 OLS 方法对式（6.5.1）进行估计：

$$Y_t = \alpha + \beta Y_{t-1} + \gamma X_t + \varepsilon_t \tag{6.5.1}$$

检验的统计量称为 Durbin h 统计量，其定义为

$$h = \hat{\rho}\sqrt{\frac{1}{1/T - \mathrm{Var}(\hat{\beta})}} \tag{6.5.2}$$

其中 $\mathrm{Var}(\hat{\beta})$ 是外生变量 $Y_{t-1}$ 的系数估计量的方差，$\hat{\rho}$ 是一阶序列相关系数的估计。

$\hat{\rho}$ 可以利用 $DW$ 统计量的估计值计算获得，即 $\hat{\rho} \approx 1 - DW/2$，因此

$$h = \left(1 - \frac{DW}{2}\right)\sqrt{\frac{1}{1/T - \mathrm{Var}(\hat{\beta})}} \tag{6.5.3}$$

杜宾证明了在原假设 $H_0$：$\rho = 0$ 成立条件下 $h$ 近似地服从标准正态分布 $N(0,\ 1)$，因此可直接采用正态分布表就能对一阶序列相关性进行检验。[①]

由 OLS 回归我们得到残差变量 $\hat{\varepsilon}_t$ 以及滞后残差变量 $\hat{\varepsilon}_{t-1}$，$t = 2, \cdots, T$，估计模型（6.5.4）

① Durbin h 统计量在 $\mathrm{Var}(\hat{\beta})$ 大于 $1/T$ 时无效。对于这种情况，杜宾提议用另一种略为复杂的检验。

$$\hat{\varepsilon}_t = \alpha + \rho^* \hat{\varepsilon}_{t-1} + \beta^* Y_{t-1} + \gamma^* X_t + u_t \tag{6.5.4}$$

再用 $t$ 检验完成检验 $H_0$：$\rho^* = 0$。若拒绝了原假设 $H_0$，就说明残差存在一阶序列相关性。

在有滞后因变量的情形下，如果存在着显著的序列相关，由于普通最小二乘估计产生有偏的结果，因此参数估计就会比较困难。

**例 6.4** （总消费模型）考虑一个简单的动态形式的总消费函数进行估计，其中 $C_t$ 表示当前消费量，$C_{t-1}$ 表示季度滞后消费，当前可支配收入为 $Y_t$。[①]（采用 1959 年第一季度～1995 年第三季度的季度数据）。

总消费模型的 OLS 估计结果如下（括号内是标准误差）：

$$\begin{aligned} \hat{C}_t &= 1.88 + 0.086Y_t + 0.9114C_{t-1} \quad DW = 1.64 \\ &\quad (4.69)\quad (0.028)\quad (0.0304) \qquad R^2 = 0.999 \end{aligned} \tag{6.5.5}$$

用 Durbin h 检验法检验序列相关性。由于滞后因变量系数的标准误差是 0.0304，$DW = 1.569$，$T = 147$，计算得

$$h = \left(1 - \frac{1.569}{2}\right)\sqrt{\frac{1}{1/147 - 0.0304^2}} = 2.79$$

由于 $h = 2.79$ 大于显著性水平为 0.05 的正态分布的临界值 1.65，因此拒绝不存在序列相关的原假设。对动态总消费函数进行估计时要对序列相关性做修正这一点是很重要的。

## 6.6 回归误差呈现高阶序列相关时的假设检验

由于 $DW$ 检验方法只能用于具有特殊结构的回归模型，同时要求其误差服从 $AR(1)$ 形式。如果回归模型的误差存在高阶序列相关时，可以设定回归模型的结构如下：

$$Y_t = \beta_0 + \beta_1 X_{t1} + \beta_2 X_{t2} + \cdots + \beta_k X_{tk} + \varepsilon_t \tag{6.6.1}$$

$$\varepsilon_t = \rho_1 \varepsilon_{t-1} + \rho_2 \varepsilon_{t-2} + \cdots + \rho_p \varepsilon_{t-p} + v_t \tag{6.6.2}$$

其中式（6.6.2）表示式（6.6.1）的回归误差存在 $p$ 阶相关性，可用 $AR(p)$

① 数据是 Citibase 变量 $GC$ 和 $GYD$，并用 1982 年的美元值度量的实际消费与收入。

表示，其中 $p$ 通常是事先确定的阶数，其大小通常可以根据实际经济问题确定。例如，如果分析的数据是季度数据，则取 $p=4$ 比较合适，若是月度数据，则 $p$ 可能等于12，当然也有一些定量标准帮助确定 $p$ 的大小，如常用的 $AIC$ 或 $BIC$ 两个标准。

检验式（6.6.1）的回归残差是否存在序列相关，可以通过检验回归模型（6.6.2）中系数 $\rho_i$，$i=1$，…，$p$ 是否都等于0，即考虑假设检验：

$H_0$：$\rho_1=0$，$\rho_2=0$，…，$\rho_p=0$，

$H_1$：$\rho_1$，$\rho_2$，…，$\rho_p$ 中至少有一个不等于0。

有三种方法对上述的 $H_0$ 进行检验。

第一种方法就是直接对回归模型（6.6.2）的系数进行检验，即用 $F$ 统计量检验回归模型（6.6.2）是否具有显著性，如果回归模型（6.6.2）具有显著性，则说明应该拒绝原假设 $H_0$，即式（6.6.1）的回归残差具有 $p$ 阶序列相关性。但是这个方法有一个必须满足的条件是回归模型（6.5.6）中的解释变量是严格外生变量，否则将导致检验失效。

第二种方法是另外建立一个辅助回归模型，构建 $F$ 检验统计量检验 $H_0$ 是否成立。

具体操作过程如下：

（1）用 OLS 方法估计式（6.6.1），获得其残差平方和 $SSE_R$ 以及残差估计量序列 $\hat{\varepsilon}_t$，$t=1$，…，$T$；

（2）建立辅助回归模型：

$$\hat{\varepsilon}_t=\beta_0+\beta_1X_{1t}+\cdots+\beta_kX_{kt}+\rho_1\hat{\varepsilon}_{t-1}+\cdots+\rho_p\hat{\varepsilon}_{t-p}+v_t,\ t=p+1,\ \cdots,\ T \tag{6.6.3}$$

（3）计算式（6.6.3）中 $\hat{\varepsilon}_{t-1}$，…，$\hat{\varepsilon}_{t-p}$项的回归系数的联合显著的 $F$ 检验统计量 $F(p,\ T-k-p-1)$。

该检验方法的优点是在解释变量 $X_{1t}$，…，$X_{kt}$不是严格外生变量时也是有效的。

第三种方法也需要建立辅助回归模型（6.6.4），构建 LM 检验统计量检验 $H_0$ 是否成立。

$$\hat{\varepsilon}_t=\rho_1\hat{\varepsilon}_{t-1}+\cdots+\rho_p\hat{\varepsilon}_{t-p}+v_t,\ t=p+1,\ \cdots,\ T \tag{6.6.4}$$

利用式（6.6.4）的拟合优度指标 $R_a^2$，构建 LM 检验统计量

$$LM = (T-p)R_a^2 \sim X_p^2$$

该检验也称为 Breusch – Godfrey 检验。

**例 6.5** 克鲁普和波拉德（Krupp and Pollard，1996）分析了美国化学工业对多种进口化学产品反倾销调查。20 世纪 80 年代，美国的氯化钡产生厂商认为中国向美国倾销氯化钡。因此于 1983 年 10 月向美国国际贸易委员会（ITC）提出反倾销申请。ITC 在 1984 年 10 月制订了有利于美国氯化钠生产商的条例。

为了判断中国是否真正向美国倾销氯化钡产品，可以考虑中国对美国的氯化钡出口量是否会因为美国氯化钡生产商的反倾销调查申请出现显著变化。定义 3 个虚拟变量：*befile6*，表示在开始调查前的 6 个月取值 1；*affile6*，表示在开始调查后的 6 个月取值 1；*afdec6*，表示调查结束并确认构成倾销行为后的 6 个月取值 1。被解释变量 *chnimp* 表示从中国进口氯化钡的数量，*gas* 表示石油产量，汇率指标 *rtwex* 度量了美元对其他几种货币价值稳定性。为了讨论方便，选定 1977 年 6 月的化学产量指标定义为 100。

利用 1978 年 2 月 ~ 1988 年 12 月的月度数据，建立如下回归模型：

$$\begin{aligned}\widehat{\log(chimp)} = & -17.80 + 3.12\log(chempi) + 0.196\log(gas) + 0.983\log(rtwex) \\ & \quad (21.05) \quad (0.48) \qquad\qquad (0.907) \qquad\qquad (0.400) \\ & + 0.060befile6 - 0.032affile6 - 0.565afdec6 \\ & \quad (0.261) \qquad (0.264) \qquad (0.286) \\ & n=131 \quad R^2=0.305 \quad \overline{R}^2=0.274 \quad DW=1.46 \end{aligned} \tag{6.6.5}$$

```
BARIUM < -read.table("BARIUM.RAW",header = FALSE)
names(BARIUM) < c("chnimp","bchlimp","befile6","affile6","
                  afdec6",
                  "befile12","affile12","afdec12","chempi",
                  "gas","rtwex",
                  "spr","sum","fall","lchnimp","lgas","lrt-
                  wex","lchempi",
                  "t","feb","mar","apr","may","jun","jul","
                  aug","sep","oct",
                  "nov","dec","percchn")
sub_BAR < - subset(BARIUM,select = c("lchnimp","lchempi","
```

```
                   lgas","lrtwex",
                   "befile6","affile6","afdec6"))
attach(sub_BAR)
lm_bar < - lm(lchnimp ~ lchempi + lgas + lrtwex + befile6 + af-
file6 +afdec6)
summary(lm_bar)
detach(sub_BAR)
```

**1. 模型（6.6.5）的残差的序列相关性检验**

（1）$AR(1)$ 形式的残差检验。

建立 $\hat{e}_t$ 关于 $\hat{e}_{t-1}$ 的回归模型，获得估计量 $\hat{\rho}=0.2708$，对应的 $t$ – 统计量为3.194，$p$ – 值0.00176，因此回归残差存在 $AR$（1）形式序列相关。

$DW$ 检验方法：

```
library(lmtest)
dwtest(lm_ bar)
Durbin - Watson test
data: lm_ bar
DW =1.4584, p - value =0.0001688
  alternative hypothesis: true autocorrelation is greater
than 0
```

从以上结果，可以知道模型（6.6.5）中 $DW$ 统计量为1.4584，相应的 $p$ 值约为0.0002，因此不能拒绝模型回归残差存在 $AR(1)$ 形式的序列相关性的原假设。

（2）$AR(p)$ 形式的残差检验。

模型（6.6.5）反映的问题涉及中国与美国关于氯化钡产品的销售是否存在倾销行为，根据现实中讨论国际贸易争端的经济过程会持续很长时间，因此相应的经济数据可能产生高阶序列相关性，因此我们还想检验模型的回归残差是否存在高阶序列相关的特征，如 $AR(2)$ 或 $AR(3)$ 形式的序列相关性。

利用模型（6.6.5）的回归残差，检验 $\hat{e}_{t-1}$，$\hat{e}_{t-2}$ 和 $\hat{e}_{t-3}$ 的联合显著性。

方法1：利用 $F$ 检验统计量 $F=5.1246$，相应的 $F(3, 118)$ 的5%的临界

值为2.68，另外，$F=5.1246$ 对应的 $p$ - 值为0.0023，这也表明了应该拒绝原假设，即模型（6.6.5）的回归残差存在3阶序列相关性。

方法2：利用LM检验统计量 LM = 14.768，相应的 $\chi^2(3)$ 的5%的临界值为7.815，另外，LM = 14.786 对应的 $p$ - 值为0.0020，这也表明了应该拒绝原假设，即模型（6.6.5）的回归残差存在3阶序列相关性。

```
bgtest(lm_bar,order =3,type ="F")   #检验 AR(3) - F 型统计量
 Breusch -Godfrey test for serial correlation of order up to 3
 data:  lm_bar
 LM test =5.1246,df1 =3,df2 =121,p -value =0.002264
 bgtest(lm_bar,order =3,type ="Chisq")#检验 AR(3) - LM 型统计量
 Breusch -Godfrey test for serial correlation of order up to 3
 data:  lm_bar
LM test =14.768,df =3,p -value =0.002026
```

**2. 在残差序列相关性条件下模型（6.6.5）的修正估计**

（1）残差服从 $AR$（1）时的修正估计。

利用 $CO$ 算法，可以获得模型（6.6.5）的修正估计：

$$\begin{aligned}\widehat{\log(chimp)} = & -37.3208 + 2.9474\log(chempi) + 1.0548\log(gas) + 1.137\log(rtwex) \\ & (23.222) \quad (0.646) \qquad\qquad (0.991) \qquad\qquad (0.514) \\ & -0.0164befile6 - 0.0331affile6 - 0.5772afdec6 \\ & (0.321) \qquad\quad (0.323) \qquad\quad (0.343)\end{aligned}$$

$$n=131 \quad \bar{R}^2=0.153 \quad DW=2.06 \quad s=0.5756 \quad \hat{\rho}=0.2963 \qquad (6.6.6)$$

（2）若残差服从 $AR(3)$ 时的修正估计。

首先利用残差序列估计 $AR(3)$ 系数：

$$\begin{aligned}\hat{e}_t = 0.2140\hat{e}_{t-1} + 0.1257\hat{e}_{t-2} + 0.1166\hat{e}_{t-3} \\ (0.089) \qquad (0.089) \qquad (0.088)\end{aligned} \qquad (6.6.7)$$

利用相关系数 $\hat{\rho}_1=0.2140$，$\hat{\rho}_2=0.1257$，$\hat{\rho}_3=0.1166$ 进行广义误差变换

$$y_t^* = y_t - 0.2140y_{t-1} - 0.1257y_{t-2} - 0.1166y_{t-3}, \quad t=4, \cdots, T \qquad (6.6.8)$$

利用式（6.6.8）对模型（6.6.5）中的数据进行变换，然后建立新的回归模型：

$$\widehat{\log(chimp)}^* = -19.54 + 2.55\log(chempi)^* + 1.06\log(gas)^* + 1.23\log(rtwex)^*$$
$$(12.11)\quad(0.80)\qquad\qquad(0.94)\qquad\qquad(0.65)$$
$$-0.060befile6 - 0.146affile6 - 0.439afdec6$$
$$(0.247)\qquad(0.247)\qquad(0.268)$$
$$n = 128 \quad R^2 = 0.1149 \quad DW = 1.93 \quad s = 0.5605 \qquad (6.6.9)$$

经检验可知，新回归模型（6.6.9）中残差没有序列相关性了。

进一步分析，可以从（6.6.8）的结果发现，模型（6.6.5）的回归残差并不是严格服从 $AR(3)$ 形式，更有可能服从 $AR(1)$ 过程，因此利用 $AR(1)$ 形式的误差过程和利用 $AR(3)$ 形式的误差过程进行序列相关修正方法估计模型（6.6.5）时，两者的估计结果应该差异不大。

另外，直观地比较回归结果式（6.6.7）与式（6.6.9），这两个回归结果的各变量系数估计量也都比较接近，因此误差的序列相关选择服从 $AR(1)$ 过程可能更加合理。

## 本章练习题

1. 叙述序列相关的概念、后果和补救措施。

2. 写出用杜宾 - 沃森 $DW$ 方法检验序列相关的检验过程。

3. 利用某地区 1994 ~ 2016 年的数据建立如下回归模型：

$$\widehat{\log(House)}_t = -4.759 + 1.873\log(GDP_t) - 1.229\log(Ratio_t)$$
$$(-1.42)\quad(3.83)\qquad\qquad(-4.2)$$
$$\bar{R}^2 = 0.3874,\ n = 23,\ DW = 0.90$$

其中 $House$ 表示开工的住宅面积数（$m^2$），$GDP$ 为地区国内生产总值（亿元），$Ratio$ 表示抵押贷款率，括号内的数据为对应参数估计量的 $t$ - 统计量。回答以下问题：

（1）检验模型的回归残差是否存在 $AR(1)$ 形式的序列相关性，请给出相应的原假设与备择假设。根据你的结论，列出估计值和相关统计量的性质及创设检验的有效性。

（2）该回归模型的参数估计量是否是有效估计量？为什么？

（3）针对（1）的结论，给出你对该模型的估计建议。

4. 中国城乡居民储蓄存款模型（自相关性检验）。表 6.4 列出了我国城乡居民储蓄存款年底余额 $deposit$（亿元）和 $GDP$ 指数（1978 年 = 100）$gdpi$ 的统计资料，建立居民储蓄存款模型，并检验模型的自相关性。

**表 6.4　　我国城乡居民储蓄存款年底余额 *deposit* 和 *gdpi* 资料**

| 年份 | *deposit* | *gdpi* | 年份 | *deposit* | *gdpi* | 年份 | *deposit* | *gdpi* |
|---|---|---|---|---|---|---|---|---|
| 1978 | 210.60 | 100.0 | 1985 | 1622.60 | 192.9 | 1992 | 11545.40 | 351.4 |
| 1979 | 281.00 | 107.6 | 1986 | 2237.60 | 210.0 | 1993 | 14762.39 | 398.8 |
| 1980 | 399.50 | 116.0 | 1987 | 3073.30 | 234.3 | 1994 | 21518.80 | 449.3 |
| 1981 | 523.70 | 122.1 | 1988 | 3801.50 | 260.7 | 1995 | 29662.25 | 496.5 |
| 1982 | 675.40 | 133.1 | 1989 | 5146.90 | 271.3 | 1996 | 38520.84 | 544.1 |
| 1983 | 892.50 | 147.6 | 1990 | 7034.20 | 281.7 | 1997 | 46279.80 | 582.0 |
| 1984 | 1214.70 | 170.0 | 1991 | 9107.00 | 307.6 | 1998 | 53407.47 | 638.2 |

5. 表 6.5 给出了美国 1958～1969 年期间每小时收入指数的年变化率（$y$）和失业率（$x$）。

**表 6.5　　美国 1958～1969 年每小时收入指数变化率和失业率**

| 项目 | 1958 年 | 1959 年 | 1960 年 | 1961 年 | 1962 年 | 1963 年 | 1964 年 | 1965 年 | 1966 年 | 1967 年 | 1968 年 | 1969 年 |
|---|---|---|---|---|---|---|---|---|---|---|---|---|
| *Y* | 4.2 | 3.5 | 3.4 | 3.0 | 3.4 | 2.8 | 2.8 | 3.6 | 4.3 | 5.0 | 6.1 | 6.7 |
| *X* | 6.8 | 5.5 | 5.5 | 6.7 | 5.5 | 5.7 | 5.2 | 4.5 | 3.8 | 3.8 | 3.6 | 3.5 |

请回答以下问题：

（1）估计模型：$y_t = \beta_0 + \beta_1 \dfrac{1}{x_t} + u_t$。

（2）计算上述模型中的 $DW$ 值。

（3）上述模型是否存在一阶段自相关？如果存在，是正自相关还是负自相关？

（4）如果存在自相关，请用 $DW$ 的估计值估计自相关系数 $\rho$。

（5）利用广义差分法重新估计上述模型，自相关问题还存在吗？

6. 表 6.6 列出了天津市城镇居民人均消费性支出（*consume*）、人均可支配收入（*income*）、消费价格指数（*CPI*）。定义人均实际消费性支出 $y = consume/$

$CPI$，人均实际可支配收入 $x = income/CPI$。

表 6.6 天津市城镇居民人均消费与人均可支配收入数据

| 年份 | *consume*（元） | *income*（元） | *CPI* | 年份 | *consume*（元） | *income*（元） | *CPI* |
|---|---|---|---|---|---|---|---|
| 1978 | 344.88 | 388.32 | 1.000 | 1990 | 1440.47 | 1638.92 | 1.970 |
| 1979 | 385.20 | 425.40 | 1.010 | 1991 | 1585.71 | 1844.98 | 2.171 |
| 1980 | 474.72 | 526.92 | 1.062 | 1992 | 1907.17 | 2238.38 | 2.418 |
| 1981 | 485.88 | 539.52 | 1.075 | 1993 | 2322.19 | 2769.26 | 2.844 |
| 1982 | 496.56 | 576.72 | 1.081 | 1994 | 3301.37 | 3982.13 | 3.526 |
| 1983 | 520.84 | 604.31 | 1.086 | 1995 | 4064.10 | 4929.53 | 4.066 |
| 1984 | 599.64 | 728.17 | 1.106 | 1996 | 4679.61 | 5967.71 | 4.432 |
| 1985 | 770.64 | 875.52 | 1.250 | 1997 | 5204.29 | 6608.56 | 4.569 |
| 1986 | 949.08 | 1069.61 | 1.336 | 1998 | 5471.01 | 7110.54 | 4.546 |
| 1987 | 1071.04 | 1187.49 | 1.426 | 1999 | 5851.53 | 7649.83 | 4.496 |
| 1988 | 1278.87 | 1329.7 | 1.667 | 2000 | 6121.07 | 8140.55 | 4.478 |
| 1989 | 1291.09 | 1477.77 | 1.912 | | | | |

（1）利用 OLS 估计模型：$y_t = \beta_0 + \beta_1 x_t + u_t$。

（2）根据 $DW$ 检验法、$LM$ 检验法检验模型是否存在自相关。

（3）如果存在一阶自相关，用 $DW$ 值来估计自相关系数 $\hat{\rho}$。

（4）利用估计的 $\hat{\rho}$ 值，用 OLS 法估计广义差分方程：

$$y_t - \hat{\rho} y_{t-1} = \beta_0 (1 - \hat{\rho}) + \beta_1 (x_t - \hat{\rho} x_{t-1}) + v_t$$

（5）利用 OLS 估计模型：

$$\ln y_t = \beta_0 + \beta_1 \ln x_t + u_t$$

检验此模型是否存在自相关，如何消除自相关？

# 第 7 章

# 工具变量法和模型的识别

在第 5 章和第 6 章分别讨论了回归模型的两个基本假设，同方差假设和无序列相关假设可能不成立条件下的回归模型分析的问题。在这一章里，我们将讨论回归模型的一些其他可能存在的问题。

我们首先讨论每一个自变量都与误差项相互无关的假设。如果这个假设不成立，则 OLS 参数估计量将不再是无偏的和一致的。这个假设不成立的其中一个原因是由一个或若干个自变量的测量误差导致，另一个原因是解释变量可能会在一定程度上依赖于被解释变量。随后将证明，在存在测量误差时，如果用新的变量，即工具变量代替有测量误差的变量时，就能够得到一致的估计量。这一新的“工具变量”估计技术是普通最小二乘估计法的替代。

我们已经在第 3 章讨论过模型变量设定为不合理时模型存在的问题，即在模型没有包含应当包含的变量，或包含了不该包含的变量，模型分析时会产生的问题。下面我们将从其他方面进一步分析模型设定方面的问题，这些内容是计量经济建模中各种因素不能同时兼顾时进行权衡的基础。

## 7.1　解释变量与模型误差项存在相关性

为了分析方便，我们后面分析时，如果不做特别说明，以下数据均使用变量的中心化数据，即变量的离差形式。下面通过分析一元回归模型，可以很容易地看出解释变量与误差项之间的相关会导致的问题。

考虑一元回归模型：

$$y_i = \beta_1 x_i + \varepsilon_i$$

参数 $\beta_1$ 的 OLS 估计量是：

$$\hat{\beta}_1 = \frac{\sum x_i y_i}{\sum x_i^2} \tag{7.1.1}$$

将 $y_i = \beta_1 x_i + \varepsilon_i$ 代入上式，并整理得：

$$\hat{\beta}_1 = \frac{\beta_1 \sum x_i^2 + \sum x_i \varepsilon_i}{\sum x_i^2} = \beta_1 + \frac{\sum x_i \varepsilon_i}{\sum x_i^2} \tag{7.1.2}$$

若在重复抽取的过程中变量 $X$ 的观测值不是随机的，则 $E(\hat{\beta}_1) = \beta_1$，即该估计量是 $\beta_1$ 的无偏估计①。

若假定 $X$ 是随机变量，并且进一步假设 $E(\Sigma x_i \varepsilon_i) = 0$，即解释变量 $X$ 与误差 $\varepsilon$ 是不相关的，则高斯－马尔可夫定理的结论就会有所削弱。但是在给定 $X$ 的条件下，该估计量仍然是 $\beta_1$ 的一个无偏估计量，即 $E = (\hat{\beta}_1 \mid X) = \beta_1$。

在实际应用分析中，我们并不必须要求参数的 OLS 估计量是否具有无偏性，更关注于估计量$\hat{\beta}_1$ 大样本统计性质，即寻找能够保证$\hat{\beta}_1$ 为一致的估计量的必要条件。

由于在很多时候，$X$ 与 $\varepsilon$ 有可能是相关的，因此 $\hat{\beta}_1$ 不一定是 $\beta_1$ 的无偏估计量，同时，该估计量也通常不是真实参数 $\beta_1$ 的一致估计量。

例如，考虑 $X$ 和 $\varepsilon$ 已知是正相关，样本容量为 $T$。对式（7.1.2）稍加分析就可以发现，等式右边的第二项是正的，无论样本容量为多大，$\hat{\beta}_1$ 都会过高地估计参数 $\beta_1$ 的真值：

$$\lim_{T\to\infty} E(\hat{\beta}_1) = \beta_1 + \lim_{T\to\infty}\left(\frac{T-2}{T-1} \cdot \frac{\sum x_i \varepsilon_i / (T-2)}{\sum x_i^2 / (T-1)}\right) = \beta_1 + \frac{\mathrm{cov}(x, \varepsilon)}{\mathrm{var}(x)} > \beta_1 \tag{7.1.3}$$

因此，解释变量和误差项之间的相关一般都会导致普通最小二乘参数估计不具备一致性。

① $E(\varepsilon_t) = 0$。

图 7－1 是表示了解释变量与误差 $\varepsilon$ 相关时估计回归线与真实线的关系。实线表示真正的回归直线，虚线表示普通最小二乘回归直线。OLS 估计法在达到估计残差平方和最小的目的时，给出了真正回归斜率参数的有偏、不一致的估计。此时，模型斜率参数被高估了，同时模型的截距，回归模型误差以及参数估计的标准误差估计也将是真正参数的有偏和不一致的估计。

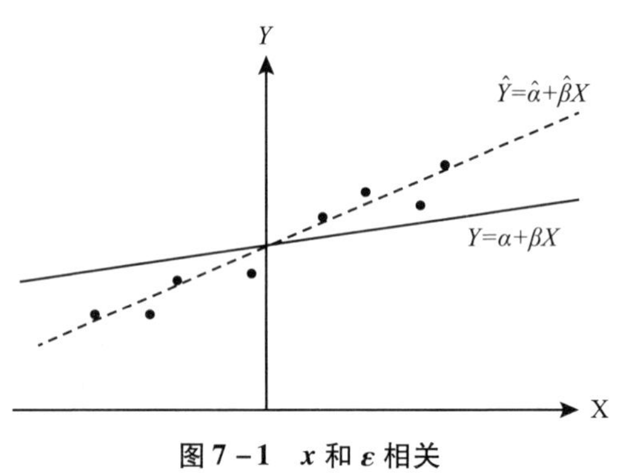


**图 7－1　$x$ 和 $\varepsilon$ 相关**

# 7.2　变量存在测量误差

在前面的建模分析中，通常假设回归分析过程中所用到的全部变量都不存在测量误差。但是在实践中，测量误差是必然存在的，因此分析利用存在测量误差数据建立模型所产生的也很可能会发生误差，而且这些误差有可能显著改变回归参数估计的特征。下面我们将分析几种逐渐复杂的情形来讨论测量误差的问题。

## 7.2.1　情形 1：被解释变量 Y 存在测量误差

假定真正的回归模型为：

$$y_i = \beta_1 x_i + \varepsilon_i \tag{7.2.1}$$

其中 $\varepsilon_i$ 代表该模型的误差，并假设变量 $y^*$ 服从测量过程：

$$y_i^* = y_i + u_i，且\ \mathrm{cov}(u_i, y_i) = 0,$$

该设定表明式（7.2.1）中的被解释变量 $y_i$ 存在测量误差 $u_i$。

回归模型（7.2.1）的估计以 $y^*$ 为被解释变量，将式（7.2.1）进行修改，得到式（7.2.2）[①]

$$y_i^* = \beta_1 x_i + (\varepsilon_i + u_i) \tag{7.2.2}$$

对式（7.2.2）进行回归。只要 $u_i$ 和 $x_i$ 不相关，则式（7.2.2）的 OLS 回归估计量是无偏和一致的。但是被解释变量存在测量误差时会导致回归模型误差项的方差增大，从而也会导致参数估计量的标准差增大。

### 7.2.2　情形2：模型的解释变量 X 存在测量误差

假设 $x_i^* = x_i + v_i$，其中 $x_i$ 是准确的值，$x_i^*$ 是观测到的值。真正的回归模型为：

$$y_i = \beta_1 x_i + \varepsilon_i$$

假设 $X$ 的测量误差：

$v_i \sim N(0,\ \sigma_v^2)$，$\mathrm{cov}(v_i,\ v_j)(0,\ \mathrm{cov}(v_i,\ \varepsilon_j) \neq 0,\ i \neq j,\ i,\ j = 1,\ 2,\ \cdots,\ n$。

考虑的回归模型为：

$$y_i = \beta_1 x_i^* + (\varepsilon_i - \beta_1 v_i) = \beta_1 x_i^* + \varepsilon_i^*,\ \varepsilon_i^* = \varepsilon_i - \beta_1 v_i \tag{7.2.3}$$

由于，

$$\mathrm{cov}(\varepsilon_i^*,\ x_i^*) = E[(\varepsilon_i - \beta_1 v_i)(x_i + v_i)] = -\beta_1 \sigma_v^2$$

即式（7.2.3）中的误差 $\varepsilon^*$ 和解释变量 $x^*$ 相关，因此回归参数的 OLS 估计量将是有偏和非一致的，而且偏差的非一致的程度取决于测量误差的方差。

### 7.2.3　情形3：模型的解释变量 X 和被解释变量 Y 都存在测量误差

假设：

$$\begin{cases} y_i = \beta_1 x_i + \varepsilon_i \\ y_i^* = y_i + u_i,\ u_i \sim N(0,\ \sigma_u^2), \\ x_i^* = x_i + v_i,\ v_i \sim N(0,\ \sigma_v^2) \end{cases} \tag{7.2.4}$$

且 $\mathrm{cov}(u_i,\ v_i) = \mathrm{cov}(u_i,\ x_i) = 0$，误差 $\{u_i\}$，$\{v_i\}$，$i = 1,\ \cdots,\ n$ 不存在序列相关。

估计的回归模型具有如下形式：

① 如果 $u_i$ 的均值不为0，该估计模型（7.2.2）时就需要增加一个截距项。

$$y_i^* = \beta_1 x_i^* + (u_i - \beta_1 v_i) + \varepsilon_i \tag{7.2.5}$$

现在考虑参数 $\beta_1$ 的 OLS 估计量 $\hat{\beta}_1$：

$$\hat{\beta}_1 = \frac{\sum x_i^* y_i^*}{\sum x_i^{*2}} = \frac{\beta_1 \sum x_i^2 + \beta_1 \sum x_i v_i + \sum x_i \varepsilon_i + \sum x_i u_i + \sum v_i \varepsilon_i + \sum v_i u_i}{\sum x_i^2 + \sum v_i^2 + 2\sum x_i v_i} \tag{7.2.6}$$

由于 $x_i$，$u_i$ 和 $v_i$ 都是随机的，不太容易评价 $\hat{\beta}_1$ 的偏差①。

可以通过在样本容量增大时评估 $\hat{\beta}_1$ 的表达式来评估 $\hat{\beta}_1$ 的一致性。用 $p\lim\hat{\beta}_1$ 代表一致性的计算结果，因为 $u_i$ 和 $v_i$ 相互无关，且与 $x_i$ 无关，因此②，

$$p\lim\hat{\beta}_1 = p\lim \frac{\beta_1 \sum x_i^2}{\sum x_i^2 + \sum v_i^2} = \frac{\beta_1 \mathrm{Var}(x)}{\mathrm{Var}(x) + \sigma_v^2} = \frac{\beta_1}{1 + \sigma_v^2/\mathrm{Var}(x)} < \beta_1 \tag{7.2.7}$$

上式说明存在着我们正在讨论的测量误差时，普通最小二乘法常常低估真正的回归参数。

## 7.3　工具变量估计法

回归变量中测量误差问题非常重要，而且计量经济学家们还提不出有效的解决办法。通常的做法是忽略测量误差问题，希望误差足够小，从而不会破坏估计方法的合理性。另一种能够解决测量误差问题的方法是使用工具变量估计法。

下面我们将简单地介绍工具变量的概念，工具变量方法在存在变量测量误差问题的模型分析上有用，同时工具变量也是解决联立方程系统的模型的重要手段。

工具变量方法要的关键是寻找一个与已知解释变量 $X$ 高度相关，同时与方程中误差项以及解释变量和被解释变量的测量误差不相关的新变量 $Z$。

实际上，我们常常关心参数估计的一致性，因此很强调在样本容量增大时，变量 $Z$ 与模型中其他变量之间的关系。如果变量 $Z$ 满足以下条件，我们

---

① 在于两个随机变量之比的期望不等于各变量期望的比。

② 我们用到了以下结果：对于任意的随机变量 $Z_1$ 和 $Z_2$，$p\lim(Z_1/Z_2) = (p\lim Z_1)/(p\lim Z_2)$。

就称 $Z$ 是一个工具变量（instrument variable，Ⅳ）：

第一，当样本容量增大时，$Z$ 与模型中的 $\varepsilon$、$u$ 以及 $v$ 之间的相关系数都趋于 0。

第二，当样本容量增大时，$Z$ 与 $X$ 之间的相关系数不为 0，即 $Z$ 与 $X$ 是相关变量。如果能够从若干个工具变量中进行选择的话，我们就选与 $X$ 变量相关程度最强的一个工具变量（或工具变量组）。

工具变量的两个要求中的第一个条件通常是无法验证的，这主要是因为模型的误差项是无法观察的，在大多数情况下我们需要通过经济行为或反思来保证这一假设条件成立。

相对而言，第二个条件则比较好验证，比如考虑 $X$ 与 $Z$ 的简单回归：

$$x_i = \alpha_0 + \alpha_1 z_i + v_i \tag{7.3.1}$$

由于 $\alpha_1 = \mathrm{cov}(x_i, z_i)/\mathrm{Var}(z_i)$，当 $\alpha_1 \neq 0$ 时说明变量 $Z$ 与 $X$ 具有相关性，因此可以用 $Z$ 作为 $X$ 的工具变量。这个判断是否成立可以对模型（7.3.1）中估计量 $\alpha_1$ 的 $t$－检验进行。

此外，确定 $Z$ 是否是 $X$ 的工具变量时，除了检验 $H_1$：$\alpha_1 \neq 0$ 外，还需要确定 $\alpha_1$ 的符号以及数量大小，因为符号决定了 $Z$ 与 $X$ 的相关方向，数量大小反映了两个变量之间相关性的强弱。

例如，在劳动经济学的工资方程中，使用家庭背景作为教育（educ）的Ⅳ，如母亲的教育（motheduc）与孩子的教育是正相关的，这个特征可以通过收集劳动者数据样本并做 educ 对 motheduc 的简单回归分析来确定。当然，educ 的另一个备选Ⅳ是成长过程中的兄弟姐妹的数量（sibs），通常较多的兄弟姐妹数量与较低的平均教育水平相联系。

$$x_i = \alpha_0 + \alpha_1 z_i + v_i \tag{7.3.2}$$

假设能够找到这样的一个变量，我们就能够修改最小二乘回归估计法，使得参数的估计成为一致的，但是我们无法保证这个估计方法将给出无偏的参数估计。

为了简单起见，考虑模型 $y_i = \beta x_i + \varepsilon_i$，并且只有 $x$ 具有测量误差（$x^* = x + v$）。在此回归模型中，系数 $\beta$ 的工具变量方法估计量的正确估计形式为：

$$\beta^* = \frac{\sum y_i z_i}{\sum x_i^* z_i} \tag{7.3.3}$$

该估计形式能够使得出的估计量为一致的。由于①：

$$\beta^* = \frac{\sum y_i z_i}{\sum x_i^* z_i} = \frac{\beta \sum x_i^* z_i + \sum z_i \varepsilon_i^*}{\sum x_i^* z_i} = \beta + \frac{\sum z_i \varepsilon_i^*}{\sum x_i^* z_i} \tag{7.3.4}$$

很清楚，选择 $Z$ 作为工具变量保证了当样本容量增大时，$\beta^*$ 将趋向于 $\beta_6$②，因此将是 $\beta$ 的一致估计量。有人或许会奇怪为什么在工具变量估计量的分母中不用 $z$ 代替变量 $x^*$。读者应当用上述方法验证，估计量 $y_i z_i / z_i^2$ 不会给出 $\beta$ 的一致估计量。

工具变量法看上去为一个困难的问题提供了一个简单的解决办法。在能够找到一个适当的工具变量的条件下，我们确立了能够给出一致估计的估计方法。然而，当存在测量误差时，很难找到适当的工具变量。

下面的结束性评论或许会有启发意义。首先，普通最小二乘估计法实际上是工具变量法的一个特例，这是因为在古典回归模型中，$X$ 与误差项不相关，而且 $X$ 与自己完全相关。其次，如果我们把测量误差问题推广到多个自变量存在测量误差的情形，每一个这样的自变量都需要用一个工具变量来替代。最后，我们需要重申，工具变量估计法保证估计的一致性，但是不能保证估计的无偏性。

## 7.3.1 非线性

当研究人员选用关于解释变量为线性的线性模型进行估计，而真正的回归模型不是线性时，就会犯另一种确认错误。一个简单的例子就是当模型为多项式形式：

$$y_i = \beta_1 x_{i1} + \beta_2 x_{i1}^2 + \beta_3 x_{i1}^3 + \varepsilon_i \tag{7.3.5}$$

而要估计的模型为：

$$y_i = \beta_1^* x_{i1} + \varepsilon_i^* \tag{7.3.6}$$

因为式（7.3.6）是缺省变量的特殊例子，所以当真正的模型是非线性的时候，用线性模型来确认就会导致有偏和非一致的参数估计。用多项式近似一个本质上非线性方程时也会有同样的结论。由于这个原因，我们常常用式（7.3.5）那样的多项式模型来检验自变量是否为非线性的。

---

① 可以用与式（7.1.1）类似的推导方式推导工具变量估计量与真正的系数 $\beta$ 之间的关系。

② 当 $n \to \infty$ 时 $\mathrm{cov}(z, \varepsilon^*)$ 趋向于0。

## 7.3.2　建模时的有效与有偏

如果对哪些解释变量应当被包含在模型中没有把握，我们就要做一些权衡和选择。分析结果表明，如果一个应当被包含的变量没有被包含，则损失就是无偏性和一致性。模型包含一个或若干不相干变量的损失是失去有效性的。如果观测很多（大样本），包含不相干变量的损失似乎小一些，因为自由度的减少不会太严重。然而，如果观测不多，失去有效性问题就比较严重了。

一般说来，模型形式的选择是对偏误和有效做权衡，如何选择取决于模型的目的。如果目标是做准确的预测，极小化平均误差平方和是合理的目的，因为它同时包含了有效性和偏误①。因此，我们可以在一定的时间范围内，对每一个备择模型进行估计，然后对它们的平均误差平方和进行比较。

用古典统计学不难检验模型是否包含不相干变量。因为不相干变量系数的期望值为 0，如果想检验单个变量是否相干，我们采用标准的 $t$ 检验；如果想检验一组变量是否相干，采用 $F$ 检验。如果我们不清楚哪些变量应当出现在模型中，就不能用这样的检验。因此，我们必须依靠模拟技术对平均误差平方和进行比较。

**例 7.1**　（货币需求量）在对货币长期需求和短期需求的研究中，邹志庄（Gregory Chow）对下列需求方程进行了估计（括号内是标准误差，数据是季度数据）②：

$$\log M_t = 0.1365 + 1.069\log YP_t - 0.01321\log Y_t - 0.7476\log R_t \tag{7.3.7}$$
$$\qquad\qquad (0.148) \qquad\qquad (0.13897) \qquad (0.0540)$$
$$R^2 = 0.9965$$

其中 $M$ 表示全部货币储备量，$YP$ 表示永久性收入，$Y$ 表示当前收入，$R$ 表示利率。因为邹志庄估计的是货币长期需求的方程，他认为作为个人资产的长期限制条件，永久性收入比当前收入更重要（变量 $Y$ 不显著，而变量 $YP$ 却非常显著）。

---

① 平均误差平方和 $MSE(\hat{\beta}) = \mathrm{Var}(\hat{\beta}) + [bias(\hat{\beta})]^2$。

② G. C. Chow, On the Long - Run and Short - Run Demand for Money. *The Journal of Political Economy*, vol. 74, April 1966, pp. 111 - 131.

不过，有人认为这个估计方程事实上是货币长期需求正确方程的一个错误形式。泰勒和纽豪斯认为正确的模型应当是①：

$$M_t = \beta_1 + \beta_2 YP_t + \beta_3 Y_t + \beta_4 R_t + \beta_5 M_{t-1} + \varepsilon_t \tag{7.3.8}$$

如果公式（7.3.8）是正确的，邹志庄的估计方程的系数就会是有偏的。

我们可以利用有关缺省变量确认错误的结果估量这个偏误的程度。因为永久性收入的系数对政策的制定非常关键，我们来考虑它的估计。如果正确的模型是：

$$M_t = \alpha_0 + \alpha_1 YP_t + \alpha_2 M_{t-1} + u_t \tag{7.3.9}$$

那么，由式（7.3.8）我们就可以得到方程 $M_t = \alpha_0 + \alpha_1 YP_t$估计系数 $\hat{\alpha}_1$ 的偏误应该是：

$$E(\hat{\alpha}_1) - \hat{\alpha}_1 = \alpha_2 \frac{\mathrm{cov}(YP_t, M_{t-1})}{\mathrm{Var}(YP_t)} \tag{7.3.10}$$

虽然在还没有把确认偏差公式应用于有许多解释变量的方程，但是这样做是可能的。

在此问题中，永久性收入项的偏差为：

$$E(\hat{\beta}_2) - \beta_2 = \beta_5 d_2$$

其中，$d_2$ 是 $M_{t-1}$对 $YP_t$、$Y_t$ 和 $R_t$ 的辅助回归方程的系数。

$$M_{t-1} = d_1 + d_2 YP_t + d_3 Y_t + d_4 R_t + v_t \tag{7.3.11}$$

如果变量 $M_{t-1}$无法得到，我们就得推测由此带来的确认偏差的程度。不过，在目前这个特别的例子中，$M_{t-1}$可以得到，因为它包含错误确认方程中 $M_t$ 变量的一个时段滞后。由于已知 $M_{t-1}$ 和 $Y_{pt}$高度相关，并且会比较大。换句话说，确认错误夸大了永久性收入的重要性。对正确确认的模型进行估计时，这一猜测得到了证实，其结果为：

$$\begin{aligned} M_t = 0.3067 &+ 0.0615 YP_t + 0.3274 Y_t - 0.3325 R_t + 0.5878 M_{t-1} \\ &(0.14284) \qquad (0.0940) \quad (0.0597) \quad (0.0669) \\ &R^2 = 0.9988 \end{aligned} \tag{7.3.12}$$

变量 $M_{t-1}$的系数是正的，而且在5%的显著性水平下显著，而 $Y_{pt}$的系数也是正的，但在同样的显著性水平下不显著。因此，原来的结论应该改为在解释货币的长期需求时，当前收入比永久性收入更重要。

① L. D. Taylor, J. P. Newhouse, On the Long – Run and Short – Run Demand for Money: A Comment. *Journal of Political Economy*, Vol. 77, 1969, pp. 851 – 856.

# 7.4　模型确认检验

我们刚刚看到了计量经济学中模型确认错误的后果可以十分严重。回归模型中缺少了某个重要的变量能使估计量成为有偏和非一致的，而不相干变量的存在会导致有效性的丧失。所以检验一个选定的模型是否存在确认错误显然是十分重要的。在这一节里，将讨论和说明一些检验确认错误的方法。我们先从检验缺省变量以及用于基本的线性回归模型的方法开始，然后考虑一个检验度量误差的方法，这个检验方法可以用于误差项被认为与一个或多个自变量相关或基本模型的其他假设可能不成立的情况。

## 7.4.1　关于变量是否应当从线性回归模型中去掉的检验

假设我们认为，适当的模型应当是：

$$y_i = \beta_1 x_{1i} + \beta_2 x_{2i} + \beta_3 x_{3i} + \varepsilon_i \tag{7.4.1}$$

如果我们确信变量 $x_1$ 应当保留在模型中，但不确定 $x_2$ 和 $x_3$ 是否也应当保留在模型中，一个适当的检验是关于若干系数的联合 $F$ 检验。

由有限制条件模型（即当原假设 $\beta_2 = \beta_3 = 0$ 为真时）的残差平方和是否显著地大于无限制条件模型（即式（7.4.1））的残差平方和，$F$ 检验对原假设 $\beta_2 = \beta_3 = 0$ 以及 $\beta_2$ 和 $\beta_3$ 不全为0的备择假设做出判断。

类似地，如果不知道 $x_3$ 该不该保留在模型中，可以利用等式（7.4.1）的估计结果，对原假设 $\beta_3 = 0$ 做 $t$ 检验。

有一个既不用最小二乘估计也不依赖于误差项正态分布假设的更一般的方法，称为似然比检验法。

在很多情况下，特别是对大样本情形，$F$ 检验和似然比检验的结论应当非常相近。对于不同的软件，似然比检验可能不那么好用，但是由于它不要求正态分布的假设①，因此，在大样本情形，似然比检验比 $F$ 检验更有吸引力。

① 关于F检验（更一般的Wald检验的一个特例）、似然比检验和第三拉格朗日乘数检验的更一般的比较，兹维·格里利克斯，米歇尔·D. 英格利盖特主编的《计量经济学手册》第二卷第13章。

## 7.4.2 关于是否存在测量误差的检验

假设我们想估计一元线性回归模型：

$$y_i = \beta_1 x_i + \varepsilon_i$$

但是担心 $x$ 变量可能会有测量误差[①]。如果 $x_i = x_i^* - v_i$，则实际的最小二乘回归应当是：

$$y_i = \beta_1 x_i^* + \varepsilon_i^* \tag{7.4.2}$$

其中 $\varepsilon_i^* = \varepsilon_i - \beta_1 v_i$。

如果 $x$ 有测量误差，我们已经知道利用与 $x^*$ 相关但与 $\varepsilon$ 和 $v$ 不相关的工具变量 $z$，可以得到 $\beta$ 的一致估计量。假设 $z$ 和 $x^*$ 之间的关系为：

$$x_i^* = \gamma z_i + w_i \tag{7.4.3}$$

采用最小二乘估计，这个关系为：

$$\hat{x}_i^* = \hat{\gamma} z_i \quad 或 \quad \hat{x}_i^* = \hat{\gamma} z_i + \hat{w}_i \tag{7.4.4}$$

其中 $\hat{w}_i$ 是回归残差。将式（7.4.4）代入式（7.4.2），得到：

$$y_i = \beta_1 \hat{x}_i^* + \beta_1 \hat{w}_i + \varepsilon_i^* \tag{7.4.5}$$

不论测量误差是否存在，$\hat{x}_i^*$ 系数的普通最小二乘估计都是一致的，理由是：

$$P\lim \frac{1}{N} \sum \hat{x}_i^* \varepsilon_i^* = P\lim \frac{1}{N} \hat{\gamma} \sum z_i (\varepsilon_i - \beta v_i) = 0$$

事实上式（7.4.5）中 $x_i^*$ 系数的最小二乘估计量就是工具变量的估计量[②]，即由式（7.4.2）得：

$$\hat{\beta}_1 = \sum y_i z_i \Big/ \sum \hat{x}_i^* z_i.$$

至于变量 $\hat{w}_i$ 的系数 $\beta_1$，注意到：

$$P\lim \frac{1}{N} \sum \hat{w}_i \varepsilon_i^* = P\lim \frac{1}{N} \sum (x_i^* - \hat{\gamma} z_i)(\varepsilon_i - \beta v_i)$$

$$= -\beta P\lim \frac{\sum x_i^* v_i}{N} = -\beta P\lim \frac{1}{N} \sum (x_i + v_i) v_i = -\beta \sigma_v^2$$

不存在测量误差时，$\sigma_v^2 = 0$，因此对等式（7.4.5）采用普通最小二乘估计法便得到 $\hat{w}_i$ 系数的一个一致估计量。但是在存在测量误差时，这个估计量

① 如果我们担心由于同时性，$x$ 可能与误差项相关，同样的方法也适用。

② 其证明要用到大量的代数运算，故省略。

将不是一致的。这就给了我们一个相对比较容易的检验测量误差的方法。令 $\delta$ 代表式（7.4.5）中变量 $\hat{w}_i$ 的系数，将 $\hat{x}_i^* = x_i^* - \hat{w}_i$ 代入，得到：

$$y_i = \beta \hat{x}_i^* + (\delta - \beta)\hat{w}_i + \varepsilon_i^* \tag{7.4.6}$$

若没有测量误差，$\delta = \beta$，因此 $\hat{w}_i$ 的系数应当等于0。但是在有测量误差时，这个系数（一般说来）将不为0。我们可以通过一个简单的两步法对测量误差进行检验。我们先将 $x^*$ 对 $z$ 回归得到残差 $\hat{w}_i$。然后将 $y$ 对 $x^*$ 和 $\hat{w}_i$ 进行回归，对 $\hat{w}_i$ 变量的系数进行 $t$ 检验。如果在多元回归模型中，我们怀疑多个变量存在测量误差，可以采用等价的 $F$ 检验。

以上讲述的检验是豪斯曼（Hausman）提出的关于确认错误的更一般的检验的一个特例①。豪斯曼确认错误检验依赖于下面的事实：

式（7.4.3）参数的 OLS 估计量在原假设为真时是一致的和有效的（对于大样本），在备择假设为真时，不是一致的。但是，无论原假设为真与否，工具变量估计量（式（7.4.5）的最小二乘估计量）都是一致的，尽管原假设不为真时，它不是有效的。

**例 7.2**　检验公共开支模型中的测量误差。

美国各州和地方政府开支（*EXP*）随州和地区的不同差异很大。与开支有关的重要解释变量有：联邦政府的拨款量（*AID*），各州收入（*INC*）和各州的人口数量（*POP*）。采用50个州的调查数据，用普通最小二乘法对以 *EXP* 为因变量，*AID*、*INC* 和 *POP* 为自变量的模型进行估计，得到下面的结果（括号内是 $t$ 统计值）：

$$\widehat{EXP} = -46.81 + 0.00324AID + 0.00019INC - 0.597POP$$
$$(-0.56)\quad(13.64)\qquad(8.12)\qquad(-5.71)$$
$$R^2 = 0.993 \quad F = 2190$$

变量 *AID* 很可能存在测量误差，州拨款计划中的拨款量是固定的，即便在州政府和地方政府提出预算之前，州拨款计划中的拨款量就能很容易地测量，而其他计划就不是固定的了，州政府和地方政府实际得到的拨款量是实际政府支出量的函数。因此，变量 *AID* 的这一部分会有严重的测量误差。

① J. A. Hausman, Specification Tests in Econometrics. *Econometrica*, vol. 46, November 1978, pp. 1251 – 1271.

我们可以用豪斯曼确认检验来检验测量误差是否存在。为此，我们用小学和中学在校学生人数（$PS$）作为工具变量（学校占州政府和地方政府支出中最大的部分，并且许多学校的资助计划都不是固定的）。检验分两步，

第一步，将 $AID$ 对 $PS$ 回归，并计算残差变量 $\hat{w}_i$ 如下：

$$\hat{w}_i = AID - 77.95 + 0.845PS \quad R^2 = 0.993$$
$$(-1.28) \quad (18.02)$$

第二步，将 $\hat{w}_i$ 项加入原回归模型，从而修正测量误差，得到的回归结果为：

$$\widehat{EXP} = -46.81 + 0.00324AID + 0.00019INC - 0.597POP + 1.37\hat{w}_i$$
$$(-0.56)\ (13.64) \qquad (8.12) \qquad (-5.71) \qquad (1.73)$$

因为 $1.73 < 1.96$，在5%的显著性水平下，双侧 $t$ 检验接受不存在测量误差的原假设。不过，如果采用单侧检验，或在10%显著性水平下采用双侧检验，我们认为测量误差还是存在的。不管怎么说，对测量误差可能性的修正还是将 $AID$ 变量的系数减少了不少，说明测量误差引起 $AID$ 对公共开支的影响被夸大了。

## 本章练习题

1. 简单解释为什么右边变量的测量误差会造成参数估计的不一致和有偏，而左边变量的测量误差却不会？

2. 设 $z$ 为工具变量，用一元线性回归模型证明：

$$\hat{\beta}_1 = \sum y_i z_i \Big/ \sum z_i^2$$

不是真正斜率参数的一致估计。有没有什么条件能使这个工具变量估计量成为 $\beta_1$ 的一致估计？

3. 证明从“真正”的回归模型中缺省一个变量一般会导致回归截距的有偏估计。在什么条件下，这个偏误为0？

4. 假设真正的回归模型为 $y_i = \beta_1 x_{1i} + \beta_2 x_{1i}^2 + \varepsilon_i$，如果对回归模型 $y_i = \hat{\beta}_1 x_{1i} + \varepsilon_i^*$ 进行估计，能否指出斜率系数的偏误方向？

5. 证明不相干变量的系数具有0期望值。提示：用类似于式（7.12）的方程，解出估计参数 $\hat{\beta}_3^*$，然后求期望值。

6. 证明不相干变量的存在不会使截距参数的估计成为有偏估计。

7. 假如你认为真正的模型为 $y_i = \beta_1 x_{1i} + \cdots + \beta_k x_{ki} + \varepsilon_i$，对模型

$$y_i = \beta_0 + \beta_1 x_{i1} + \cdots + \beta_k x_{ik} + \varepsilon_i$$

进行估计，会得到或失去什么？

8. 请解释与变量的期望值相距较远的观测比相距较近的观测更可能具有不寻常的影响。

9. 考虑回归模型

$$Y_i = \beta_0 + \beta_1 X_{i1} + \beta_2 X_{i2} + \varepsilon_i$$

假如你认为 $x_2$ 和 $x_3$ 可能存在测量误差，$z_1$ 和 $z_2$ 分别是 $x_1$ 和 $x_2$ 的工具变量，如何用豪斯曼检验法对是否存在测量误差做出评价？

# 第8章

# 含有虚拟变量的计量经济模型

在前面的章节里，我们讨论的回归模型中所涉及的变量都是具有定量的含义，如居民家庭的人均可支配收入、消费支出、受教育年限、大学平均分数等指标，这些量的大小可以表示不同的有用信息。在实际的研究中我们还需要考虑另一种比较特殊的变量形式：如一个人的性别、职业对收入的影响时，性别、职业这两个变量的取值就不是连续变量，一个企业所属类型、所处的地区对其产品销售量的影响，这些特征需要一种特殊的分类变量加以描述。

本章主要讨论含有这类定性分类变量的模型的性质及其估计方法。具体地，我们先讨论在解释变量中出现分类变量的模型，然后讨论被解释变量是分类变量的几种特殊模型。

在计量经济模型的变量中，除了收入、消费支出等可以连续取值的变量外，还有一类比较特殊的变量：

（1）分析在某个政策实施前后居民家庭的人均收入、人均消费支出是否具有显著变化；

（2）分析男女大学生在某个领域的学习是否存在性别差异，即性别对学习是否有影响；

（3）分析我国地区经济发展是否存在显著差异，可以用表示东部、中部、西部和东北地区的变量；

（4）分析某个决策的投票过程，即确定投赞成票的影响因素。

在以上四种状况下都涉及使用分类变量，即虚拟变量。虚拟变量特别适用于分类型数据，其中前3种情况的变量出现在模型的解释变量中，因此其分析方法与前面章节中模型的分析方法类似，这是本章的第一部分内容。但是第 4 种模型中的虚拟变量是出现在模型的被解释变量中，因此其分析方法完全不同于过去的分析方法，这是本章第二部分的主要内容。

# 8.1　虚拟变量及基本特征

用计量经济模型的方法分析经济的结构变化、经济增长速度的变化时，可以在解释变量中加入反映结构变化和速度变化的特征变量，通常采用的变量就是虚拟变量（dummy variables）。

## 8.1.1　虚拟变量的设置

假如某公司采用两台机器生产，其产出都服从正态分布，具有不同的期望值和相同的方差。

我们可以将两台机器的产出表示成如下回归方程：

$$Y_i = \beta_0 + \beta_1 X_i + \varepsilon_i \tag{8.1.1}$$

其中 $Y_i$ 代表第 $i$ 台机器的产出，$X_i$ 是虚拟变量，定义如下：

$$X_i = \begin{cases} 1, \text{若产品是由机器 } A \text{ 生产的} \\ 0, \text{若产品是由机器 } B \text{ 生产的} \end{cases}$$

因此，参数 $\beta_0$ 度量了机器 $B$ 的期望产出，而 $\beta_1$ 度量了由机器 $B$ 变成机器 $A$ 导致的产出上的差异，即

$$E(Y_i) = \begin{cases} \beta_0, & \text{若 } X_i = 0 \\ \beta_0 + \beta_1, & \text{若 } X_i = 1 \end{cases} \tag{8.1.2}$$

如果我们想知道机器 $A$ 与机器 $B$ 的产品有无显著差异，可以检验原假设 $H_0$：$\beta_1 = 0$ 是否成立。回归参数的最小二乘估计量 $\hat{\beta}_0$，$\hat{\beta}_1$ 分别反映了机器 $B$ 的平均产出以及机器 $A$ 与 $B$ 平均产出之间的差异。

上述方法可以很容易地推广到两个以上的虚拟变量的情形。如果要考虑三个机器 $A$、$B$、$C$ 所产生的产出的情况，可建立如下模型：

$$Y = \beta_0 + \beta_1 X_1 + \beta_2 X_2 + \varepsilon \tag{8.1.3}$$

其中两个虚拟变量定义如下：

$$X_1=\begin{cases}1, & \text{机器 } A \text{ 的产品}\\ 0, & \text{其他}\end{cases},\quad X_2=\begin{cases}1, & \text{机器 } B \text{ 的产品}\\ 0, & \text{其他}\end{cases}$$

因此三个机器的生产过程可以由以下虚拟变量所取的值表示（见表 8.1）。

**表 8.1　　虚拟变量的取值列表**

| 机器 | $X_1$ | $X_2$ |
| --- | --- | --- |
| $A$ | 1 | 0 |
| $B$ | 0 | 1 |
| $C$ | 0 | 0 |

考虑虚拟变量的不同取值，对模型（8.1.3）两边求期望，可得如下结果：

$$E(Y_i)=\begin{cases}\beta_0, & \text{若 } X_{i1}=0,\ X_{i2}=0\\ \beta_0+\beta_1, & \text{若 } X_{i1}=1,\ X_{i2}=0,\\ \beta_0+\beta_2, & \text{若 } X_{i1}=0,\ X_{i2}=1\end{cases} \tag{8.1.4}$$

其中，$\beta_0$ 代表机器 $C$ 的期望产出，$\beta_1$ 代表机器 $C$ 与机器 $A$ 的平均产出之差，$\beta_2$ 代表机器 $C$ 和机器 $B$ 的平均产出之差。

如果想了解机器 $A$ 与 $C$ 的产出是否有显著差异，可以检验 $H_0$：$\beta_1=0$；若想了解机器 $B$ 和 $C$ 产出有没有显著差异，可以检验 $H_0$：$\beta_2=0$。

在设置虚拟变量时，需要强调的基本原则有四个：

（1）虚拟变量的取值约定方法：取 1 的研究对象是关注的研究对象。例如，如果某个问题研究的是中国西部地区女童的失学问题，抽样对象是女童时其取值就取 1，男童就取值 0。

（2）为了表示三个机器生产的状况，可以用两个虚拟变量来表示。

（3）用一个取三个不同值的变量，比如，机器 $A=2$、机器 $B=1$、机器 $C=0$，来表示这一现象的方法，并不等价于虚拟变量方法①。

（4）不要用三个只取 0，1 值的变量 $X_1$，$X_2$，$X_3$ 来表示虚拟变量的做法，其中 $X_3$ 是机器 $C$ 的产出时取值 1，否则取值 0。

变量 $X_3$ 的引入并不增加更多的信息，反而导致完全的多重共线性。因为

① 除非机器 $B$ 和机器 $A$ 产出差异与机器 $C$ 与机器 $B$ 的产出差异是完全一样的。

对于任何一个观测对象，模型中都存在着一个完全共线：

$$X_1 + X_2 + X_3 = 1$$

对于上面的第三种情况，可以推广：

如果变量对应的类型有 $m$ 类，则虚拟变量的设定有两种方法：

**方法 1**：只需要设定 $m-1$ 个虚拟变量即可，当将前面的 $m-1$ 种类型的取值确定后，第 $m$ 种就唯一确定，此时含有虚拟变量的回归模型的设定可以按照标准回归模型的设定方法进行，即回归模型（8.1.3）包含截距项。

**方法 2**：可以设定 $m$ 个虚拟变量，此时含有虚拟变量的回归模型的设定必须是没有截距项的回归模型。

### 8.1.2　参数的假设检验

假如我们想检验机器 $A$ 与机器 $B$ 的产出是否有差异这个原假设，可以对回归系数 $\beta_1$ 与 $\beta_2$ 是否相等的原假设进行 $F$ 检验。当然也可修改回归方程，同样的检验可以用标准回归结果所提供的 $t$ 统计量来进行。

设 $\alpha_1=\beta_2-\beta_1$ 在原假设 $H_0$：$\beta_1=\beta_2$ 成立，即 $H_0$：$\alpha_1=0$ 时可将回归模型（8.1.3）写成：

$$Y_i=\beta_0+\beta_1(X_{i1}+X_{i2})+\alpha_2X_{i2}+\varepsilon_i \tag{8.1.5}$$

考虑三种情形：

$$E(Y_i)=\begin{cases}\beta_0, X_{i1}=0,\text{ 若 } X_{i2}=0\\ \beta_0+\beta_1, X_{i1}=1,\text{ 若 } X_{i2}=0\\ \beta_0+\beta_1+\alpha_2, X_{i1}=0,\text{ 若 } X_{i2}=1,\end{cases} \tag{8.1.6}$$

与式（8.1.4）相似，参数 $\beta_1$ 度量了机器 $C$ 和机器 $A$ 的产品的差异性，参数 $\alpha_1$ 度量了机器 $A$ 和机器 $B$ 的产品的差异性。如果想了解机器 $A$ 和机器 $B$ 的产品有没有显著差异，可以检验原假设 $H_0$：$\alpha_2=0$ 是否成立完成。

## 8.2　解释变量含有虚拟变量的回归模型

将虚拟变量加入有连续解释变量的回归模型，即回归模型的解释变量既含有连续变量也含有虚拟变量，此时模型形式设定就更加复杂多变。

考虑一个不同性别的居民的收入－消费支出模型，设 $Y_i$ 表示消费支出，$X_i$ 表示收入，虚拟变量 $D_i$ 表示性别，定义如下：

$$D_i=\begin{cases}1,\text{若该居民是男性}(male)\\0,\text{若该居民是女性}(female)\end{cases}$$

由于不同收入水平、不同性别的消费者可能具有不同的消费行为，我们将讨论一个简单的只依赖于同期收入的消费支出函数的五种不同情形：

情形Ⅰ(经典模型)：

$$Y_i=\beta_0+\beta_1X_i+\varepsilon \tag{8.2.1}$$

该模型中假设男性与女性的消费行为完全相同的情形。

情形Ⅱ(变截距模型)：

$$Y_i=\beta_0+\beta_1X_i+\alpha_1D_i+\varepsilon \tag{8.2.2}$$

该模型中的系数 $\alpha_1$ 度量了性别变量对消费支出的影响程度，对式（8.2.2）两边求期望，得：

$$E(Y_i)=\begin{cases}\beta_0+\beta_1X_i,\text{若 }D_i=0\\\beta_0+\alpha_1+\beta_1X_i,\text{若 }D_i=1\end{cases}$$

在情形Ⅱ时，对应于截距在男性时有所改变且斜率不变的消费支出函数，关于这个变化是否显著可以由关于原假设 $H_0$：$\alpha_1=0$ 的 $t$ 检验来完成。

情形Ⅲ(变斜率模型)：

$$Y_i=\beta_0+\beta_1X_i+\alpha_2(D_iX_i)+\varepsilon_i \tag{8.2.3}$$

其中参数 $\alpha_2$ 度量了性别变量对消费支出的边际影响程度，即影响了回归直线的斜率项。

对式（8.1.8）两边求期望，得：

$$E(Y_i)=\begin{cases}\beta_0+\beta_1X_i,\text{若 }D_i=0\\\beta_0+(\alpha_2+\beta_1)X_i,\text{若 }D_i=1\end{cases}$$

情形Ⅲ是截距不变而斜率发生变化的情形，即性别变量影响了消费的边际支出量。可以用 $D_tY_t$ 的系数 $\alpha_2$ 的原假设 $H_0$：$\alpha_2=0$ 的检验来判断斜率的变化是否具有显著性。

情形Ⅳ（变截距与变斜率模型）：

$$Y_i=\beta_0+\beta_1X_i+\alpha_1D_i+\alpha_2(D_iX_i)+\varepsilon_i \tag{8.2.4}$$

在模型Ⅳ中，斜率和截距都可以变化，并假设模型的方差不会因为男性，或女性的变化而不相同，用 OLS 方法能够得到回归标准差的唯一估计及回归系数估计的分布。

情形Ⅴ：分类模型

$$Y_i=\begin{cases}\beta_0^m+\beta_1^m X_i+\varepsilon_i^m, \text{第 } i \text{ 个居民是男性}\\ \beta_0^f+\beta_1^f X_i+\varepsilon_i^f, \text{第 } i \text{ 个居民是女性}\end{cases} \tag{8.2.5}$$

情形Ⅴ允许男性和女性的误差项具有不同的方差，因此情形Ⅴ实际上相当于分别根据男性和女性的数据资料完成两个回归分析，因而获得的两个回归模型的标准差的估计量有可能不同。

可以证明情形Ⅳ和Ⅴ的回归参数估计是等价的，即

$$\hat{\beta}_0^f=\hat{\beta}_0,\ \hat{\beta}_1^f=\hat{\beta}_1,\ \hat{\beta}_0^m=\hat{\beta}_0+\hat{\alpha}_1,\ \hat{\beta}_1^m=\hat{\beta}_1+\hat{\alpha}_1$$

选择模型Ⅳ还是选择模型Ⅴ取决于我们是否认为在这个涉及性别变量的模型中的误差项的方差是一个常数，对于此问题，可以用邹检验来完成。

**例 8.1**　（工资差别）为了解工作妇女是否受到了歧视，可以用美国统计局的“人口调查”中的截面数据研究男女工资有没有差别，该研究所用到的变量：*wage* 表示雇员的工资率（美元/小时）；*educ* 表示受教育年限；*age* 表示雇员年龄；

$$female=\begin{cases}1, \text{女性}\\0, \text{其他}\end{cases},\ hisp=\begin{cases}1, \text{西班牙裔}\\0, \text{其他}\end{cases},\ nonwh=\begin{cases}1, \text{非西班牙裔非白人}\\0, \text{其他}\end{cases}$$

对 206 名雇员的样本进行研究得到的回归结果为（括号内是 $t$ 统计量的值）：

$$\begin{gathered}\widehat{wage}=10.93-2.73female\\ (22.10)\quad(-3.86)\\ R^2=0.068\quad F(1,204)=14.9\end{gathered} \tag{8.2.6}$$

雇员性别的虚拟变量 *female* 在显著性水平 5% 下显著。因为工资率的总平均值是 9.60 美元，该虚拟变量说明妇女的平均工资率为 6.87 美元，或比总平均低 2.73 美元。

在回归模型中加入年龄 *age* 和受教育年限 *educ* 以及种族或民族，性别虚拟变量仍然是显著的：

$$\begin{gathered}\widehat{wage}=-6.41-2.76female+0.99educ+0.12age-1.06nonwh+0.24hisp\\ (-3.38)\ (-4.61)\quad(8.54)\quad(4.63)\quad(-1.07)\quad(0.22)\\ n=206\quad R^2=0.367\quad F(5,200)=23.2\end{gathered} \tag{8.2.7}$$

尽管受教育年数和年龄对工资率来说都是显著的决定因素，同时男女的差别在统计上也是显著的。

最后我们还注意到，在回归模型中考虑年龄 *age* 与工资率 *wage* 之间非线性关系的可能性时，可以获得以下回归结果：

$$\begin{aligned}\widehat{wage} = & -14.79 - 2.64 female + 0.92 educ - 1.18 nonwh + 0.30 hisp \\ & (-4.59)(-4.50) \quad (7.98) \quad (-1.22) \quad (0.28) \\ & + 0.62 age - 0.0063 age^2 \\ & (3.87) \quad (-3.18) \\ & n = 206 \quad R^2 = 0.398 \quad F(6, 199) = 21.9\end{aligned} \tag{8.2.8}$$

这个回归结果中，*age* 系数说明，在其他条件不变时，雇员的小时工资随着其年龄增长而增加（系数为 0.62），但是增加的速度越来越慢（-0.0063），且小时工资在雇员的年龄为 49.2 岁时达到最大。

## 8.3 经济结构的转折变化

在经济发展出现明显的结构变化时，如图 8.1 所示，可利用引入适当的虚拟变量来刻画这种经济结构变化。如考虑影响我国居民家庭进口消费品数量 $Y$ 的影响因素，其中国民收入 $X$ 应该是一个主要因素。但是我国居民家庭收入在改革开放前后是具有明显差异的，从而导致改革前后两个时期 $Y$ 与 $X$ 具有明显不同的回归关系。

设 $t^* = 1979$ 为转折时期，以 1979 年的国民收入 $x^*$ 为分界值，因此可以构造如下虚拟变量：

$$D_t = \begin{cases} 1, & t \geqslant t^* \\ 0, & t < t^* \end{cases}$$

因此可以建立进口消费品的回归模型：

$$Y_t = \beta_0 + \beta_1 X_t + \beta_2 (X_t - X_t^*) D_i + \varepsilon_i \tag{8.3.1}$$

具体而言，两个不同时期的进口消费函数估计结果分别如下：

当 $t < t^* = 1979$ 时 $\quad \hat{Y}_t = \hat{\beta}_0 + \hat{\beta}_1 X_t$；

当 $t \geqslant t^* = 1979$ 时 $\quad \hat{Y}_t = (\hat{\beta}_0 - \hat{\beta}_1 X_t^*) + (\hat{\beta}_1 + \hat{\beta}_2) X_t$

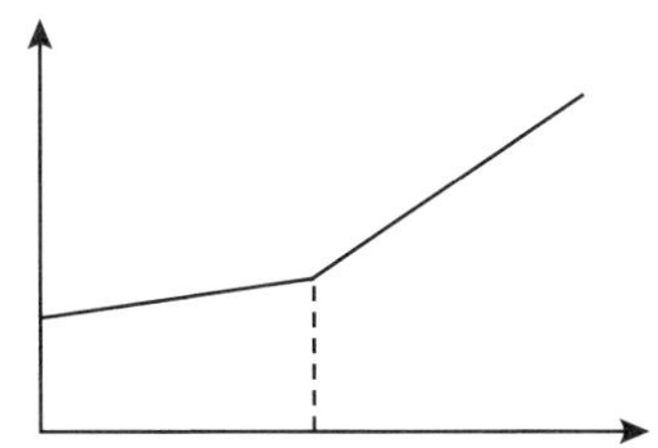

**图 8.1　含有结构变化（截距与斜率均改变）的回归模型**

**例 8.2**　存在结构变化的中国农村居民消费函数。

中国农村居民消费函数可设定如下：

$$C_t = \beta_0 + \beta_1 Y_t + \varepsilon_t \tag{8.3.2}$$

其中，$C_t$ 为 $t$ 时期中国农村居民消费支出的不变值，$Y_t$ 为 $t$ 时期农村居民纯收入不变值，即两个变量值都以 1985 年为 100 的农村居民 *CPI* 指数来调整。

利用 1985 年到 2017 年的数据获得简单消费函数的回归估计结果：

$$\hat{C}_t = -11.42 + 0.7843 Y_t$$
$$(18.78) \quad (0.014) \tag{8.3.3}$$
$$n = 33,\ s = 60.61 \quad R^2 = 0.9892,\ DW = 0.359$$

回归结果显示存在序列相关，可以利用 *CO* 算法进行修正，估计结果如下：

$$\hat{C}_t = -73.06 + 0.8341 Y_t$$
$$(78.45) \quad (0.041) \tag{8.3.4}$$
$$n = 33,\ s = 34.94 \quad R^2 = 0.9332,\ DW = 1.88$$

修正回归结果（8.3.4）显示模型的回归残差没有序列相关性，其中截距项具有非常强烈的特征等于 0。

事实上，从回归结果（8.3.3）的 *DW* 统计量估算相关系数 $\rho$：

$$\hat{\rho} \approx 1 - \frac{DW}{2} = 0.8205$$

因此模型（8.3.3）也可以直接使用差分法进行修正估计，其结果如下：

$$\Delta \hat{C}_t = 0.8545 \Delta Y_t$$
$$(0.063) \tag{8.3.5}$$
$$n = 33,\ s = 35.62 \quad R^2 = 0.8569,\ DW = 2.01$$

但是根据实际分析，居民家庭的消费支出费用不仅受到当前收入的影响，同时还受到前一段时期内的消费支出的影响，因此消费模型还可以设定为

$$C_t = \beta_0 + \beta_1 Y_t + \beta_2 C_{t-1} + \cdots + \beta_p C_{t-p} + \varepsilon_t \tag{8.3.6}$$

其中 $C_{t-p}$ 表示 $t-p$ 时期的消费支出，即过去的消费支出数量。

经过综合分析，可以建立以下回归模型：

$$\begin{gathered}\hat{C}_t = -22.91 + 0.2664 Y_t + 0.7376 C_{t-1} \\ (10.75) \quad (0.0617) \quad (0.0869) \\ n = 32,\ s = 33.53 \quad \hat{R}^2 = 0.9966 \quad DW = 1.70\end{gathered} \tag{8.3.7}$$

对于模型（8.3.7）的回归残差，检验序列相关

$$h = \left(1 - \frac{DW}{2}\right)\sqrt{\frac{1}{1/T - \mathrm{Var}(\hat{\beta})}} = (1 - 0.85)\sqrt{\frac{1}{1/33 - 0.0869^2}} \approx 0.985$$

$h$ 统计量表示模型（8.3.7）的残差不存在序列相关性。

根据国家统计局公布的数据，从 2013 年开始的数据是采用新口径统计的数据，怀疑两个不同时期的统计方法可能造成结构变化，因此可以增加一个虚拟变量来反映两个不同时间段的数据差异：

$$D_t = \begin{cases} 1, & t \geqslant 2013 \\ 0, & t < 2013 \end{cases}$$

因此可以重新设定模型如下：

$$C_t = \beta_0 + \beta_1 Y_t + \beta_2 C_{t-1} + \alpha_0 D_t + \alpha_1 D_t Y_t + \varepsilon_t \tag{8.3.8}$$

估计结果如下：

$$\begin{gathered}\hat{C}_t = 46.33 + 0.5039 Y_t + 0.2737 C_{t-1} - 11.02 D_t + 0.0894 D_t \cdot Y_t \\ (16.07)(0.0846) \quad (0.1436) \quad (164.4) \quad (0.0807) \\ n = 32,\ s = 33.53 \quad \hat{R}^2 = 0.999 \quad DW = 1.70\end{gathered} \tag{8.3.9}$$

从回归结果（8.3.9）可知，两个含有虚拟变量的系数均不显著，即虚拟变量 $D_t$ 的作用不大，因此最终的收入－消费支出模型以式（8.3.7）为合适模型。

**例 8.3** 中国某地区储蓄－收入的结构变化。

表 8.2 是中国某地区居民家庭 1970～2017 年储蓄与收入数据资料，下面考虑建立一个简单模型，用于分析该地区居民家庭收入对储蓄的影响。

**表 8.2**　　**中国某地区 1970 ~ 2017 年的储蓄与收入数据**　　单位：元

| 年份 | 储蓄 | 收入 | 年份 | 储蓄 | 收入 | 年份 | 储蓄 | 收入 | 年份 | 储蓄 | 收入 |
|---|---|---|---|---|---|---|---|---|---|---|---|
| 1970 | 61.0 | 727.1 | 1982 | 205.5 | 2347.3 | 1994 | 189.4 | 5021.7 | 2006 | 1924.7 | 21724.6 |
| 1971 | 68.6 | 790.2 | 1983 | 167.0 | 2522.4 | 1995 | 249.3 | 5320.8 | 2007 | 3141.4 | 26863.0 |
| 1972 | 63.6 | 855.3 | 1984 | 235.0 | 2810.0 | 1996 | 301.7 | 7053.3 | 2008 | 3096.1 | 31873.7 |
| 1973 | 89.6 | 965.0 | 1985 | 256.2 | 3002.0 | 1997 | 315.7 | 7851.3 | 2009 | 4320.5 | 34504.4 |
| 1974 | 97.6 | 1054.2 | 1986 | 296.5 | 3187.6 | 1998 | 384.5 | 8350.7 | 2010 | 5006.1 | 40713.8 |
| 1975 | 104.4 | 1159.2 | 1987 | 168.4 | 3363.1 | 1999 | 496.0 | 8898.8 | 2011 | 4232.7 | 44957.1 |
| 1976 | 96.0 | 1273.0 | 1988 | 189.1 | 3640.8 | 2000 | 580.7 | 9856.2 | 2012 | 5818.9 | 48287.1 |
| 1977 | 92.5 | 1401.4 | 1989 | 187.8 | 3894.5 | 2001 | 1048.8 | 10868.4 | 2013 | 6950.2 | 52319.7 |
| 1978 | 112.6 | 1580.1 | 1990 | 208.7 | 4166.8 | 2002 | 1078.7 | 11976.0 | 2014 | 7738.6 | 63404.4 |
| 1979 | 130.1 | 1769.5 | 1991 | 212.4 | 4343.7 | 2003 | 1254.2 | 13571.9 | 2015 | 8210.5 | 65640.0 |
| 1980 | 161.8 | 1973.3 | 1992 | 210.6 | 4613.7 | 2004 | 1320.7 | 16028.7 | 2016 | 8720.6 | 70114.0 |
| 1981 | 199.1 | 2200.2 | 1993 | 214.4 | 4790.2 | 2005 | 1732.9 | 18457.8 | 2017 | 8990.4 | 73820.4 |

首先建立以下回归模型：

$$saving_t = \beta_0 + \beta_1 income_t + u_t$$

计算可得：

$$\widehat{saving}_t = -718.7 + 0.1790 income_t$$
$$(-3.03)(20.71) \qquad (8.3.10)$$
$$n = 48,\ s = 1322,\ R^2 = 0.9031,\ DW = 0.3580$$

显然，回归结果存在一些问题，第一个问题是回归标准误差 $s = 1322$，有点意料之外的大，其次是 $DW$ 统计量很小，显示具有很强有序列相关性，如图 8.2 所示。

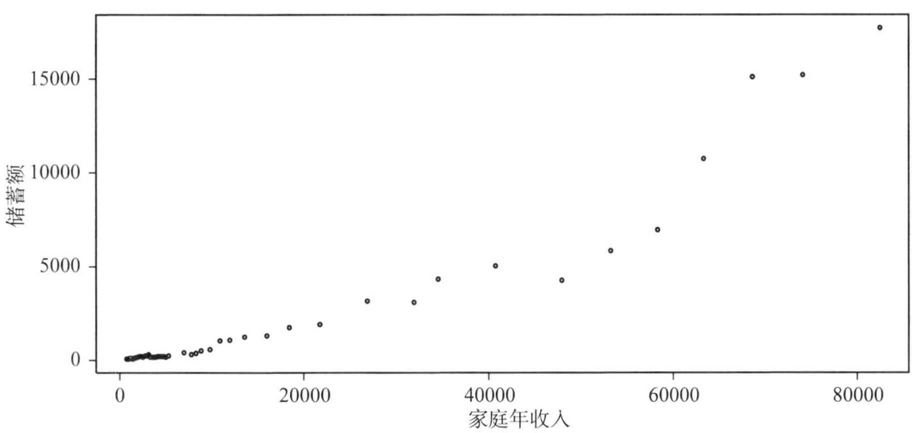


**图 8.2　中国某地区家庭收入与储蓄量的关系**

由于从表 8.2 的数据和图 8.2，可以直观地看出，1987 年和 2011 年时，该地区居民家庭的收入－储蓄结构都可能存在一个结构变化，因此考虑增加两个虚拟变量来反映这个结构特征。

设

$$d_1=\begin{cases}1,\ 1987<t\leqslant 2011\\0,\ 其他\end{cases},\ d_2=\begin{cases}1,\ t\geqslant 2012\\0,\ 其他\end{cases}$$

建立新模型如下：

$$saving_t=\beta_0+\beta_1 income_t+\delta_0 d_{t1}+\delta_1 d_{t1}\cdot income_t+\delta_3 d_{t2}+\delta_4 d_{t2}\cdot income_t+u_t$$

经过计算分析，可获得如下回归模型：

$$\widehat{saving}_t=-77.42+0.1267income_t-383.7d_{t1}-1651d_{t2}+0.3013income\cdot d_{t2}$$

$$(-0.66)(13.78)\qquad(-2.10)(-15.59)(16.18)$$

$$n=48,\ s=478,\ R^2=0.9982,\ DW=1.7125\qquad(8.3.11)$$

与上一个回归结果相比，这个回归结果明显改善，回归标准误差 $s$ 减小很多，$DW$ 统计量也较大，显示模型回归误差没有序列相关性。

另外，从图 8.2 中还可以发现该地区居民家庭的收入－储蓄数据并不是线性关系的，因此可以考虑加入解释变量 *income* 的非线性项，根据散点图分析，可以考虑下面模型：

$$\begin{aligned}saving_t=&\beta_0+\beta_1 income_t+\delta_0 d_{t1}+\delta_1 d_{t1}\cdot income_t+\delta_3 d_{t2}\\&+\delta_4 d_{t2}\cdot income_t+\beta_3 income^{1/3}+u_t\end{aligned}$$

计算可得

$$\widehat{saving}_t=784.4+0.1696income_t-81.38income^{1/3}-1521d_{t2}+0.2754income\cdot d_{t2}$$

$$(1.80)(7.04)\qquad(-2.34)\qquad(-13.15)(11.66)$$

$$n=48,\ s=472,\ R^2=0.9984,\ DW=1.755\qquad(8.3.12)$$

该回归采用了收入变量的非线性项后，虚拟变量 $d_1$ 就不显著了，主要原因是由于非线性项的存在，在一定程度上包含了一些比较小的结构变化特征，但是虚拟变量 $d_2$ 还是比较显著的，这说明 2012 年以后该地区居民家庭的收入－储蓄结构变化是比较大的。

利用表 8.2 的数据，还可以建立该地区居民收入－储蓄的弹性模型，同时从图 8.3 可发现数据也存在比较明显的结构变化，同样可以考虑设定虚拟变量：

$$d_3 = \begin{cases} 1, & t \leqslant 1986 \\ 0, & t > 1986 \end{cases}$$

$$\log(saving_t) = \beta_0 + \beta_1 \log(income_t) + \delta_0 d_3 + \delta_1 d_3 \cdot \log(income) + u_t$$

计算分析后获得以下结果：

$$\widehat{\log(saving_t)} = -6.8896 + 1.4541\log(income_t) + 4.4246d_3 - 0.4599d_3 \cdot \log(income)$$

$$(-23.01)\ (46.82)\qquad\qquad (5.96)\qquad (-4.73)$$

$$n = 48,\ s = 0.1799,\ R^2 = 0.989,\ DW = 0.9714,\ F = 1317 \qquad (8.3.13)$$

根据回归模型的 $DW$ 统计量，该模型的残差是序列相关的，因此需要进行序列相关修正。

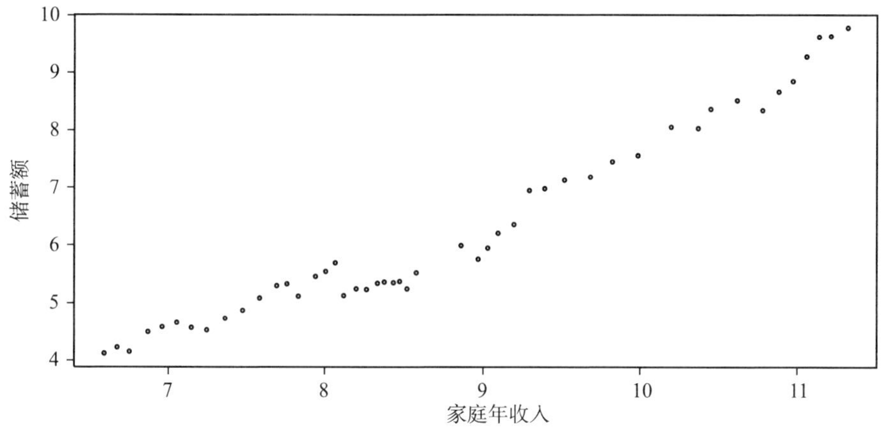


**图 8.3　中国某地区家庭收入与储蓄量的对数值关系**

由 $DW = 0.9714$ 可估计相关系数 $\hat{\rho} \approx 0.5143$，利用 Cochrane - Orcutt 算法（CO 算法）进行序列相关修正①，因此估计模型如下：

$$\widehat{\log(saving)} = -6.8967 + 1.4556\log(income) + 4.3333d_3 - 0.4500d_3 \cdot \log(income)$$

$$(-14.12)\ (28.72)\qquad\qquad (2.91)\qquad (-2.35)$$

$$n = 48,\ s = 0.1549,\ R^2 = 0.967,\ F = 419.8,\ DW = 1.93,\ \hat{\rho} = 0.5173$$

$$(8.3.14)$$

根据回归模型，可以发现在 1986 年之前，储蓄关于收入的弹性值为

① Cochrane - Orcutt 算法的细节请参考 6.4.2 相关内容。

1.4556 - 0.4500 = 1.0056，在 1986 年之后，该弹性值为 1.4556。

利用 t - 检验可以证明 1986 年前，该弹性值与 1 无差别，具有单位弹性特征，但是 1986 年之后居民家庭的储蓄就富有弹性了，这在一定程度上说明 1986 年之后该地区居民家庭的收入增加较多，从而导致储蓄弹性增大。

**例 8.4** 定期存款。

下面估计用来预测以月计算的公众持有的可转让定期存款（*CD*）总量的方程[①]。这个方程是一个需求关系，可以预想被解释变量依赖于全部个人财富，以及其中的部分财富用来以定期存款的形式投资所能获得的利率。因此选择定期存款的基本利率（*RCDP*）作为一个解释变量。但是定期存款肯定和其他可获得利息的资产相竞争，比如国库债券和企业债券，因此将国库券的利率（*RTB*）和企业债券的利率（*RBaa*）作为解释变量，当这些变量的值增加时，定期存款问题就会下降。将所有这些利率乘上个人收入（*PI*），其中个人收入用来代表个人财富。企业债券利率与主要商业证券（prime commercial paper，RCP）利率差也是一个解释变量，代表长期利率与短期利率的差异；当这个差异增加时，长期投资（如定期存款）就变得比较有吸引力。最后滞后被解释变量是一个反映滞后的变量。

由于定期存款问题以及其他许多金融变量都肯定受到各种因素的影响，为了解释这种季节因素的影响，我们引入一组季节虚拟变量，季节系数如表 8.3 所示，这组季节虚拟变量（记为 S3）采用月份虚拟变量乘以个人收入的形式。因为第一个季节虚拟变量在 1 月份取值 1，其他月份取值 0，第一个季节变量在 1 月份取值为 1 月份的个人收入。模型中有 12 个这样的季节变量，为了消除多重共线性问题，模型中没有包括常数项。模型的 OLS 估计如下（括号内是 t 统计量的值）：

$$\begin{aligned} CD_t = {} & \underset{(14.61)}{0.72947} CD_{t-1} - (\underset{(-2.667)}{0.00150} RTB_t)(PI_t) + (\underset{(6.903)}{0.00225} RCDP_t)(PI_t) \\ & - (\underset{(-2.453)}{0.00128} RBaa_t)(PI_t) + \underset{(2.929)}{0.00154}(RBaa_t - RCP_t)(PI_t) + S3_t \end{aligned} \tag{8.3.15}$$

$R^2 = 0.9995$，$S3_t$ = 季节系数 × $PI_t$。

① R. Pindyck, S. Roberts, Optimal Policies for Monetary Control, *Annals of Economic and social Measurement*, Vol. 3, 1974, pp. 207 - 237.

**表 8.3**　　季节系数

| 月份 | 系数 | t 统计量 | 月份 | 系数 | t 统计量 | 月份 | 系数 | t 统计量 |
|---|---|---|---|---|---|---|---|---|
| 1 | 0.01057 | 2.886 | 5 | 0.00952 | 2.656 | 9 | 0.01113 | 2.986 |
| 2 | 0.00977 | 2.768 | 6 | 0.00971 | 2.659 | 10 | 0.01179 | 3.167 |
| 3 | 0.00974 | 2.279 | 7 | 0.00163 | 3.137 | 11 | 0.01117 | 3.016 |
| 4 | 0.00916 | 2.607 | 8 | 0.01208 | 3.265 | 12 | 0.01147 | 3.086 |

所有季节系数在5%的显著性水平下全部显著，说明季节变化因素对定期存款问题的影响很重要。分析结果表明从每年1月份到8月份是公众定期存款量较少的月份。

## 8.4　分类选择模型

在这一节里，我们要构造被解释变量是分类变量的经济模型，这类模型通常用于调查数据分析。在大多数调查中，行为回答都是分类型回答的，例如人们在选举时的行为分成赞成或反对两类；在城市内的交通工具选择经常是地铁、公共汽车或轿车三类；一个人处于就业或失业两种状态等。本节主要讨论三种二元选择模型的建立和估计问题。

### 8.4.1　线性概率模型

线性概率模型的回归形式为：

$$Y_i = \beta_0 + \beta_1 X_{i1} + \beta_2 X_{i2} + \cdots + \beta_k X_{ik} + \varepsilon_i \tag{8.4.1}$$

其中解释变量可能是选举人的收入、受教育年数、工作地区、工作类型、性别以及年龄等因素，被解释变量 $Y$ 是二元变量：

$$Y_i = \begin{cases} 1,\ 选择\ A \\ 0,\ 不选\ A \end{cases}$$

$\varepsilon_i$ 是零均值的独立误差项。

对每个 $Y_i$ 取期望值，有：

$$E(Y_i X) = \beta_0 + \beta_1 X_{i1} + \beta_2 X_{i2} + \cdots + \beta_k X_{ik}$$

根据 $Y$ 的取值为 1 或者 0，可以将 $Y$ 的分布记为如表 8.4 所示。

**表 8.4　　被解释变量 $Y_i$ 或 $\varepsilon_i$ 的概率分布**

| $Y_i$ | $\varepsilon_i$ | 概率 |
|---|---|---|
| 1 | $1-\beta_0-\beta_1 X_{i1}-\cdots-\beta_k X_{ik}$ | $P_i$ |
| 0 | $-\beta_0-\beta_1 X_{i1}-\cdots-\beta_k X_{ik}$ | $1-P_i$ |

则

$$E(Y_i \mid X)=1\times P_i+0\times(1-P_i)=P_i \tag{8.4.2}$$

由此可知，回归模型（8.4.1）描述的是在给定解释变量条件下的个体选择 $A$ 的概率。回归直线的斜率表明 $X$ 的单位变化对选择 $A$ 的概率的影响。

线性概率模型常常写成下面的形式：

$$P_i=\begin{cases}\beta_0+\beta_1 X_i+\cdots+\beta_k X_{ik},\ \beta_0+\beta_1 X_i+\cdots+\beta_k X_{ik}\in(0,1)\\ 1,\ \beta_0+\beta_1 X_i+\cdots+\beta_k X_{ik}\geqslant 1\\ 0,\ \beta_0+\beta_1 X_i+\cdots+\beta_k X_{ik}\leqslant 0\end{cases} \tag{8.4.3}$$

这种形式可以使我们把被解释变量 $Y$ 看作一个概率值。

模型中误差项的概率分布由 $Y_i$ 的值（1 和 0）决定，利用误差项为 0 的均值，可得概率 $P_i$ 与 $X_i$ 的关系：

$$\begin{aligned}E(\varepsilon_i)=&(1-\beta_0-\beta_1 X_{i1}-\cdots-\beta_k X_{ik})P_i\\&+(-\beta_0-\beta_1 X_{i1}-\cdots-\beta_k X_{ik})(1-P_i)=0\end{aligned}$$

因此，

$$P_i=\beta_0+\beta_1 X_{i1}+\cdots+\beta_k X_{ik}$$

误差项的方差为：

$$\begin{aligned}E(\varepsilon_i^2)&=(1-\beta_0-\beta_1 X_{i1}-\cdots-\beta_k X_{ik})^2 P_i+(-\beta_0-\beta_1 X_{i1}-\cdots-\beta_k X_{ik})^2(1-P_i)\\&=P_i(1-P_i)\end{aligned}$$

或

$$\sigma_i^2=E(\varepsilon_i^2)=E(Y_i)[1-E(Y_i)]$$

即误差项具有异方差。

$P_i$ 接近于 0 或接近于 1 的观测具有相对较小的方差，而 $P_i$ 接近于 1/2 的观测具有较大的方差。异方差造成有效性的丢失，但是最小二乘估计仍然是一致的和无偏的。

修正异方差的一个很明显的方法就是先估计 $Y$ 每一个取值的方差，然后用加权最小二乘估计法。对原模型进行 OLS 估计，则对应的误差方差的估计量为：

$$\hat{\sigma}_i^2 = \hat{Y}_i(1 - \hat{Y}_i)$$

其中，$\hat{Y}_i = \hat{\beta}_0 + \hat{\beta}_1 X_{i1} + \cdots + \hat{\beta}_k X_{ik}$，该 WLS 估计的主要问题在于无法确保预测值 $\hat{Y}$ 在区间（0，1）之内。

如果有些 $\hat{Y}_t$ 的值落在区间（0，1）之外，则相应的观测或者要从模型中去掉，或者必须重新赋予 0.01 或 0.99 这样的数值。

由于 WLS 方法对于有限样本都不是有效的，同时 WLS 对模型设定错误也十分敏感，因此最好考虑用最大似然方法估计参数。

假设我们想用这个线性概率模型进行预测有可能出现比较严重的问题。以一元概率线性模型为例，当预测值落在区间（0，1）之外时，就暴露了该模型的一个可能出现的严重弱点。图 8.4 描绘了概率线性模型的正确预测特征，但是图 8.5 的预测结果却出现了严重错误，即使线性概率模型是正确的，$X$ 的某一预测值也可能落在区间（−2，2）之外，从而导致与该观测值 $X$ 对应的 $Y$ 的拟合值便会大于 1 或小于 0。

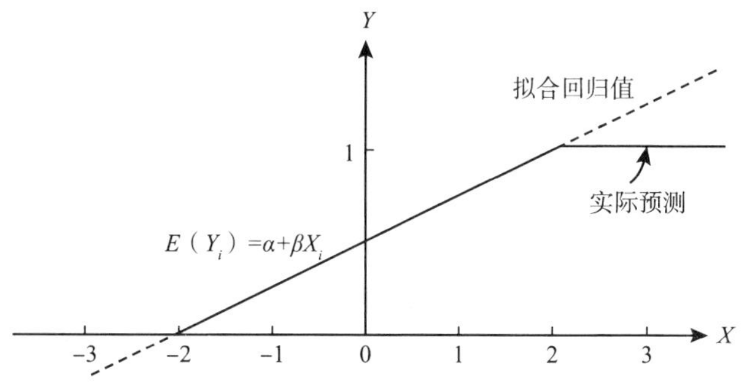


**图 8.4　用线性概率模型进行预测**

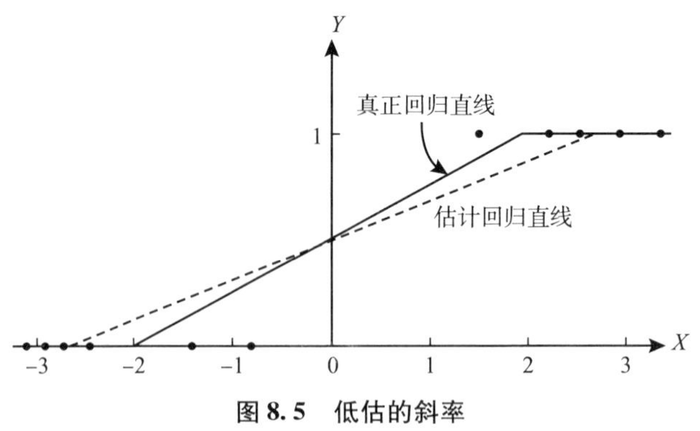


**图 8.5　低估的斜率**

## 8.4.2　Probit 模型

由于线性概率模型的各种困难，考虑对它进行适当变换①，从而确保预测都落在（0，1）之间。为了使所有的 $X$ 值都有对应的概率值，采用的变换方法为：

$$P_i = F(\beta_0 + \beta_1 X_{i1} + \cdots + \beta_k X_{ik}) = F(Z_i) \quad (8.4.4)$$

其中，$F(\cdot)$ 为某个概率分布函数。

若 $F(x)$ 是均匀分布，则模型（8.4.4）进行变换的结果为线性概率模型的限定形式：

$$P_i = \beta_0 + \beta_1 X_{i1} + \cdots + \beta_k X_{ik}$$

基于理论分析和实际应用，只考虑正态概率分布函数和 logistic 概率分布函数。

Probit 概率模型采用的是正态分布函数。假设存在由解释变量 $X_j$，$j=1, \cdots, k$ 确定的连续指标 $Z$，即：

$$Z_i = \beta_0 + \beta_1 X_{i1} + \cdots + \beta_k X_{ik} \quad (8.4.5)$$

其中 $Z_i$ 的具体取值是不可观测的，但是我们可以要根据某些观测数据 $Y_i$ 将 $Z_i$ 分类，如将 $Z_i$ 分成较大与较小两类，即存在对应的概率值 $P_i$ 与 $1-P_i$，从而使得我们可以利用 Probit 分析估计参数 $\beta_0$，$\beta_1$，$\cdots$，$\beta_k$ 并获得关于指标 $Z$ 的相关信息。

① 变换的要求是把可能分布在整个实数轴上的 $X$ 值变换成分布在（0，1）区间上的概率。

考虑对选民的投票结果进行分析。对某一位候选人，假定选民必须投赞成票或反对票。在这种情况下，指标 $Z$ 可以代表第 $i$ 个选民对该候选人的赞成程度。同时，若我们知道赞成程度指标是解释变量 $X$（如收入，受教育年数等）的一个线性函数，则 Probit 模型是估计指标 $Z_i$ 和解释变量 $X$ 之间关系式的合适的工具。

令 $Y$ 代表一个虚拟变量，该候选人 $A$ 被赞成时取值 1；否则取值 0。若指标 $Z_i^*$ 是第 $i$ 个选民改变投票选择的临界值，即

如果 $Z > Z_i^*$，则选民 $i$ 对候选人 $A$ 投赞成票；

如果 $Z \leqslant Z_i^*$，则选民 $i$ 对候选人 $A$ 投反对票.

假设 $Z_i^*$ 是服从正态分布的随机变量，因此 $Z_i^*$ 小于（或等于）$Z_i$ 的概率为：

$$P_i = P\{Z_i^* < Z_i\} = F(Z_i) = \frac{1}{\sqrt{2\pi}}\int_{-\infty}^{Z_i} e^{-\frac{s^2}{2}}ds \tag{8.4.6}$$

其中，$P_i$ 表示选民投赞成票的概率，且 $P_i \in (0, 1)$。

若指标 $Z_i$ 的值越大，这个事件就越可能发生，这与实际情况也是一致的。图 8.6 显示的是正态分布的概率分布函数曲线，并把 Probit 模型与线性概率模型做了比较。

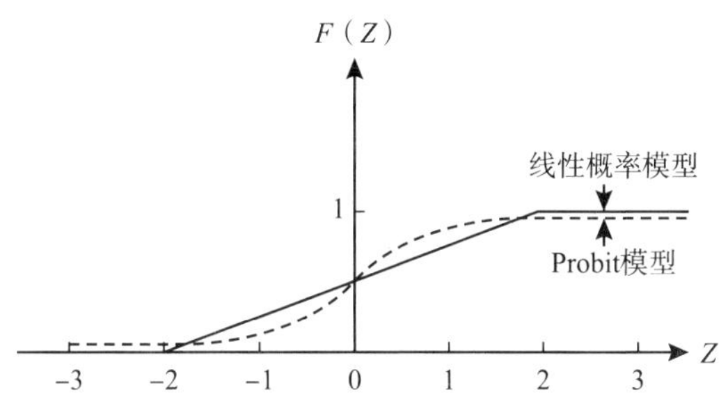


**图 8.6　Probit 模型与线性概率模型比较**

Probit 回归模型的斜率（图 8.6）在（−2，2）区间的中间部分大于线性概率函数的斜率，但是在（−2，2）区间的两端部分小于线性概率函数的斜率。在（−2，2）区间之外，线性概率模型的斜率为 0。

从图 8.6 可以看出，如果将回归模型错误地设定成线性概率模型有关的一些问题。假定正确的模型应当是 Probit 模型，那么线性概率模型的估计将会导

致错误的结论：认为斜率是常数，而事实上与 $X$ 的变化相关的概率的变化依赖于 $X$ 值的选择。

要得到指标 $Z$ 的估计，可以将正态分布函数的反函数应用于式（8.4.6），得到：

$$Z_i = F^{-1}(P_i) = \beta_0 + \beta_1 X_{i1} + \cdots + \beta_k X_{ik} \tag{8.4.7}$$

从 Probit 模型得到的概率 $P_i$ 可以理解为在解释变量为 $X_{ij}$，$j=1$，…，$k$ 条件下选民 $i$ 将投赞成票投给候选人 $A$ 的条件概率的估计，对应于一个标准正态随机变量小于或等于 $\beta_0 + \beta_1 X_{i1} + \cdots + \beta_k X_{ik}$ 的概率。

虽然 Probit 模型比线性概率模型更具魅力，但是它一般会用到非线性极大似然估计法。采用 Probit 模型的理论根据具有一定的局限性，下面通过一个例子说明它的局限性。

**例 8.5**　选举行为。

在对 1972 年美国总统选举情况的一项研究中，用 Probit 模型解释公民选择乔治·麦戈文（George McGovern）的概率[①]。研究者们假设“倾向于赞成麦戈文”的指标 $Z_i$ 是选民对若干政策问题态度的一个线性函数。

需要对指标 $Z_i$ 与政策态度信息之间的线性关系进行转换，从而获得支持麦戈尔的概率估计量。密歇根大学政治研究中心 1972 年一项调查数据得到 Probit 模型的估计。

Probit 模型的估计结果以及相应的线性概率模型回归的结果列在表 8.5 中，每一个解释变量代表选民关于政策问题态度的一个指标。

**表 8.5　　线性概率模型和 Probit 模型预测的比较：赞成 McGovern 的概率（1972 年）**

| 项目 | Probit 模型 $Z_i$ | | 线性概率模型 | |
|---|---|---|---|---|
| 政策问题 | 系数 | 标准误差 | 系数 | 标准误差 |
| 联邦政府工作职位问题 | -0.375 | 0.082 | -0.087 | 0.018 |
| 税收问题 | -0.257 | 0.066 | -0.050 | 0.014 |

① J. Aldrich, C. F. Cnudde, Probing the Bounds of Conventional Wisdom: A Comparison of Regression, Probit, and Discrimanant Analysis. *American Journal of Political Science*, Vol. 19, August 3, 1975, pp. 571 - 608.

续表

| 项目 | Probit 模型 $Z_i$ | | 线性概率模型 | |
|---|---|---|---|---|
| 越南问题 | -0.593 | 0.092 | -0.145 | 0.020 |
| 毒品问题 | -0.075 | 0.058 | -0.019 | 0.014 |
| 校车接送问题 | -0.205 | 0.083 | -0.067 | 0.019 |
| 妇女权力问题 | -0.038 | 0.046 | -0.010 | 0.011 |
| 被告人权力问题 | -0.046 | 0.068 | -0.011 | 0.015 |
| 对少数民族资助问题 | -0.136 | 0.072 | -0.030 | 0.017 |
| 开明或保守 | -0.639 | 0.113 | -0.168 | 0.025 |
| 常数 | -0.713 | 0.303 | | |
| | $n=1130$　$R^2=0.530$ | | | |

回归系数告诉我们指标 $Z_i$ 的估计与态度变量之间的线性关系（估计系数与估计标准误差的比对于大样本来说近似地服从正态分布，所以可以用通常的正态检验或 $t$ 检验）。以上的结果说明，选民关于联邦政府工作职位、税收、越南等问题以及对自己是开明的还是保守的认定，最能解释选民为什么赞成或不赞成麦戈文。

除去校车接送问题以外，这些结果与线性概率模型的结果没有多大不同，但是解释估计系数的数值意义时，两个模型会产生不同的结果。关于每一个系数，重要的是它们的相对大小，而不是绝对数值。例如，如果用线性概率模型的估计结果，则开明 - 保守变量的系数是税收系数的 3.4 倍，而该比值在 Probit 模型下只有 2.5。

### 8.4.3　Logit 模型

Logit 模型采用的是逻辑概率分布函数，其具体形式为：

$$P_i=F(Z_i)=F(\beta_0+\beta_1X_{i1}+\cdots+\beta_kX_{ik})=\frac{1}{1+e^{-(\beta_0+\beta_1X_{i1}+\cdots+\beta_kX_{ik})}} \tag{8.4.8}$$

对于给定的解释变量 $X_{ij}$，$P_i$ 是个体做出某个选择的概率。

利用不同的 $Z_i$ 值，计算了 Probit 和 Logit 的概率值，表 8.6 表明 Probit 和 Logit 的计算结果很相似。因为 Logit 概率分布函数与正态分布函数很相似，同时计算也比较容易，因此 Logit 模型常常被用来替代 Probit 模型。

**表 8.6** **概率分布函数的值**

| Z | $P_1(Z)=\int_{-\infty}^{z}e^{\frac{s^2}{2}}ds$ | $P_2(Z)=\frac{1}{1+e^{-z}}$ |
|---|---|---|
| -3.0 | 0.0013 | 0.0474 |
| -2.0 | 0.0228 | 0.1192 |
| -1.5 | 0.0668 | 0.1824 |
| -1.0 | 0.1587 | 0.2689 |
| -0.5 | 0.3085 | 0.3775 |
| 0.0 | 0.5000 | 0.5000 |
| 0.5 | 0.6915 | 0.6225 |
| 1.0 | 0.8413 | 0.7311 |
| 1.5 | 0.9332 | 0.8176 |
| 2.0 | 0.9772 | 0.8808 |
| 3.0 | 0.9987 | 0.9526 |

对模型（8.4.8）进行变形，并增加随机误差，可得到回归模型：

$$\log\frac{P_i}{1-P_i}=Z_i=\beta_0+\beta_1X_{i1}+\cdots+\beta_kX_{ik}+u_i \tag{8.4.9}$$

在回归模型（8.4.9）中，被解释变量是做某个选择的机会比值的对数。

Logit 模型的一个重要优点是它把在（0，1）上预测概率的问题转化为在实数轴上预测一个事件发生的机会比值的问题。Logit 分布函数的斜率在 $P=1/2$ 时最大，即解释变量对某个选择概率的影响在分布的中点最大，而分布两端的斜率比较小则说明较大的 $X$ 的变化才能引起较小的概率变化。

如果某个 $P_i=0$ 或 1，则机会比 $P_i/(1-P_i)$ 就会等于 0 或无穷大，此时的概率比的对数就无意义，同时也说明对此数据模型（8.4.9）采用 OLS 估计法显然是不合适的，因此需要对每一个观测进行预处理才能更好地获得 Logit 模型的准确估计量。

假设我们知道每一个选择在总体的一个子集（分组）中发生的频率，例如某个解释变量（比如收入）的样本有 $m$ 个不同的值，并且有 $n_1$ 个人的收

入为 $X_1$，…，$n_m$ 个人的收入为 $X_m$，并设 $r_1$ 表示收入为 $X_1$ 的人中支持 $A$ 的人数，$r_2$ 表示收入为 $X_2$ 的人中支持 $A$ 的人数，…，$r_m$ 表示收入为 $X_m$ 的人中支持 $A$ 的人数。

用一个 Logit 模型估计各个具有相同收入小组做每一种选择的概率应该是比较合理，即用 $\hat{P}_i=\frac{r_i}{n_i}$ 估计第 $i$ 个表示收入为 $X_2$ 的人中支持 $A$ 的 $P_i$，因此模型（8.4.9）可表示为：

$$\log\frac{r_i/n_i}{1-r_i/n_i}=\log\frac{r_i}{n_i-r_i}=\beta_0+\beta_1X_{i1}+\cdots+\beta_kX_{ik}+\varepsilon_i \tag{8.4.10}$$

从而可用（8.4.10）估计 Logit 模型（8.4.9）。

模型（8.4.10）关于参数是线性的，因此可以用 OLS 方法估计参数。当每个组的样本量 $n_i$ 充分大时，可以获得很好的估计量，不过对于小样本，参数可能是有偏的。

对于单个观测，可以将解释变量任意分组，并计算每一组的频率，从而按照上述程序完成参数估计。例如，假设我们以专业背景（金融学，投资学，保险学）以及学生性别（男，女）为基础分析学生对某一门公共课 $A$（如高等数学）价值的评价。

在每一个专业，对六种组合中的每一组合进行抽样调查，收集该组合中评价为优的从数。数据可以表示为：

$\hat{P}_1$：保险学女生对课程 $A$ 评价为优的比例。

$\hat{P}_2$：保险学男生对课程 $A$ 评价为优的比例。

$\hat{P}_3$：金融学女生对课程 $A$ 评价为优的比例。

$\hat{P}_4$：金融学男生对课程 $A$ 评价为优的比例。

$\hat{P}_5$：投资学女生对课程 $A$ 评价为优的比例。

$\hat{P}_6$：投资学男生对课程 $A$ 评价为优的比例。

因为有六个组，最小二乘回归将有六个观测。被解释变量观测为：

$$\hat{Z}_i=\log\frac{\hat{P}_i}{1-\hat{P}_i},\ i=1,\ \cdots,\ 6$$

假设解释变量为观测组类别的虚拟变量：

$$X_1=\begin{cases}1，金融学专业\\0，其他专业\end{cases},\ X_2=\begin{cases}1，投资学专业\\0，其他专业\end{cases},\ X_3=\begin{cases}1，投票者是男生\\0，投票者是女生\end{cases}$$

则需要估计的 Logit 模型为：

$$\hat{Z}_i = \beta_0 + \beta_1 X_{i1} + \beta_2 X_{i2} + \beta_3 X_{i3} + \varepsilon_i \tag{8.4.11}$$

其中，参数 $\beta_1$，$\beta_2$ 表示不同专业学生对课程 $A$ 的评价差异程度，$\beta_3$ 表示学生性别对课程 $A$ 的评价差异程度。

若每一个 $\hat{P}_i$ 都是本组在总体频数的精确度量，则 Logit 模型参数的含义就比较容易解释：

$\hat{Z}_1 \approx Z_1 = \beta_0$： 保险学女生评价为优的机会比估计

$\hat{Z}_2 \approx Z_2 = \beta_0 + \beta_3$： 保险学男生评价为优的机会比估计

$\hat{Z}_3 \approx Z_3 = \beta_0 + \beta_1$： 金融学女生评价为优的机会比估计

$\hat{Z}_4 \approx Z_4 = \beta_0 + \beta_1 + \beta_3$： 金融学男生评价为优的机会比估计

$\hat{Z}_5 \approx Z_5 = \beta_0 + \beta_2$： 投资学女生评价为优的机会比估计

$\hat{Z}_6 \approx Z_6 = \beta_0 + \beta_2 + \beta_3$： 投资学男生评价为优的机会比估计

因此，如果我们想要研究无论哪个专业，学生性别对课程 $A$ 的评价差异的影响，其作用由系数 $\beta_3$ 反映。同样，$\beta_2$ 反映的是高收入人口少家庭与低收入人口少家庭投票机会比对数之差。

因为 $\hat{P}_i$ 不等于 $P_i$，因此对分组数据采用普通最小二乘估计法存在一些问题。如果我们假设各组中的各观测是独立的（假设服从 0－1 分布），在大样本条件下，被解释变量的估计量 $\log[r_i/(n_i - r_i)]$ 将近似地服从均值为 0 的方差。

$$V_i = \frac{n_i}{r_i(n_i - r_i)} \tag{8.4.12}$$

由此可知，线性模型（8.4.11）中的误差项存在异方差性。每一个组的方差与该组观测个数 $n_i$ 成反比，也随赞成票数 $r_i$ 的不同而不同。

修正异方差的一个明显方法是用加权最小二乘法，其中每一个观测都被乘以权重 $V_i^{-1/2}$。还有一些修正方法，主要用于小样本情形的估计①。

如果有充分多的重复观测，模型（8.4.11）的估计就比较合理。特别地，如果每一个解释变量取值的组合只有一个选择，那么式（8.4.12）的左边没有定义，所以作为式（8.4.11）的近似是没有用处的。

---

① Cox，Domencich and McFadden 建议修正模型为 $\log\frac{r_i + 1/2}{n_i - r_i + 1/2} = \beta_0 + \beta_1 X_i$。

使用普通最小二乘近似的一个有用的简略要求是对 $X$ 的每一个取值，$n_i$ 至少要等于 5；更精确地要求考虑下面的事实：

对于某一选择的频率接近于 0 或 1 的 $X$ 的取值，最小二乘近似的效果最差，这是因为无论 $r_i/n_i$ 接近于 0 还是 1，$V_i$ 的表达式都会变得任意大。另一方面，若解释变量 $X$ 是连续变量时，式（8.4.12）不是严格意义上的近似，因为必须对连续变量进行划分，这个过程会给我们的问题带来度量误差。

如果模型中的一些特征是连续的解释变量，可能必须估计自变量的每一个取值只有一个选择的 Logit 模型。不过，此时可以采用极大似然估计法估计模型（8.4.11）①。

由于有可能证明 Logit 模型总存在唯一的极大值，因此极大似然估计法特别具有吸引力。事实上，极大似然估计是参数的一致估计量，并且相应的大样本统计量不难计算。因此，非线性 Logit 估计的唯一不足之处是它的费用。对小样本的研究表明线性概率模型估计的参数估计和极大似然 Logit 估计的符号通常是一样的，说明使用线性概率模型是有一定道理的，至少可以作为一种探索方法。

**例 8.6**　表 8.7 是中国某市对毕业 5 年的大学生是否拥有住房的部分调查数据，其中 *income* 表示被调查者的年收入（万元），*married* = 1 表示被调查者的已婚，否则取 0，*yes* = 1 表示被调查者拥有住房，否则为 0。

考虑建立如下 logist 模型：

$$\log\frac{Pr(yes_i)}{1-Pr(yes_i)}=\beta_0+\beta_1 income_i+\beta_2 married_i+u_i \qquad (8.4.13)$$

利用表 8.7 的数据，可以获得估计结果如下（括号内数据是标准差）：

$$\log\frac{Pr(yes)}{1-Pr(yes)}=\underset{(0.9925)}{0.3291}-\underset{(0.0946)}{0.0251}income+\underset{(0.8938)}{2.0926}married \qquad (8.4.14)$$

$$n=100,\ s=117.75,\ AIC=123.75$$

① 附录 8.1 有该估计法以及与之有关的统计检验的简单介绍。

**表 8.7　　　　　　中国某市大学生毕业 5 年后住房拥有率调查**

| income | married | yes | income | married | yes | income | married | yes | income | married | yes |
|---|---|---|---|---|---|---|---|---|---|---|---|
| 9 | 0 | 1 | 13 | 0 | 1 | 18 | 1 | 0 | 20 | 1 | 1 |
| 16 | 1 | 0 | 7 | 0 | 0 | 12 | 0 | 0 | 11 | 0 | 0 |
| 20 | 1 | 1 | 8 | 0 | 1 | 20 | 1 | 1 | 10 | 0 | 0 |
| 23 | 1 | 1 | 8 | 0 | 0 | 12 | 0 | 0 | 17 | 1 | 1 |
| 9 | 0 | 0 | 15 | 1 | 1 | 19 | 1 | 0 | 17 | 1 | 1 |
| 12 | 0 | 0 | 24 | 1 | 0 | 9 | 0 | 0 | 19 | 1 | 1 |
| 14 | 1 | 1 | 10 | 0 | 1 | 17 | 1 | 1 | 6 | 0 | 0 |
| 8 | 0 | 0 | 7 | 0 | 0 | 20 | 1 | 0 | 22 | 1 | 1 |
| 16 | 1 | 0 | 13 | 0 | 1 | 15 | 1 | 1 | 17 | 1 | 1 |
| 20 | 1 | 1 | 19 | 1 | 1 | 16 | 1 | 1 | 9 | 0 | 0 |
| 12 | 0 | 1 | 11 | 0 | 0 | 11 | 0 | 0 | 18 | 1 | 1 |
| 12 | 0 | 0 | 9 | 0 | 0 | 8 | 0 | 0 | 13 | 0 | 1 |
| 17 | 1 | 1 | 12 | 0 | 1 | 16 | 1 | 0 | 20 | 1 | 1 |
| 6 | 0 | 1 | 12 | 0 | 0 | 12 | 0 | 0 | 12 | 0 | 0 |
| 18 | 1 | 1 | 15 | 1 | 0 | 18 | 1 | 1 | 18 | 1 | 1 |
| 8 | 0 | 1 | 9 | 0 | 0 | 10 | 0 | 0 | 18 | 1 | 1 |
| 8 | 0 | 1 | 13 | 0 | 1 | 6 | 0 | 1 | 6 | 0 | 0 |
| 13 | 0 | 0 | 9 | 0 | 1 | 8 | 0 | 1 | 19 | 1 | 1 |
| 19 | 1 | 1 | 17 | 1 | 1 | 18 | 1 | 1 | 15 | 1 | 0 |
| 12 | 0 | 1 | 23 | 1 | 1 | 8 | 0 | 0 | 10 | 0 | 1 |
| 23 | 1 | 0 | 12 | 0 | 0 | 15 | 1 | 1 | 14 | 1 | 1 |
| 12 | 0 | 1 | 12 | 0 | 0 | 8 | 0 | 1 | 13 | 0 | 0 |
| 15 | 1 | 1 | 13 | 0 | 0 | 11 | 0 | 0 | 13 | 0 | 0 |
| 21 | 1 | 1 | 18 | 1 | 1 | 16 | 1 | 1 | 11 | 0 | 0 |
| 15 | 1 | 1 | 6 | 0 | 0 | 19 | 1 | 1 | 20 | 1 | 1 |

回归结果（8.4.14）表明，毕业5年以后的大学生，在是否拥有住房这个问题上，收入变量的系数为0的原假设是不能拒绝的，但是婚姻状况变量的系数则显然不等于0的，从而说明在是否拥有住房这个问题上，婚姻状况的影响因素不起着决定性作用的。当然，我们这个模型考虑的影响因素是比较片面的，因为在实际生活中一个人是购买还是租房，是多方面因素综合决定的。

根据回归结果（8.4.14），可以重新估计模型：

$$\log \frac{Pr(yes)}{1-Pr(yes)} = -2.1100 + 0.1730income$$

$$(0.7096)\quad(0.0507)\qquad(8.4.15)$$

$$n=100,\ s=123.64,\ AIC=127.64$$

或者

$$\log \frac{Pr(yes)}{1-Pr(yes)} = -0.5819 + 1.8903married$$

$$(0.2864)\quad(0.4572)\qquad(8.4.16)$$

$$n=100,\ s=117.82,\ AIC=121.82$$

从回归结果式（8.4.15）和式（8.4.16）可以发现，单独用收入或者婚姻状况均可比较好地解释毕业 5 年以后的大学生是否拥有住房问题。两个模型的解释变量的系数都是显著地不等于 0 的。其实根据实际调查分析，毕业 5 年的大学生，收入与婚姻状况的相关性是比较高的，因此二者之间具有较高的多重共线性特征。同等条件下，毕业后 5 年的大学生中，已婚的大多数都拥有住房，因此我们倾向于选择模型（8.4.16）来解释毕业 5 年的大学生的购房行为特征。

## 8.5　预测：拟合优度

一般来说，对于被解释变量是分类变量的离散选择模型，都能够直接用来预测某项决策发生的概率（或机会比）。

以投票选举为例，若一个新样本对应的概率预测为 0.8，可以把 0.8 理解为对某一特定收入的投票人将选择支持候选的 A 的概率的最好预测。但是，如果预测的是单个人的具体表现行为，那么预测值 0.8 永远不会是正确的。事实上，如果我们希望预测每个人的选择，当预测概率大于 0.5 时我们一般会倾向于预测出现赞成票，而预测概率小于 0.5 时，我们就会倾向预测出现反对票。

### 本章练习题

1. 举例说明分析回归模型中引入虚拟变量的意义，并给出引入虚拟变量的基本方式。

2. 如果使用月度数据建立回归模型，为检验如下假设检验，需要引入的虚拟变量的个数：

（1）一年中有 12 个均表现出季节特征；

（2）一年中只有双月表现出季节特征；

（3）一年中有 4 个季节特征。

3. 男性与女性睡眠时间（分钟）的差异。利用调查资料，获得以下回归结果：

$$\widehat{sleep} = 3840.83 - 0.1630totwrk - 11.71educ - 8.70age$$

$$(235.11)\quad(0.018)\qquad(5.86)\qquad(11.21)$$

$$n = 706,\ R^2 = 0.123,\ \bar{R}^2 = 0.117$$

其中，*sleep* 是每周晚上睡眠的总时间，*totwrk* 是每周工作时间，受教育时间 *educ* 和年龄 *age* 是以年为单位，*male* 是性别虚拟变量。

（1）若其他因素不变，有没有男性比女性睡眠时间更多的证据？该证据强吗？

（2）工作时间与睡眠时间之间存在显著的取舍关系吗？所估计的取舍关系是什么？

（3）为了检验年龄在其他因素不变时对睡眠时间没有影响这个原假设，你另外需要做什么回归？

4. 根据婴儿体重调查数据，获得以下回归结果：

$$\widehat{\log(bwght)} = 4.66 - 0.0044cigs + 0.0093\log(faminc) + 0.016parity$$

$$(0.22)\quad(0.0009)\qquad(0.0059)\qquad\qquad(0.006)$$

$$+ 0.027male + 0.055white$$

$$(0.010)\qquad(0.013)$$

$$n = 1388,\ R^2 = 0.0472$$

和

$$\widehat{\log(bwght)} = 4.65 - 0.0052cigs + 0.0110\log(faminc) + 0.017parity$$

$$(0.38)\quad(0.001)\qquad(0.009)\qquad\qquad(0.006)$$

$$+ 0.034male + 0.045white$$

$$(0.011)\qquad(0.015)$$

$$- 0.0030motheduc + 0.0032fatheduc$$

$$(0.003)\qquad(0.003)$$

$$n = 1191,\ R^2 = 0.0493$$

其中，*bwght* 是新生婴儿体重（磅），*cigs* 是怀孕期间母亲每天吸烟数量，*parity* 是小孩在该家庭子女中的排行，*faminc* 是家庭年收入，*motheduc* 是母亲受教育年数，*fatheduc* 是父亲受教育年数，*male* 是虚拟变量，男性取1，否则取0，*white* 表示白人取1，否则取0。

（1）在第1个模型中，解释 *cigs* 的系数。若每天多抽10支香烟，对新生婴儿体重有何影响？

（2）若第1个模型中其他因素不变，预测一个新生白人孩子比非白人孩子重多少？该差异显著吗？

（3）说明 *motheduc* 的作用，并检验其显著性。

（4）从给定信息，能不能检验 *motheduc* 和 *fatheduc* 的联合显著性？为什么？如果要完成这个联合假设检验，还需要做什么工作？

5. 令 $d$ 表示虚拟变量，并令变量 $z$ 是一个非虚拟变量，考虑如下模型：

$$y=\beta_0+\delta_0 d+\beta_1 z+\delta_1 d\cdot z+u$$

由于 $u$ 的变化很小，为了分析方便，取 $u=0$，因此一定意义上可以将 $y$ 看作 $z$ 的函数。

当 $d=1$ 时，记 $f_1(z)=(\beta_0+\delta_0)+(\beta_1+\delta_1)z$；当 $d=0$ 时，记 $f_0(z)=\beta_0+\beta_1 z$。

（1）假设 $\delta_1\neq 0$，则满足 $f_0(z^*)=f_1(z^*)$ 的 $z^*$ 的值为 $z^*=-\dfrac{\delta_0}{\delta_1}$，且 $z^*>0$ 的充分必要条件是 $\delta_0<0$，$\delta_1>0$。

（2）根据调查数据，获得以下回归模型：

$$\widehat{\log(wage)}=2.289-0.357female+0.50totcoll+0.030femal\cdot totcoll$$

$$(0.011)(0.015)\qquad(0.003)\qquad(0.005)$$

$$n=6763,\ R^2=0.202$$

其中，*totcoll* 是受高等教育的年数。求出使得男生和女生的 log（*wage*）相等的 *totcoll* 值。

（3）根据（2）的结果，说明女生能否通过接受足够多的教育而赶上男性的工资，请解释理由。

6. 考虑如下回归结果：

$$\widehat{Y}_i=1286+104.97X_{1i}-0.026X_{2i}+1.20X_{3i}+0.69X_{4i}-19.47X_{5i}$$

$$(4.76)(3.70) \quad (-3.80)\ (0.24) \quad (0.08) \quad (-0.40)$$

$$+266.06X_{6i}-118.64X_{7i}-110.61X_{8i}$$

$$(6.94) \quad (-3.04) \quad (-6.14)$$

$$n=1543,\ R^2=0.388$$

其中括号内是 $t$-统计量，变量定义为：

$Y$ 表示妻子每年花费在工作上的小时数；

$X_1$ 表示妻子税后真实小时工资收入；

$X_2$ 表示丈夫在上一年度税后真实工资收入；

$X_3$ 表示妻子的年龄；

$X_4$ 表示妻子的受教育年数；

$X_5=1$ 表示被调查者愿意工作且其丈夫也同意其工作，否则取值为 0；

$X_6=1$ 表示被调查者其丈夫支持其工作，否则取值为 0；

$X_7$ 表示被调查者年龄低于 6 岁的子女数量；

$X_8$ 表示被调查者年龄在 6~13 岁之间的孩子数量。

根据上述资料，回答：

（1）虚拟变量的系数估计量具有明确的经济含义吗？请给出你的理由。

（2）请解释虚拟变量 $X_5$ 与 $X_6$ 含义，其估计量是否统计显著？

（3）根据回归结果，妻子的年龄与教育程度不是影响其参与劳动的显著因素，为什么？

7. 考虑如下模型：

$$salary_i=\beta_0+\beta_1 month_i+\delta female+u_i$$

其中 *salary* 表示一位运动员的年薪，*month* 表示该运动员参加运动的时间（月），*female* 是性别虚拟变量，考虑三种不同定义方式：

（a）$female=\begin{cases}1, & \text{第 } i \text{ 运动员是男性}\\ 0, & \text{第 } i \text{ 运动员是女性}\end{cases}$；（b）$female=\begin{cases}1, & \text{第 } i \text{ 运动员是女性}\\ 0, & \text{第 } i \text{ 运动员是男性}\end{cases}$；

（c）$female=\begin{cases}1, & \text{第 } i \text{ 运动员是女性}\\ -1, & \text{第 } i \text{ 运动员是男性}\end{cases}$

根据上述三种不同的虚拟变量设置，分析上述回归模型的特征，并说明其中哪一个方法比较好，或者给出新的建议。

8. 表 8.8 是美国 1978~1985 年各季度冰箱销售数据。

**表 8.8**　　美国 1978 ~ 1985 年各季度冰箱销售数据　　单位：千台

| FRIG | DUR | $S_2$ | $S_3$ | $S_4$ | FRIG | DUR | $S_2$ | $S_3$ | $S_4$ |
|---|---|---|---|---|---|---|---|---|---|
| 1317 | 252.6 | 0 | 0 | 0 | 943 | 247.7 | 0 | 0 | 0 |
| 1615 | 272.4 | 1 | 0 | 0 | 1175 | 249.1 | 1 | 0 | 0 |
| 1662 | 270.9 | 0 | 1 | 0 | 1296 | 251.8 | 0 | 1 | 0 |
| 1295 | 273.9 | 0 | 0 | 1 | 1269 | 262.0 | 0 | 0 | 1 |
| 1271 | 268.9 | 0 | 0 | 0 | 973 | 263.3 | 0 | 0 | 0 |
| 1555 | 262.9 | 1 | 0 | 0 | 1102 | 280.0 | 1 | 0 | 0 |
| 1639 | 270.9 | 0 | 1 | 0 | 1344 | 288.5 | 0 | 1 | 0 |
| 1238 | 263.4 | 0 | 0 | 1 | 1641 | 300.5 | 0 | 0 | 1 |
| 1277 | 260.6 | 0 | 0 | 0 | 1225 | 312.6 | 0 | 0 | 0 |
| 1258 | 231.9 | 1 | 0 | 0 | 1699 | 322.5 | 1 | 0 | 0 |
| 1417 | 242.7 | 0 | 1 | 0 | 1749 | 324.3 | 0 | 1 | 0 |
| 1185 | 248.7 | 0 | 0 | 1 | 1117 | 333.1 | 0 | 0 | 1 |
| 1196 | 258.7 | 0 | 0 | 0 | 1242 | 344.8 | 0 | 0 | 0 |
| 1410 | 248.4 | 1 | 0 | 0 | 1684 | 350.3 | 1 | 0 | 0 |
| 1417 | 255.5 | 0 | 1 | 0 | 1764 | 369.1 | 0 | 1 | 0 |
| 919 | 240.4 | 0 | 0 | 1 | 1328 | 356.4 | 0 | 0 | 1 |

其中，*frig* 表示冰箱销售数量（千台），*dur* 表示以 1982 年 10 亿美元计的耐用品支出，虚拟变量 $S_j=1$ 表示第 $j$ 个季度，否则为 0，$j=2$，3，4。根据上述资料，建立回归模型：

$$frig_t=\beta_0+\beta_1 dur_{t1}+\beta_2 S_{t2}+\beta_3 S_{t3}+\beta_4 S_{t4}+u_t$$

回答：

（1）各虚拟变量的回归系数估计量具有明确的经济含义吗？请给出你的理由。

（2）冰箱销售是否存在不同的季节效应？能否给出相应的假设检验。

9. 表 8.9 中的数据是 1973 年密歇根 Troy 社区 425 人关于学校建议税收的投票数据的部分数据，请完成以下计算分析：

（1）用 OLS 法、probit 和 logit 方法，估计模型：

Prob(YESVM) = 1) = F(PUB1&2, PUB3&4, PUB5, PRIV, YEARS, SCHOOL, LOGINC, PTCON)

中的参数。将结果进行比较。

（2）用OLS的估计，对每一个观测预测YESVM，有多少预测的结果落在区域0~1之外。请讨论。

表8.9 投票数据

| OBS | PUB1&2 | PUB3&4 | PUB5 | PRIV | YEARS | SCHOOL | LOGINC | PTCON | YESVM | LOGEDUC |
|---|---|---|---|---|---|---|---|---|---|---|
| 1 | 0 | 1 | 0 | 0 | 10 | 1 | 9.770001 | 7.0475 | 1 | 7.206195 |
| 2 | 0 | 1 | 0 | 0 | 8 | 0 | 10.021 | 7.0475 | 0 | 7.6099 |
| 3 | 1 | 0 | 0 | 0 | 4 | 0 | 10.021 | 7.0475 | 0 | 8.27847 |
| 4 | 0 | 1 | 0 | 0 | 13 | 0 | 9.4335 | 6.3969 | 0 | 6.821488 |
| 5 | 0 | 1 | 0 | 0 | 3 | 1 | 10.021 | 7.2792 | 1 | 7.686149 |
| 6 | 1 | 0 | 0 | 0 | 5 | 0 | 10.463 | 7.0475 | 0 | 6.913056 |
| 7 | 0 | 0 | 0 | 0 | 4 | 0 | 10.021 | 7.0475 | 0 | 7.917941 |
| 8 | 0 | 1 | 0 | 0 | 5 | 0 | 10.021 | 7.2793 | 1 | 7.31207 |
| 9 | 1 | 0 | 0 | 0 | 10 | 0 | 10.222 | 7.0475 | 0 | 7.390032 |
| 10 | 0 | 1 | 0 | 0 | 5 | 0 | 9.4335 | 7.0475 | 1 | 8.10072 |
| 11 | 1 | 0 | 0 | 0 | 3 | 0 | 10.021 | 7.0475 | 1 | 7.814982 |
| 12 | 1 | 0 | 0 | 0 | 30 | 0 | 9.770001 | 6.3969 | 0 | 7.838313 |
| 13 | 1 | 0 | 0 | 0 | 1 | 0 | 9.770001 | 6.7452 | 1 | 7.67418 |
| 14 | 0 | 1 | 0 | 0 | 3 | 0 | 10.021 | 7.0475 | 1 | 7.386819 |
| 15 | 0 | 1 | 0 | 0 | 3 | 0 | 10.82 | 6.7452 | 1 | 7.873702 |
| 16 | 0 | 1 | 0 | 0 | 42 | 0 | 9.770001 | 6.7452 | 1 | 7.504191 |
| 17 | 0 | 1 | 0 | 0 | 5 | 1 | 10.222 | 7.0475 | 1 | 7.235212 |
| 18 | 1 | 0 | 0 | 0 | 10 | 0 | 10.021 | 7.0475 | 0 | 6.870057 |
| 19 | 1 | 0 | 0 | 0 | 4 | 0 | 10.222 | 7.0475 | 1 | 7.026032 |
| 20 | 1 | 0 | 0 | 1 | 4 | 0 | 10.222 | 6.7452 | 1 | 7.579166 |
| 21 | 0 | 1 | 0 | 0 | 11 | 1 | 10.463 | 7.0475 | 1 | 8.122501 |
| 22 | 0 | 0 | 0 | 0 | 5 | 0 | 10.222 | 7.0475 | 1 | 8.10565 |
| 23 | 0 | 1 | 0 | 0 | 35 | 0 | 9.770001 | 6.7452 | 1 | 6.794005 |
| 24 | 0 | 1 | 0 | 0 | 3 | 0 | 10.463 | 7.2793 | 1 | 7.450735 |
| 25 | 1 | 0 | 0 | 0 | 16 | 0 | 10.021 | 6.7452 | 1 | 6.928362 |
| 26 | 0 | 0 | 0 | 1 | 7 | 0 | 10.463 | 7.0475 | 0 | 7.422837 |
| 27 | 1 | 0 | 0 | 0 | 5 | 1 | 9.770001 | 6.7452 | 1 | 7.544545 |
| 28 | 1 | 0 | 0 | 0 | 11 | 0 | 9.770001 | 7.0475 | 0 | 7.308719 |
| 29 | 1 | 0 | 0 | 0 | 3 | 0 | 9.770001 | 6.7452 | 0 | 7.480549 |
| 30 | 1 | 0 | 0 | 1 | 2 | 0 | 10.222 | 7.0475 | 1 | 8.470457 |

续表

| OBS | PUB1&2 | PUB3&4 | PUB5 | PRIV | YEARS | SCHOOL | LOGINC | PTCON | YESVM | LOGEDUC |
|---|---|---|---|---|---|---|---|---|---|---|
| 31 | 0 | 1 | 0 | 0 | 2 | 0 | 10.021 | 6.7452 | 1 | 7.123074 |
| 32 | 1 | 0 | 0 | 0 | 2 | 0 | 9.4335 | 6.7452 | 0 | 7.885936 |
| 33 | 0 | 1 | 0 | 0 | 2 | 1 | 8.294 | 7.0475 | 0 | 6.803855 |
| 34 | 0 | 0 | 0 | 1 | 4 | 0 | 10.463 | 7.0475 | 1 | 7.905035 |
| 35 | 1 | 0 | 0 | 0 | 2 | 0 | 10.021 | 7.0475 | 1 | 7.302875 |
| 36 | 0 | 1 | 0 | 0 | 3 | 0 | 10.222 | 7.2793 | 0 | 7.916094 |
| 37 | 1 | 0 | 0 | 0 | 3 | 0 | 10.222 | 7.0475 | 1 | 7.797992 |
| 38 | 1 | 0 | 0 | 0 | 2 | 0 | 10.222 | 7.4955 | 1 | 6.957141 |
| 39 | 0 | 1 | 0 | 0 | 10 | 0 | 10.021 | 7.0475 | 0 | 7.588686 |
| 40 | 1 | 0 | 0 | 0 | 2 | 0 | 10.222 | 7.0475 | 1 | 7.356278 |
| 41 | 1 | 0 | 0 | 0 | 2 | 0 | 10.021 | 7.0475 | 0 | 6.883529 |
| 42 | 1 | 0 | 0 | 0 | 3 | 0 | 10.82 | 7.4955 | 0 | 8.027182 |
| 43 | 1 | 0 | 0 | 0 | 3 | 0 | 10.021 | 7.0475 | 1 | 8.132066 |
| 44 | 0 | 1 | 0 | 0 | 3 | 0 | 10.021 | 7.0475 | 1 | 6.974734 |
| 45 | 1 | 0 | 0 | 0 | 6 | 0 | 10.021 | 6.7452 | 1 | 6.884853 |
| 46 | 0 | 1 | 0 | 0 | 2 | 0 | 10.021 | 7.0475 | 1 | 7.901396 |
| 47 | 1 | 0 | 0 | 0 | 26 | 0 | 9.770001 | 6.7452 | 0 | 7.470998 |
| 48 | 0 | 0 | 0 | 1 | 18 | 0 | 10.222 | 7.4955 | 0 | 6.777254 |
| 49 | 0 | 0 | 0 | 0 | 4 | 0 | 9.770001 | 6.7452 | 0 | 8.061974 |
| 50 | 0 | 0 | 0 | 0 | 6 | 0 | 10.021 | 7.0475 | 0 | 8.20775 |
| 51 | 0 | 0 | 0 | 0 | 12 | 0 | 10.021 | 6.7452 | 1 | 7.630266 |
| 52 | 1 | 0 | 0 | 0 | 49 | 0 | 9.4335 | 6.7452 | 1 | 6.889318 |
| 53 | 1 | 0 | 0 | 0 | 6 | 0 | 10.463 | 7.2793 | 1 | 7.405061 |
| 54 | 0 | 0 | 0 | 1 | 18 | 0 | 9.770001 | 7.0475 | 0 | 7.306536 |
| 55 | 1 | 0 | 0 | 0 | 5 | 0 | 10.021 | 7.0475 | 1 | 7.595311 |
| 56 | 1 | 0 | 0 | 0 | 6 | 0 | 9.770001 | 5.9915 | 1 | 8.095748 |
| 57 | 1 | 0 | 0 | 0 | 20 | 0 | 9.4335 | 7.0475 | 0 | 7.013405 |
| 58 | 1 | 0 | 0 | 0 | 1 | 1 | 9.770001 | 6.3969 | 1 | 7.267674 |
| 59 | 1 | 0 | 0 | 0 | 3 | 0 | 10.021 | 6.7452 | 1 | 8.045137 |
| 60 | 1 | 0 | 0 | 0 | 5 | 0 | 10.463 | 7.0475 | 0 | 7.28189 |
| 61 | 1 | 0 | 0 | 0 | 2 | 0 | 10.021 | 7.0475 | 1 | 7.417461 |
| 62 | 0 | 0 | 1 | 1 | 5 | 0 | 10.82 | 7.2793 | 0 | 7.768166 |
| 63 | 1 | 0 | 0 | 0 | 18 | 0 | 9.4335 | 6.7452 | 0 | 7.672514 |

续表

| OBS | PUB1&2 | PUB3&4 | PUB5 | PRIV | YEARS | SCHOOL | LOGINC | PTCON | YESVM | LOGEDUC |
|---|---|---|---|---|---|---|---|---|---|---|
| 64 | 1 | 0 | 0 | 0 | 20 | 1 | 9.770001 | 5.9915 | 1 | 7.093988 |
| 65 | 0 | 0 | 0 | 0 | 14 | 0 | 8.9227 | 6.3969 | 0 | 7.83284 |
| 66 | 0 | 0 | 1 | 0 | 3 | 0 | 9.4335 | 7.4955 | 0 | 7.471136 |
| 67 | 1 | 0 | 0 | 0 | 17 | 0 | 9.4335 | 6.7452 | 0 | 6.844494 |
| 68 | 1 | 0 | 0 | 0 | 20 | 0 | 10.021 | 7.0475 | 0 | 7.241206 |
| 69 | 0 | 1 | 0 | 1 | 3 | 0 | 10.021 | 7.0475 | 1 | 6.512567 |
| 70 | 0 | 1 | 0 | 0 | 2 | 0 | 10.021 | 7.0475 | 1 | 7.570555 |
| 71 | 0 | 0 | 0 | 0 | 5 | 0 | 10.222 | 7.0475 | 1 | 7.185324 |
| 72 | 1 | 0 | 0 | 0 | 35 | 0 | 9.770001 | 7.0475 | 1 | 7.344373 |
| 73 | 0 | 1 | 0 | 0 | 10 | 0 | 10.021 | 7.2793 | 0 | 6.922915 |
| 74 | 0 | 1 | 0 | 0 | 8 | 0 | 9.770001 | 7.0475 | 1 | 7.802507 |
| 75 | 1 | 0 | 0 | 0 | 12 | 0 | 9.770001 | 7.0475 | 0 | 8.597101 |
| 76 | 0 | 1 | 0 | 0 | 7 | 0 | 10.222 | 6.7452 | 1 | 8.089523 |
| 77 | 1 | 0 | 0 | 0 | 3 | 0 | 10.463 | 6.7452 | 1 | 7.771501 |
| 78 | 0 | 1 | 0 | 0 | 25 | 0 | 10.222 | 6.7452 | 0 | 7.748366 |
| 79 | 1 | 0 | 0 | 0 | 5 | 1 | 9.770001 | 6.7452 | 1 | 7.24118 |
| 80 | 0 | 1 | 0 | 0 | 4 | 0 | 10.222 | 7.0475 | 1 | 8.11794 |
| 81 | 1 | 0 | 0 | 0 | 2 | 0 | 10.021 | 7.2793 | 1 | 7.695051 |
| 82 | 0 | 1 | 0 | 0 | 5 | 0 | 10.463 | 6.7452 | 1 | 8.747231 |
| 83 | 1 | 0 | 0 | 0 | 3 | 0 | 9.770001 | 7.0475 | 0 | 7.620212 |
| 84 | 1 | 0 | 0 | 0 | 2 | 0 | 10.82 | 7.4955 | 1 | 8.000249 |
| 85 | 0 | 0 | 0 | 1 | 6 | 0 | 8.9227 | 5.9915 | 0 | 6.819902 |
| 86 | 1 | 0 | 0 | 1 | 3 | 0 | 9.770001 | 7.0475 | 1 | 9.024509 |
| 87 | 0 | 0 | 1 | 0 | 12 | 0 | 9.4335 | 6.3969 | 1 | 7.073042 |
| 88 | 0 | 0 | 0 | 0 | 3 | 0 | 9.770001 | 6.7452 | 1 | 7.830405 |
| 89 | 0 | 1 | 0 | 0 | 3 | 0 | 10.021 | 7.0475 | 1 | 7.53491 |
| 90 | 0 | 0 | 0 | 0 | 3 | 0 | 10.021 | 6.7452 | 1 | 7.119113 |
| 91 | 1 | 0 | 0 | 0 | 3 | 0 | 10.222 | 7.2793 | 1 | 8.045045 |
| 92 | 0 | 1 | 0 | 0 | 3 | 1 | 10.021 | 7.0475 | 1 | 7.412278 |
| 93 | 0 | 0 | 1 | 0 | 5 | 0 | 10.021 | 7.0475 | 1 | 8.278532 |
| 94 | 0 | 0 | 0 | 0 | 35 | 1 | 8.9227 | 5.9915 | 1 | 7.088685 |
| 95 | 0 | 1 | 0 | 0 | 3 | 0 | 10.463 | 7.4955 | 0 | 7.924272 |

其中变量定义如表8.10所示。

**表8.10**　　**变量定义**

| 变量 | 1 | 0 |
|---|---|---|
| SEX | 女性 | 男性 |
| MAR | 已婚且配偶健在 | 其他 |
| OTHER | 分居、离婚、寡居 | 其他 |
| A35 -49 | 年龄在35~49岁之间 | 其他 |
| A50 -64 | 年龄在50~64岁之间 | 其他 |
| A65 | 年龄在65岁以上 | 其他 |
| PUB1&2 | 一个或两个孩子上公立学校 | 其他 |
| PUB3&4 | 三个或四个孩子上公立学校 | 其他 |
| PUB5 | 五个或更多孩子上公立学校 | 其他 |
| PRIV | 至少有一个孩子上私立学校 | 其他 |
| SCHOOL | 学校（公立或私立） | 其他 |
| YESVM | 赞成 | 反对 |
| PTCON——年财产税（美元）的自然对数<br>YEARS——在Troy社区居住的年数<br>log INC——家庭年收入（美元）的自然对数<br>log PRICE——公立学校价格（美元）的自然对数<br>log EDUC——投票人受教育年数的自然对数 | | |

# 附录 Logit 模型和 Probit 模型的极大似然估计法

对于个体观测采用 Logit 模型或 Probit 模型时，最合适的估计方法是极大似然估计法。

假设我们想估计 Logit 模型（A8.1）的参数。

$$P_i = \frac{1}{1 + e^{-\beta_0 + \beta_1 X_i}} \tag{A8.1}$$

由于 $P_i$ 是无法观测到的，我们只有每一个调查对象选择或 $A$ 或 $B$ 的信息。如果被调查者选择 $A$，则对应被解释变量 $Y=1$；否则 $Y=0$。我们的目的是寻找使样本中的选择最可能发生的参数 $\beta_0$ 和 $\beta_1$ 的估计量。

如果选择 $A$ 发生了 $n_1$ 次，选择 $\bar{A}$ 则发生了 $n_2$ 次（$n_1+n_2=N$）。为了讨论方便，将原始数据重新排序，使得前 $n_1$ 个观测为选择 A，则似然函数为

$$L(\beta_0, \beta_1) = \prod_{i=1}^{n} P_i^{Y_i}(1 - P_i)^{1-Y_i} = \prod_{i=1}^{n_1} P_i \prod_{i=n_1+1}^{n}(1 - P_i) \tag{A8.2}$$

因此对数似然函数 $\log L(\beta_0, \beta_1)$ 为：

$$\log L(\beta_0, \beta_1) = \sum_{i=1}^{n_1} \log P_i + \sum_{i=n_1+1}^{n} \log(1 - P_i) \tag{A8.3}$$

根据（A8.3），可得：

$$\begin{cases} \sum_{i=1}^{n_1} \frac{1}{P_i} \cdot \frac{\partial P_i}{\partial \beta_0} - \sum_{i=n_1+1}^{n} \frac{1}{1-P_i} \cdot \frac{\partial P_i}{\partial \beta_0} = 0 \\ \sum_{i=1}^{n_1} \frac{1}{P_i} \cdot \frac{\partial P_i}{\partial \beta_1} - \sum_{i=n_1+1}^{n} \frac{1}{1-P_i} \cdot \frac{\partial P_i}{\partial \beta_1} = 0 \end{cases} \tag{A8.4}$$

利用第 9 章的计算方法，可以获得参数 $\beta_0$ 与 $\beta_1$ 的极大似然估计量。极大似然估计量具有很多优良的统计性质。所有的参数估计量都是一致和渐近有效的，同时，参数估计量都是（渐近）正态的，因此与参数估计量的 t 检验类似的检验可以用于极大似然估计。如果我们希望检验 Logit 模型或 Probit 模型所有或一部分参数的极大似然估计量的显著性，则可以用似然比检验法。

第9章

# 非线性估计与极大似然估计

由于计算机与软件技术的不断发展，使计量经济学家们能够利用越来越复杂的技术来估计计量经济学模型。本章首先介绍非线性估计并讨论关于参数非线性的模型的若干其他估计方法，并专门讨论两种针对非线性模型的估计方法，然后还将说明如何利用这样的模型进行预测。在本章的第二部分，我们将论述极大似然估计法。在本章的第三部分，讨论如何用非线性估计的方法讨论 ARCH 模型及 GARCH 模型的估计。

## 9.1 非线性估计

由于前面章节中讨论的单方程回归模型都是关于系数是线性的，因此可以用 OLS、WLS 或 GLS 等其他变化形式对它们进行估计，但是面对系数非线性模型的估计问题时，上述方法就不一定适用了。

由于非线性模型的使用能够极大地扩大数据拟合的模型结构范围，从而可能更加适合描述经济或金融数据的生成过程，因此尽管非线性估计法计算难度大，代价昂贵，也需要进行探讨，将线性模型进行适当扩展。

下面主要讨论本质上非线性的模型，例如模型 $Y=\alpha_0+\alpha_1X_1^{\beta_1}+\alpha_2X_2^{\beta_2}+\varepsilon$ 就不能通过简单函数变换转化成为线性模型，因此无法利用已有的线性回归方法估计模型参数，需要寻找一些特殊的技术。

一般地，考虑如下形式的回归模型：

$$Y=f(X_1, X_2, \cdots X_k, \beta_0, \beta_1, \cdots, \beta_k)+\varepsilon \tag{9.1.1}$$

其中$f$是由$k+1$个系数$\beta_0$，$\beta_1$，…，$\beta_k$确定的、含有$k$个解释变量$X_1$，$X_2$，…，$X_p$的非线性函数。

确定系数估计量的原则与线性回归模型的原则相同，即选择一组参数估计量$\hat{\beta}_0$，$\hat{\beta}_1$，…，$\hat{\beta}_k$，使得模型的误差平方和最小化。假设我们已经获得了$Y$以及$X_1$，…，$X_k$的$n$个观测值，利用模型（9.1.1）就可以将误差平方和写为：

$$S(\beta)=\sum^{N}[Y_i-f(x_{i1}, x_{i2}, \cdots x_{ik}, \beta_0, \beta_1, \cdots, \beta_k)]^2 \tag{9.1.2}$$

称$\hat{\beta}_0$，$\hat{\beta}_1$，…，$\hat{\beta}_k$为参数$\beta_0$，$\beta_1$，…，$\beta_k$的非线性最小二乘估计，即使误差平方和$S$（$\beta_0$，$\beta_1$，…，$\beta_k$）达到最小的参数$\beta_0$，$\beta_1$，…，$\beta_k$的估计值。

在线性回归模型情况下，求最小二乘估计在计算上很简单，但是对于非线性模型，有若干种不同的方法使式（9.1.2）的误差平方和达到最小。

## 9.1.1 非线性模型参数的估计

第一种方法是直接优化法，该方法将误差平方和函数$S(\beta)$关于每一个参数求偏导数，令这些偏导数等于0，并对这组非线性正规方程组求解。

将式（9.1.2）对$\beta_0$，$\beta_1$，…，$\beta_k$求偏导数，并令它们等于0，我们得到以下正规方程组：

$$\frac{\partial S(\beta)}{\partial \beta_j}=-2\sum_{i=1}^{N}[Y_t-f(X, \beta_0, \beta_1, \cdots, \beta_k)]\cdot\frac{\partial f}{\partial \beta_j}=0,$$
$$j=0, 1, \cdots, k \tag{9.1.3}$$

因为每一个方程都可能包含所有$k+1$个未知系数，因此必须对由这些方程组成的方程组求解$\beta_0$，$\beta_1$，…，$\beta_k$。

显然，在理论上这种方法是容易实现的，但是在计算上却是比较困难的，因此很少被直接采用。由于直接求解正规模型组（9.1.3）比较困难，因此将上述方法适当调整，获得相应的最速下降法，该方法的基本原理是沿偏导数（即梯度向量）：

$$\left(\frac{\partial S}{\partial \beta_0}, \frac{\partial S}{\partial \beta_1}, \cdots, \frac{\partial S}{\partial \beta_k}\right)$$

计算$S(\beta)$的函数值，即从$\beta=(\beta_0, \beta_1, \cdots, \beta_k)^T$的一个试验数值$\beta^{(0)}$移动到下一个试验数值集$\beta^{(1)}$，以最快的速度向使函数$S(\beta)$达到最小的$\beta_0$，$\beta_1$，…，

$\beta_k$ 的数值移动。

第二种求解非线性模型参数估计量的方法是迭代（局部）线性化法，这个方法将非线性模型在某个参数初始数值 $\beta^{(0)}$ 附近线性化，然后对该局部线性化模型采用 OLS 方法获得参数的新的估计数值 $\beta^{(1)}$。将非线性模型在这组新估计数值 $\beta^{(1)}$ 附近重新线性化，再用 OLS 方法获得系数更新的参数估计数值 $\beta^{(2)}$，再将模型在这组新数值 $\beta^{(2)}$ 附近再次线性化以后估计新的参数数值 $\beta^{(3)}$。不断重复这个迭代局部线性化过程，直到获得收敛参数估计量为止，即新的最小二乘回归参数估计值不再有很大变化。

该方法的一个优点是计算效率比较高。如果被估计的模型很接近于一个线性模型，则只需要几次迭代就可以获得收敛估计量。同时该方法也为统计检验提供了清晰的思路①。这是因为每一次迭代运算时都是采用针对线性回归模型进行计算，从而就可以用标准的统计检验（$R^2$，$t$ 检验等）评价线性化模型的拟合程度。

利用泰勒级数方法，在一定条件下，任何非线性函数都能够用一个泰勒级数表达成多项式形式。特别地，可以把式（9.1.1）右边的函数 $f(x,\beta)$ 在系数 $\beta_0$，$\beta_1$，…，$\beta_k$ 的一组初始值 $\beta^{(0)}=(\beta_0^{(0)},\beta_1^{(0)},\cdots,\beta_k^{(0)})^T$ 附近展开，得到展开式：

$$Y=f(\beta^{(0)})+G(\beta^{(0)})^T(\beta-\beta_0)+\frac{1}{2}(\beta-\beta^{(0)})^T H(\beta^{(0)})(\beta-\beta^{(0)})+\cdots+\varepsilon$$

其中 $\beta=(\beta_0,\beta_1,\cdots,\beta_k)^T$，$\beta^{(0)}=(\beta_0^{(0)},\beta_1^{(0)},\cdots,\beta_k^{(0)})^T$，$G(\beta^{(0)})$ 表示函数 $f(\beta)$ 在参数的初始值 $\beta^{(0)}$ 处的梯度向量：

$$G(\beta^{(0)})=\left(\frac{\partial f}{\partial\beta_0},\frac{\partial f}{\partial\beta_1},\cdots,\frac{\partial f}{\partial\beta_k}\right)^T$$

$H(\beta^{(0)})$ 是 $f(\beta)$ 在 $\beta^{(0)}$ 处的海森矩阵：

$$H(\beta^{(())})=\begin{pmatrix} f_{00} & f_{01} & \cdots & f_{0k} \\ f_{10} & f_{12} & \cdots & f_{1k} \\ \vdots & \vdots & & \vdots \\ f_{k0} & f_{k1} & \vdots & f_{kk} \end{pmatrix}_{\beta^{(0)}},\ f_{ij}=\frac{\partial^2 f}{\partial\beta_i\partial\beta_j},\ i,j=0,1,\cdots,k$$

上述泰勒级数展开式中的前两项就是非线性函数 $f(\beta)$ 的一个线性近似。去掉二阶和更高阶的项，并将等式改写，得到：

---

① 传统的统计检验方法通常只用于线性回归模型。

$$Y-f(\beta^{(0)})+G(\beta^{(0)})^T\beta^{(0)}=G(\beta^{(0)})^T\beta+\varepsilon \tag{9.1.4}$$

式（9.1.4）就是一个线性回归模型，其左边是一个构造出来的被解释变量，右边包含主要由一组未知系数 $\beta=(\beta_0, \beta_1, \cdots, \beta_k)^T$ 与一组构造出来的外生变量 $G(\beta^{(0)})$ 的乘积，因此可以用 OLS 方法估计这些系数。

将 $\beta_0$，$\beta_1$，…，$\beta_k$ 的第 1 次估计值记为：

$$\hat{\beta}^{(1)}=(\hat{\beta}_0^{(1)}, \hat{\beta}_1^{(1)}, \cdots, \hat{\beta}_k^{(1)})^T$$

并把该估计量 $\hat{\beta}^{(1)}$ 作为未知参数 $\beta$ 的新初始值，代替式（9.1.4）中的 $\hat{\beta}^{(0)}$ 得到新的线性回归模型（9.1.5）：

$$Y-f(\hat{\beta}^{(1)})+G(\hat{\beta}^{(1)})^T\hat{\beta}^{(1)}=G(\beta^{(1)})^T\beta+\varepsilon \tag{9.1.5}$$

对式（9.1.5）运用 OLS 方法估计参数 $\beta$，获得第 2 次估计量：

$$\hat{\beta}^{(2)}=(\hat{\beta}_0^{(2)}, \hat{\beta}_1^{(2)}, \cdots, \hat{\beta}_k^{(2)})^T$$

不断重复循环这个局部线性化的过程，并用 OLS 方法进行参数估计，从而获得一系列近似估计量：

$$\hat{\beta}^{(1)}, \hat{\beta}^{(2)}, \cdots, \hat{\beta}^{(j)}, \hat{\beta}^{(j+1)}$$

其中，$\hat{\beta}^{(j)}$ 表示第 $j$ 次 OLS 估计结果。

若相邻两次的估计量表现出某种收敛性特征时，就可以停止上述计算过程。具体地说，考虑一个很小的正数 $\delta$①，若满足：

$$\left|\beta_i^{(j+1)}-\beta_i^{(j)}\right|<\delta，\text{或}\left|\frac{\beta_i^{(j+1)}-\beta_i^{(j)}}{\beta_i^{(j)}}\right|<\delta，i=0, 1, \cdots, k \tag{9.1.6}$$

时就可以考虑用 $\hat{\beta}^{(j)}$，或 $\hat{\beta}^{(j+1)}$ 作为真实参数 $\beta$ 的一个估计量。

无法确保这个循环过程肯定收敛于系数的极大似然估计。比如，这个过程可能会收敛于误差平方和函数的一个局部极小点，而不是整体极小点。检查这种情况是否发生的一个方法就是从系数的一组不同的初始猜测值开始，重新进行循环过程。

一个非常重要的事实是这个循环过程可能根本不收敛。系数的每一次估计值都与前次的估计值不同，而且式（9.1.6）的左端随着每一次循环不断增大（即循环过程是发散的）。如果循环过程发散，可以用系数的一组新的猜测值重新开始循环过程。如果仍然不收敛，可能就需要采用另外的估计方法了。

① 它的选择部分地依赖于计算费用。

## 9.1.2　非线性回归模型的参数估计量的说明

用来检验线性回归模型拟合程度的统计检验无法直接应用于非线性回归模型的参数估计量。例如，$F$ 统计量不能用来对非线性回归的拟合程度做显著性检验，$t$ 统计量也不能在通常的方式下使用。原因之一是我们无法从回归残差得到误差项 $\varepsilon$ 方差 $\sigma^2$ 的一个无偏估计，即使 $\varepsilon$ 服从均值为 0 的正态分布，残差

$$\hat{\varepsilon}_t = Y_t - f(\hat{\beta}_0, \hat{\beta}_1, \cdots, \hat{\beta}_k) \tag{9.1.7}$$

也不服从正态分布，其均值也不为 0。因此残差平方和不服从 $\chi^2$ 分布，估计的系数本身也不服从正态分布，标准的 $t$ 检验和 $F$ 检验也就不能用了。

根据式（9.1.5）的局部线性化过程，如果参数估计过程具有一定的收敛性，可以预期最后一次（如第 $j$ 次）的局部线性模型应该是具有良好的线性近似，因此可以考虑对此最后的线性模型的参数估计量进行检验。

正因为如此，通过线性化法进行非线性估计的计算机程序一般都为最后的线性化模型的估计计算 $t$ 统计量以及相应的标准误差（这些标准误差都是一致的估计）。

与 $t$ 检验和 $F$ 检验不同，$R^2$ 还是可以在通常意义下应用于非线性回归。由于 $R^2$ 是由下式计算出来的：

$$R^2 = 1 - \frac{\sum \hat{\varepsilon}_t^2}{\sum y_t^2}$$

其中，$y_t$ 以离差形式度量，代表由回归“解释”的 $y_t$ 的变差的比例。

如果残差是用式（9.1.7）计算的，那么 $R^2$ 对于非线性模型仍然具有以上的含义。

## 9.1.3　非线性回归模型的预测

获得非线性模型的估计后就可进行预测分析。$Y_{T+1}$ 的预测由下式给出

$$\hat{Y}_{T+1} = f(X_{1,T+1}, X_{2,T+1}, \cdots X_{k,T+1}, \hat{\beta}_0, \hat{\beta}_1, \cdots, \hat{\beta}_k) \tag{9.1.8}$$

在第 2 章中我们看到，这样的预测对于线性回归是无偏的并且具有最小的平均误差平方和。但是用式（9.1.8）进行非线性回归预测时，上述结论就不一定成立了。因为式（9.1.8）的预测误差不像线性模型情形那样服从 0 均值的正态分布，因此我们无法确定这样做的预测误差是否比其他系数估计的预测误差小。

第 2 章中在线性情形下推导出来的预测标准误差计算公式和相应的置信区间都无法应用于式（9.1.8）。事实上，没有可以直接用来计算一般非线性模型预测置信区间的解析公式。一个解决的办法就是用蒙特卡罗预测法（Monte Carlo forecasting）生成置信区间。但是，这样做需要系数服从正态分布，而且必须可以估计系数的标准差和模型本身的标准差。因此蒙特卡罗方法（或随机模拟法）也不能在这里直接应用。

由于参数的最后估计结果是用最后一次线性近似的回归模型获得的，因此可以考虑用此最后一个模型进行相应的预测分析。首先假设模型误差服从正态分布，同时参数估计量也服从正态分布，并用最后一次循环的线性回归结果的标准误差的估计，做蒙特卡罗预测。

为了对此进行说明，考虑非线性回归模型：

$$Y_t = \beta_0 + \beta_1 X_t^{\beta_2} + \varepsilon_t \tag{9.1.9}$$

对式（9.1.9）进行估计，计算预测值 $\hat{Y}_{T+1}$，按下列步骤计算预测标准误差：

（1）将模型改写成如下形式：

$$Y_t = (\beta_0 + \eta_0) + (\beta_1 + \eta_1) X_t^{\beta_2 + \eta_2} + \varepsilon_t \tag{9.1.10}$$

并假设 $\eta_0$，$\eta_1$，$\eta_2$ 和 $\varepsilon_t$ 均值为 0 的正态随机变量，其标准差分别为由最后一次循环线性回归计算出来的估计量的标准误差 $se(\hat{\beta}_0^{(m)})$，$se(\hat{\beta}_1^{(m)})$，$se(\hat{\beta}_2^{(m)})$，其中 $m$ 表示最后一次近似计算。

（2）用上述正态分布生成 $\eta_0$，$\eta_1$，$\eta_2$ 和 $\varepsilon_t$ 的随机数，并用这些随机数计算相应的预测 $\hat{Y}_{T+1}$。

（3）把第（2）步重复进行 80 到 200 次，用由此得到的 $\hat{Y}_{T+1}$ 值的样本标准差作为预测标准误差。

利用该近似的预测标准误差可以用来计算置信区间。尽管无法确保这个方法一定能够得到预测真正标准差的甚至比较接近的估计，但是它的确至少可以是预测置信区间的一个度量。

**例 9.1** 消费函数问题。

我们要打算估计关于系数是非线性的消费函数，目的是用季度时间序列数据建立美国实际（美元的不变价值）总消费 $C$ 与实际总可支配收入 $Y$ 之间的关系。

我们还想检验消费的边际倾向可能随着可支配收入的增加而减少的原假

设，其中消费的边际倾向（*MPC*）定义为：

$$MPC = dC/dY$$

利用截面数据很容易支持这个原假设（将消费对不同收入水平的人群的收入进行回归），但用时间序列数据就不那么容易。

一般估计的消费函数都是下面的线性消费函数：

$$C = \alpha_0 + \alpha_1 Y + \alpha_2 Y^2 + \varepsilon \tag{9.1.11}$$

人们一般会期望 $\alpha_1$ 大于 0。如果用截面数据对式（9.1.11）进行估计，一般会得到 $\alpha_2$ 显著地小于 0 的结论，但是如果用时间序列数据的话，$\alpha_2$ 的估计就可能是正的。

下面考虑非线性的消费函数：

$$C = \alpha_0 + \alpha_1 Y^{\alpha_2} + \varepsilon \tag{9.1.12}$$

利用 1947 年第 1 季度 ~ 1995 年第 2 季度的时间序列季度数据，采用循环线性化法进行估计。

可以从 $Y$ 对 $C$ 的影响是线性关系出发进行迭代计算，因此选择 $\alpha_2$ 的初始值为 1，$Y$ 的系数表明收入中用于消费的比例，应该小于 1，不过其值也在 1 附近，考虑 $\alpha_1$ 的初始值为 1，即对应于收入全部用于消费，由于对 $\alpha_0$ 的取值没有任何先验认识，可以把数值 1.0 作为其初始值。

在第 22 次循环之后达到收敛，参数估计量的非线性模型为：

$$\hat{C} = 256.33 + 0.195 Y^{1.180} \tag{9.1.13}$$

参数估计量 $\hat{\alpha}_0$，$\hat{\alpha}_1$，$\hat{\alpha}_2$ 的标准误差分别为 16.71，0.0211 和 0.0126，所有系数估计量在 5% 显著性水平下都是显著的，同时最后模型的 $R^2$ 等于 0.999。

作为对比，我们还估计了下列线性回归（括号内是标准误差）：

$$\begin{gathered} \hat{C} = -14.925 + 0.918Y \\ (7.031) \qquad (0.0030) \\ R^2 = 0.998 \quad s = 39.23 \end{gathered} \tag{9.1.14}$$

对于线性回归模型，消费边际倾向 *MPC* 为常数 0.918，而对于非线性模型，消费边际倾向 *MPC* 为：

$$MPC = \frac{dC}{dY} = \alpha_1 \alpha_2 Y^{\alpha_2 - 1} \tag{9.1.15}$$

实际总可支配收入 $Y$ 的平均值为 2165，此时消费边际倾向 *MPC* 的值为 0.917。消费边际倾向 *MPC* 随着实际总可支配收入 $Y$ 的增加而减少，如当 $Y$ 为 600 时

$MPC$ 等于 0.805。

# 9.2 极大似然估计法

由于普通最小二乘估计法（OLS）有时会得到非有效的估计，有时也会得到非一致的估计。但是，极大似然估计法（MLE）的一大好处就是，在很一般的条件下，参数估计量还是一致的，并且（对于大样本）是渐近有效的。下面我们要讨论如何将极大似然估计法应用于线性及非线性模型。

## 9.2.1 极大似然估计法

考虑线性模型：

$$Y_i = \beta_0 + \beta_1 X_i + \varepsilon_i$$

若 $Y_i \sim N(\alpha + \beta X_i, \sigma^2)$，$i = 1$，…，$n$，其概率密度函数可以表示为：

$$p(Y_i) = \frac{1}{\sqrt{2\pi\sigma^2}} \exp\left[ -\frac{1}{2\sigma^2}(Y_i - \beta_0 - \beta_1 X_i)^2 \right]$$

则似然函数是样本（$Y_1$，…，$Y_n$）的联合概率密度函数在全部 $n$ 个观测处的取值。对应的似然函数为：

$$L(\theta) = \prod_{i=1}^{n} p(Y_i) = (2\pi\sigma^2)^{-n/2} \exp\left[ -\frac{1}{2\sigma^2} \sum (Y_i - \beta_0 - \beta_1 X_i)^2 \right] \tag{9.2.1}$$

记$(\beta_0, \beta_1, \sigma^2)^T$ 表示需要估计的参数向量。

极大似然估计的目标是寻找最可能生成样本观测 $Y_1$，…，$Y_n$ 的参数 $\beta_0$，$\beta_1$ 及 $\sigma^2$ 的值，这个目标可以通过寻找使似然函数（9.2.1）达到最大的参数 $\beta_0$，$\beta_1$ 及 $\sigma^2$ 的值来实现。

由于利用似然函数的对数比较方便，因此对式（9.2.1）取对数，即对数似然函数为：

$$\log L(\theta) = -\frac{N}{2}\log(2\pi) - \frac{N}{2}\log(\sigma^2) - \frac{1}{2\sigma^2} \sum (Y_i - \beta_0 - \beta_1 X_i)^2 \tag{9.2.2}$$

将（9.2.2）关于 $\beta_0$，$\beta_1$ 及 $\sigma^2$ 求偏导数，并令其等于零，可得

$$\begin{cases}\frac{\partial}{\partial\beta_0}\log L(\beta_0,\beta_1,\sigma^2)=-\frac{1}{2\sigma^2}\sum(Y_i-\beta_0-\beta_1X_i)=0\\ \frac{\partial}{\partial\beta_1}\log L(\beta_0,\beta_1,\sigma^2)=-\frac{1}{\sigma^2}\sum X_i(Y_i-\beta_0-\beta_1X_i)=0\\ \frac{\partial}{\partial\sigma^2}\log L(\beta_0,\beta_1,\sigma^2)=-\frac{N}{2\sigma^2}+\frac{1}{2\sigma^4}\sum(Y_i-\beta_0-\beta_1X_i)^2=0\end{cases} \tag{9.2.3}$$

正规方程组（9.2.3）的解，就是下列极大似然估计量：

$$\hat{\beta}_{0ML}=\overline{Y}-\hat{\beta}_{1ML}\overline{X},$$

$$\hat{\beta}_{1ML}=\frac{\sum(X_i-\overline{X})(Y_i-\overline{Y})}{\sum(X_i-\overline{X})^2} \tag{9.2.4}$$

$$\hat{\sigma}^2_{ML}=\frac{1}{n}\sum(Y_i-\hat{\beta}_{0ML}-\hat{\beta}_{1ML}X_i)^2$$

很明显，$\beta_0$、$\beta_1$ 的 MLE 估计量与 OLS 估计量完全一样，因此 $\hat{\beta}_{0ML}$ 和 $\hat{\beta}_{1ML}$ 是最优线性无偏估计量，然而 $\hat{\sigma}^2_{ML}$ 是 $\sigma^2$ 的有偏估计量[①]。

如果想获得无偏的估计量 $\tilde{\sigma}^2_{ML}$，需要进行自由度的适当调整，即

$$\tilde{\sigma}^2_{ML}=\frac{n}{n-2}\hat{\sigma}^2_{ML}$$

下面讨论将 *MLE* 应用于非线性模型的估计方法。假设一般的模型为

$$Y=f(X_1, X_2, \cdots X_k, \beta_0, \beta_1, \cdots, \beta_k)+\varepsilon \tag{9.2.5}$$

其中 $\varepsilon\sim N(0, \sigma^2)$，且满足经典线性回归模型的所有假设条件，那么对于 $Y$ 和解释变量 $X=(X_1, X_2, \cdots, X_k)$ 的 $n$ 个观测值，给定 $X$ 和 $\beta=(\beta_0, \beta_1, \cdots, \beta_k)^T$ 条件下 $Y$ 的密度函数可以写成

$$f(Y_i, X, \beta_0, \cdots, \beta_k)=\frac{1}{\sqrt{2\pi\sigma^2}}\exp\left\{-\frac{1}{2\sigma^2}[Y_i-f(X, \beta_0, \beta_1, \cdots, \beta_k)]^2\right\}$$

其中，exp 表示指数函数，$X_i=(x_{i1}, x_{i2}, \cdots, x_{ik})$，$i=1, 2, \cdots, n$。

利用 $n$ 个观测值可以获得对数似然函数为

$$\log L(\beta)=-\frac{N}{2}\log 2\pi-\frac{N}{2}\log(\sigma^2)-\frac{1}{2\sigma^2}\sum[Y_i-f(X_i, \beta_0, \cdots, \beta_k)]^2 \tag{9.2.6}$$

---

① 该估计量是一致的估计量。

其中所有的求和都是对观测 $i=1$，…，$n$ 进行的。

将式（9.2.6）对每一个 $\beta_i$ 和 $\sigma^2$ 求偏导，令它们等于零并求解，获得包含 $k+1$ 个未知系数 $\beta_i$，$i=0$，1，…，$k$ 和方差 $\sigma^2$ 的 $k+2$ 个方程构成的方程组。

如果这些方程是线性的，求解每一个参数的极大似然估计就很容易。但是，如果方程是非线性的，求解过程就比较复杂，必须用数值方法完成计算。

无论求解过程是否用到数值求解法，极大似然估计量都有以下性质：

（1）估计量是一致的。

（2）估计量是渐近有效的。

（3）估计量方差的渐近估计是估计过程的副产品。

参数 $\beta_i$ 估计量的方差估计为

$$I(\beta_i) = -E[\partial^2 \ln L / \partial \beta_i^2]$$

它是对数似然函数关于 $\beta_i$ 的二阶偏导数的期望值①。

$\beta_i$ 估计与 $\beta_j$ 估计之间协方差的估计如下：

$$\mathrm{cov}(\beta_i, \beta_j) = -E[\partial^2 \ln L / \partial \beta_i \partial \beta_j]$$

### 9.2.2 似然比检验

假如我们采用 MLE 估计法，并且计划检验数据是否支持某些参数约束条件，例如可能希望检验某些 $\beta$ 等于零的原假设，一个非常方便的检验方法就是似然比检验法。

假设 $L(\beta_{UR})$ 代表无约束条件时对数似然函数的最大值，而 $L(\beta_R)$ 代表有约束条件时对数似然函数的最大值。

似然比为

$$\lambda = \frac{L(\beta_R)}{L(\beta_{UR})}$$

分母来自无约束条件模型的似然函数值，所以它不能小于分子。因此 $\lambda$ 必定在 0 和 1 之间。如果原假设为真，$\lambda$ 应当接近于 1；如果原假设不为真，$\lambda$ 应当接近于 0。因此，直觉上我们认为当 $\lambda$ 充分小时，应当拒绝原假设。

① 函数 I(·)给出信息矩阵（information matrix）的各个元素，是对数似然函数曲率的度量。曲率越大，估计的方差就越大。

对原假设进行检验的似然比检验法建立在大样本条件下的分布

$$-2[L(\beta_R)-L(\beta_{UR})]\sim\chi_m^2$$

其中 $m$ 是约束条件的个数。似然比检验将上述 $\chi_m^2$ 的值与某个显著性水平（如5%）的临界值相比较，如果 $\chi_m^2$ 的值大于临界值，我们就拒绝原假设，认为约束条件不成立，即这些 $\beta$ 不全为0。

假设估计模型

$$y_i=\beta_1x_{i1}+\beta_2x_{i2}+\beta_3x_{i3}+\varepsilon_i \tag{9.2.7}$$

其中数据是离差形式。

我们希望检验约束条件 $H_0$：$\beta_2=0$，$\beta_3=0$，则有约束条件下的模型为

$$y_i=\beta_1x_{i1}+\varepsilon_i \tag{9.2.8}$$

使对应于式（9.2.7）的似然函数达到极大便得到 $L(\beta_{UR})$ 的值，而使对应于式（9.2.8）的似然函数达到极大得到 $L(\beta_R)$ 的值。

在包括线性模型的大多数情形中，特别是大样本情形，传统的F检验和似然比检验的结果应当非常类似。似然比检验有时用起来可能比较困难，这主要是进行回归分析时不同的计算机软件可能采用不同的计算方法，但是似然比检验需要计算不同条件下回归模型的最大似然函数值。不过，在大样本情形，似然比检验有它的优越之处，其中一个原因就是它不要求正态分布的假设①。

### 9.2.3 一个非线性模型的应用：Box - Cox 模型

G. E. P. 博克斯（G. E. P. Box）和 D. R. 考克斯（D. R. Cox）提出的 B - C 非线性模型是由下式给定的两个变量的模型②：

$$\frac{Y_i^\lambda-1}{\lambda}=\beta_0+\beta_1\cdot\frac{X_i^\lambda-1}{\lambda}+\varepsilon_i \tag{9.2.9}$$

模型（9.2.9）具有两种特殊情况，分别对应着 $\lambda=1$ 和 $\lambda=0$。

（1）当 $\lambda=1$ 时，这个模型化简为

$$Y_i-1=\beta_0+\beta_1(X_i-1)+\varepsilon_i$$

---

① Roberts F. Engle, "Wald, Likelihood Ratio, and Lagrange Multiplier Tests in Econometrics" in Z. Griliches and M. D. Intriligator, eds., Handbook of Econometrics, Vol. Ⅱ (Amsterdam: Elsevier Science Publishers, 1984), Chapter 13.

② G. E. P. Box, D. R. Cox. An Analysis of Transformations. *Journal of the Royal Statistical Society*, Series B, Vol. 26, 1964, pp. 211 - 243.

这是经典的线性回归模型。

（2）当 $\lambda=0$ 时，利用 $\lim\limits_{\lambda\to 0}\frac{x^{\lambda}-1}{\lambda}=\log x$ 可得 $\frac{Y_i^{\lambda}-1}{\lambda}\approx\log Y_i$，因此在 $\lambda=0$ 的特殊情况下，Box－Cox 变换得到下面的双对数线性模型

$$\log Y_i=\beta_0+\beta_1\log X_i+\varepsilon_i$$

当对于 $\lambda$ 的其他取值，Box－Cox 模型是广义非线性模型，因此它具有比较广泛的用途。

使用 Box－Cox 模型时，需要说明两个问题：第一，对于模型（9.2.9）中变量的指数 $\lambda$ 不是随意指定的，而是通过估计方法来确定的，其估计方法可以是极大似然估计法（MLE）。同时，对于更一般的模型，可以允许 $\lambda$ 随变量的不同而不同。第二，可以用极大似然估计法检验线性模型和对数线性模型的优劣，即分别估计 $\lambda=1$ 和 $\lambda=0$ 时的模型，并进行比较检验。

模型（9.2.9）相应的对数似然函数为①

$$\log L=(\lambda-1)\sum Y_i-\frac{N}{2}\log 2\pi-\frac{N}{2}\log(\sigma^2)-\frac{1}{2\sigma^2}\sum\left[\frac{Y_i^{\lambda}-1}{\lambda}-\alpha-\beta\frac{X_i^{\lambda}-1}{\lambda}\right]^2$$

比较 $L$ 在 $\lambda=0$ 的值和在 $\lambda=1$ 的值能使我们选择更好的拟合数据的模型。

**例 9.2**　能源、天气和居民住宅的价值。

J. M. 奎格利（J. M. Quigley）和 D. L. 鲁宾费尔德（D. L. Rubinfeld）用 Box－Cox 模型估计一个住宅价值模型②，分析能源费用、天气以及住宅需求之间关系。主要研究了单个家庭住宅的价值部分地依赖于住宅造价，以及对住宅本身、邻居以及该住宅所处区域的特性的供求关系。

式（9.2.10）建立了单个家庭住房的市场价值 $V$ 与一组面积和质量特性 $h_1$，一组取暖、纳凉等有关结构方面的特性 $h_2$，以及天气方面的两个度量 $W$ 之间的关系，其形式如下：

$$\frac{V^{\lambda}-1}{\lambda}=\sum_i\beta_i\frac{h_{1i}^{\lambda}-1}{\lambda}+\sum_j\beta_j\frac{h_{2j}^{\lambda}-1}{\lambda}+\sum_k\beta_k\frac{W_k^{\lambda}-1}{\lambda}+\varepsilon \qquad (9.2.10)$$

式（9.2.20）是用一个 1980 年 25 个大城市中的 5900 个住房的样本（平

---

①　第一项的出现是因为从 $\varepsilon$ 的分布函数变换到 $Y$ 的分布函数过程中有变量的变换。特别地，$d\varepsilon/dY=Y_i^{\lambda}-1$，因此 $\log(d\varepsilon/dY)=(\lambda-1)\log Y$。

②　M. Quigley，Daniel L. Rubinfeld，Unobservables in Consumer Choice：Residential Energy and the Demand for Comfort. *Review of Econometrics and Statistics*，vol. 71，August 1989，pp. 416－425.

均价值为 78000 美元）估计的。表 9.1 列出了用极大似然法得到的重要特性的系数和相应的比值：

**表 9.1　　极大似然估计与 t 统计量表**

| 变量 | 极大似然估计 | t 统计量 |
|---|---|---|
| 面积和质量特性 | | |
| 建造年份 | 0.115 | 2.61 |
| 浴室间数 | 0.124 | 2.36 |
| 房间数 | 0.194 | 2.71 |
| 停车房（有为 1，没有为 0） | 0.047 | 2.11 |
| 有无害虫（有为 1，没有为 0） | 0.028 | 1.90 |
| 邻居（4 = 非常好） | 0.058 | 2.27 |
| 取暖、纳凉特性 | | |
| 地下室（有为 1，没有为 0） | 0.027 | 2.21 |
| 中央空调系统（有为 1，没有为 0） | 0.059 | 2.25 |
| 供暖锅炉（有为 1，没有为 0） | 0.045 | 1.77 |
| 天气特性 | | |
| 热天气（度天数） | 0.048 | 1.42 |
| 冷天气（度天数） | | |
| 截距 | 6.007 | 6.14 |
| λ | -0.10 | 2.62 |
| $R^2 = 0.48$ | | |

多数住房变量的系数在统计上都是显著的，并且具有期望的符号。特别是房间数和卫生间数对住房的价值贡献比较大。中央取暖系统也很重要，中央空调系统也是一样。最后，气候温和地区的住房比特别热或特别冷地区的住房显著的贵很多。

Box - Cox 参数 λ 的估计值很小，只有 -0.1，但是它显著地不为 0，这说明对数线性模型是拟合程度最好的非线性模型的一个很好的近似。

### 9.2.4　拉格朗日乘数检验法（LM）

前面讨论了两种假设检验法：F 检验/Wald 检验法和似然比检验法。

Wald 检验从无约束模型出发，检验给模型加上约束条件（部分回归参数等于0）是否显著地减弱了回归模型的解释能力。根据 Wald 检验的设定原理，原假设对应于有约束条件模型，而备择假设对应于无约束条件模型。在线性回归模型情况下，显著性由 F 检验来评估。

似然比检验法检验的也是以有约束条件模型为原假设，但是这一检验却是用$\chi^2$ 分布完成的。由于似然比（LR）检验法的基础是极大似然原则，因此它是很有吸引力的检验法。

下面主要讨论拉格朗日乘数（LM）检验法，其原假设为约束条件模型，检验中原假设向备择假设的变化能否显著地提高有约束条件模型的解释能力。拉格朗日乘数检验法以有约束条件极大化技术为基础，其中拉格朗日乘数是用来估计约束条件对参数极大似然估计的影响程度的。

令 $\hat{\beta}_{UR}$为无约束条件模型参数 $\beta_{UR}$的极大似然估计，$\hat{\beta}_R$ 为有约束条件模型参数 $\beta_R$ 的极大似然估计。我们的目标是在约束条件 $\beta_{UR}=\beta_R$ 下求 $\ln L(\beta_{UR})$的极大，这就等价于求下式的极大

$$\ln L(\beta_{UR})-\lambda(\beta_{UR}-\beta_R)$$

其中，$\lambda$ 是拉格朗日乘数。很明显，约束条件成立时这个函数达到极大值。拉格朗日乘数度量的是约束条件的边际“价值”：$\lambda$ 越大，约束条件对 $\ln L(\beta_{UR})$的极大值影响就越大。

由于极大化时对应的一阶偏导数条件之一是 $\partial L/\partial\beta_{UR}=\lambda$，所以 $\lambda$ 是似然函数的斜率。如果约束条件成立的原假设不能被拒绝，则有约束条件的参数会与无约束条件的参数很接近，而且 λ 的值会较小。如果约束条件显著地不成立，则加上约束条件的损失，也就是 λ 就会更大。因此，基于 λ 大小的 LM 检验法有时就称为计数检验（score test）①。

拉格朗日乘数检验法可很容易地用于考虑是否在回归模型中加入另外的解释变量的特殊情况。假如已经估计了有约束条件模型

$$Y=\beta_0+\beta_1X_1+\cdots+\beta_{k-q}X_{k-q}+\varepsilon_R \tag{9.2.11}$$

而且正在考虑可能加入另外 $q$ 个变量中的部分或全部变量的无约束条件模型

$$Y=\beta_0+\beta_1X_1+\cdots+\beta_{k-q}X_{k-q}+\beta_{k-q+1}X_{k-q+1}+\cdots+\beta_kX_k+\varepsilon_{UR} \tag{9.2.12}$$

---

① 更一般地，拉格朗日乘数检验法的检验统计量为 $LM=\lambda(\hat{\beta}_R)/I(\hat{\beta}_R)$，其中 $\lambda$ 和信息矩阵 $I(\ )$ 由对数似然函数的微分得到。

如果所有这些另外加上的变量 $X_{k-q+1}$，…，$X_k$ 都是“无关紧要”的，则从约束模型（9.2.11）变化到无约束模型（9.2.12）时，$q$ 个多出来的解释变量的系数应当满足

$$\beta_{k-q+1}=0,\ \cdots,\ \beta_k=0$$

反之，如果无约束模型（9.2.12）中增加的变量 $X_{k-q+1}$，…，$X_k$ 的全部或部分变量对 $Y$ 有决定性影响，则认为它们的系数应当是统计上显著的，因此模型（9.2.12）的估计会很好地拟合数据。

关于 $q$ 个变量中每个变量的系数都是零的假设的 $LM$ 检验程序如下

（1）首先计算有约束模型（9.2.11）的残差 $\hat{\varepsilon}_R$：

$$\hat{\varepsilon}_R=Y-\hat{\beta}_0-\hat{\beta}_1X_1-\cdots-\hat{\beta}_{k-q}X_{k-q} \tag{9.2.13}$$

（2）用这些残差 $\hat{\varepsilon}_R$ 关于无约束模型中的所有解释变量进行回归：

$$\hat{\varepsilon}_R=\gamma_0+\gamma_1X_1+\cdots+\gamma_kX_k+v \tag{9.2.14}$$

拉格朗日乘数检验法依赖于回归模型（9.2.14）的显著性检验。特别地，拉格朗日乘数检验统计量 $LM=nR_0^2$ 服从自由度为 $q$（约束条件个数）的 $\chi^2$ 分布，$n$ 为样本容量，$R_0^2$ 是回归模型（9.2.14）的拟合优度指标 $R^2$。①

如果计算出的检验统计值大于 $\chi^2(q)$ 分布的临界值，我们就拒绝有约束模型成立的原假设，即认为有些另外的 $q$ 个解释变量应当被包含在模型之中。对回归模型（9.2.14）的 $t$ 统计量的研究能够表明应该选择哪些变量，但是没有一个统一的评价方法。

LM 检验法常用于异方差检验，即怀特（White）检验。假设我们估计了一个线性回归模型，但是担心误差项方差是否是两个外生变量 $X$ 和 $Z$ 的函数。怀特建议异方差由下面的误差项方差的函数所确定：

$$\sigma_i^2=\beta_0+\beta_1X_i+\beta_2Z_i+\beta_3X_i^2+\beta_4Z_i^2+\beta_5X_iZ_i+v_i,\ i=1,\ \cdots,\ n \tag{9.2.15}$$

不存在异方差的原假设为模型（9.2.15）中的系数满足 $\beta_1=\beta_2=\beta_3=\beta_4=\beta_5=0$。

为了完成 White 检验，可以用原始模型的残差平方 $\hat{\varepsilon}_i^2$ 作为 $\sigma_i^2$ 的估计。按照拉格朗日乘数检验法，利用模型（9.2.15）的回归结果计算 $nR^2$，它应当服从自由度为 5 的分布（5 是原假设中限制条件的个数）。

① 关于这个检验的推导参见前面提到过的恩格尔（Engle）的文章。

### 9.2.5 Wald 检验、似然比检验和拉格朗日乘数检验的比较

Wald 检验最广义的形式与似然比检验和拉格朗日乘数检验都有很密切的关系，Wald 检验也是以有约束条件参数估计与无约束条件参数估计之差为基础的①。

对于线性回归模型的特殊情形，Wald 检验简化为 F 检验：

$$F_{q,\ N-k}=\frac{(R_{UR}^2-R_R^2)/q}{(1-R_{UR}^2)/(N-k)}$$

其中，$R_{UR}^2$是无约束条件模型的 $R^2$，$R_R^2$是有约束条件模型的 $R^2$。

如果考虑无约束条件模型是一元线性回归模型，且 $q=1$，Wald 检验统计量更进一步简化为

$$W=\frac{NR_{UR}^2}{1-R_{UR}^2}$$

在同样的情况下，拉格朗日乘数检验统计量为 $LM=R_0^2$，其中 $R_0^2$ 是由 $Y$ 关于一个常数（$Y$ 的离差）和解释变量 $X$ 回归的残差回归计算得来的。此时，似然比检验统计量为

$$LR=-N\ln(1-R_{UR}^2)$$

如果样本容量可以无限制地增大的话，它们将得出同样的检验结果，即上述三个检验统计量都是渐近等价的。但是，一般来说，对于同样的样本，三个检验的确是不同的检验，可能会给出不同的、有时是相互矛盾的检验结果②。对于线性模型，如果对同样的样本，检验的统计量不同的话，Wald 统计量总是最大，而 LM 检验统计量总是最小的。因此，只要拉格朗日乘数检验拒绝有条件模型成立的原假设，所有其他检验也都拒绝③。

对于线性模型，Wald 检验是最容易用的，因为有条件模型和无条件模型的估计都很容易。但是，对于更一般的模型，LM 检验法是一个不错的选择，

---

① Wald 检验统计量为 $W=(\hat{\beta}_{UR}-\hat{\beta}_R)^2I(\hat{\beta}_{UR})$，其中 $I(\cdot)$ 是信息矩阵，该检验统计量服从 $\chi^2(q)$，其中 $q$ 为约束条件个数。

② 在误差项服从正态分布（对数似然函数为二次函数）的情况下，这三个检验方法是等价的。

③ 参见前面提到的恩格尔（Engle）的文章，他关于这三个检验比较的复杂性的论述是最精辟的。

因为这个检验只依赖于对有条件模型的估计，而且，因为它以有条件模型的残差为基础，因此可以用来作为检查模型对各种选择方案的敏感性。

我们已经看到过 LM 检验法如何被用来作为有关缺省变量的模型确认检验。正如下面的例子所显示的，拉格朗日乘数检验法还可以用来作为异方差、联立模型偏误，或者非线性是否存在的检验方法。

**例 9.3**　检验消费函数的线性与非线性特征。

在例 9.1 中说明了如何用非线性最小二乘法估计形式为

$$C = \alpha_0 + \alpha_1 YD^{\alpha_2} + \varepsilon$$

的非线性消费函数。假如我们希望检验消费函数是线性的原假设，即 $\alpha_2 = 1$ 是否成立。

在目前的情况下，很容易用 Wald 检验，因为此时 Wald 检验等价于一个 $t$ 检验，$t$ 统计值为

$$\frac{\alpha - 1}{s_{\alpha_2}} = \frac{1.180 - 1}{0.0126} = 14.25$$

其中的标准误差来自非线性最小二乘估计过程的最后一次线性化循环迭代。由于该值大于对应的 $t$ 分布在 5% 显著性水平下的临界值，或对于大样本双侧检验该值大于 1.96，我们拒绝线性消费函数的原假设，认为消费函数是非线性的。这个特殊的 Wald 检验是更一般的 $\chi^2$ 检验的一个特殊情况；我们计算出 $\chi^2$ 检验的统计值为 202.93，近似地等于 14.25 的平方。与 $t$ 检验一样，我们在 5% 的显著性水平下，拒绝线性模型的原假设。

若用似然比检验法检验模型的线性特征，用极大似然估计法对消费函数的线性形式以及它的非线性形式做出估计，得到似然比检验统计值

$$-2[L(\beta_R) - L(\beta_{UR})] = 141.04$$

这个统计值虽然比 Wald 检验对应的 $\chi^2$ 统计值小，但是根据自由度为 1 的 $\chi^2$ 分布表，它依然在 5% 的显著性水平下是非常显著的。

最后，我们用拉格朗日乘数检验法检验线性假设，此时的 $\chi^2$ 统计值为 194.6，也是显著的。

## 本章练习题

1. 在 $a_0$，$a_1$，$a_2$ 的某个初始猜测附近将消费函数 $C_t = a_0 + a_1 Y^{a_2}$ 展开成泰

勒级数，建立局部线性回归模型，并解释如何将模型在第一次回归的普通最小二乘估计附近再次线性化。

2. 写出非线性消费函数 $C_t = a_0 + a_1 Y^{a_2}$ 的误差平方和函数 $S(a_0, a_1, a_2)$。将 $S$ 关于 $a_0$，$a_1$，$a_2$ 求偏导数得到正规方程组。说明怎样求解这些正规方程组从而得到 $a_0$，$a_1$，$a_2$ 的估计。

# 第 10 章

# 时间序列模型

在第 1 章中，我们便已经认识到经济分析中所用的数据类型中还有一类重要的数据，即时间序列数据，它是对研究对象按照时间的先后顺序进行观察而记录下相应的信息资料构成，这类数据向计量经济分析者提出了若干挑战。

利用时间序列进行分析时，通常会有以下几个问题需要考虑：

（1）假设我们所用的时间序列数据是平稳的，因此需要给出平稳性的判断准则及相关方法。

（2）在第 6 章里讨论了利用时间序列数据建立回归模型时产生自相关的几个原因，从实际分析中发现时间序列数据自身的非平稳性也会导致自相关性问题。

（3）利用两个时间序列数据建立回归模型时，即使这两个数据之间没有任何有意义的实际联系，但是它们却可能具有很高的拟合关系（如大于 0.9 以上的 $R^2$），这就是谬回归现象，因此判断两个经济变量之间的关系是真实有效关系还是谬回归就特别重要了。

（4）某些时间序列数据，特别是金融时间序列数据（如股票价格、利率）是否具有随机游走特征，对于利用时间进行预测分析具有重大意义。如果时间序列是服从随机游走特征，则利用这组时间序列进行预测时将产生没有实际意义的结果。

本章的内容主要有五个部分：（1）确定性特征的时间序列模型的建模方法；（2）随机特征的时间序列模型及数据生成过程的随机结构的描述；（3）时间序列的平稳性特征及平稳性的统计检验（Dickey－Fuller 方法）；（4）时间序列的

协整分析，即多个非平稳序列能否组合成一个平稳序列；（5）误差结构的(G)ARCH 特征及一些应用。

在实际的时间序列分析中，这五个部分的分析方法经常是相互联结和影响的，因此常常在同一个问题中会出现多种方法交互使用。

## 10.1 确定性特征的时间序列模型

确定性时间序列模型是时间序列分析的简单模型，这类模型并不反映时间序列的随机性质。虽然这类模型无法达到现代随机时间序列模型分析的预测精度，但仍是一个简单易行且可接受的分析方法，经常是作为深入分析的出发点。

如果时间序列数据 $y_t$ 的基本特征是它的长期增长（或减少）模式，即我们确信 $y_t$ 有一个向上（或向下）的变化趋势存在并且将持续下去，就可以建立一个反映这一趋势的固定时间趋势模型并用它来预测 $y_t$。

### 10.1.1 线性时间趋势模型

最简单的时间序列模型是线性趋势模型，即认为时间序列 $y_t$ 在每个单位时期上的增长量是常量，其取值随着时间推移稳定增减变化，这类数据可以建立如下回归模型：

$$y_t = a_0 + a_1 t + \varepsilon_t \tag{10.1.1}$$

其中，误差项 $\varepsilon_t$ 服从经典回归模型的所有假设条件，参数 $a_1$ 通常表示时间每增加一个单位时 $y_t$ 平均增加（$a_1>0$）或减小（$a_1<0$）的数量。例如，某个回归结果是 $\hat{y}_t = 27.6 + 4.5t$，其统计含义表示在平均意义上，$y_{t+1}$的值将比 $y_t$ 的数值平均增大 4.5 个单位。

假定时间序列 $y_t$ 在相同时间内以同样的增长速度增加或减小，即 $y_t$ 的变化率是变量 $t$ 的线性函数，因此 $y_t$ 具有指数增长性，对应的回归模型可以假设为：

$$\ln y_t = a_0 + a_1 t + \varepsilon_t \tag{10.1.2}$$

其中，参数 $a_1$ 可以表示单位时间内 $y_t$ 的增长速率。

## 10.1.2　非线性时间趋势模型

二次趋势模型是线性趋势模型（10.1.1）的一个简单推广，它增加了 $t^2$ 项，从而反映时间变量对 $y_t$ 的非线性作用：

$$y_t = a_0 + a_1 t + a_2 t^2 + \varepsilon_t \tag{10.1.3}$$

模型（10.1.3）主要用于描述 $y_t$ 关于时间变量 $t$ 的边际变化率呈现出非常量性函数关系。如果 $a_1>0$，$a_2>0$，则 $y_t$ 将总是不断增长，而且随着时间加速增长；如果 $a_1<0$，$a_2>0$，则 $y_t$ 先减后增；如果 $a_1<0$，$a_2<0$，则 $y_t$ 将总是递减。

对于时间序列数据 $y_t$ 的趋势形式是模型（10.1.1）、模型（10.1.2）或者模型（10.1.3），可以直接检验 $t$ 或 $t^2$ 的系数是否等于 0 来确定。

当然，还有另一种方法来确定时间趋势的形式。令 $\Delta y_t = y_t - y_{t-1}$，则上述三个模型分别对应于以下模型：

$$\Delta y_t = a_1 + \Delta\varepsilon_t \tag{10.1.4}$$

$$\Delta \ln y_t = a_1 + \Delta\varepsilon_t \tag{10.1.5}$$

$$\Delta y_t = a_1 + a_2 t + \Delta\varepsilon_t \tag{10.1.6}$$

因此可以对差分序列 $\{\Delta y_t\}$ 建立上述 3 个模型，从而判断原始序列 $\{y_t\}$ 具有的时间趋势形式，即

（1）如果模型（10.1.4）或模型（10.1.5）成立，即差分序列 $\{\Delta y_t\}$ 或 $\{\Delta \ln y_t\}$ 的取值没有明显地随着时间变化而增长或下降的特征，则序列 $\{y_t\}$ 或 $\{\Delta \ln y_t\}$ 具有一次线性趋势。

（2）如果模型（10.1.6）成立，即差分序列 $\{\Delta y_t\}$ 具有一次直线趋势，则序列 $\{y_t\}$ 具有二次确定性趋势。

**例 10.1**　百货公司销售额预测。

表 10.1 给出了某百货公司月零售额（$Y$，亿元）1986 年 1 月到 1995 年 12 月的时间序列数据，其中每月的观察值已经经过季节调整。下面用确定性趋势模型预测，并利用历史数据的变化特征预测 1996 年各月的销售额。在这里考虑预测 1996 年 1 月份的销售额 $Y_{1996.1}$。

表 10.1　　某百货公司 1986 年 1 月到 1995 年 12 月月零售额　　单位：亿元

| 月份 | 1986 年 | 1987 年 | 1988 年 | 1989 年 | 1990 年 | 1991 年 | 1992 年 | 1993 年 | 1994 年 | 1995 年 |
|---|---|---|---|---|---|---|---|---|---|---|
| 1 | 11181 | 11887 | 12498 | 13471 | 14035 | 14113 | 15358 | 16612 | 17752 | 19409 |
| 2 | 11258 | 12181 | 12297 | 13055 | 14127 | 14413 | 15666 | 16425 | 18040 | 19229 |
| 3 | 11459 | 12023 | 12687 | 13388 | 14435 | 14761 | 15421 | 16067 | 18304 | 19324 |
| 4 | 11508 | 12251 | 12736 | 13555 | 14048 | 14761 | 15433 | 16669 | 18161 | 19344 |
| 5 | 11519 | 12472 | 12855 | 13567 | 13965 | 14782 | 15636 | 16814 | 18076 | 19485 |
| 6 | 11621 | 12365 | 12847 | 13675 | 14394 | 14569 | 15607 | 16847 | 17464 | 19656 |
| 7 | 11769 | 12394 | 12879 | 13717 | 14270 | 14888 | 15681 | 17132 | 18486 | 19766 |
| 8 | 11834 | 12516 | 12924 | 13743 | 14281 | 14988 | 15939 | 17162 | 18718 | 19614 |
| 9 | 11836 | 12445 | 13113 | 14014 | 14221 | 14805 | 16017 | 17277 | 17724 | 19776 |
| 10 | 11766 | 12534 | 13280 | 13915 | 14197 | 14863 | 16188 | 17616 | 19016 | 19531 |
| 11 | 11655 | 12411 | 13323 | 13990 | 14333 | 15045 | 16242 | 17470 | 19008 | 19795 |
| 12 | 11723 | 12611 | 13382 | 14079 | 14280 | 15046 | 16382 | 17637 | 19064 | 19685 |

从图 10.1 和图 10.2 可以直观地看出，该百货公司的销售额或销售额的对数均存在明显的确定的时间趋势特征，因此可以考虑建立时间变量模型（10.1.1）和模型（10.1.2）。确定性趋势模型所对应的回归结果列于下面，其中括号内是 t 统计量。

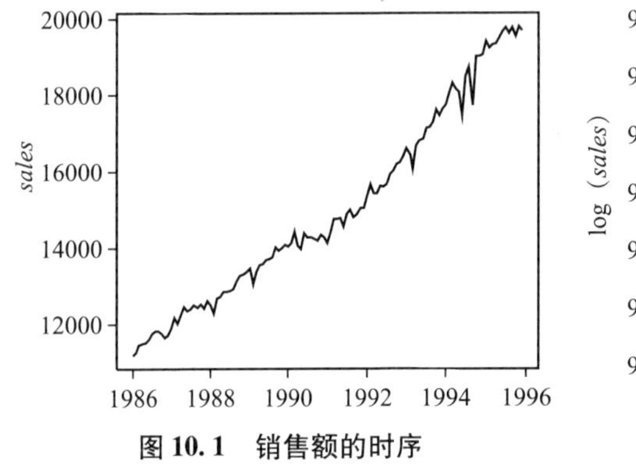


图 10.1　销售额的时序

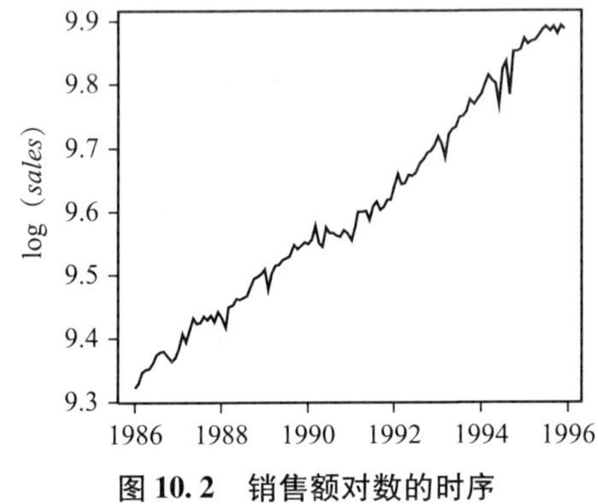


图 10.2　销售额对数的时序

（1）线性趋势模型：

$$\hat{Y}_t = 10713.68 + 71.62t$$

$$(124.59) \quad (57.61) \tag{10.1.7}$$

$$n=120,\ s=468.1,\ R^2=0.9657,\ F=3319$$

（2）指数增长模型：

$$\widehat{\ln Y_t}=9.319+0.0047t$$

$$(2426)\ (85.32) \tag{10.1.8}$$

$$n=120,\ s=0.021,\ R^2=0.984,\ F=7279$$

模型（10.1.7）构造了一个取值为 1 ~ 120 的时间变量 $t$ 作为解释变量。将 $t=120$ 代入模型（10.1.7）右边，可得 1995 年 12 月的销售量的预测值为 19308.08，其预测值与实际值相对误差

$$\delta_1=\frac{\hat{Y}_{1995.12}-Y_{1995.12}}{Y_{1995.12}}\times 100\%=\frac{19308.08-19685}{19685}\times 100\% = -1.91\% \tag{10.1.9}$$

利用对数线性模型（10.1.8）得到的预测值为 19594.42，其预测值与实际值的相对误差

$$\delta_2=\frac{\hat{Y}_{1995.12}-Y_{1995.12}}{Y_{1995.12}}\times 100\%=\frac{19594.42-19685}{19685}\times 100\% = -0.46\% \tag{10.1.10}$$

从预测相对误差来看，模型（10.1.7）与模型（10.1.8）都具有较好的预测精度。确定性趋势模型正如前述例子中使用的那些方法一样，常常是对 GNP、总人口和污染指标等变量进行长期粗略预测的基础。尽管它们作为快速、初步预测的一种方法是有用的，但它们的预测结果往往不准确，同时由于将经济变量的变化原因仅仅归咎于时间因子，这种分析方法过于简单化了，因此在下面的分析中我们需要考虑影响被解释变量变化的其他因素。

## 10.2 时间序列模型随机性特征

为了深入分析时间序列数据问题，假设我们将要分析和预测的时间序列是由某个随机过程生成的，即假定序列 $y_1$，$y_2$，…，$y_T$ 的每一个数值都是从某一个概率分布中随机得到。

为了完成数据生成过程随机结构的计量模型分析，首先要寻找其随机特

征，从而对序列未来可能值的概率进行推断，即考虑时间序列的观测值序列 $\{y_1, y_2, \cdots, y_T\}$ 是来源于一个具有联合概率分布的随机向量。

如果准确地确定序列的概率分布，就可以确定序列未来数值的概率，但是大多数情况下要完全确定时间序列的概率分布函数是不可能的。不过，可以构造一个比较简单的时间序列模型，以便解释它的随机性并用于预测目的。

例如，可以认为 $\{y_1, y_2, \cdots, y_T\}$ 的值服从正态分布，且以简单 $AR(1)$ 的形式相互关联在一起。这个简化的 $AR(1)$ 模型可以认为是一个复杂的随机过程的合理近似①。事实上，我们不必要求所建模型与序列的历史行为表现完全一致，只要模型能够充分刻画已经获得的序列数据的随机特征就可以了。

### 10.2.1 随机游走

(1) 简单随机游走模型。

最简单的随机时间序列过程是随机游走过程，即 $y_t$ 的每个取值均来自一个零均值的独立同分布总体：

$$y_t = y_{t-1} + \varepsilon_t \tag{10.2.1}$$

其中，随机误差 $\varepsilon_t$ 满足 $E(\varepsilon_t)=0$，$\mathrm{Var}(\varepsilon_t)=\sigma^2$，$E(\varepsilon_t\varepsilon_s)=0$，$t \neq s$，例如，该零均值独立同分布随机变量 $\varepsilon_t$ 可由连续投掷一枚均匀硬币而产生，即出现正面时取值 +1，反面时取值 -1。

利用（10.2.1）可得

$$y_t = y_0 + \sum_{i=1}^{t} \varepsilon_i \tag{10.2.2}$$

因此，简单随机游走过程 $y_t$ 的取值可以看作是以 $y_0$ 为起始点，在此基础上加上一个 0 均值的独立同分布随机变量序列的累加和。

假如要对这个随机游走过程（10.2.1）进行预测分析，则计算 $t>T$ 时的预测值与方差。

当 $t=T+1$ 时的预测值为：

$$\begin{aligned}\hat{y}_{T+1} &= E(y_{T+1} \mid y_T, y_{T-1}, \cdots, y_1) = E[y_T + \varepsilon_{T+1} \mid \mathcal{F}(\varepsilon_T, \varepsilon_{T-1}, \cdots, \varepsilon_1, y_0)] \\ &= y_T + E(\varepsilon_{T+1}) = y_T\end{aligned}$$

预测误差和方差分别为：

① 该模型的实用性依赖于模型贴切地体现真实的概率分布以及序列的真实随机行为的程度。

$$e_1 = y_{T+1} - \hat{y}_{T+1} = \varepsilon_{T+1},\ \mathrm{Var}(\hat{y}_{T+1}) = E(e_1^2) = E(\varepsilon_{T+1}^2) = \sigma_\varepsilon^2$$

当 $t = T+2$ 时的预测值为：

$$\hat{Y}_{T+2} = E(y_{T+2} \mid y_T,\ y_{T-1},\ \cdots,\ y_1) = E(y_T + \varepsilon_{T+1} + \varepsilon_{T+2}) = y_T$$

预测误差为：

$$e_2 = y_{T+2} - \hat{y}_{T+2} = y_T + \varepsilon_{T+1} + \varepsilon_{T+2} - y_T = \varepsilon_{T+1} + \varepsilon_{T+2}$$

预测值的方差是：

$$\mathrm{Var}(y_{T+2}) = E[(\varepsilon_{T+1} + \varepsilon_{T+2})^2] = E(\varepsilon_{T+1}^2) + E(\varepsilon_{T+2}^2) + 2E(\varepsilon_{T+1}\varepsilon_{T+2}) = 2\sigma_\varepsilon^2$$

类似地，当 $t = T+k$ 时的预测值是 $y_T$，但预测误差的方差为：

$$\mathrm{Var}(y_{T+k}) = k\sigma_\varepsilon^2,\ k \geqslant 1 \tag{10.2.3}$$

即无论 $k$ 多大，$t = T+k$ 时刻的预测值都是 $y_T$，预测值的标准误差将以 $k$ 的平方根的倍数增加，从而导致对应的预测值的置信区间长度也将随着 $k$ 的增加而加大①。

（2）含有非零漂移项的随机游走模型。

随机游走模型（10.2.1）的一个简单推广是带漂移的随机游走，该过程包括序列 $y_t$ 的发展趋势（向上或向下），从而使得在预测中加入趋势因素，该过程 $y_t$ 又可表示为

$$y_t = y_{t-1} + d + \varepsilon_t \tag{10.2.4}$$

其中非零常数 $d$ 表示时间序列过程的漂移项。利用模型（10.2.4）可得

$$y_t = y_0 + dt + \sum_{i=1}^{t} \varepsilon_i \tag{10.2.5}$$

如果 $d > 0$，则意味着平均而言过程向上偏移，这种现象称为随机游走的漂移，其中 $d$ 称为漂移率。

对于模型（10.2.4），$t = T+1$ 期的预测值为

$$\hat{y}_{T+1} = E(y_{T+1} \mid y_T,\ y_{T-1},\ y_{T-2},\ \cdots,\ y_1) = y_T + d$$

预测值的标准误差与方差分别为

$$e_1 = y_{T+1} - \hat{y}_{T+1} = \varepsilon_{T+1},\ \mathrm{Var}(\hat{Y}_{T+1}) = E(e_1^2) = E(\varepsilon_{T+1}^2) = \sigma^2$$

① 所有的预测都是最后一个观察值 $y_T$，但由预测误差的一个标准偏差所代表的置信区间随着 $k^{0.5}$ 的增加而加宽，这种置信区间是随机时间序列模型的一个重要特点。

类似地，$t=T+k$ 期的预测值是 $\hat{y}_{T+k}=y_T+kd$，预测值的方差是 $\mathrm{Var}(\hat{y}_{T+k})=k\sigma_\varepsilon^2$，与随机游走模型（10.2.1）相似，预测值随 $k$ 增加而线性地增加，预测标准误差随 $k^{1/2}$ 的增加而加宽。

（3）非零漂移项对随机游走的影响。

由于存在非零漂移项可能导致两种不同的随机游走过程，因此确定一个随机过程是否具有非 0 漂移项就非常重要。

假设 $y_0=0$，当 $d=0$ 时随机游走过程（10.2.1）就是一个纯随机变量序列 $\{\varepsilon_1,\varepsilon_2,\cdots,\varepsilon_t\}$ 的累加值。当 $d\neq0$ 时，随机过程（10.2.4）则表示在一条截距为 0，斜率为 $d$ 的直线上累加一个随机变量值。

我们利用随机模拟方法来直观说明模型（10.2.1）与模型（10.2.4）的差异。[①] 图 10.3 显示了具有 200 个数据模拟数据的两个随机游走过程（$d_1=0$，$d_2=0.2$），误差项 $\varepsilon_t$ 的方差 $\sigma^2=1$。为了对比，我们在图上加入了时间趋势直线 $y_t=0.2t$，绘制图 10.3 的 R 代码如下：

```
set.seed(154)  #利用固定的种子保证结果可以重复再现
w<-rnorm(200);x< -cumsum(w);wd< -w+0.2;xd=cumsum(wd)
plot.ts(xd,ylim=c(-5,55),main="random walk",ylab="")
lines(x,col=4);
     abline(h=0,col=4,lty=2);abline(a=0,b=0.2,lty=2)
```

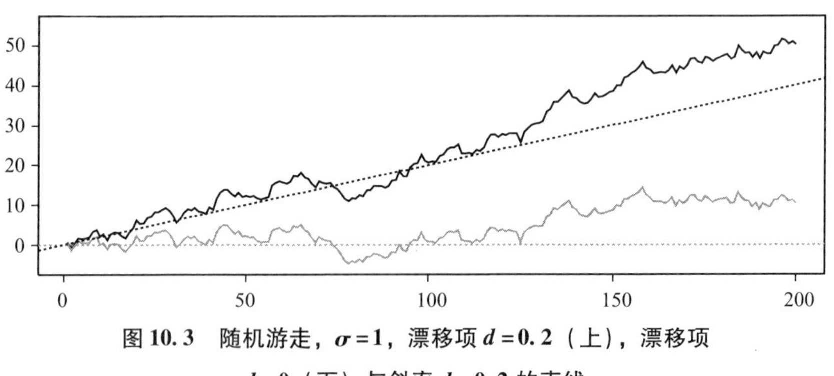


**图 10.3 随机游走，$\sigma=1$，漂移项 $d=0.2$（上），漂移项 $d=0$（下）与斜率 $d=0.2$ 的直线**

① 判定一个随机游走过程的漂移项 $d\neq0$ 是否成立有很多方法，其中可以考虑假设检验 $H_0$：$d=0$。

### 10.2.2 平稳过程的类型与性质

每一个随机时间序列 $y_1$，$y_2$，…，$y_T$ 都可以被认为由一组联合分布随机变量生成，即 $y_1$，$y_2$，…，$y_T$ 代表联合概率分布函数 $f(y_1, y_2, \cdots, y_T)$ 的一个特定结果，或称为一个实现。

一个未来的观测 $y_{T+1}$ 可以被认为由条件概率分布函数 $f(y_{T+1} \mid y_1, y_2, \cdots, y_T)$ 生成，即 $f(y_{T+1} \mid y_1, y_2, \cdots, y_T)$ 是给定过去观测值 $y_1$，$y_2$，…，$y_T$ 下的 $y_{T+1}$ 的概率分布。时间序列的平稳过程一般分为严平稳过程与宽平稳过程。

（1）严平稳过程。

如果时间序列 $y_1$，…，$y_T$ 的条件分布是不随时间而变化的过程，即对任意的 $t$，$k$ 和 $m$，都有

$$P(y_t, y_{t+1}, \cdots y_{t+k}) = P(y_{t+m}, y_{t+1+m}, \cdots y_{t+k+m}), P(y_t) = P(y_{t+m}) \tag{10.2.6}$$

称序列 $y_t$ 是严平稳的。

如果时间序列 $y_t$ 是严平稳序列，则该序列具有以下性质：

（a）数学期望是常数，即对任何 $t$ 和 $m$，$\mu = E(y_t) = E(y_{t+m})$。

（b）方差 $\sigma^2 = E(y_t - \mu)^2$ 是常数，即 $E[(y_t - \mu)^2] = E[(y_{t+k} - \mu)^2]$。

（c）对于任意滞后 $k$，序列的协方差为

$$\gamma_k = \mathrm{cov}(y_t, y_{t+k}) = E[(y_t - \mu)(y_{t+k} - \mu)] \tag{10.2.7}$$

个别地，$\gamma_0 = \sigma^2$。

（2）宽平稳过程。

如果时间序列 $y_t$ 满足以下条件：

（a）数学期望是常数，即 $\mu = E(y_t) = E(y_{t+m})$ 对任何 $t$ 和 $m$ 都成立。

（b）常数方差 $\mathrm{Var}(y_t) = \sigma^2$，即

$$E[(y_t - \mu)^2] = E[(y_{t+k} - \mu)^2] = \alpha^2$$

（c）对于任意滞后 $k$，序列的协方差

$$\gamma_k = \mathrm{cov}(y_t, y_{t+k}) = E[(y_t - \mu)(y_{t+k} - \mu)] \tag{10.2.8}$$

则称该序列是宽平稳时间序列，也称为二阶平稳或协方差平稳。

### 10.2.3 时间序列的自相关函数

对一个随机时间序列过程进行完全准确的描述通常是不可能的，但是利用

其自相关函数可以在很大程度上刻画该随机过程的统计特征，该指标可以说明序列 $y_t$ 的邻近数据点之间存在多大程度的相关。

间隔期为 $k$ 的两个时间序列数据，其自相关系数定义为：

$$\rho(k)=\frac{E[(y_t-\mu)(y_{t+k}-\mu)]}{\sqrt{E[(y_t-\mu)^2]E[(y_{t+k}-\mu)^2]}}=\frac{\operatorname{cov}(y_t,\ y_{t+k})}{\sigma_t\sigma_{t+k}} \tag{10.2.9}$$

对于平稳过程，有 $\sigma_t^2=\sigma_{t+k}^2=\sigma^2$，$k\geqslant 1$，因此：

$$\rho(k)=\frac{\operatorname{cov}(y_t,\ y_{t+k})}{\sigma^2}=\frac{\gamma(k)}{\gamma(0)} \tag{10.2.10}$$

因此，对于任何随机过程都有 $\rho(0)=1$。

若随机过程是 $y_t=\varepsilon_t$，其中 $\varepsilon_t$ 是均值为 0 的独立同分布随机变量，则很容易得到该过程的自相关函数满足：

$$\rho(0)=1,\ \rho(k)=0,\ k>0$$

该模型所描述的随机过程被称为白噪声（white noise）。

如果对所有的 $k>0$，序列的自相关函数 $\rho_{(k)}=0$ 或 $\rho_{(k)}\approx 0$，则无法利用模型来预测该序列，这是因为时间相隔大于 1 的两个数据就是不相关的，因此没有办法利用该随机过程的历史数据资料来预测未来的数据。

当然，公式（10.2.9）给出的自相关函数是理论性的，因为对它所描述的随机过程，通常只有有限个观测值。在实际应用中需要估计自相关函数，即所谓样本自相关函数：

$$\hat{\rho}(k)=\frac{\sum_{t=1}^{T}(y_t-\bar{y})(y_{t+k}-\bar{y})}{\sum_{t=1}^{T}(y_t-\bar{y})^2} \tag{10.2.11}$$

显然，理论自相关函数和估计自相关函数是对称的，即 $k>0$ 时时间位移的相关系数与 $k<0$ 时的相关系数是一样的，从而有 $\rho(k)=\rho(-k)$。因此在以 $k$ 为横坐标、$\rho(k)$ 为纵坐标画自相关函数图时，只需要绘制 $k>0$ 的情形。

确定样本自相关函数某一数值 $\hat{\rho}_k$ 是否足够接近于 0 是非常有用的，通过这个检验，可以检验对应的自相关函数 $\rho_k$ 的真实值是否为 0 的假设。

检验所有 $k>0$ 的自相关函数的数值 $\rho(k)$ 都为 0 的假设也是很有用的，如果检验通过，则随机过程就是白噪声，这个假设检验可以用简单的统计检验完成。

为了检验自相关函数的某个数值 $\rho_k$ 是否为0，有多种检验方法。Bartlett证明了如果时间序列由白噪声过程生成，则对所有的 $k>0$ 样本自相关系数 $\rho_{(k)}$ 满足

$$\widehat{\rho_{(k)}} \xrightarrow{a.s.} N(0, T^{-1})$$

博克斯和皮尔斯（Box and Pierce）的Q统计量则给出了检验所有 $k>0$ 的自相关系数都为0的联合假设式（10.2.12）中至少有一个成立。

$$H_0: \rho_1 = \rho_2 = \cdots = \rho_m = 0, \quad H_1: \rho_k \neq 0,\ k = 1, \cdots, m \tag{10.2.12}$$

Q统计量定义为式（10.2.13）：

$$Q = T\sum^{m} \hat{\rho}_k^2 \overset{a.s}{\sim} \chi^2(m) \tag{10.2.13}$$

如果Q统计量大于显著性水平值所对应的临界值（如5%的临界值），则可以在95%的置信度上拒绝原假设，即自相关系数 $\rho_1$，…，$\rho_k$ 不全为0，或者说，至少有一个自相关系数不等于0。

由于Q统计量在小样本时的检验效率比较低，因此博克斯和扬（Box and Ljung）又给出修正统计量LB统计量：

$$LB = T(T+2)\sum_{k=1}^{m}\left(\frac{\hat{\rho}_k}{T-k}\right)^2 \overset{a.s}{\sim} \chi^2(m) \tag{10.2.14}$$

LB统计量可以看作是Q统计量的修正，其中参数 $T$ 是序列观测时期数，$m$ 是事先确定的一个数量，表示延迟期数。

由于平稳序列通常具有短期相关特征，因此如果平稳时间序列的取值之间存在显著的相关关系，通常只存在延迟期 $m$ 较小的序列值之间，从而可以确定LB统计量检验的一个基本原则：如果一个平稳序列的短期延迟（$m$ 较小）的序列值之间都不存在显著的序列相关关系，那么长期延迟时期之间就更不会存在显著的相关关系。

在习惯上，式（10.2.13）或式（10.2.14）所确定的统计量都称为Q统计量，当然在大多数统计检验时普遍使用的是LB统计量。事实上，自相关函数可被用于检验一个序列是否平稳的，如果 $\hat{\rho}_k$ 不能随着 $k$ 的增加而快速下降为0，通常就表明序列是非平稳序列。

**例10.2**　道琼斯工业平均指数（dow jones industrial average，DJIA）的平稳性。

下面用一个金融时间序列的数据说明如何识别另一类时间序列数据的平稳性特征。图 10.4 显示了从 2006 年 4 月 20 日到 2016 年 4 月 20 日的 DJIA 的每日对数收益率，从中可以发现 2008 年的金融危机特征。

该序列的均值稳定在约等于 0 的平均收益，但是出现了，高波动率时期却呈现出集中现象，即波动集束现象。针对这种特征，ARCH 或 GARCH 模型（Engle，1982；Bollerslev，1986）和随机波动模型具有较好的预测分析能力。

图 10.4 的数据可以通过 R 软件的 TTR 包获得，具体程序代码如下：

```
library(TTR)
djia <- getYahooData("^DJI",start =20060420,end =20160420,
  freq ="daily")
library(xts)
djiar <- diff(log(djiaMYMClose))[ -1]  #连续收益率的差分
plot(djiar,main ="DJIA Returns",type ="n")
lines(djiar)
```

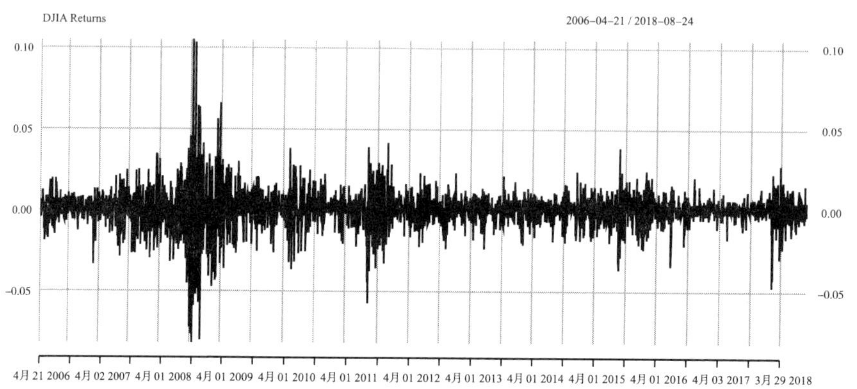


**图 10.4　2006 年 4 月 20 日到 2016 年 4 月 20 日的 DJIA 的每日对数收益率**

我们将在 10.3 节讨论更正式的非平稳检验（单位根检验）。

# 10.3　非平稳性序列

## 10.3.1　非平稳过程的概念

在实际分析中，时间序列可能只有少数序列属于平稳时间序列。不过，大多数非平稳时间序列具有很好的特性，即可以通过一次或多次差分后成为平稳序列，相应地，我们把原序列变换成平稳序列时所需要的差分次数称作该时间序列平稳性的阶数。

（1）如果 $y_t$ 是一阶非平稳过程，则序列

$$w_t = y_t - y_{t-1} = \Delta y_t$$

就是平稳的，此过程$\{y_t\}$可记为$I(1)$过程，也称为一阶单整。

（2）如果 $y_t$ 是 2 阶非平稳序列，则

$$w_t = \Delta^2 y_t = \Delta(\Delta y_t) = \Delta y_t - \Delta y_{t-1}$$

就是平稳的，此过程$\{y_t\}$可记为$I(2)$过程，也称为二阶单整。

（3）简单随机游走过程

$$y_t = y_{t-1} + \varepsilon_t \tag{10.3.1}$$

是一阶非平稳过程，则

$$y_t = y_0 + \sum_{i=1}^{t} \varepsilon_i \tag{10.3.2}$$

该过程的方差为

$$\gamma_0 = \mathrm{Var}(y_t) = \mathrm{Var}\left(\sum_{i=1}^{t} \varepsilon_i\right) = t\sigma^2 \tag{10.3.3}$$

由此可知，随机游走过程的方差可以无限大。其协方差是：

$$\gamma_k = \mathrm{cov}(y_t, y_{t-k}) = E\left[\left(\sum_{i=1}^{t} \varepsilon_i\right)\left(\sum_{j=1}^{t-k} \varepsilon_j\right)\right] = t\left(1 - \frac{k}{t}\right)\sigma^2 \tag{10.3.4}$$

显然，当 $t$ 充分大时，$\gamma_k \to t\sigma^2$。

记随机游走过程（10.3.1）的一次差分所得序列为$\{w_t\}$，则

$$w_t = \Delta y_t = \varepsilon_t \tag{10.3.5}$$

因为 $\varepsilon_t$ 相互独立，$w_t$ 是一个平稳过程。因此随机游走过程是一阶非平稳过程，其实 $w_t$ 就是一个白噪声过程，它的自相关函数为 $\rho_0=1$，且对任意 $k>0$，有 $\rho_k=0$。

### 10.3.2 差分平稳性和其自相关函数

国民生产总值 GDP、居民家庭的人均可支配收入与消费支出，以及公司的销售收入序列很可能是非平稳的，它们在整体上随着时间推移而增长，因此其一阶矩和二阶矩都可能会随着时间变化而变化。不过将 GDP、收入序列或公司销售收入序列差分一次或更多次后得到的序列很可能是平稳的。

如果考虑建立一个时间序列模型来预测 GDP，可对 GDP 序列差分一次或两次后，并利用新的平稳序列建立模型，然后再还原得到 GDP（即原始序列）模型及其对 GDP 的预测。

如何才能确定一个序列是否平稳或确定非平稳序列需要差分多少次才能平稳呢？首先要考察自相关函数图。图 10.5 和图 10.6 显示了平稳和非平稳序列的自相关函数。

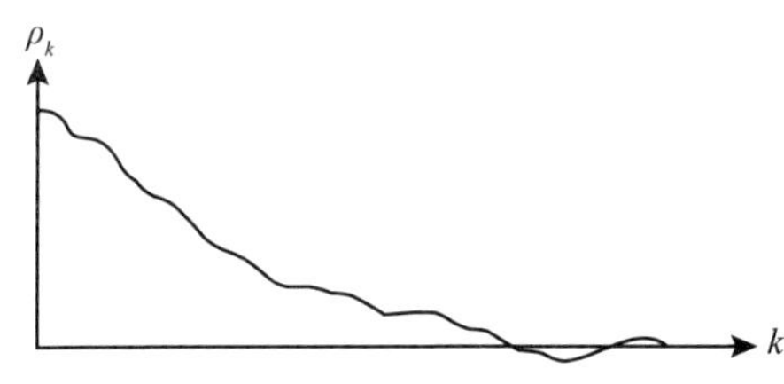


**图 10.5　平稳序列的自相关函数曲线**

**10.6　非平稳序列的自相关函数曲线**

平稳时间序列的自相关函数随着滞后期 $k$ 的增加而迅速下降为 0，而非平稳时间序列一般却不具有这种特征。但是如果对一个非平稳序列进行差分，可以考察差分之后所得的新序列的自相关函数。如果一次差分后的新序列的自相关函数随着 $k$ 增加而迅速下降为 0，则可以判定原序列是 1 阶非平稳随机过程。如果一阶差分后的序列仍是非平稳的，则差分序列的自相关函数在较长的滞后期 $k$ 的数值仍较大而不接近于 0。

在实际应用时，非平稳序列需要进行多少次差分才能达到平稳常常是不确定的，必须基于经验和统计分析来进行综合判断。

**例 10.3**　考虑中国 1980～2016 年的农村居民家庭人均现金收入和消费性支出数据资料。

图 10.7 显示了年度数据的时间的时序图，图 10.8 显示了它的自相关函数，其中水平虚线表示是两倍标准差的对应线。

自相关函数虽然随着滞后期的增大而下降为 0，但是下降非常缓慢，直到第 7 年滞后期后序列的自相关系数才落入两个标准差对应的置信区间内。同时，图 10.7 显示出序列有向上的趋势（期望值非常数），因此可以推测该序列是非平稳过程。

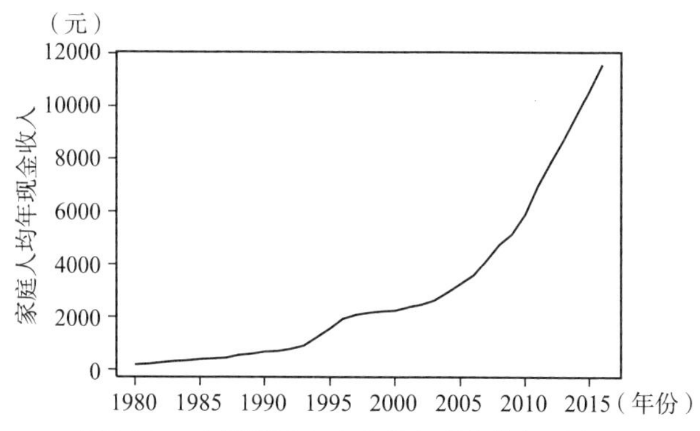

**图 10.7　农村居民家庭人均年现金收入时序图**

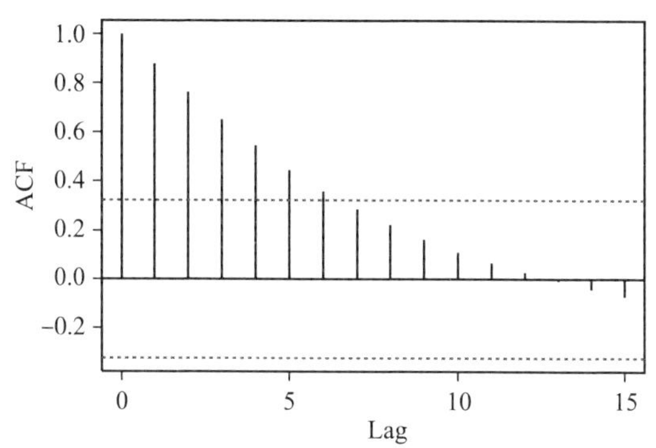

**图 10.8　农村居民家庭人均年现金收入的样本自相关函数**

为了检验猜测，对该序列进行差分后再计算差分序列的样本自相关函数。图 10.9 显示了一次差分后的序列，一阶差分序列具有一定的确定性趋势特征。

图 10.10 是一次差分后序列的样本自相关函数，没有能够迅速地下降为 0，因此序列的一次序列也是非平稳序列。

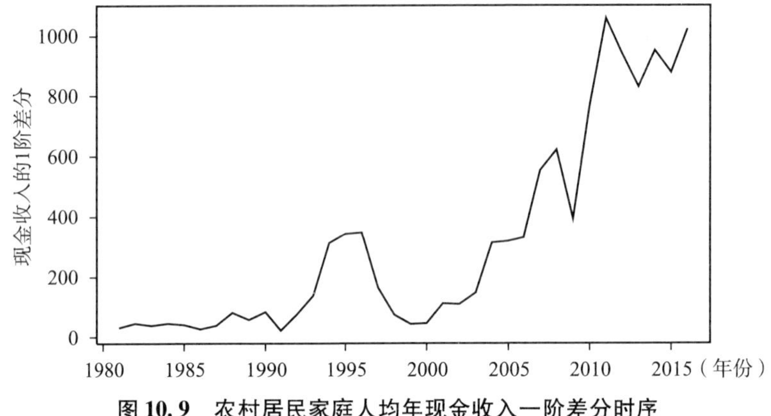


**图 10.9　农村居民家庭人均年现金收入一阶差分时序**

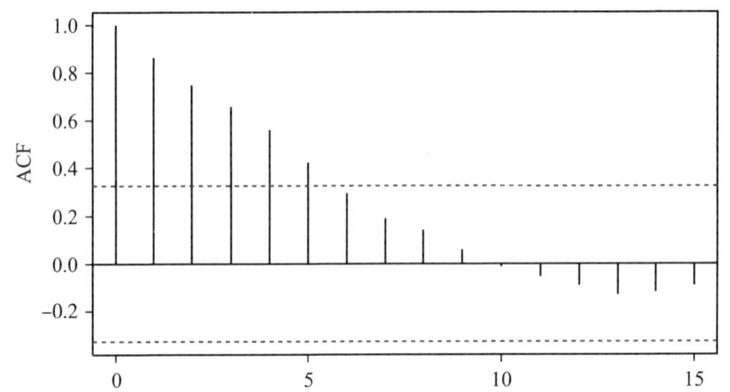


**图 10.10　农村居民家庭人均年现金收入的一阶差分序列的样本自相关函数**

由此可知，应该进行二次差分 $\Delta^2 y_t = \Delta y_t - \Delta y_{t-1}$，图 10.11 是二次差分后的序列，图 10.12 是其样本自相关函数，结果与一次差分的结果相差很大。从图 10.12 可以发现，二次差分序列的自相关函数迅速地下降为 0，直观地分析可知，该序列的二次差分序列服从一个白噪声过程。由此可以推断，中国农村居民家庭 1980 ~ 2016 年的人均现金收入序列是二阶差分平稳序列。

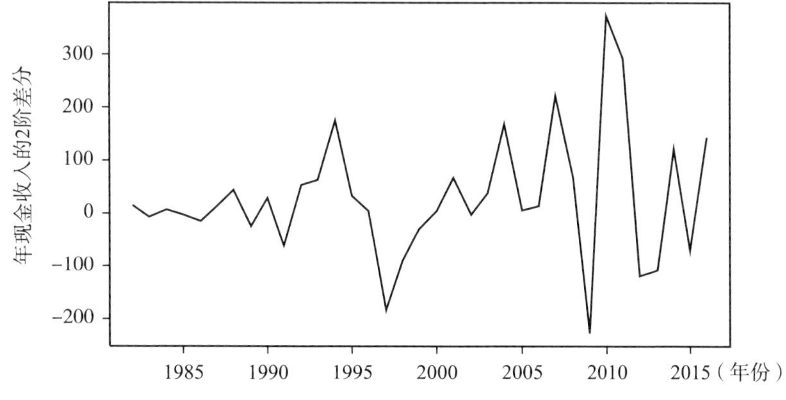


**图 10.11　农村居民家庭人均年现金收入二次差分时序**

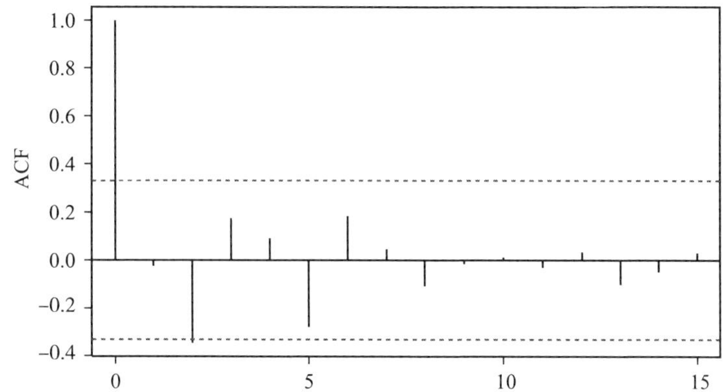


**图 10.12　农村居民家庭人均年现金收入的二阶差分序列的样本自相关函数**

图 10.13 显示了中国 1980 ~ 2016 年的农村居民家庭人均消费性支出年度数据序列，直观上，该序列具有时间的二次函数特征，图 10.14 显示了它的自相关函数，自相关函数虽然随着滞后期的增大而下降为 0，但是下降非常缓慢，直到相关第 7 年滞后期后序列的自相关系数才落入两个标准差对应的置信区间内。同时，该序列显示出有向上的趋势（期望值非常数），因此可以推测该序列是非平稳过程。

对该序列进行差分后再计算差分序列的样本自相关函数。图 10.15 显示了一次差分后的序列，从图上可以看出，一阶差分序列具有一定的确定性趋势特征。图 10.16 是一次差分后序列的样本自相关函数，也没有能够迅速地下降为 0，直到相关第 6 年滞后期后序列的自相关系数才落入两个标准差对应的置信区间内，因此序列的一次序列也是非平稳序列。

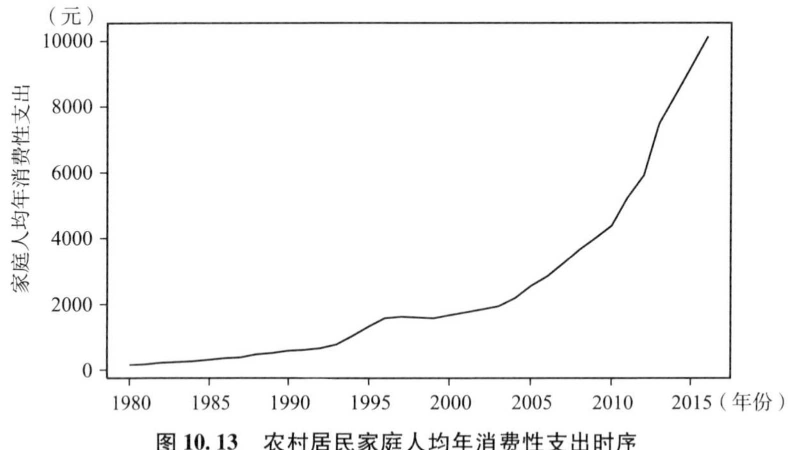


图 10.13　农村居民家庭人均年消费性支出时序

图 10.14　农村居民家庭人均年消费性支出的样本自相关函数

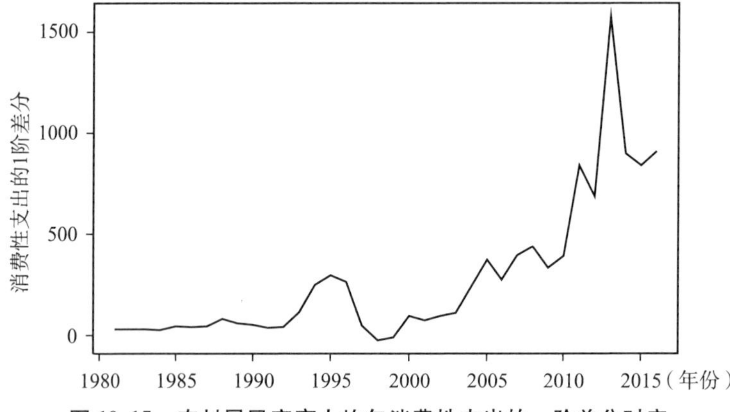


图 10.15　农村居民家庭人均年消费性支出的一阶差分时序

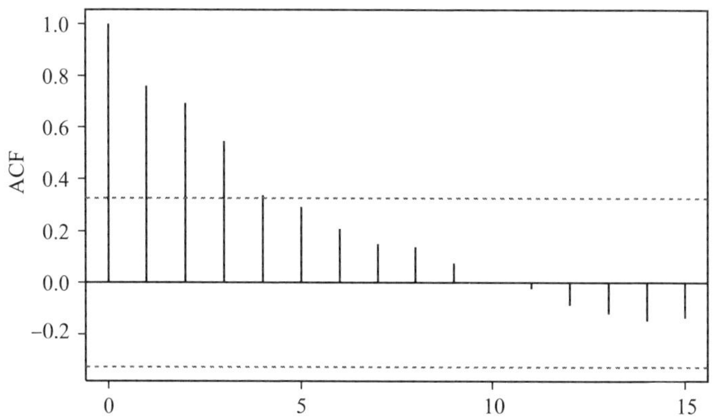


**图 10.16　农村居民家庭人均年消费性支出的一阶差分的样本自相关函数**

对该序列进行二次差分 $\Delta^2 y_t = \Delta y_t - \Delta y_{t-1}$，图 10.17 是二次差分后的序列，图 10.18 是其样本自相关函数，结果与一次差分的结果相差很大。从图 10.18 可以发现，二次差分序列的自相关函数迅速地下降为 0，直观地分析可知，该序列的二次差分序列服从一个白噪声过程。由此可以推断中国农村居民家庭 1980～2016 年的人均现金收入序列是二阶差分平稳序列。

根据上面分析，如果需要利用中国 1980～2016 年的农村居民家庭人均现金收入和消费性支出数据建立某个回归分析模型时，应该对这两个序列进行二次差分处理，并利用二次差分的新序列来建立相应的回归模型，即利用平稳数据进行建模分析。

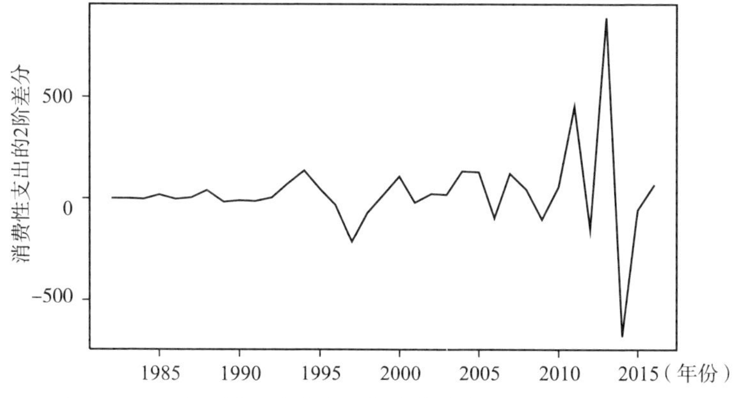


**图 10.17　农村居民家庭人均年消费性支出的二次差分时序**

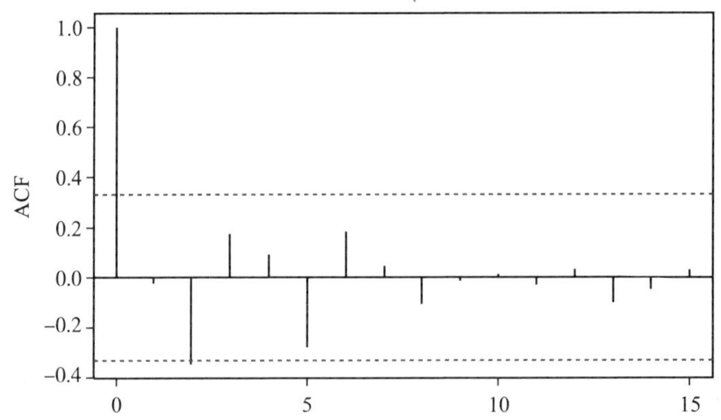


**图 10.18　农村居民家庭人均年消费性支出的二阶差分的样本自相关函数**

### 10.3.3　季节性非平稳及其自相关函数

自相关函数能够揭示时间序列平稳性的有关信息，下面利用自相关函数分析时间序列季节性特征。季节性是以年为基准的周期性的行为。玩具的销售额就是具有高度季节性的时间序列，在每年的节日期间呈现出最高峰状态，而冰激凌等冷饮销售额在每年夏天需求增加而达到季节性的高峰。由于气候的周期变化，各种农产品供应量也会形成不同的季节性低潮。

季节性的高峰和低潮通常可以通过直接观察时间序列而得到。如果时间序列波动得厉害，季节性高峰和低潮就不一定能从其他波动中区分开。季节性的识别是很重要的，因为它提供了时间序列规律性的信息，这个规律可帮助我们对序列进行预测。

借助于自相关函数可以比较容易地对季节性进行识别，如果月度时间序列 $y_t$ 有年度的季节周期性，则序列的数据将显示每一期与它的前 12 期或滞后 12 期的一定程度的相关性，即 $y_t$ 与 $y_{t-12}$ 有某种程度的相关性。类似地，$y_{t-12}$ 和 $y_{t-24}$ 也相关，从而导致 $y_t$ 和 $y_{t-24}$ 相关。以此类推，$y_t$ 和 $y_{t-36}$，$y_t$ 和 $y_{t-48}$ 都可能相关。于是，样本自相关函数 $\rho(k)$ 在 $k=12$，24，36，48 处有可能明显地反映出这些相关性。从而可以通过观察自相关函数的有规律的峰值来识别季节性，甚至可识别那些由时间序列本身无法辨别的季节性峰值。

**例 10.4**　表 10.2 是某奶牛场 1962 年 1 月至 1975 年 12 月平均每头奶牛月产奶量，利用数据绘制时序图 10.19，从图 10.19 可以看出每头奶牛的产奶量具有明显的季节特征，即 $y_t$ 与 $y_{t-12}$ 显示出高度相关性，同时图 10.20 自相关函数也呈现出一定周期性特征。

**表 10.2　　1962 年 1 月至 1975 年 12 月平均每头奶牛月产奶量序列**　　单位：磅

| 序列 | | | | | | | | | | | | | |
|---|---|---|---|---|---|---|---|---|---|---|---|---|---|
| 589 | 561 | 640 | 656 | 727 | 697 | 640 | 599 | 568 | 577 | 553 | 582 | 600 | 566 |
| 653 | 673 | 742 | 716 | 660 | 617 | 583 | 587 | 565 | 598 | 628 | 618 | 688 | 705 |
| 770 | 736 | 678 | 639 | 604 | 611 | 594 | 634 | 658 | 622 | 709 | 722 | 782 | 756 |
| 702 | 653 | 615 | 621 | 602 | 635 | 677 | 635 | 736 | 755 | 811 | 798 | 735 | 697 |
| 661 | 667 | 645 | 688 | 713 | 667 | 762 | 784 | 837 | 817 | 767 | 722 | 681 | 687 |
| 660 | 698 | 717 | 696 | 775 | 796 | 858 | 826 | 783 | 740 | 701 | 706 | 677 | 711 |
| 734 | 690 | 785 | 805 | 871 | 845 | 801 | 764 | 725 | 723 | 690 | 734 | 750 | 707 |
| 807 | 824 | 886 | 859 | 819 | 783 | 740 | 747 | 711 | 751 | 804 | 756 | 860 | 878 |
| 942 | 913 | 869 | 834 | 790 | 800 | 763 | 800 | 826 | 799 | 890 | 900 | 961 | 935 |
| 894 | 855 | 809 | 810 | 766 | 805 | 821 | 773 | 883 | 898 | 957 | 924 | 881 | 837 |
| 784 | 791 | 760 | 802 | 828 | 778 | 889 | 902 | 969 | 947 | 908 | 867 | 815 | 812 |
| 773 | 813 | 834 | 782 | 892 | 903 | 966 | 937 | 896 | 858 | 817 | 827 | 797 | 843 |

注：表 10.2 中数据是按行从左向右依次记录的。

R 语言绘图代码：

```
MIKE <- read.table("example 9.2.txt")
MIKE_1 <- as.matrix(MIKE)
MIKE_2 <- as.vector(MIKE_1)
tsmike <- ts(MIKE_2,start = c(1962,1),frequency = 12)
plot(tsmike)
par(mfrow = c(1,2))
plot(lag(tsmike),ksmike[ -1],type = "l",xlab = "time")
plot(date2,log(mike),type = "l",xlab = "time")
```

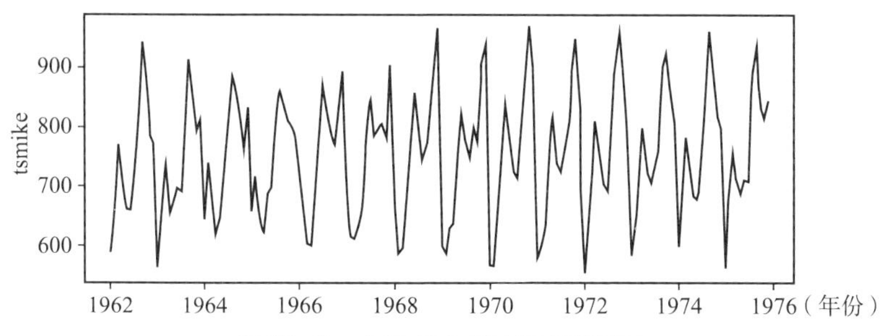


**图 10.19　每头奶牛月产奶量的时序**

```
acf(mike)  #序列的自相关函数 ACF(k)
```

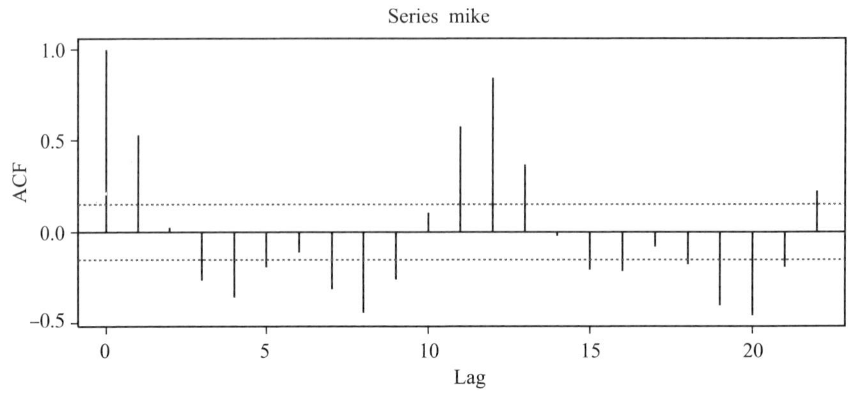


**图 10.20　每头奶牛月产奶量序列的自相关函数**

# 10.4　随机游走的检验

GDP、利率这些经济变量，是不是在一次经济振荡后都能回归到它们的长期趋势附近？导致这个问题的原因有两个：

（1）如果这些变量遵循随机游走过程，一个变量对其他变量的回归将导致伪回归结果①。即便在回归之前，消除变量的趋势因素也没有帮助，因为剔除趋势后序列仍可能不是平稳的。只有一次差分后的新序列才可能是平稳序列。

（2）这个问题的回答影响了对经济现象的理解和预测。如果 GDP 遵循随机游走过程，则经济出现突发性振荡所造成的影响不会在几年后消失，相反该影响将是持久性的。

## 10.4.1　随机游走的 DF 检验

法马（Farm）提出了金融市场分析的市场有效性假说，而检验这个假设的方法之一就是检验金融数据是否具有随机游走特征。大多数这类研究利用了

① 随机游走过程不具有有限方差，所以高斯－马尔科夫定理不再成立，OLS 方法所得参数估计量将不再是一致的。

戴维·迪基和韦恩·富勒（David Dickey and Wayne Fuller）的单位根检验[①]。

如果对于一个具有线性趋势的时间序列变量 $Y_t$ 可由下式描述

$$Y_t = \beta_0 + \beta_1 t + \rho Y_{t-1} + \varepsilon_t \tag{10.4.1}$$

这个模型对应着具体的情况可能有两种：

（1）$Y_t$ 随时间变化而增长（$\beta_1 > 0$）或减小（$\beta_1 < 0$），但在剔除趋势后序列则是平稳的序列（$\rho < 1$）。此时变量 $Y_t$ 可以用于 OLS 回归，并用经典模型分析的方法进行假设检验。

（2）$Y_t$ 随时间变化而增长（$\beta_0 > 0$，$\beta_1 = 0$，$\rho = 1$）或减小（$\beta_0 < 0$，$\beta_1 = 0$，$\rho = 1$）。此时可能想以 $\Delta Y_t$ 为对象进行研究，但将 $Y_t$ 剔除趋势后，序列也不是平稳的，因此用 $Y_t$ 或者用退势序列[②]进行回归都可能导致虚假的结果。

有人也许认为可用 OLS 估计公式（10.4.1），然后用 $\hat{\rho}$ 的 $t$ 统计量检验 $\hat{\rho}$ 是否显著不等于 1。然而，如果 $H_0$：$\rho = 1$ 成立，则 OLS 估计值 $\hat{\rho}$ 偏向零，将导致不正确地拒绝随机游走假设。迪基和富勒推导出 $H_0$ 成立时估计量 $\hat{\rho}$ 的分布，在此基础上产生了检验随机游走假设 $\beta = 0$ 且 $\rho = 1$ 的简单的检验统计量。

Dicker - Fuller 检验容易操作，具体方法如下：

假设 $Y_t$ 可由下模型描述：

$$Y_t = \alpha + \beta t + \rho Y_{t-1} + \varepsilon_t \tag{10.4.2}$$

分别考虑 $\beta_0 = 0$，$\beta_1 = 0$ 和 $\rho = 1$ 的多种组合，从而完成不同条件下的单位根过程的检验。

第一类检验：

真实过程：$Y_t = Y_{t-1} + \varepsilon_t$

估计过程：$Y_t = \rho Y_{t-1} + \varepsilon_t$，$\varepsilon \sim i.i.d.\ N(0, \sigma^2)$

---

① D. A. Dickey and W. A. Fuller, "Distribution of the Estimators for Autoregressive Time - Series with a Unit Root," Journal of the American Statistical Association, vol. 74, pp. 427 - 431, 1979; D. A. Dickey and W. A. Fuller, "Likelihood Ratio Statistics for Autoregressive Time Series with a Unit Root," Econometrica, vol. 49, pp. 1057 - 1072, 1981; and W. A. Fuller, Introduction to Statistical Time Series (New York: Wiley, 1976).

② 从原始数据 $y_t$ 中获得趋势性成分 $trend(t) = \alpha_0 + \alpha_1 t$，或 $trend(t) = \alpha_0 + \alpha_1 t + \alpha_2 t^2$，退势数据可通过 $\hat{y}_t = \hat{y}_t - trend(t)$ 计算获得。

第二类检验：

真实过程：$Y_t = Y_{t-1} + \varepsilon_t$

估计过程：$Y_t = \beta_0 + \rho Y_{t-1} + \varepsilon_t$，$\varepsilon \sim i.i.d.\ N(0,\sigma^2)$

假设检验问题为：$H_0$：$\beta_0 = 0$，$\rho = 1$，$H_1$：$\beta_0 \neq 0$，$\rho < 1$.

相应的 $F$ 检验统计量是 Wald 型统计量

$$F = (b-r)^T[s^2(X'X)^{-1}]^{-1}(b-r)/2 \sim F(2,\ T-k) \tag{10.4.3}$$

其中，$b = [\hat{\beta}_0, \hat{\rho}]^T$，$r = [0,\ 1]^T$，$s^2$ 是 $\sigma^2$ 的估计量，$k$ 是回归模型中解释变量个数。

第三类检验：

真实过程：$Y_t = \beta_0 + Y_{t-1} + \varepsilon_t$, $\beta_0 \neq 0$

估计过程：$Y_t = \beta_0 + \rho Y_{t-1} + \varepsilon_t$，$\varepsilon \sim i.i.d.\ N(0,\ \sigma^2)$

假设检验问题为：$H_0: \rho = 1$, $H_1: \rho < 1$.

统计量满足$(\hat{\rho} - 1)/s_{\hat{\rho}} \xrightarrow{L} N(0,\ 1)$，此时 $H_0$ 的检验是标准化的检验。

第四类检验：

真实过程：$Y_t = \beta_0 + Y_{t-1} + \varepsilon_t$, $\beta_0 \neq 0$

估计过程：$Y_t = \beta_0 + \beta_1 t + \rho Y_{t-1} + \varepsilon_t$, $\beta_0$ 是任意实数，$\varepsilon \sim i.i.d.\ N(0,\ \sigma^2)$

假设检验问题为　$H_0: \beta_1 = 0$, $\rho = 1$, $H_1: \beta_1 \neq 0$, $\rho < 1$.

相应的 $F$ 检验统计量是 Wald 型统计量：

$$F = \frac{(b-r)^T\ [s^2\ (X'X)^{-1}]^{-1}\ (b-r)}{2} \tag{10.4.4}$$

此统计量 $F$ 的分布是非标准分布，表 10.3 给出了不同样本和显著性水平值下的临界值。

计算出标准的 $F$ 值来检验限制条件（$\beta_1 = 0$ 且 $\rho = 1$）是否成立①。由于这个比率在原假设下并不服从标准的 $F$ 分布，必须使用由 Dickey 和 Fuller 给出的分布表，表 10.3 显示了这个统计量的临界值。

① $F$ 统计量的计算方法为 $F = (n-k-1)(ESS_R - ESS_{UR})/q(ESS_{UR})$，其中 $ESS_R$ 和 $ESS_{UR}$ 分别是有约束和无约束回归模型的残差平方和，$n$ 是观察个数，$k$ 是无约束回归模型中估计参数的个数，$q$ 是有限制回归方程中估计参数的个数。

**表 10.3　$Y_t=\alpha+\beta t+\rho Y_{t-1}+\varepsilon_t$ 中关于 $(\alpha,\beta,\rho)=(\alpha,0,1)$ 假设的 $F$ 分布**

| 样本量 N | F 小于临界值的概率 | | | | | | | |
|---|---|---|---|---|---|---|---|---|
| | 0.01 | 0.025 | 0.05 | 0.10 | 0.90 | 0.95 | 0.975 | 0.99 |
| 25 | 0.74 | 0.90 | 1.08 | 1.33 | 5.91 | 7.24 | 8.65 | 10.61 |
| 50 | 0.76 | 0.93 | 1.11 | 1.37 | 5.61 | 6.73 | 7.81 | 9.31 |
| 100 | 0.76 | 0.94 | 1.12 | 1.38 | 5.47 | 6.49 | 7.44 | 8.73 |
| 250 | 0.76 | 0.94 | 1.13 | 1.39 | 5.39 | 6.34 | 7.25 | 8.43 |
| 500 | 0.76 | 0.94 | 1.13 | 1.39 | 5.36 | 6.30 | 7.20 | 8.34 |
| ∞ | 0.77 | 0.94 | 1.13 | 1.39 | 5.34 | 6.25 | 7.9 | 8.27 |
| 标准误差 | 0.004 | 0.004 | 0.003 | 0.004 | 0.015 | 0.020 | 0.032 | 0.058 |

资料来源：迪基和富勒，前面引用的文章，Table Ⅵ，1981，pp. 1063.

## 10.4.2　随机游走的 ADF 检验

模型（10.4.2）的一个问题是它隐含着一个假设，即误差项 $\varepsilon_t$ 不存在序列相关。如果这个条件不满足时，扩展的 Dickey – Fuller 检验（ADF）考虑了 $\varepsilon_t$ 序列相关条件下的检验，该检验程序将方程（10.4.2）右边扩展为包含 $Y_t$ 滞后变化量的项：

$$Y_t=\alpha+\beta t+\rho Y_{t-1}+\sum_{j=1}^{p}\lambda_j\Delta y_{t-j}+\varepsilon_t \tag{10.4.5}$$

模型（10.4.5）的滞后项数 $p$，通常由分析的问题确定，通常取成 $[T^{1/4}]$。

对比模型（10.4.2），模型（10.4.5）在增加了适当多的滞后项后，其误差结构就由简单的白噪声过程扩展成一个 $AR(p)$ 过程，从而极大地扩大了模型（10.4.5）的使用范围。利用模型（10.4.5）可以与前面方法类似地进行单位根检验。

第一步：回归无约束回归模型：

$$\Delta Y_t=\beta_0+\beta_1 t+(\rho-1)Y_{t-1}+\sum_{j=1}^{p}\lambda_j\Delta y_{t-j}+\varepsilon_t \tag{10.4.6}$$

第二步：回归约束回归模型：

$$\Delta Y_t=\beta_0+\sum_{j=1}^{p}\lambda_j\Delta y_{t-j}+\varepsilon_t \tag{10.4.7}$$

第三步：计算出标准 $F$ 值，检验约束条件 $H_0: \beta_1=0, \rho=1$ 是否成立。再一次使用表 10.3 的 Dickey 和 Fuller 分布表来进行检验。

ADF 检验被广泛使用，但是也需要强调，应当牢记其作用也是有限的。它只允许我们拒绝或不拒绝一个时间序列是否符合随机游走假设。若不能拒绝原假设时，仅仅提供了被检验的时间序列服从随机游走的比较弱的证据。

### 10.4.3 随机游走的 P-P 检验

对于单位根检验方法，还有 Perron 和 Phillips（1987），Perron（1988）提出的检验方法（PP 检验），与 ADF 的思路不同，P-P 检验考虑将模型（10.4.2）的误差结构用一个移动平均过程替换，即：

$$Y_t=\beta_0+\beta_1 t+\rho Y_{t-1}+\varphi(L)\varepsilon_t \tag{10.4.8}$$

其中，$u_t=\varphi(L)\varepsilon_t=\sum_{j=0}^{\infty}\varphi_j\varepsilon_{t-j}$，$\varepsilon_t$ 是 $i.i.d$ 序列，$\mathrm{Var}(\varepsilon_t)=\sigma^2$，$E(\varepsilon_t^4)<+\infty$。

利用非参数估计技术，Phillips 和 Perron 构造了与 ADF 具有相同极限分布的统计量，由于构造 P-P 统计量的模型针对序列相关和异方差性进行了适当调整，因此给单位根检验提供了一个有效的方法。

随着计量经济学与计算软件的发展，单位根检验具有很大的扩展，感兴趣的读者可参考 Kerry Patterson 的著作①。

## 10.5 协整时间序列

将一个随机游走变量对另一个随机游走变量进行回归可能导致荒谬的结果，因为传统的显著性检验说明变量之间的关系事实上是不存在的，这就是为什么要检验一个变量是否是随机游走的一个原因。如果检验无法拒绝变量是随机游走的，则该变量用于回归之前应该进行差分。因为许多经济时间序列遵循随机游走，这就是意味着在回归之前要对它们进行差分。然而，差分可能导致两个变量之间长期关系的信息损失。

① Kerry Patterson, Unit root tests in time series (Volume 1, 2), Palgrave Macmillan, 2011.

有时，虽然两个变量都是随机游走，但它们的某个线性组合却可能是平稳的。例如，变量 $x_t$ 和 $y_t$ 是随机游走，但变量 $z_t = x_t - \lambda y_t$ 可能是平稳的[①]。我们可以通过对 $x_t$ 为被解释变量，$y_t$ 为解释变量的回归方程进行 OLS 估计得到的估计（不像两个随机游走不可协整的情况，这里 OLS 能够得到的一个一致估计值）。进而，这个回归的残差可用于检验 $x_t$ 和 $y_t$ 是否真的是协整的。

恩格尔和格兰杰研究的协整理论非常重要。在许多情况下，经济理论告诉我们两个变量应该是协整的，对协整性的检验就是对经济理论正确性的检验。例如，尽管总消费和可支配收入都是随机游走。我们希望这两个变量长期而言是相关的，因此它们的某个线性组合应该是平稳的。另一个例子是股票市场，如果股票被理性地估价，公司股票的价格应该等于期望未来股息流的现值。这就意味着，尽管股息和股票价格都遵循随机游走，但两个序列应该是协整的，协整参数等于投资者计算盈利现值的贴现率。

假设我们已用前述的 Dickey - Fuller 检验确定了 $x_t$ 和 $y_t$ 遵循随机游走，而 $\Delta x_t$ 和 $\Delta y_t$ 是平稳的，则检验 $x_t$ 和 $y_t$ 是否是协整的就很容易。先用 OLS 对回归方程（称作协整回归方程）进行估计：

$$x_t = \alpha + \beta y_t + \varepsilon_t \tag{10.5.1}$$

然后，检验这个回归方程的残差 $e_t$ 是否是平稳的（如果 $x_t$ 和 $y_t$ 不是协整的，则它们的任一线性组合都是非平稳的，因此残差 $e_t$ 将是非平稳的）。具体地说就是，我们检验 $e_t$ 是非平稳的假设，也就是检验 $x_t$ 和 $y_t$ 不可协整的假设。

检验 $e_t$ 为非平稳的假设可用两种方法进行。第一种是对回归残差序列进行 Dickey - Fuller 检验。另一种方法是用协整回归的 Durbin - Watson 统计量进行。

如果 $e_t$ 是随机游走的，则 $E(e_t - e_{t-1}) = 0$，从而 Durbin - Watson 统计量应接近于0。因此只需要检验 DW =0 的假设。表 10.4 给出了观察个数为 100 时，该检验的临界值。例如，如果在进行了协整回归后，得到 DW 的数值为 0.71，就能够在 1% 显著性水平拒绝非协整假设。

---

① 若 $x_t$ 和 $y_t$ 是向量，$\lambda$ 是参数向量，称为协整向量。假定 $x_t$ 和 $y_t$ 都是一阶齐次非平稳过程。更一般地，假定 $x_t$ 和 $y_t$ 都是 $d$ 阶齐次非平稳过程，且 $z_t = x_t - \lambda_{yt}$ 是 $b$ 阶齐次非平稳过程，其中 $b < d$，我们称 $x_t$ 和 $y_t$ 为（$d$，$b$）阶协整的。我们只讨论 $d = 1$，$b = 0$ 情形。

表 10.4　　　　检验 DW=0 的临界值

| 显著性水平 | 1% | 5% | 10% |
|---|---|---|---|
| DW 临界值 | 0.511 | 0.386 | 0.322 |

**例 10.5**　消费和收入间的协整关系。

在宏观经济里，总消费和可支配收入在内的许多变量都遵循随机游走。这意味着，突发性的经济振荡所产生的影响在几年后仍不会消失，是永久性的。但即使消费和可支配收入是随机游走变量，这两者应同步运动。理由是：长远地看，家庭将按某一特定比例消费其可支配收入，因此，消费和收入将是相互联系的，即它们应该是协整的。

下面我们将使用 1980~2016 年度资料，检验农村居民家庭人均消费支出和现金收入是否协整。首先，我们用推广的 Dickey-Fuller 检验检验每一个变量是否遵循随机游走。检验的结果是，在 10% 显著性水平下，它们均为单位根过程（可用 Dickey-Fuller 检验来检验它们的一次差分不是随机游走）。

```
>adf.test(income)
        Augmented Dickey-Fuller Test
data:  income
Dickey-Fuller=0.43701,Lag order=3,p-value=0.99
alternative hypothesis:stationary
Warning message:
In adf.test(income):p-value greater than printed p-value
>    adf.test(consum)
            Augmented Dickey-Fuller Test
data:  consum
Dickey-Fuller=1.8123,Lag order=3,p-value=0.99
alternative hypothesis:stationary
Warning message:
In adf.test(consum):p-value greater than printed p-value


pp.test(income)
```

```
            Phillips - Perron Unit Root Test
data:   income
Dickey - Fuller Z(alpha) =3.287,Truncation lag parameter =3,
  p - value =0.99
alternative hypothesis:stationary
Warning message:
In pp.test(income):p - value greater than printed p - value
pp.test(consum)
            Phillips - Perron Unit Root Test
data:   consum
Dickey - Fuller Z(alpha) =4.1845,Truncation lag parameter =
  3,p - value =0.99
alternative hypothesis:stationary
Warning message:
In pp.test(consum):p - value greater than printed p - value


kpss.test (income)
           KPSS Test for Level Stationarity
data:   income
KPSS Level =1.6006,Truncation lag parameter =1,p - value =0.01
Warning message:
In kpss.test(income):p - value smaller than printed p - value
>   kpss. test(consum)
           KPSS Test for Level Stationarity
data:   consum
KPSS Level =1.5162,Truncation lag parameter =1,p - value =0.01
Warning message:
In kpss.test(consum):p - value smaller than printed p - value
```

我们考虑消费 $C$ 对收入 $Y$ 进行协整回归。结果如下（括号里是 $t$ 统计量）：

$$\hat{C}_t = -110.55 + 0.8398 Y_t$$
$$(-2.01) \quad (66.92) \tag{10.5.2}$$
$$T = 37,\ R^2 = 0.9922 \quad s = 240,\ DW = 0.456$$

```
    Residual standard error:240 on 35 degrees of freedom
    Multiple R-squared:0.9922,Adjusted R-squared:0.992
    F-statistic:4479 on 1 and 35 DF,p-value: < 2.2e-16
#po-tsest
po.test(rural[,3:2])

                Phillips-Ouliaris Cointegration Test
    data:  rural[,3:2]
    Phillips-Ouliaris demeaned = -7.0018,Truncation lag
      parameter =0,p-value =0.15
    Warning message:
    In po.test(rural[,3:2]):p-value greater than printed
      p-value
    #Johansen-Procedure #
    Test type: trace statistic, without linear trend and con-
      stant in cointegration

    Eigenvalues(lambda):
    [1] 1.928067e-01 7.344082e-02 3.495218e-17

    Values of teststatistic and critical values of test:

              test 10pct  5pct  1pct
    r<=1 |  2.67   7.52   9.24 12.97
    r=0   |10.17 17.85 19.96 24.60

    Eigenvectors,normalised to first column:
```

```
(These are the cointegration relations)

            consum.l2    income.l2     constant
consum.l2   1.000000     1.0000000     1.0000000
income.l2   -1.160434    -0.8133125    -0.6986005
constant    77.644721    344.0160628   -254.1716558

Weights W:
(This is the loading matrix)

            consum.l2     income.l2      constant
consum.d    -0.1391501    -0.09516008    -2.800691e-15
income.     d-0.1219169   0.05777962     -7.998759e-17

                Durbin-Watson test

data:  coin
DW = 0.45791, p-value = 7.338e-10
alternative hypothesis: true autocorrelation is greater
  than 0
```

用 Durbin－Watson 统计量检验这个回归的残差是否是随机游走。将 DW = 0.459 对应 P－value = $7.3\times10^{-10}$，表 10.4 的临界值进行比较不难发现，在 10% 显著性水平下应拒绝随机游走假设，但在 5% 显著性水平下则不能。使用 Dickey－Fuller 检验得到了同样结果。这些结果似乎不具结论性，因而对消费和可支配收入是否真的具有协整性仍有疑问。

## 10.6　(G)ARCH 模型

在第 4 章我们讨论了异方差问题，并且说明了对异方差误差分布的修正能够导致更加有效的参数估计。在有些应用场合下，有理由认为误差项的方差不是某个自变量的函数，而是随时间变化并且依赖于过去误差的大小。通货膨胀模型、利率模型以及股票市场收益模型都是属于这种情形的例子。

在这些实际应用当中，常常有大的误差与小的误差成群出现的情况。以利率模型为例，我们常常发现变化特别大（误差较大）的时段往往跟着变化比较小（误差较小）的时段。换句话说，存在着一种特殊的异方差形式，回归误差的方差依赖于过去不久误差的变化程度。

罗伯特·恩格尔发展了一个自回归条件异方差模型（autoregressive conditional heteroscedasticity model，简记为 ARCH 模型）会提高参数估计量的有效性[①]。

考虑回归模型

$$r_t = \beta_0 + \beta_1 x_t + \cdots + \beta_k x_{t-k} + \phi_1 r_{t-1} + \cdots + \phi_p r_{t-p} + \varepsilon_t \qquad (10.6.1)$$

假设该模型的误差项 $\varepsilon_t$ 的方差满足以下模型

$$\sigma_t^2 = \alpha_0 + \alpha_1 \varepsilon_{t-1}^2 \qquad (10.6.2)$$

模型（10.6.2）表示 $\varepsilon_t$ 的方差 $\sigma_t^2$ 由两部分组成：一个常数项和 $t-1$ 时刻的误差平方的信息（$t-1$ 时刻的残差平方表示，即 ARCH 项）。由于该模型中 $\varepsilon_t$ 存在着以 $\varepsilon_{t-1}$ 为条件的异方差，当考虑到 $\varepsilon_t$ 的条件异方差性后就能得到参数 $\beta_0$，$\beta_1$，…，$\beta_k$，$\phi_1$，…，$\phi_p$ 的有效估计量。

通常用极大似然估计法对方程（10.6.1）和（10.6.2）进行估计。广泛应用的计量经济学软件包使得对这类 ARCH 模型进行容易的估计成为可能。

因为模型（10.6.2）中 $\varepsilon_t$ 的方差只依赖于 $t-1$ 时刻的变化量，模型记为 $ARCH(1)$。更一般地，方差可以依赖于多个滞后变化量，记 $ARCH(p)$ 为

$$\sigma_t^2 = \alpha_0 + \alpha_1 \varepsilon_{t-1}^2 + \alpha_2 \varepsilon_{t-2}^2 + \cdots + \alpha_p \varepsilon_{t-p}^2 \qquad (10.6.3)$$

方差模型（10.6.3）中的 $k+1$ 个参数也要和回归模型中参数 $\beta_0$，$\beta_1$，…，$\beta_k$，$\phi_1$，…，$\phi_p$ 一样，用极大似然估计法进行估计。

对于时间序列数据，我们有理由认为 $\varepsilon_t$ 的方差依赖于很多时刻之前的变化量，特别是在金融领域，采用日数据或周数据的应用更是如此。这里的问题在于，我们必须估计很多参数，而这一点很难精确地做到。

① R. Engle，Autoregressive Conditional Heteroskedasticity with Estimates of the Variance of U. K. Inflation. *Econometrica*，Vol. 50，1982，pp. 987－1008.

如果用一个或多个 $\sigma_t^2$ 的滞后值代替对应 $\varepsilon_t^2$ 的滞后值，这就是广义自回归条件异方差模型（GARCH）。GARCH 模型也可以用极大似然估计法进行估计①。

最简单的 GARCH 模型是 GARCH（1，1）模型：

$$\sigma_t^2 = \alpha_0 + \alpha_1 \varepsilon_{t-1}^2 + \lambda_1 \sigma_{t-1}^2 \tag{10.6.4}$$

误差项的方差现在有三个组成部分：一个常数项，$t-1$ 时刻的误差平方项（ARCH 项），以及 $t-1$ 时刻的方差（GARCH 项）。

一般情况下，我们可以有多个 ARCH 项和多个 GARCH 项。GARCH（$p$，$q$）模型

$$\sigma_t^2 = \alpha_0 + \alpha_1 \varepsilon_{t-1}^2 + \alpha_2 \varepsilon_{t-2}^2 + \cdots + \alpha_p \varepsilon_{t-p}^2 + \lambda_1 \sigma_{t-1}^2 + \lambda_2 \sigma_{t-2}^2 + \cdots + \lambda_q \sigma_{t-q}^2 \tag{10.6.5}$$

当然，模型（10.6.5）还可以进一步扩展，可以包含一个或多个外生或预定变量作为误差项方差的其他决定因素。例如，如果 $X_{3t}$ 是一个外生变量，我们可以把它作为下列 GARCH(1，1）模型的一部分：

$$\sigma_t^2 = \alpha_0 + \alpha_1 \varepsilon_{t-1}^2 + \lambda_1 \sigma_{t-1}^2 + \gamma_1 X_{3t} \tag{10.6.6}$$

但是，往 $\sigma_t^2$ 的方程中添加外生或预定变量时必须小心。如果 $X_{3t}$ 取负值，可能会造成方差对于某些观测取负值。

正如我们可以在描述 $\sigma_t^2$ 的方程右边添加外生或预定变量一样，我们也可以在回归模型（10.6.1）的右边添加 $\sigma_t^2$（或标准差 $\sigma_t$）。比如，如果回归的目的是要解释股票或债券等金融资产的收益，我们就可以这样做，其原因在于人们一般认为金融资产的收益应当与其风险成正比。

例如，我们可以认为某股票指数的票面收益 $\gamma_t$(*return*）依赖于一个常数项、通货膨胀率（$inf_t$）以及条件方差：

$$\gamma_t = \beta_1 + \beta_2 inf_t + \beta_3 \sigma_t^2 + \varepsilon_t \tag{10.6.7}$$

然后我们可以把 $\sigma_t^2$ 的方差看成是一个（10.6.5）式那样的 GARCH(p，q)过程。这种类型的模型（其中期望风险由条件方差表示）称为 ARCH－M（ARCH-in-mean）模型②。

---

① Tim Bollerslev，Generalized Autoregressive Conditional Heteroscedasticity. *Journal of Econometrics*，Vol. 31，1986，pp. 307－327.

② Tim Bollerslev，Ray Chou，and Kenneth Kroner，ARCH Modeling in Finance：A Review of the Theory and Empirical Evidence. *Journal of Econometrics*，Vol. 52，1992，pp. 5－59.

**例 10.6** 考虑从 1947 年第 1 季度到 2017 年第 3 季度美国的季度 GNP 序列[①]，图 10.21 显示了从 1947（1）到 2017（4）美国季度 GNP 变化过程，具有比较强烈的时间趋势性特征，图 10.22 显示了从 1947（1）到 2017（4）美国季度 GNP 的一阶差分序列变化过程，图 10.22 表明 GNP 序列的时间趋势已经消除了，但是可以发现在不同阶段上数据的波动性存在较大差异，在 1980 年之前的波动性小，随后波动逐步增大，1998 年后变得非常剧烈了。

通过初步分析，对该序列建立 $AR(1)$ 模型：

$$\widehat{gnpgr}_t = 0.00776 + 0.5020 gnpgr_{t-1} \qquad (10.6.8)$$
$$(7.85) \qquad (9.70)$$

```
USA <- read.table("USA4717.txt",header = TRUE)
TSUSA <- ts(USA,start = c(1947,1),frequency = 4)
dgnp <- diff(gnp)
plot(gnp)  #绘制力 10.21
plot(dgnp) #绘制图 10.22
gnpgr <- diff(log(tsgnp))
library(dynlm)
ols <- dynlm(gnpgr ~ L(gnpgr))  #Modelling(10.6.6)
plot(olsMYMresiduals)  #绘制残差时序图 10.23(上)
acf(olsMYMresiduals)   #绘制 ACF 图(左下)
plot(lm_sol,2)         #绘制 Q - Q 图(右下)
```

利用模型（10.6.8）的回归残差，绘制图 10.23 所示的回归的残差分析图。

其中，图 10.23 中的上图表示残差序列的时序图，总体上残差还是比较平稳，但是具有波动集束特征，GNP 序列的回归残差可能存在 ARCH 形式的误差结构。左下图表示残差 ACF 函数图，残差 ACF 函数值大体在 95% 置信区间内，但是呈现出长期稳定性不好的特点，且存在一定的周期性特征。右下图是残差正态性检验——QQ 图，显示残差正态性特征较差。

---

① 资料选自美联储官方网站数据库。

如果 GNP 的误差项呈现出 ARCH 特征，可以考虑利用 R 中的包 fGarch 建立一个 AR(1) - ARCH(1) 模型来拟合 U. S. GNP 增长率：

$$\widehat{gnpgr}_t = 0.0066 + 0.5569 gnpgr_{t-1} \tag{10.6.9}$$
$$(6.57) \quad (9.87)$$
$$\sigma_t^2 = 0.00006 + 0.3903 \sigma_{t-1}^2$$
$$(7.50) \quad (2.73)$$

```
library(fGarch)
AR_ARCH <- garchFit( ~ atima(1,0) + garch(1,0),gnpgr)
summary(AR_ARCH)
```

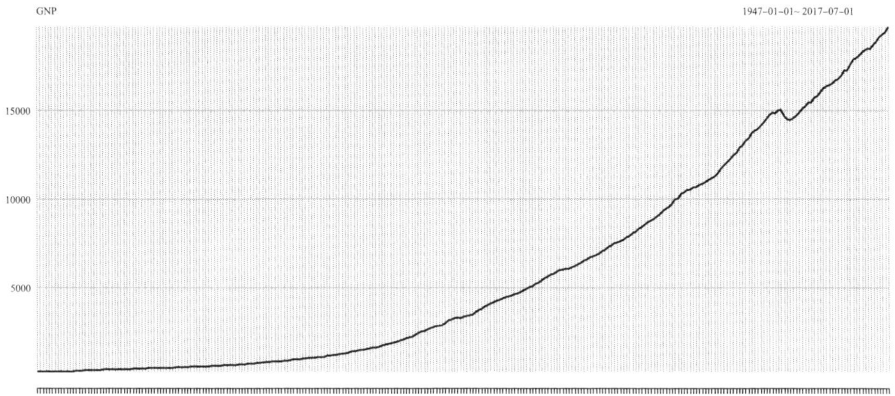


图 10.21　美国季度 GNP 序列

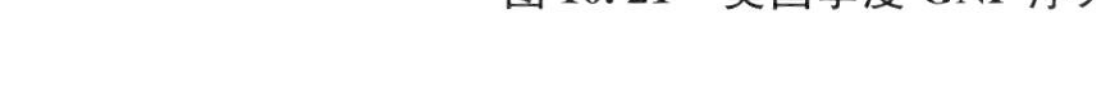

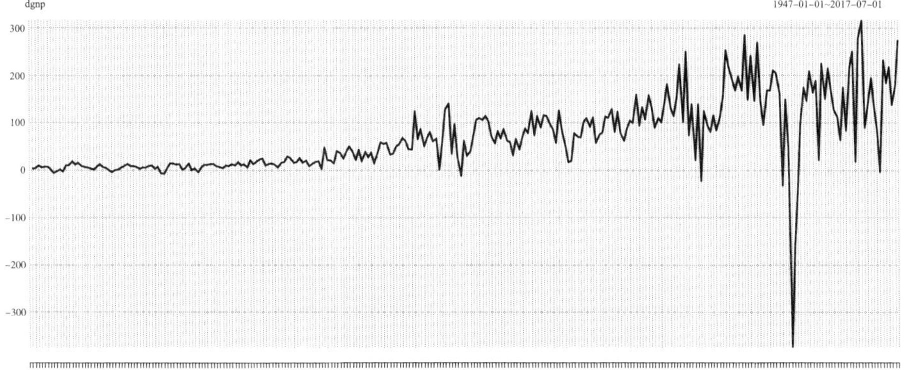


图 10.22　美国 GNP 差分序列

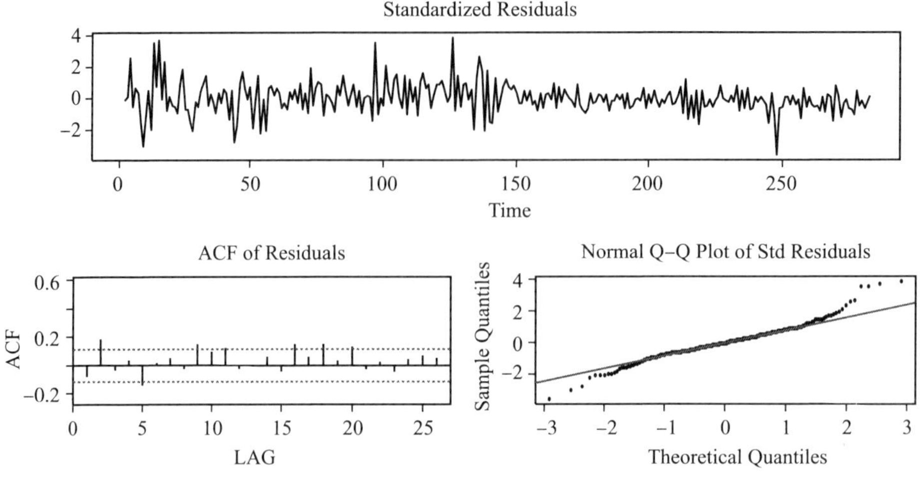


**图 10.23　美国 GNP 序列增长率 AR（1）模型残差分析**

```
        Estimate   Std.Error   t value Pr( > |t|)
mu      6.637e-03   1.010e-03   6.571    5.00e-11
ar1     5.569e-01   5.645e-02   9.865    < 2e-16
omega   6.281e-05   8.373e-06   7.501    6.33e-14
alpha1  3.903e-01   1.430e-01   2.729    0.00635
Standardised Residuals Tests:Statistic p-Value
Jarque-Bera Test    R    Chi^2   93.14788   0
Shapiro-Wilk Test   R    W       0.9641192  1.811084e-06
Ljung-Box Test      R    Q(10)   27.26624   0.002363248
Ljung-Box Test      R    Q(15)   30.70023   0.00963251
Ljung-Box Test      R    Q(20)   46.4522    0.0006984457
Ljung-Box Test      R^2  Q(10)   13.54669   0.1946904
Ljung-Box Test      R^2  Q(15)   20.96839   0.1378424
Ljung-Box Test      R^2  Q(20)   21.92299   0.3447039
LM Arch Test        R    TR^2    17.484     0.1322797
load(tsa3.rda)
sarima(gnpgr,1,0,0)
```

**例 10.7**　长期利率模型。

考虑 AAA 级企业债券利率模型，建立它与短期无风险利率（三个月国债利率）的现值和过去值以及工业生产指数和批发价通货膨胀率之间的关系。图 10.24 显示的是 1950 年 ~ 1996 年初的 AAA 企业债券利率和 3 个月国债利率。从图 10.24 可以看到，企业债券利率一般都高于国债利率，而且短期利率的波动比国债要小。企业债券反映的是对国债利率未来值的期望（因此应当比国债利率的波动小），而且包含了反映违约可能性的较小风险溢价。

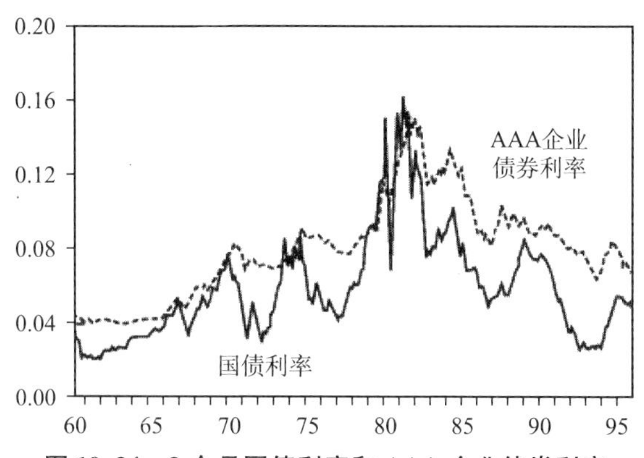


**图 10.24　3 个月国债利率和 AAA 企业债券利率**

用 AAA 企业债券利率（R3A）对国债利率的现值和滞后值（R3），工业生产指数的现值和滞后值（IP），所有商品生产者价格指数的增长率（$GPW = (PW - PW_{-1})/PW_{-1}$），以及 AAA 企业债券利率的滞后值做回归分析，选择下面用普通最小二乘估计法得到的方程（括号内是 $t$ 统计值）：

$$R3A_t = 0.000268 + 0.2749R3_t - 0.2685R3_{t-1} + 0.0325R3_{t-2} + 0.00046IP_t$$

$$(0.81) \quad (14.70) \quad (-9.26) \quad (1.73) \quad (2.87)$$

$$-0.00046IP_{t-1} + 0.0421GPW_t + 0.9626RAAA_{t-1} \qquad (10.6.10)$$

$$(-2.85) \quad (3.09) \quad (116.72)$$

$$R^2 = 0.9954 \quad s = 0.001830 \quad DW = 1.49$$

图 10.25 显示的是该回归的残差。注意到波动的“集束”现象，波动在一些较长的时间内非常小，在其他一些较长的时间内非常大。这说明误差项具有条件异方差，因此可以用 ARCH 或 GARCH 模型表示。

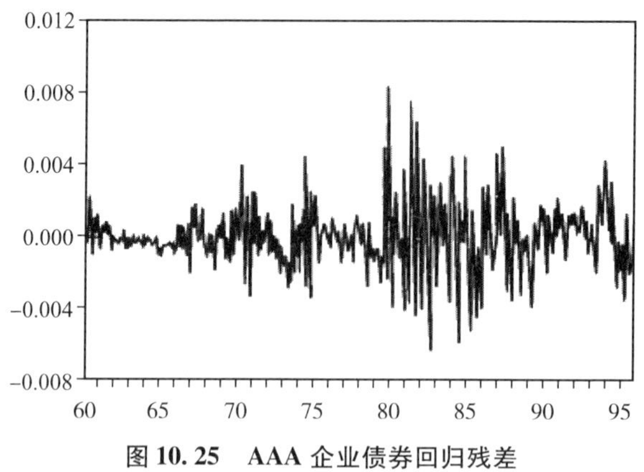


**图 10.25　AAA 企业债券回归残差**

为探索这样做的可能性，用一个简单的 GARCH(1, 1) 模型表示误差项的方差，并对方程（10.6.8）重新回归，得到以下结果：

$$
\begin{aligned}
R3A_t =\ & 0.000283 + 0.2749R3_t - 0.2685R3_{t-1} + 0.0325R3_{t-2} + 0.00046IP_t \\
& (0.26) \qquad (7.58) \qquad (-5.97) \qquad (1.06) \qquad (1.51) \\
& - 0.00046IP_{t-1} + 0.0421GPW_t + 0.9626RAAA_{t-1} \\
& (-1.50) \qquad (1.52) \qquad (59.29)
\end{aligned} \tag{10.6.11}
$$

$$
\begin{aligned}
\sigma_t^2 =\ & 0.00000011 + 0.1500\varepsilon_{t-1}^2 - 0.6000\sigma_{t-1}^2 \\
& (0.07) \qquad (1.22) \qquad (-2.59)
\end{aligned} \tag{10.6.12}
$$

$$R^2 = 0.9954 \quad s = 0.001836 \quad DW = 1.49$$

采用了残差方差的 GARCH 表达式对所有的系数估计几乎没有什么影响。GARCH 方程中只有一个系数是统计显著的，且回归的标准误差增大到 0.001836。这说明用普通最小二乘法估计有异方差误差的模型时，估计的标准误差是有偏的。

因此，需要对异方差的形式进一步地分析，在 GARCH 模型（10.6.12）中加入一个外生变量。保持 GARCH(1, 1)结构，但是在该模型中加入 3 个月国债利率的滞后变化值，则模型的估计结果如下：

$$
\begin{aligned}
R3A_t =\ & 0.000028 + 0.2750R3_t - 0.2684R3_{t-1} + 0.0325R3_{t-2} + 0.00056IP_t \\
& (0.17) \qquad (26.46) \qquad (-20.57) \qquad (3.96) \qquad (7.73) \\
& - 0.00056IP_{t-1} + 0.0420GPW_t + 0.9629RAAA_{t-1} \\
& (-7.63) \qquad (7.86) \qquad (301.79)
\end{aligned} \tag{10.6.13}
$$

$$\sigma_t^2 = 0.00000021 + 0.1502\varepsilon_{t-1}^2 - 0.6001\sigma_{t-1}^2 + 0.000023\Delta R3_{t-1} \tag{10.6.14}$$
$$(6.84) \qquad (8.85) \qquad (-19.89) \qquad (3.79)$$
$$R^2 = 0.9954 \quad s = 0.001841 \quad DW = 1.49$$

3 个月国债利率滞后值的变化对回归误差项方差的变化有显著的解释作用。ARCH 项和 GARCH 项的系数现在都是统计显著的。

**例 10.8** 研究 S&P 500 股票指数的月收益。先用 1960 年 1 月到 1995 年 8 月间的 S&P500 指数的月度数据（FSPCOM）和 S&P 500 指数产生的红利（FS-DXP）计算月收益[①]。月收益按下式计算：

$$RSP_t = \frac{FSPCOM_t - FSPCOM_{t-1}}{FSPCOM_{t-1}} + \frac{FSDXP_t}{12}$$

先用收益做一个简单的 OLS 估计，回归模型包含可能导致减少收益的两个变量：3 个月国债利率的变化 $R3_t$，通货膨胀率 $GPW_t$ 回归方程为（括号内是 t 统计值）：

$$RSP_t = 0.0120 - 0.8270\Delta R3_t - 0.8551GPW_t \tag{10.6.15}$$
$$(6.83) \quad (-2.70) \qquad (-3.64)$$
$$T = 428,\ R^2 = 0.0527 \quad s = 0.0329 \quad DW = 1.52$$

其中，回归模型的 $R^2$ 比太小，收益率的波动较大，这些收益率的方差能够被经济变量所解释的比例很低，不过 R3 和 GPW 的系数具有我们期望的符号，并且是统计显著的，图 10.26 显示了回归的残差，存在着波动的集束现象。

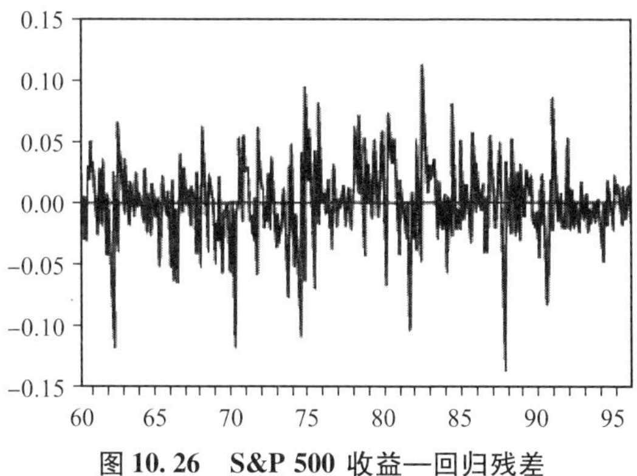


**图 10.26 S&P 500 收益—回归残差**

① 美国经济统计（CITIBASE），提供 1947 年至今的 5000 多个美国经济的时间序列数据。

考虑对误差项方差建立 GARCH(1，1) 模型，并重新对模型进行回归：

$$RSP_t = 0.0127 - 1.0833\Delta R3_t - 0.8009GPW_t \tag{10.6.16}$$
$$(8.15) \quad (-3.62) \quad (-4.37)$$

$$\sigma_t^2 = 0.000184 + 0.1853\varepsilon_{t-1}^2 + 0.6503\sigma_{t-1}^2 \tag{10.6.17}$$
$$(2.37) \quad (4.02) \quad (6.44)$$

$$R^2 = 0.0527 \quad s = 0.0331 \quad DW = 1.52$$

ARCH 项和 GARCH 项的系数都是统计显著的，并且回归方程中的系数有很大变化，但是仍然具有期望的负号，而且统计上是显著的。回归的 $R^2$ 减小了，标准误差增加了。因为普通最小二乘法使 $R^2$ 达到最大，所以在异方差的修正条件下会导致 $R^2$ 有所下降。至于标准误差的增加，很大可能是由于异方差误差存在，导致 OLS 估计的模型标准误差估计量是有偏的。

持有股票的期望收益应与投资的股票风险相关。因此，可以考虑将度量风险的因子 $\sigma_t$ 或 $\sigma_t^2$ 作为解释变量加入回归模型。[①]

比如考虑对回归模型中的包含标准差 $\sigma_t$ 的 GARCH－M 模型进行估计：

$$RSP_t = -0.0017 - 0.9935\Delta R3_t - 0.8796GPW_t + 0.4855\sigma_t \tag{10.6.18}$$
$$(-0.23) \quad (-3.23) \quad (-4.97) \quad (1.90)$$

$$\sigma_t^2 = 0.000145 + 0.1821\varepsilon_{t-1}^2 + 0.6929\sigma_{t-1}^2 \tag{10.6.19}$$
$$(2.28) \quad (4.32) \quad (8.07)$$

$$R^2 = 0.0507 \quad s = 0.0332 \quad DW = 1.49 \quad \ln Likelihood = 884.3$$

在回归结果（10.6.18）中，尽管条件标准误差 $\sigma_t$ 统计上只是勉强显著，但是它的系数具有正确的符号。

还可以考虑更加复杂的 GARCH 结构，如估计 GARCH(4，2)模型，回归模型仍然包含条件标准误差 $\sigma_t$：

$$RSP_t = 0.0008 - 0.9935\Delta R3_t - 0.8199GPW_t + 0.3972\sigma_t \tag{10.6.20}$$
$$(0.21) \quad (-4.52) \quad (-4.85) \quad (3.16)$$

$$\sigma_t^2 = 0.000242 + 0.2772\varepsilon_{t-1}^2 + 0.0065\varepsilon_{t-2}^2 - 0.0389\varepsilon_{t-3}^2 + 0.1074\varepsilon_{t-4}^2$$
$$(2.00) \quad (4.57) \quad (0.16) \quad (-0.48) \quad (1.97)$$

① 这个例子说明了回归模型的拟合优度指标 $R^2$ 在回归估计中的模型评估价值量比较有限的。

$$-0.2417\sigma_{t-1}^2 + 0.6967\sigma_{t-2}^2$$
$$(-2.37) \quad (7.48) \tag{10.6.21}$$
$$R^2 = 0.0452 \quad s = 0.0334 \quad DW = 1.51$$

其中，回归结果（10.6.20）中，条件标准误差 $\sigma_t$ 的系数估计量略微小了一些，且是统计显著的，两个 ARCH 项和两个 GARCH 项是统计上显著的。

虽然这个模型对于股票收益的预测不太可能有用，但是它却表明收益确实不仅依赖于风险，而且按照理论所预期的方式依赖于利率的变化和通货膨胀。

## 本章练习题

1. 证明带漂移项的随机游走过程是一阶齐次非平稳过程。

2. 考虑时间序列 1，2，3，4，5，6，…，20。这个序列平稳吗？对于 k = 1，2，…，5，计算样本自相关函数 $\hat{\rho}_k$，并解释该序列的形状。

3. 例 10.7 中，对误差方差服从一个 GARCH 模型的 AAA 企业债券利率回归模型进行了估计。模型也可以采用 GARCH(1, 1) 结构，但是在误差方差的模型中还保留三个月国债利率滞后值的变化量。

（1）能否通过指定一个更加复杂的 GARCH 结构，比如 GARCH(2, 2)，对模型加以改进？在误差方差的方程中加入国债利率的另外一些滞后值。是否能够改进模型的拟合程度以及预测结果？为什么能或为什么不能？

（2）如果 AAA 企业债券利率反映了持有企业债券，特别是债券价格的波动的风险的话，加入滞后的方差可能会使回归方程得到改进。在回归方程的右端加入标准差 $\sigma_t$ 或方差 $\sigma_{t-1}^2$，用一个 GARCH – M 模型重新进行估计。标准差或方差是否为统计显著的？这样做是否改进了模型的拟合程度？

4. 从网站下载沪深 300 股票价格指数数据资料，并检验这个序列是否遵循随机游走？请用 Dickey – Fuller 检验进行检验。

5. 若 $\{e_t: t = -1, 0, 1, \cdots\}$ 是一个 0 均值、单位方差的独立同分布随机序列，定义如下随机过程：

$$x_t = e_t - \frac{1}{2}e_{t-1} + \frac{1}{2}e_{t-2},\ t = 1, 2, \cdots$$

（1）求 $E(x_t)$ 与 $\mathrm{Var}(x_t)$，这两个值与 $t$ 相关吗？

（2）证明：$\mathrm{Corr}(x_t, x_{t+1}) = -1/2$，$\mathrm{Corr}(x_t, x_{t+1}) = 1/3$。

（3）当 $h > 2$ 时 $\mathrm{Corr}(x_t, x_{t+h})$ 是多少？

(4) $\{x_t\}$ 是渐近无关过程吗?

6. 若时间序列过程 $\{y_t\}$ 由 $y_t = z + e_t$ 生成, $t=1, 2\cdots$, 其中 $\{e_t\}$ 是 0 均值、方差为 $\mathrm{Var}(e_t)=\sigma_e^2$ 的独立同分布随机序列, 随机变量 $z$ 不随时间变化而改变, 且满足 $E(z)=0$, $\mathrm{Var}(z)=\sigma_z^2$, 并与 $e_t$ 独立。

(1) 求 $E(y_t)$, 这个值与 $t$ 相关吗?

(2) 求 $\mathrm{cov}(y_t, y_{t+h})$, $y_t$ 是否为协方差平稳过程?

(3) 证明: $\mathrm{Corr}(y_t, y_{t+h}) = \sigma_z^2/(\sigma_e^2+\sigma_z^2)$。

(4) $\{x_t\}$ 是渐近无关过程吗?

7. 回忆 GARCH(1, 1)模型为

$$\sigma_t^2 = \alpha_0 + \alpha_1 \varepsilon_{t-1}^2 + \lambda_1 \sigma_{t-1}^2$$

证明 GARCH(1, 1)模型等价于一个无穷阶的 ARCH 模型, 其中过去波动量的权重为几何下降的。

8. 原油、铜和木材的数据资料见表 10.5。

(1) 计算每个序列的样本自相关函数, 确定这些函数是否与 Dickey - Fuller 检验的结果相一致。特别地, 原油和铜的价格的样本自相关函数有没有反映序列的平稳性? 木材价格的样本自相关函数有没有反映序列是非平稳的?

(2) Dickey - Fuller 检验结果关于样本大小的稳健程度怎样? 将样本平均分成两份, 对每部分价格序列的样本重复进行 Dickey - Fuller 检验。

**表 10.5　　原油、铜和木材的价格(以 1967 年美元为不变价)**

| 年份 | oil | copper | lumber | 年份 | oil | copper | lumber | 年份 | oil | copper | lumber |
|---|---|---|---|---|---|---|---|---|---|---|---|
| 1870 | 8.64 | 41.61 | 9.13 | 1880 | 2.80 | 52.68 | 10.09 | 1890 | 3.00 | 52.41 | 12.28 |
| 1871 | 10.16 | 47.54 | 9.70 | 1881 | 2.74 | 46.39 | 10.90 | 1891 | 2.33 | 43.75 | 12.19 |
| 1872 | 8.35 | 70.64 | 9.75 | 1882 | 2.26 | 49.85 | 11.11 | 1892 | 2.08 | 41.26 | 12.60 |
| 1873 | 4.24 | 61.57 | 9.98 | 1883 | 3.27 | 42.64 | 11.05 | 1893 | 2.44 | 38.18 | 12.55 |
| 1874 | 2.81 | 54.68 | 9.93 | 1884 | 2.66 | 41.67 | 11.79 | 1894 | 3.24 | 36.84 | 13.72 |
| 1875 | 3.37 | 53.37 | 9.45 | 1885 | 2.95 | 35.62 | 12.02 | 1895 | 4.90 | 41.43 | 13.07 |
| 1876 | 6.90 | 49.60 | 9.60 | 1886 | 2.42 | 32.53 | 12.32 | 1896 | 4.58 | 44.17 | 13.67 |
| 1877 | 6.95 | 51.15 | 9.74 | 1887 | 2.44 | 31.96 | 12.44 | 1897 | 3.17 | 45.42 | 13.17 |
| 1878 | 3.74 | 47.17 | 9.75 | 1888 | 2.97 | 52.03 | 12.03 | 1898 | 3.64 | 46.00 | 13.32 |
| 1879 | 2.84 | 49.50 | 10.43 | 1889 | 3.18 | 45.61 | 12.03 | 1899 | 4.80 | 63.20 | 13.68 |

续表

| 年份 | oil | copper | lumber | 年份 | oil | copper | lumber | 年份 | oil | copper | lumber |
|---|---|---|---|---|---|---|---|---|---|---|---|
| 1900 | 4. 72 | 55. 17 | 12. 59 | 1931 | 2. 47 | 21. 54 | 29. 39 | 1962 | 4. 10 | 32. 28 | 49. 43 |
| 1901 | 4. 00 | 57. 19 | 12. 53 | 1932 | 3. 50 | 16. 77 | 25. 42 | 1963 | 4. 11 | 32. 38 | 50. 03 |
| 1902 | 3. 59 | 38. 16 | 13. 95 | 1933 | 2. 71 | 20. 59 | 24. 97 | 1964 | 4. 09 | 33. 79 | 51. 58 |
| 1903 | 4. 04 | 43. 00 | 13. 42 | 1934 | 3. 52 | 21. 76 | 24. 97 | 1965 | 3. 99 | 36. 23 | 52. 09 |
| 1904 | 3. 83 | 40. 91 | 11. 95 | 1935 | 3. 17 | 20. 82 | 23. 51 | 1966 | 3. 89 | 36. 27 | 50. 46 |
| 1905 | 2. 90 | 49. 03 | 13. 77 | 1936 | 3. 48 | 22. 78 | 24. 34 | 1967 | 3. 90 | 38. 20 | 51. 17 |
| 1906 | 2. 66 | 60. 50 | 15. 80 | 1937 | 3. 55 | 29. 66 | 25. 12 | 1968 | 3. 83 | 40. 78 | 53. 99 |
| 1907 | 2. 50 | 59. 52 | 16. 01 | 1938 | 3. 65 | 24. 69 | 24. 59 | 1969 | 3. 90 | 44. 60 | 57. 65 |
| 1908 | 2. 50 | 40. 74 | 20. 49 | 1939 | 3. 32 | 27. 71 | 26. 55 | 1970 | 3. 89 | 52. 26 | 49. 09 |
| 1909 | 2. 18 | 37. 36 | 20. 17 | 1940 | 3. 26 | 27. 90 | 25. 38 | 1971 | 4. 00 | 45. 13 | 57. 88 |
| 1910 | 1. 85 | 34. 99 | 18. 29 | 1941 | 3. 28 | 26. 16 | 27. 47 | 1972 | 3. 84 | 42. 49 | 65. 20 |
| 1911 | 2. 03 | 37. 01 | 22. 12 | 1942 | 3. 01 | 23. 18 | 29. 98 | 1973 | 3. 99 | 43. 73 | 74. 21 |
| 1912 | 2. 39 | 45. 79 | 20. 98 | 1943 | 2. 89 | 22. 18 | 39. 74 | 1974 | 5. 56 | 46. 81 | 50. 57 |
| 1913 | 3. 19 | 42. 50 | 23. 25 | 1944 | 2. 91 | 22. 01 | 38. 76 | 1975 | 5. 64 | 35. 11 | 45. 27 |
| 1914 | 2. 79 | 38. 75 | 22. 56 | 1945 | 2. 89 | 21. 61 | 37. 78 | 1976 | 5. 82 | 36. 22 | 52. 35 |
| 1915 | 2. 20 | 48. 19 | 22. 95 | 1946 | 2. 92 | 22. 12 | 45. 31 | 1977 | 5. 71 | 32. 48 | 57. 54 |
| 1916 | 3. 22 | 61. 68 | 18. 98 | 1947 | 3. 27 | 27. 45 | 52. 84 | 1978 | 5. 61 | 30. 23 | 64. 23 |
| 1917 | 3. 42 | 44. 88 | 16. 34 | 1948 | 4. 09 | 26. 57 | 48. 76 | 1979 | 6. 98 | 37. 77 | 62. 77 |
| 1918 | 3. 90 | 36. 34 | 16. 51 | 1949 | 4. 19 | 24. 40 | 53. 94 | 1980 | 10. 34 | 35. 99 | 41. 17 |
| 1919 | 3. 90 | 26. 15 | 17. 86 | 1950 | 4. 05 | 25. 92 | 52. 30 | 1981 | 13. 94 | 27. 22 | 32. 09 |
| 1920 | 5. 40 | 21. 96 | 19. 15 | 1951 | 3. 67 | 26. 56 | 46. 18 | 1982 | 12. 34 | 23. 37 | 27. 71 |
| 1921 | 4. 39 | 24. 85 | 22. 84 | 1952 | 3. 77 | 27. 34 | 51. 13 | 1983 | 11. 26 | 24. 80 | 37. 21 |
| 1922 | 4. 21 | 26. 85 | 22. 53 | 1953 | 4. 07 | 32. 99 | 52. 86 | 1984 | 10. 86 | 20. 76 | 28. 27 |
| 1923 | 3. 24 | 27. 75 | 21. 91 | 1954 | 4. 21 | 33. 94 | 54. 91 | 1985 | 10. 15 | 20. 47 | 27. 58 |
| 1924 | 3. 58 | 25. 69 | 26. 13 | 1955 | 4. 18 | 42. 71 | 55. 48 | 1986 | 5. 46 | 20. 91 | 35. 70 |
| 1925 | 4. 10 | 26. 22 | 31. 33 | 1956 | 4. 09 | 46. 09 | 54. 20 | 1987 | 6. 57 | 25. 61 | 39. 91 |
| 1926 | 4. 67 | 26. 74 | 29. 94 | 1957 | 4. 38 | 31. 73 | 50. 88 | | | | |
| 1927 | 3. 50 | 26. 22 | 30. 12 | 1958 | 4. 23 | 27. 27 | 48. 78 | | | | |
| 1928 | 3. 37 | 29. 26 | 26. 75 | 1959 | 4. 11 | 32. 95 | 51. 24 | | | | |
| 1929 | 3. 63 | 36. 86 | 32. 65 | 1960 | 4. 07 | 33. 83 | 52. 57 | | | | |
| 1930 | 3. 64 | 29. 21 | 29. 84 | 1961 | 4. 10 | 31. 64 | 50. 89 | | | | |

# 第 11 章

# 面板数据分析

我们在前面的章节中，分别讨论了截面数据模型与时间序列模型，但是由于这两类数据的不足，导致在使用这两种数据建立回归分析模型时可能会导致由于数据的误差形成的模型误差。

利用截面数据建立模型时，由于是在同一个时间对 $N$ 个个体进行观察，并以此数据为基础建立相应的回归分析模型，这种模型不能反映被观察对象随着时间改变而导致数据变化，从而引起模型调整的过程，例如利用某个时间的数据分析全国城镇居民家庭的收入 - 消费结构的特征问题，这种模型的不足是只能获得特定时间点上的经济特征，缺乏对经济动态特征的描述。利用时间序列模型时，由于是对同一个观察对象按照事件发生的先后顺序记录其变化过程，因此该数据只反映了被观察对象自己随着时间变化而变化的特征，没有办法刻画观察对象与其密切相关的其他个体的变化对其的影响作用。

为了分析具有一定相关关系的 $N$ 个个体的某一些经济的、社会的特征变量随着时间变化而变化的特征，我们需要同时关注由这 $N$ 个个体的某个时间段内的时间序列数据组成的复杂结构的数据，即由具有截面数据特征与时间序列数据特征组成的混合数据。

## 11.1　面板数据模型

根据混合数据中截面单位的组成特征，混合数据大致分成两类，即独立混合截面数据和面板数据。

### 11.1.1　独立混合横截面（independently pooled cross section）

独立混合截面数据，也称为融合数据（pooled data），这类数据集是在不同时点从一个大总体中随机选择若干个观察对象进行抽样获得的样本，该数据由独立抽取的观测值组成。

由于数据是在两个时间点上进行抽样获得的，并不要求两次抽样的调查对象完全相同，因此在不同时点上抽取的数据可能导致样本观测点不是同分布的，对于这种可能存在的差异性，可以考虑利用反映时间差异的变截距模型来刻画这种在两个时间点上回归模型可能出现的差异性，从而完成对一些特定对象和目标的分析任务，这类数据很多时候出现政策评价分析方面的问题。

独立截面混合数据的优点是可以在不同时间点上针对不同的个体进行抽样调查，因此在抽样上比较方便，但是由于抽样对象的不稳定性，很容易造成较大的异方差性。

### 11.1.2　面板数据（panel data）

在不同时点对一些确定的对象（个人、家庭、企业、城市等）进行跟踪调查，即在不同时点对固定的调查对象的相同特征反复进行抽样获得的样本。例如，不同时间点跟踪调查相同的一些个人、家庭、企业、城市等研究对象的个人收入、工作时间、受教育程度或者其他社会经济指标，其核心原则是在不同时间上对固定的调查对象进行重复抽样，从而获得一组调查对象在若干时间点上的调查数据资料。

由于面板数据集是在比较长的时间内进行抽样，因此在不同时点上抽取的数据可能导致观测点不是同分布的，为了刻画由于较长时间导致的变异性特征，可以考虑利用与时间相关的变量刻画时间变化的差异，从而实现经济现象随着观测对象和时间变化的长期特征分析。

## 11.2　跨时间独立截面混合数据模型

在许多关于个人、家庭和企业的调查中，通常是每隔一段时间就重复进行调查，如果每过一段时间就随机抽取样本，则可以获得一个独立混合横截面数据。

独立混合截面数据可以扩大样本容量，从而获得更加精密和有效的检验统计量，不过这种数据也要求相关数据要满足一个必要条件：随着调查时间的变化，数据要保持着不随时间改变而改变。

为了反映混合横截面数据的个体差异，可以在模型中加入变截距，即截距项可以随着个体改变而变化，同时还可以加入时间虚拟变量，从而考虑时间变化的影响：

$$y_{it} = \alpha_i + \beta_1 x_{1it} + \cdots + \beta_k x_{kit} + \delta_t + u_{it} \tag{11.2.1}$$

其中，$\alpha_i$ 表示第 $i$ 个个体的特征，$\beta_j$ 表示第 $j$ 个解释变量 $x_{jit}$ 对 $y_{it}$ 的影响程度，$\delta_t$ 度量了时间变化的影响程度。

**例 11.1** 不同时期的妇女生育率。

美国民意调查中心 1972 ~ 1984 年的双年社会调查，利用其中数据建立模型，用于解释妇女生育小孩总数（kids）的模型。研究者希望获得的结果：在控制了妇女受教育年数、年龄、种族、16 岁时生活的地区及 16 岁时的生活环境这些因素后，这段时间的生育率出现了变化特征及影响因素，建立的回归模型如下：

$$\begin{aligned} kids_{it} = {} & \delta_t + \beta_1 educ_{it} + \beta_2 age_{it} + \beta_3 age_{it}^2 + \beta_4 black_{it} + \beta_5 east_{it} + \beta_6 northcen_{it} \\ & + \beta_7 west_{it} + \beta_8 farm_{it} + \beta_9 othrual_{it} + \beta_{10} town_{it} + \beta_{11} smcity_{it} \\ & + \beta_{12} y74_{it} + \beta_{13} y76_{it} + \beta_{14} y78_{it} + \beta_{15} y80_{it} + \beta_{16} y82_{it} + \beta_{17} y84_{it} + u_{it} \end{aligned} \tag{11.2.2}$$

其中，*educ* 表示妇女受到学校教育的年数，*age* 表示妇女的年龄，

$$black = \begin{cases} 1, & \text{if } black \\ 0, & otherwise \end{cases}, \quad east = \begin{cases} 1, & \text{if } lived\ in\ east\ at 16 \\ 0, & otherwise \end{cases}$$

$$northcen = \begin{cases} 1, & \text{if } lived\ in\ nc\ at 16 \\ 0, & otherwise \end{cases}, \quad west = \begin{cases} 1, & \text{if } lived\ in\ west\ at\ 16 \\ 0, & otherwise \end{cases}$$

$$farm = \begin{cases} 1, & \text{if } on\ farm\ at\ 16 \\ 0, & otherwise \end{cases}, \quad othrural = \begin{cases} 1, & \text{if } other\ rural\ at\ 16 \\ 0, & otherwise \end{cases}$$

$$town = \begin{cases} 1, & \text{if } lived\ in\ town\ at\ 16 \\ 0, & otherwise \end{cases}, \quad smcity = \begin{cases} 1, & \text{if } small\ city\ at\ 16 \\ 0, & otherwise \end{cases}$$

变量 *y*74，*y*76，*y*78，*y*80，*y*82，*y*84 分别表示年份的虚拟变量，基年是 1972。

对模型（11.2.2）进行回归估计：

```
lm1 <- lm(kids ~ educ + age + I(age^2) + black + east + northcen +
    west + farm + othrural + town + smcity + y74 + y76 + y78 + y80 +
    y82 + y84)
```

其中，I(age^2)表示将 age 的二次项 $age^2$ 作为解释变量加入回归模型。可用命令 summary(lml)获得回归结构的描述性报告，并整理如下。

模型的估计结果如表 11.1 所示①。

**表 11.1　1972 ~ 1984 年（双年）妇女生育率的影响因素分析（含有年份变量）**

| Coefficients | Estimate | Std. Error | t value | Pr( > \|t\|) |
|---|---|---|---|---|
| (Intercept) | -7.742457 | 3.051767 | -2.537 | 0.011315 * |
| educ | -0.128427 | 0.018349 | -6.999 | 4.44e-12 *** |
| age | 0.532135 | 0.138386 | 3.845 | 0.000127 *** |
| I(age^2) | -0.005804 | 0.001564 | -3.710 | 0.000217 *** |
| black | 1.075658 | 0.173536 | 6.198 | 8.02e-10 *** |
| east | 0.217324 | 0.132788 | 1.637 | 0.101992 |
| northcen | 0.363114 | 0.120897 | 3.004 | 0.002729 ** |
| west | 0.197603 | 0.166913 | 1.184 | 0.236719 |
| farm | -0.052557 | 0.147190 | -0.357 | 0.721105 |
| othrural | -0.162854 | 0.175442 | -0.928 | 0.353481 |
| town | 0.084353 | 0.124531 | 0.677 | 0.498314 |
| smcity | 0.211879 | 0.160296 | 1.322 | 0.186507 |
| y74 | 0.268183 | 0.172716 | 1.553 | 0.120771 |
| y76 | -0.097379 | 0.179046 | -0.544 | 0.586633 |
| y78 | -0.068666 | 0.181684 | -0.378 | 0.705544 |
| y80 | -0.071305 | 0.182771 | -0.390 | 0.696511 |
| y82 | -0.522484 | 0.172436 | -3.030 | 0.002502 ** |
| y84 | -0.545166 | 0.174516 | -3.124 | 0.001831 ** |
| Residual standard error: 1.555 on 1111 degrees of freedom<br>Multiple R-squared: 0.1295, Adjusted R-squared: 0.1162<br>F-statistic: 9.723 on 17 and 1111 DF, p-value: < 2.2e-16 | | | | |

① 表 11.1 的结果是对 summary(lml)的输出结果进行整理之后获得的结论。

由于基年是 1972 年，年度虚拟变量 y82 与 y84 的系数说明 1982 年和 1984 年的系数显著地不等于 0，其余年份的对应系数均是统计不显著的。因此说明在其他因素不变时，1982 年与 1972 年相比，一位妇女平均少生育 0.52 个孩子，即 1982 年时每 100 个妇女预计将比 1972 年平均少生育 52 个孩子，这是一个很大的下降。

由于控制了教育变量 educ，因此生育率的下降与受教育程度的提高就应该没有联系了，可以解释为变量 y82 与 y84 解释了 educ 不能解释的生育率下降的原因。

如果不考虑年份虚拟变量，则模型（11.1.2）可调整为

$$kids_{it} = \alpha_i + \beta_1 educ_{it} + \beta_2 age_{it} + \beta_3 age_{it}^2 + \beta_4 black_{it} + \beta_5 east_{it} + \beta_6 northcen_{it} + \beta_7 west_{it} + \beta_8 farm_{it} + \beta_9 othrual_{it} + \beta_{10} town_{it} + \beta_{11} smcity_{it} + u_{it} \tag{11.2.3}$$

对应的回归结果如表 11.2 所示。

```
lm2 <- lm(kids ~ educ + age + I(age^2) + black + east + northcen +
  west + farm + othrural + town + smcity)
summary(lm2)
```

**表 11.2　1972～1984 年（双年）妇女生育率的影响因素分析（无年份变量）**

| Coefficients | Estimate | Std. Error | t value | Pr( > \|t\|) |
|---|---|---|---|---|
| (Intercept) | -8.487543 | 3.068381 | -2.766 | 0.005766 ** |
| educ | -0.142879 | 0.018351 | -7.786 | 1.57e-14 *** |
| age | 0.562422 | 0.139626 | 4.028 | 6.00e-05 *** |
| I(age^2) | -0.006092 | 0.001579 | -3.857 | 0.000121 *** |
| black | 0.977559 | 0.173188 | 5.644 | 2.10e-08 *** |
| east | 0.236293 | 0.134037 | 1.763 | 0.078191 |
| northcen | 0.384749 | 0.122212 | 3.148 | 0.001686 ** |
| west | 0.244703 | 0.168605 | 1.451 | 0.146967 |
| farm | -0.054186 | 0.148616 | -0.365 | 0.715475 |
| othrural | -0.167075 | 0.177358 | -0.942 | 0.346386 |
| town | 0.084237 | 0.125704 | 0.670 | 0.502918 |
| smcity | 0.183077 | 0.162017 | 1.130 | 0.258724 |
| Residual standard error: 1.575 on 1117 degrees of freedom<br>Multiple R-squared: 0.1019, Adjusted R-squared: 0.09307<br>F-statistic: 11.52 on 11 and 1117 DF, p-value: < 2.2e-16 | | | | |

为了确定模型（11.2.2）或（11.2.3），可以对年份虚拟变量的有效性进行联合假设检验，即

$$H_0: \beta_{12} = \beta_{13} = \beta_{14} = \beta_{15} = \beta_{16} = \beta_{17} = 0$$

两个模型的 $F$ 统计量为

$$F = \frac{(R_{ur}^2 - R_r^2)/q}{(1 - R_{ur}^2)/(n - k - 1)} = \frac{(0.1295 - 0.1019)/6}{(1 - 0.1295)/1111} = 5.87,\ p\_value = 4.855e - 6$$

因此拒绝原假设，即年份变量不能忽略。

从表 11.1 可知，受教育较多的妇女有较少的小孩。例如受大学教育的妇女比受高中教育的妇女少 0.512 个小孩（$0.128 \times 4 = 0.512$），这可能的原因是受教育更多的妇女具有较高的文化素养，她们的生活也更加多样化，花费了更多的时间和精力在学习和工作方面，可能导致生育率下降。

从表 11.1 还可以看出，妇女的年龄对生育具有抑制作用，在其他因素不变条件下，生育率最高可能达到 12.20，转折点是 $age = 46$。

**例 11.2**　教育回报和工资中性别差异的变化。

利用 1978 年与 1985 年的横截面混合数据，考虑小时工资模型

$$\log(wage) = \beta_0 + \delta_0 y85 + \beta_1 educ + \delta_1 y85 \cdot educ + \beta_2 female + \delta_2 y85 \cdot female + \beta_3 exper + \beta_4 exper^2 + \beta_5 union + u \quad (11.2.4)$$

其中，*union* 表示工会变量，如果某人是工会会员，取值为 1，否则取 0；*y85* 是虚拟变量，观测值是 1985 年时取值为 1，其余为 0，*female* 表示性别变量，女性取值 1，否则为 0，*y85* 表示年份是 1985 年时取 1，否则取 0。

样本数据中 1978 年（基年）的调查人数是 550 人，1985 年的调查人数另一组不同的 534 人。根据模型（11.1.4）可知，与 1978 年效应对应的指标体现在截距 $\beta_0$，1985 年的效应体现在截距 $\beta_0 + \delta_0$ 上，同时 1978 年对应的教育回报是 $\beta_1$，1985 年的截距是 $\beta_1 + \delta_1$，其中参数 $\delta_1$ 度量了经过 7 年后多受 1 年教育发生的变化。

性别变量 *female* 对工资的影响表现在 1978 年是 $\beta_2$，1985 年的截距是 $\beta_2 + \delta_2$，其中 $\delta_2$ 度量了经过 7 年后是变量 *female* 对小时工资的影响是否有显著变化。

模型（11.2.4）的回归结果如下（括号内数字为估计量的标准差）：

*lm* (log(*wage*) ~ *y85* * *educ* + *y85* * *female* + *union* + *exper* +
  *I*(*exper*^2))

$$\log(wage) = 0.459 + 0.118y85 + 0.0747educ + 0.0185y85 \cdot educ - 0.317female$$
$$(0.093) \quad (0.124) \quad (0.0067) \quad (0.0094) \quad (0.037)$$
$$+ 0.085y85 \cdot female + 0.029exper - 0.0004exper^2 + 0.202union$$
$$(0.518) \quad (0.0036) \quad (0.00008) \quad (0.030)$$
$$(11.2.5)$$

$$n = 1084, \ s = 0.4127, \ R^2 = 0.426, \ \bar{R}^2 = 0.422$$
$$F = 99.8, \ p\_value < 2.2e-16$$

根据估计结果（11.2.5），可以发现：

（1）工资水平由于教育不同导致的差异情况：1978 年的教育回报估计量约为7.5%，1985 年的教育回报估计约为 7.5% +1.85% =9.35%，且教育回报的差异显著，即 $\hat{\delta}_1 = 0.0185$，$t$ 统计量为 1.974，$p$ - 值为 4.87%。考虑双侧假设检验，可知在 5%的显著性水平下，$\delta_1$ 显著地不等于 0。

（2）由于性别不同导致的小时工资差异情况：基于社会发展的角度而言，可考虑 $H_0$：$\delta_2 = 0$ 的对立假设为 $H_1$：$\delta_2 > 0$，即经过 7 年的发展，男性与女性在小时工资上的差距应该减小。

在 1978 年时，女性工资比男性少约为 31.7%，1985 年时相差约为 -31.7% +8.5% = -23.2%，1985 年时比 1978 年时男性与女性的工资差异减少了 $\hat{\delta}_2 = 8.5\%$，对应的 $t$ 统计量为 1.658，$p$ 值为 9.77%，因此在 10%的显著性水平上这个差异是显著的。

## 11.3 利用混合截面模型进行政策评价分析

利用混合截面数据，可以比较两个不同年份之间的经济行为的差异，因此基于类似方法，将截面混合数据模型用于某个政策实施前后的政策评价分析，从而对于特定的政策效果做出相应的评价，为相关政策制定提供参考意见。

考虑某项政策实施时，会对社会经济的个人、家庭、企业或城市运行状况产生一定影响，这就产生了自然实验。在一个自然试验中，不受政策变化影响的研究对象称为控制组（对照组，control），另一个被认为受到政策影响的研究对象称为处理组（treatment）。比如我国 1980 年进行改革开放时设立的深圳、珠海、汕头和厦门经济特区，在这个过程中，经济特区是属于处理组，我国的其余地区则属于对照组。

为了控制好对照组与处理组之间的系统差异，需要两个不同时期的数据，一个时期是政策改变之前的数据，另一个是政策改变之后的数据，因此全部样本就分成 4 个组：变化前的对照组、变化后的对照组、变化前的处理组和变化后的处理组。

记对照组为 $C$，处理组为 $T$，并设两个虚拟变量如表 11.3 所示：

$$dT_i=\begin{cases}1\text{，第 } i \text{ 个观察值属于 } T\\0\text{，其他}\end{cases}，\quad d2_t=\begin{cases}1\text{，观察值来源于政策实施后}\\0\text{，其他}\end{cases}$$

考虑建立如下回归模型

$$y_{it}=\beta_0+\delta_0 d2_t+\beta_1 dT_i+\delta_1 d2_t\cdot dT_i+u_{it}，\ i=1，\cdots，N，\ t=0，1 \tag{11.3.1}$$

模型（11.3.1）称为倍差模型（difference-in-difference，DID），也称为双差分模型。

**表 11.3　　DID 分析表**

| 项目 | 政策实施前 $B$ | 政策实施后 $A$ | $A-B$ |
|---|---|---|---|
| 对照组 $C$ | $\beta_0$ | $\beta_0+\beta_0$ | $\delta_0$ |
| 处理组 $T$ | $\beta_0+\beta_1$ | $\beta_0+\beta_1+\delta_0+\delta_1$ | $\delta_0+\delta_1$ |
| $T-C$ | $\beta_1$ | $\beta_1+\delta_1$ | $\delta_1$ |

在模型（11.3.1）中，参数 $\beta_0$ 度量了在时期 $t=0$ 时对照组的特征，$\delta_0$ 度量对照组在政策实施前后的差异，$\beta_1$ 则度量了 $t=0$ 时期对照组与处理组的差异特征，$\beta_1+\delta_1$ 度量了在 $t=1$ 时期处理组与对照组的差异性，参数 $\delta_1$ 度量了政策效应的大小与方向，利用指标 $\delta_1$ 就可以衡量政策实施的价值与效果。

当然，如果在模型（11.3.1）中增加其他解释变量之后，参数 $\delta_1$ 的估计量不再具有表 11.3 中的简单形式了，不过其含义却是大致相同的。

**例 11.3**　垃圾焚化炉的区位对住房价格的影响。

基尔和麦克莱恩（Kiel and McClain，1995）研究了马萨诸塞州北安德沃市的一个新建垃圾焚化炉对住房价格的影响问题。1978 年时该市传言要兴建一座垃圾焚化炉，并于1981年开始动工。当地居民预计动工后不久焚化炉就将投入运转，但是该焚化炉是1985年才真正动工修建。

下面利用1978年和1981年的住房销售价格，分析是否靠近焚化炉的房价将下降，并假设房子位于焚化炉3英里内就称为靠近。

考虑以下模型

$$rprice = \beta_0 + \delta_0 y81 + \beta_1 nearinc + \delta_1 y81 \cdot nearinc + u \qquad (11.3.2)$$

其中，*rprice* 表示真实的住房价格，虚拟变量 *nearinc* 表示住房是否靠近焚化炉，即若住房靠近焚化炉，则取值1，否则取0。假设将 *naerinc* 考虑为某个“政策”变量，则 *nearinc* =0 表示没有执行该项政策，*nearinc* =1 表示有执行该项政策。

在模型（11.3.2）中，参数 $\beta_0$ 度量了在1978年时不靠近焚化炉的住房的平均价格，$\delta_0$ 表示没有焚化炉时住房价值从1978年到1981年的变化量，$\delta_1$ 则度量了1978年时与焚化炉是否出现相关的区位效应，参数 $\delta_1$ 度量了在1981年房价因新建焚化炉而导致的变化程度，可以预期应该表现出的变化方向是在1981年时会因为焚化炉的修建导致房价下降一定的幅度。

模型（11.3.2）的估计结果如下：

```
lm-price <- lm(rprice ~ y81 * nearinc)
```

其中，y81 * nearinc 表示的含义是三个回归解释变量：y81，nearinc 及 y81 与 nearinc 的交互项，如表11.4所示。

**表11.4　住房价格与焚化炉的 DID 分析（1）**

| Coefficients | Estimate | Std. Error | t value | Pr( > \|t\|) |
|---|---|---|---|---|
| (Intercept) | 82517 | 2727 | 30.260 | <2e-16 *** |
| y81 | 18790 | 4050 | 4.640 | 5.12e-06 *** |
| nearinc | -18824 | 4875 | -3.861 | 0.000137 *** |
| y81: nearinc | -11864 | 7457 | -1.591 | 0.112595 |
| Residual standard error: 30240 on 317 degrees of freedom<br>Multiple R-squared: 0.1739, Adjusted R-squared: 0.1661<br>F-statistic: 22.25 on 3 and 317 DF, p-value: 4.224e-13 | | | | |

调整模型（11.3.2），增加两个控制变量：住房使用年数及其平方，

$$rprice = \beta_0 + \delta_0 y81 + \beta_1 nearinc + \delta_1 y81 \cdot nearinc + \beta_2 age + \beta_3 age^2 + u \tag{11.3.3}$$

估计结果如表 11.5 所示。

**表 11.5　　　　　　　　住房价格与焚化炉的 DID 分析（2）**

| Coefficients | Estimate | Std. Error | t value | Pr( > \|t\|) |
|---|---|---|---|---|
| (Intercept) | 8.912e +04 | 2.406e +03 | 37.039 | < 2e − 16 *** |
| y81 | 2.132e +04 | 3.444e +03 | 6.191 | 1.86e − 09 *** |
| nearinc | 9.398e +03 | 4.812e +03 | 1.953 | 0.051713 |
| age | −1.494e +03 | 1.319e +02 | −11.333 | < 2e − 16 *** |
| I(age^2) | 8.691e +00 | 8.481e −01 | 10.248 | < 2e − 16 *** |
| y81: nearinc | −2.192e +04 | 6.360e +03 | −3.447 | 0.000644 *** |
| Residual standard error: 25540 on 315 degrees of freedom<br>Multiple R − squared: 0.4144, Adjusted R − squared: 0.4052<br>F − statistic: 44.59 on 5 and 315 DF, p − value: < 2.2e − 16 | | | | |

从表 11.4 可知，参数

$$\hat{\delta}_1 = -11864,\ t_{\hat{\delta}_1} = -1.59,\ \text{P}-\text{value} \approx 0.1126/2 = 0.0563$$

对于左单侧检验，在 10% 的显著性水平下焚化炉对房价影响不显著，在 5% 的显著性水平下焚化炉对房价影响不太显著。

```
lm(rprice ~ y81 + nearinc + age + I(age^2) + y81:nearinc)
```

模型（11.3.2）中，参数 δ1 只是度量了 1981 年时有焚化炉条件下住房价格的变化特征，该模型将住房价格的变化只归因于是否存在焚化炉这个原因，但是实际上相比于 1978 年时在焚化炉附近的住房价格，1981 年时可能还有一些其他的重要因素；如交通的便捷程度、住房面积以及土地面积等因素的变化，都会导致住房价格发生较大变化，因此在考虑 1981 年的住房价格是否因为存在焚化炉而产生较大变化时，需要控制一些特定的因素，从而可以更加准确地识别由焚化炉的存在导致的住房价格的变化程度。

根据表 11.5，参数 $\delta_1$ 的估计量为 −21920，对应 $t$ 统计量为 −3.45，其 $p$ − 值约为 0.00032，焚化炉的远近距离对房价影响显著，即增加控制变量 $age$ 与 $age^2$ 后，参数 $\delta_1$ 的估计量的统计性质有明显改善，同时回归模型的 $R^2$ 有很大提高，模型的标准误差 $s$ 也从 30240 减小到 25540。

为了进一步分析影响住房价格的因素，可以在（11.3.3）中再增加一些控制变量，从而更深入地寻找焚化炉的存在对住房价格的影响程度。

在模型（11.3.3）中新增加反映住房便捷程度的指标变量——以英尺计的到达州际公路的距离 *intst*，刻画住房特征的变量：以英尺计的土地面积（*land*）、以平方英尺计的住房面积（*area*）、房间数量（*rooms*）以及卫生间数量（*baths*），新模型如下：

$$rprice = \beta_0 + \delta_0 y81 + \beta_1 nearinc + \delta_1 y81 \cdot nearinc + \beta_2 age + \beta_3 age^2 + \beta_4 intst + \beta_5 land + \beta_6 area + \beta_7 rooms + \beta_8 baths + u \tag{11.3.4}$$

估计结果如表 11.6 所示。

```
lm(rprice ~ y81 + nearinc + age + I(age^2) + intst + land + are-
  a + rooms + baths + y81:nearinc)
```

**表 11.6　住房价格与焚化炉的 DID 分析（3）**

| Coefficients | Estimate | Std. Error | t value | Pr( > \|t\|) |
|---|---|---|---|---|
| (Intercept) | 1.381e+04 | 1.117e+04 | 1.237 | 0.21720 |
| y81 | 1.393e+04 | 2.799e+03 | 4.977 | 1.07e-06 *** |
| nearinc | 3.780e+03 | 4.453e+03 | 0.849 | 0.39661 |
| age | -7.395e+02 | 1.311e+02 | -5.639 | 3.85e-08 *** |
| I(age^2) | 3.453e+00 | 8.128e-01 | 4.248 | 2.86e-05 *** |
| intst | -5.386e-01 | 1.963e-01 | -2.743 | 0.00643 ** |
| land | 1.414e-01 | 3.108e-02 | 4.551 | 7.69e-06 *** |
| area | 1.809e+01 | 2.306e+00 | 7.843 | 7.16e-14 *** |
| rooms | 3.304e+03 | 1.661e+03 | 1.989 | 0.04758 * |
| baths | 6.977e+03 | 2.581e+03 | 2.703 | 0.00725 ** |
| y81：nearinc | -1.418e+04 | 4.987e+03 | -2.843 | 0.00477 ** |
| Residual standard error：19620 on 310 degrees of freedom<br>Multiple R-squared：0.66，Adjusted R-squared：0.6491<br>F-statistic：60.19 on 10 and 310 DF，p-value：< 2.2e-16 | | | | |

根据表 11.6，参数 $\delta_1$ 的估计量 -14180，对应 $t$ 统计量为 -3.45，*p-value* ≈ 0.00239，焚化炉对房价影响显著，即增加更多控制变量后，参数 $\delta_1$ 的估计量的统计性质进一步改善，同时回归模型的 $R^2$ 有很大提高，模型的标准误差 $s$

也减小到 19620。

模型（11.3.4）中变量 *nearinc* 的回归估计量是不显著的，说明焚化炉距离住房的远近距离不是影响住房价格的主要因素，这也说明模型（11.3.4）包含了影响住房价格的最重要的住房价格特征。

为了方便比较分析，表 11.7 列出了模型（11.3.2）~模型（11.3.4）的主要回归结果，其中括号内数字是对应估计量的标准差，从表 11.7 的第（3）列可以很直观地发现，模型（11.3.4）是三个模型中最好的一个结果。

**表 11.7　　　　住房价格与焚化炉的 DID 分析**

| Dependent variable：rprice | | | |
|---|---|---|---|
| 项目 | (1) | (2) | (3) |
| y81 | 18790.290*** <br>(4050.065) | 21321.040*** <br>(3443.631) | 13928.480*** <br>(2798.747) |
| nearinc | -18824.370*** <br>(4875.322) | 9397.936* <br>(4812.222) | 3780.335 <br>(4453.415) |
| age | | -1494.424*** <br>(131.860) | -739.451*** <br>(131.127) |
| I(age^2) | | 8.691*** <br>(0.848) | 3.453*** <br>(0.813) |
| intst | | | -0.539*** <br>(0.196) |
| land | | | 0.141*** <br>(0.031) |
| area | | | 18.086*** <br>(2.306) |
| rooms | | | 3304.225** <br>(1661.248) |
| baths | | | 6977.318*** <br>(2581.321) |
| y81：nearinc | -11863.900 <br>(7456.646) | -21920.270*** <br>(6359.746) | -14177.930*** <br>(4987.267) |
| Constant | 82517.230*** <br>(2726.910) | 89116.540*** <br>(2406.051) | 13807.670 <br>(11166.590) |

续表

| Dependent variable：rprice | | | |
|---|---|---|---|
| 项目 | (1) | (2) | (3) |
| Observations | 321 | 321 | 321 |
| R2 | 0. 174 | 0. 414 | 0. 660 |
| Adjusted R2 | 0. 166 | 0. 405 | 0. 649 |
| F Statistic | 22. 251 *** df = (3, 317) | 44. 591 *** df = (5, 315) | 60. 189 *** df = (10, 310) |

注：(1) 括号内的数据是对应参数估计量的标准差估计量。(2) 对于双侧假设检验，在 5% 的显著性水平下，*** 表示极其显著，** 表示非常显著，* 表示显著。

模型（11. 3. 2）~模型（11. 3. 4）利用真实价格 rprice 建立回归分析模型，描述了多种因素对住房价格变化的数量特征。当然，在实际问题中，有些消费者可能关注于价格变化程度，即住房价格对各种因素变化的弹性变化特征。

将模型（11. 3. 2）和模型（11. 3. 4）调整为

$$\log(price) = \beta_0 + \delta_0 y81 + \beta_1 nearinc + \delta_1 y81 \cdot nearinc + u \quad (11.3.5)$$

和

$$\log(price) = \beta_0 + \delta_0 y81 + \beta_1 nearinc + \delta_1 y81 \cdot nearinc + \beta_2 age + \beta_3 age^2 + \beta_4 intst + \beta_5 land + \beta_6 area + \beta_7 rooms + \beta_8 baths + u \quad (11.3.6)$$

其中，被解释变量是住房价格的对数，模型（11. 3. 5）与（11. 3. 6）的目标是分析可能影响住房价格变化的各因素产生一定变化时住房价格变化的敏感性。

模型（11. 3. 5）的估计方法和结果如表 11. 8 所示。

```
lm(log(price) ~ y81 * nearinc)
```

**表 11. 8　　住房价格的半弹性模型**

| Coefficients | Estimate | Std. Error | t value | Pr( > \|t\|) |
|---|---|---|---|---|
| (Intercept) | 11. 28542 | 0. 03051 | 369. 839 | < 2e − 16 *** |
| y81 | 0. 45700 | 0. 04532 | 10. 084 | < 2e − 16 *** |

续表

| Coefficients | Estimate | Std. Error | t value | Pr( > \|t\|) |
|---|---|---|---|---|
| nearinc | -0. 33992 | 0. 05456 | -6. 231 | 1. 48e -09 *** |
| y81: nearinc | -0. 06265 | 0. 08344 | -0. 751 | 0. 453 |

Residual standard error: 0. 3384 on 317 degrees of freedom
Multiple R - squared: 0. 4091, Adjusted R - squared: 0. 4035
F - statistic: 73. 15 on 3 and 317 DF, p - value: <2. 2e -16

根据表 11. 8，参数 $\delta_1$ 的估计量 -0. 05265，对应 $t$ 统计量为 -0. 751，*p - value*≈0. 2265，在 1981 年时，靠近焚化炉的房价会下降约 6. 3%，但是该交互变量的系数却是统计不显著的，即从统计含义上分析，即使某个住房接近焚化炉，其价格也不会因此出现剧烈变化。

在模型（11. 3. 6）中增加控制变量：age，$age^2$，log(intst)，log(land)，log(area)，rooms，baths，其回归结果如表 11. 9 所示。

```
lm(log(price) ~ y81 + nearinc + age + I(age^2) + lintst +
  lland + larea + rooms + baths + y81:nearinc)
```

**表 11. 9　　　　包含控制变量的住房价格模型**

| Coefficients | Estimate | Std. Error | t value | Pr ( > \|t\|) |
|---|---|---|---|---|
| (Intercept) | 7. 652e +00 | 4. 159e -01 | 18. 399 | <2e -16 *** |
| y81 | 4. 260e -01 | 2. 850e -02 | 14. 947 | <2e -16 *** |
| nearinc | 3. 223e -02 | 4. 749e -02 | 0. 679 | 0. 497779 |
| age | -8. 359e -03 | 1. 411e -03 | -5. 924 | 8. 36e -09 *** |
| I(age^2) | 3. 763e -05 | 8. 668e -06 | 4. 342 | 1. 92e -05 *** |
| log(intst) | -6. 145e -02 | 3. 151e -02 | -1. 950 | 0. 052047 |
| log(land) | 9. 985e -02 | 2. 449e -02 | 4. 077 | 5. 81e -05 *** |
| log(area) | 3. 508e -01 | 5. 149e -02 | 6. 813 | 4. 98e -11 *** |
| rooms | 4. 733e -02 | 1. 733e -02 | 2. 732 | 0. 006661 ** |
| baths | 9. 428e -02 | 2. 773e -02 | 3. 400 | 0. 000761 ** |
| y81: nearinc | -1. 315e -01 | 5. 197e -02 | -2. 531 | 0. 011884 * |

Residual standard error: 0. 2038 on 310 degrees of freedom
Multiple R - squared: 0. 7904, Adjusted R - squared: 0. 7837
F - statistic: 116. 9 on 10 and 310 DF, p - value: < 2. 2e -16

从表11.9可知，增加控制变量之后，参数 $\delta_1$ 的估计量 -0.1315，$t$ 统计量为 -2.53，$P-value \approx 0.0059$，在1981年时，靠近焚化炉的房价会下降约13.15%，且该交互变量的系数统计显著的，即从统计含义上分析，如果某个住房靠近焚化炉，其价格会因此出现剧烈变化，即消费者对于焚化炉是在住房附近出现具有很高的价格敏感性。

## 11.4 两时期面板数据模型

假设对于 $N$ 个体，在两个时期 $t_1$ 和 $t_2$ 进行了观测，其中 $t_1$ 对应于较早时期，$t_2$ 对应于较晚时期，考虑两时期的面板数据模型

$$y_{it} = \beta_0 + \delta_0 d2_t + \beta_1 x_{it} + a_i + u_{it},\ i = 1,\ 2,\ \cdots,\ N,\ t = 1,\ 2 \tag{11.4.1}$$

其中 $d2_t$ 是描述时期的虚拟变量：

$$d2_t = \begin{cases} 1, & t = 2 \\ 0, & t = 1 \end{cases}$$

参数 $\delta_0$ 度量了在两个时期上模型的截距之间的差异，可以理解为随着两个时期变化的特征，$a_i$ 度量了第 $i$ 个个体的特征，它不随时间变化而改变，可以理解为个体差异性，通常是非观测效应，也称为固定效应，模型（11.4.1）也称为固定效应模型。

### 11.4.1 两时期面板数据模型估计

模型（11.4.1）中，我们关注的参数是 $\beta_1$，但是用常规方法估计这个参数时会出现很大偏差，需要用协方差分析法。

事实上，考虑面板数据模型的主要目标是为了分析固定效应变量 $a_i$ 与解释变量的关系。由于 $a_i$ 不随时间变化，对于模型（11.4.1），有

当 $t=2$ 时，$y_{i2} = (\beta_0 + \delta_0) + \beta_1 x_{i2} + a_i + u_{i2}$

当 $t=1$ 时，$y_{i1} = \beta_0 + \beta_1 x_{i1} + a_i + u_{i1}$

因此，有

$$\Delta y_i = \delta_0 + \beta_1 \Delta x_i + \Delta u_i \tag{11.4.2}$$

模型（11.4.2）称为一阶差分模型，其中不包含反映截面特征的不可观测量 $a_i$，如果误差 $\Delta u_i$ 满足截面模型的要求，可以考虑用 OLS 方法估计该模型。

**例 11.4**　睡眠与工作比较（Biddle and Hamermesh，1990）。

1975 年与 1981 年的面板数据含有 $n=239$ 个人的数据资料，考虑以分钟计的每周睡眠总时间的一个固定效应模型：

$$slpnap_{it}=\beta_0+\delta_0 d81_t+\beta_1 totwrk_{it}+\beta_2 educ_{it}+\beta_3 marr_{it}$$
$$+\beta_4 yngkid_{it}+\beta_5 gdhlth_{it}+a_i+u_{it},\quad t=1,\ 2 \qquad (11.4.3)$$

其中 $a_i$ 表示第 $i$ 个人的非观测因素，反映了第个人睡眠上的个性特征，*slpnap* 表示每周睡眠总时间，*totwrk* 表示每周工作总时间，*educ* 表示学校教育年数，虚拟变量定义如下：

$$marr_{it}=\begin{cases}1，第\ i\ 人在\ t\ 时已婚\\0，其他\end{cases}$$

$$ynkid_{it}=\begin{cases}1，第\ i\ 人在\ t\ 时孩子小于\ 3\ 岁\\0，其他\end{cases}$$

$$gdhlth_{it}=\begin{cases}1，第\ i\ 人在\ t\ 时健康良好\\0，其他\end{cases}$$

研究者主要关注的是参数 $\beta_1$ 的估计量，为了估计参数，考虑取两年的差分，可以获得模型

$$\Delta slpnap_i=\delta_0+\beta_1\Delta totwrk_i+\beta_2\Delta educ_i+\beta_3\Delta marr_i$$
$$+\beta_4\Delta yngkid_i+\beta_5\Delta gdhlth_i+\Delta u_i \qquad (11.4.4)$$

模型（11.4.4）的估计结果如下①：

$$\Delta slpnap_i=\underset{(45.87)}{-92.63}\ \underset{(0.036)}{-0.227}\Delta totwrk_i\ \underset{(48.759)}{-0.024}\Delta educ\ \underset{(92.86)}{+104.21}\Delta marr$$
$$\underset{(87.65)}{+94.67}\Delta yngkid\ \underset{(76.60)}{+87.58}\Delta gdhlth \qquad (11.4.5)$$
$$n=239,\ R^2=0.1495,\ \bar{R}^2=0.1313$$
$$F=8.19,\ p\_value=3.83e-7$$

① 假设模型的误差的差分 $\Delta u_i$ 与全部解释变量的差分都不相关。

其中，变量 $\Delta totwrk$ 的系数 $\beta_1$ 的估计量是 -0.227，说明在其他因素不变条件下，当工作时间增加 1 小时，睡眠时间将会减少 $0.227\times60=13.62$ 分钟，$t$ 统计量为 -6.31，说明 $\beta_1$ 是显著地不等于 0。

但是，回归结果（11.4.5）中其余参数估计量都不显著，为此对除变量 $\Delta totwrk$ 外的其余变量进行系数等于 0 的联合假设检验，其 $F$ 统计量的 $p$_值 = 0.49，说明其余变量的系数全等于 0 的假设不应该被拒绝，因此模型（11.4.4）中可以只保留 $\Delta totwrk$ 这个变量。

### 11.4.2 两时期面板数据的政策分析

面板数据对于政策分析非常有价值，特别是进行项目评估时作用明显。在进行项目评估时，一般是在第一个时期选择某一些个体单位的一组样本，然后让其中部分个体（处理组）参与下一个时期举办的某个项目，其他不参与该项目的个体则作为对照组。

**例 11.5** 废弃率与培训津贴政策。

考虑某项职业培训项目对制造业企业的工人生产率的影响。令 $scrap_{it}$ 表示第 $i$ 个企业第 $t$ 年的废品率，$grant_{it}$ 是虚拟变量：

$$grant_{it}=\begin{cases}1，企业\ i\ 在第\ t\ 年已获得工作培训\\0，企业\ i\ 在第\ t\ 年未获得工作培训\end{cases}$$

利用 1987 和 1988 年两年的数据建立模型：

$$scrap_{it}=\beta_0+\delta_0 y88_t+\beta_1 grant_{it}+a_i+u_{it}，\ t=1，\cdots，T \tag{11.4.6}$$

其中，变量 $a_i$ 是无法观测到的企业效应或固定效应，这些效应可能包括雇员的平均劳动能力、资本、管理技能等因素，可以假设这些因素在两年时间内不会有巨大改变，即保持相对稳定性。

为了消除 $a_i$ 的影响，考虑对模型（11.4.6）作差分：

$$\Delta scrap_i=\delta_0+\beta_1\Delta grant_i+\Delta u_i$$

并估计得

$$\begin{aligned}\Delta \widehat{scrap} &= -564-0.739\Delta grant\\ &\quad\ (0.405)(0.683)\\ n&=54，R^2=0.022\end{aligned} \tag{11.4.7}$$

由于 $\Delta grant$ 的系数不显著，因此考虑将模型修改如下：

$$\Delta\log(scrap) = -0.057 - 0.317\Delta grant$$
$$(0.097)\quad(0.164)\qquad(11.4.8)$$
$$n = 54,\ R^2 = 0.067$$

根据模型（11.4.8）回归估计，获得工作培训津贴可使得废品率下降约 27.2%（$e^{0.317}-1 \approx 0.272$），$t$ 统计量为 -1.93，其绝对值很接近 5% 的 $t_{0.025}(52) = 2.00$。

如果在模型（11.4.8）中增加变量 $y88$ 和 $grant$，将得到 $\beta_1$ 的估计量 0.057，$t$ 统计量为 0.132，显然不应该拒绝原假设，因此没有证据说明废弃率与工作培训津贴之间存在显著性关系。

## 11.5　固定效应模型（fixed efficient model，FE model）

利用差分方法消除处理固定效应的方法只是一种方法，但是如果非观测效应与所有解释变量均无关时，随机效应可能具有更好的结论。

### 11.5.1　固定效应模型与随机效应模型

（1）固定效应模型。

考虑模型：

$$y_{it} = a_i + \beta_1 x_{it} + u_{it},\ t = 1,\ 2,\ \cdots,\ T \qquad (11.5.1)$$

对于式（11.5.1）中的每个 $i$，关于时间 $t$ 进行平均，有：

$$\bar{y}_i = a_i + \beta_1 \bar{x}_i + \bar{u}_i \qquad (11.5.2)$$

因此，

$$y_{it} - \bar{y} = \beta_1(x_{it} - \bar{x}_i) + (u_{it} - \bar{u}_i) \text{或} \ddot{y}_{it} = \beta_1 \ddot{x}_{it} + \ddot{u}_{it} \qquad (11.5.3)$$

变换式（11.5.3）称为组内变换。

模型（11.5.3）中没有非观测效应 $a_i$，可以用混合 OLS 方法估计式（11.5.3），此时的估计称为固定效应估计量或组内估计量。

式（11.5.2）是一个横截面模型，可以用 OLS 方法估计参数值，该估计量称为组间估计量，即利用 $x$ 与 $y$ 关于时间的平均值建立回归模型，获得相应截面模型的参数，该模型不考虑变量随着时间改变而变化的重要信息。

为了获得 BLUE 估计量，式（11.5.3）需要满足相应的正则条件，从而获得可靠的参数估计量。

另一方面，还可以利用虚拟变量识别固定效应。由于 $a_i$ 表示第 $i$ 个个体的特殊状况，因此可以引入相应的虚拟变量进行识别。当然，这种方法的不足也是明显的，即引入过多的解释变量，造成估计难度增加，同时模型自由度也受到较大影响。

（2）随机效应模型。

考虑模型：

$$y_{it}=\beta_0+\beta_1 x_{it1}+\beta_2 x_{it2}+\cdots+\beta_k x_{itk}+a_i+u_{it} \tag{11.5.4}$$

其中，参数 $\beta_0$ 表示一个与时间和个体均无关的常量，相应地，$a_i$ 要求其均值为 0。如果在式（11.5.4）中引入反映时间的虚拟变量 $T_t$，也需要假设 $T_t$ 的均值为 0。

如果式（11.5.4）满足：

$$\operatorname{cov}(x_{itj},\ a_i)=0,\ t=1,\ \cdots,\ T,\ j=1,\ \cdots,\ k \tag{11.5.5}$$

则式（11.5.4）称为随机效应模型。

如果 $a_i$ 与解释变量无关，则用单个横截面模型就可以估计参数 $\beta$，但是这个要求通常情况下是不成立的。

定义：复合随机误差 $v_{it}$ 满足 $v_{it}=a_i+u_{it}$，则式（11.5.4）可表示为：

$$y_{it}=\beta_0+\beta_1 x_{it1}+\beta_2 x_{it2}+\cdots+\beta_k x_{itk}+v_{it} \tag{11.5.6}$$

显然式（11.5.6）的误差存在序列相关性，且

$$\operatorname{cov}(v_{it},\ v_{is})=\sigma_a^2/(\sigma_a^2+\sigma_u^2),\ t\neq s$$

为了消除式（11.5.6）中的序列相关，考虑进行数据变换：

令
$$\theta=1-\left[\frac{\sigma_a^2}{\sigma_a^2+\sigma_u^2}\right]^{1/2} \tag{11.5.7}$$

则可得变换模型：

$$y_{it}-\theta\bar{y}_i=\beta_0(1-\theta)+\beta_1(x_{it1}-\theta\bar{x}_{i1})+\cdots+\beta_k(x_{itk}-\theta\bar{x}_{ik})+(v_{it}-\theta\bar{v}_i)$$

在式（11.5.8）中，若 $\hat{\theta}=1$ 时，模型变化为固定效应模型；若 $\hat{\theta}=0$ 时，模型变化为混合 OLS 模型，但是在实际应用中，$\hat{\theta}$ 趋于 0，此时非观测效应 $a_i$ 相对不重要，其方差 $\sigma_a^2$ 比 $\sigma_u^2$ 小得多，*Re* 就倾向于混合 OLS。若 $\hat{\theta}$ 趋于 1，此时 $\sigma_a^2$ 比 $\sigma_u^2$ 要大得多，*Re* 就倾向于 *FE*。

由于

$$v_{it} - \theta \bar{v}_i = (1-\theta)a_i + \mu_{it} - \theta \bar{\mu}_i \tag{11.5.8}$$

在随机效应估计使用的变换方程中，误差组成中非观测因素 $a_i$ 所占比例为（$1-\theta$），因此由于 $a_i$ 可能与一个或多个解释变量的相关性导致的 *Re* 估计不一致，但是其相关性已经减小到原来的 $1/(1-\theta)$。

在估计 FE 和 Re 时估计混合 OLS 是有价值的，将这三个结果进行比较，可以帮助我们确定，把不能观测的影响因素 $a_i$ 完全放在误差项（混合 OLS）或者部分放在误差项（Re 变换）可能导致的偏差的性质。不过需要强调一点：即使 $a_i$ 在所有时期均与解释变量无关，由于这种模型忽略了误差 $v_{it} = a_i + u_{it}$ 存在的序列相关，因此混合 OLS 的标准误差与检验统计量一般都是不可靠的。

**例 11.6**　工资方程的模型估计。

建立 3 种模型估计男性工资方程：混合 OLS 模型，随机效应模型与固定效应模型，前两种模型中包含 *educ* 和种族变量 *black* 与 *hispan*，而固定效应模型中则不包含这三个变量。与时间相关的变量是 *exper*，$exper^2$，*union* 和 *married*，估计程序如下：

```
WAGEPAN <- read.table("WAGEPAN.raw")
names(WAGEPAN) <-c("nr","year","black","exper","hisp",
  "hours","married","occ1","occ2","occ3","occ4","occ5","
  occ6"," occ7 "," occ8 "," occ9 "," educ ", "union", "lwage","
  d81","d82","d83","d84","d85","d86","d87","expersq")
library(plm)
WAGEPAN <-pdata.frame(WAGEPAN,index = c("nr","year"))
#混合 OLS 估计
WAGEPAN_OLS <-plm(lwage ~ educ + black + hisp + exper +
  I(exper^2) + married + union,data = WAGEPAN,model =
  "pooling")
#固定效应模型
WAGEPAN_FE <-plm(lwage ~ educ + black + hisp + exper +
  I(exper^2) + married + union,data = WAGEPAN,
  model = "within")
```

```
#随机效应模型
WAGEPAN_RE <-plm(lwage ~ educ + black + hisp + exper +
  I(exper^2) + married + union,data = WAGEPAN,model =
  "random")
#列表输出
library(stargazer)
stargazer(WAGEPAN_OLS,WAGEPAN_FE,WAGEPAN_RE,type = "text",
  column.labels = c("OLS","FE","RE"),keep.stat =
  c("n","rsq"),keep = c("ed","bl","hi","exp",
  "mar","un"))
```

计算结果如表 11.10 所示。

**表 11.10　　　　包含控制变量的住房价格模型**

| 项目 | Dependent variable: | | |
|---|---|---|---|
| | log(wage) | | |
| | OLS<br>(1) | FE<br>(2) | Re<br>(3) |
| educ | 0.091 ***<br>(0.005) | 0.092 ***<br>(0.011) | |
| black | -0.139 ***<br>(0.024) | -0.139 ***<br>(0.048) | |
| hispan | 0.016<br>(0.021) | 0.022<br>(0.043) | |
| exper | 0.067 ***<br>(0.014) | 0.106 ***<br>(0.015) | 0.132 ***<br>(0.010) |
| I(exper2) | -0.0024 ***<br>(0.0008) | -0.0047 ***<br>(0.0007) | -0.0052 ***<br>(0.0007) |
| married | 0.108 ***<br>(0.016) | 0.064 **<br>(0.017) | 0.047 ***<br>(0.018) |
| union | 0.182 ***<br>(0.017) | 0.106 ***<br>(0.018) | 0.080 ***<br>(0.019) |
| Observations | 4360 | 4360 | 4360 |
| R2 | 0.189 | 0.181 | 0.181 |

Note：* $p<0.1$；** $p<0.05$；*** $p<0.01$。

从表 11.10 可知，混合 OLS 与 Re 给出的 educ，black 和 hispan 的系数估计基本一致，变量 exper 在两个模型中均是显著的，但是估计量的数值差异较大，Re 效应中对工资的影响更大。变量 married 与 union 在 Re 效应中明显小于混合 OLS 估计量，但是用 FE 效应消除全部非观测因素后，已婚的增益效果减小到 4.7%。

由于 Re 估计需要比 FE 估计更强的假设条件来保证估计是一致估计量，从其中一个方面说，如果这些假设条件成立时 Re 将更加有效，并在 Re 中包含时期常数项。假设我们已经获得 Re 与 FE 的估计结果，就比较容易检验 Re 估计量是否是一致估计量的原假设：

```
#Hausman test
phtest(WAGEPAN_FE,WAGEPAN_RE)
          Hausman Test
data:log(wage) ~ I(exper^2) + married + union + yr
chisq =26.361,df =10,p - value =0.003284
alternative hypothesis:one model is inconsistent
```

从上面的计算可知，应该拒绝 Re 估计量具有一致性的原假设。

### 11.5.2　固定效应模型的估计——虚拟变量方法（LSDV）

假设不同观测单位可以用不同常数项来识别，即每个 $a_i$ 表示第 $i$ 个体截面所对应的截距项，令被解释变量 $y_i$ 表示第 $i$ 个个体观测值，$X_i$ 表示第 $i$ 个个体的 $k$ 个变量的 $T$ 个观测值，$i$ 表示由 1 组成的 $T$ 维列向量，$u_i$ 表示个体 $i$ 对应的 $T$ 维随机干扰项向量，即

$$y_i = \begin{pmatrix} y_{i1} \\ y_{i2} \\ \vdots \\ y_{iT} \end{pmatrix},\ X_i = \begin{pmatrix} x'_{i1} \\ x'_{i2} \\ \vdots \\ x'_{iT} \end{pmatrix} = \begin{pmatrix} x_{i11} & x_{i12} & \cdots & x_{i1k} \\ x_{i21} & x_{i22} & \cdots & x_{i2k} \\ \vdots & \vdots & & \vdots \\ x_{iT1} & x_{iT2} & \cdots & x_{iTk} \end{pmatrix}_{T\times k},\ u_i = \begin{pmatrix} u_{i1} \\ u_{i2} \\ \vdots \\ u_{iT} \end{pmatrix},\ i = \begin{pmatrix} 1 \\ 1 \\ \vdots \\ 1 \end{pmatrix}_{T\times 1} \tag{11.5.9}$$

因此对于第 $i$ 个体或截面单位，可以建立以下回归模型：

$$y_i = X_i\beta + i\alpha_i + u_i \tag{11.5.10}$$

由此可建立针对所有截面单位的回归模型：

$$\begin{bmatrix} y_1 \\ y_2 \\ \vdots \\ y_n \end{bmatrix} = \begin{bmatrix} X_1 \\ X_2 \\ \vdots \\ X_n \end{bmatrix}\beta + \begin{bmatrix} i & 0 & \cdots & 0 \\ \vdots & i & \cdots & 0 \\ \vdots & \vdots & & \vdots \\ 0 & 0 & \cdots & i \end{bmatrix}\begin{bmatrix} \alpha_1 \\ \alpha_2 \\ \vdots \\ \alpha_n \end{bmatrix} + \begin{bmatrix} u_1 \\ u_2 \\ \vdots \\ u_n \end{bmatrix} \tag{11.5.11}$$

或

$$Y = [X, D]\begin{bmatrix} \beta \\ \alpha \end{bmatrix} + u \tag{11.5.12}$$

其中，$X = [X_1', \cdots, X_n']'$，$D = [d_1, d_2, \cdots, d_n]$，$nT$ 维向量 $d_i$ 表示第 $i$ 个个体对应的虚拟变量，$\beta = (\beta_1, \cdots, \beta_k)'$，$\alpha = (\alpha_1, \cdots, \alpha_n)'$。

式（11.5.11）可表示为

$$Y = X\beta + D\alpha + u \tag{11.5.13}$$

这个模型称为最小二乘虚拟变量（least square dummy variable model，LSDVM）。

式（11.5.13）的参数由 $\beta$，$\alpha$ 两部分组成，因此可先对模型数据进行适当变换后再进行回归估计。

假设 $M_D = I - D(D'D)^{-1}D'$，利用 $M_D$ 对式（11.5.13）变换后，可得参数 $\beta$ 的估计量为

$$\hat{\beta} = [X'M_DX]^{-1}[X'M_DY]$$

下面具体分析 $M_D$ 的作用原理。

第一步，利用 $M_D$ 可以消除式（11.5.13）中的虚拟变量部分：

由于

$$M_DD = D - [D(D'D)^{-1}D']D = 0$$

因此式（11.5.13）可转化为

$$M_Dy = (M_DX)\beta + M_Du$$

记

$$X^* = M_DX, \ y^* = M_DY, \ u^* = M_DY$$

则

$$Y^* = X^*\beta + u^* \tag{11.5.14}$$

因此可以利用式（11.5.14）估计参数向量 $\beta$。

第二步，若假设 $M^0 = I_T - ii'/T$，$i = (1, \cdots, 1)'$，则有：

（a）由于 $D$ 的列向量相互正交，则

$$M_D = \begin{pmatrix} M^0 & 0 & \cdots & 0 \\ 0 & M^0 & \cdots & 0 \\ \vdots & \vdots & & \vdots \\ 0 & 0 & 0 & M^0 \end{pmatrix}$$

（b）若 $z_i$ 是任意 $T$ 维列向量，

则 $M^0 z_i = z_i - i(i'z_i)/T = z_i - \bar{z}_i i$，$i=1，2，\cdots，k$。

若 $y_{it}$ 是第 $i$ 个个体的 $T$ 次观测值，其均值为 $\bar{y}_i$，$X_i$ 是第 $i$ 个个体的 $k$ 个变量的 $T$ 次观测值矩阵，其均值向量为 $\overline{X}_i = (\bar{x}_{i1}, \bar{x}_{i2}, \bar{x}_{ik})'$，则

$$M^0 Y = \begin{pmatrix} M^0 y_1 \\ M^0 y_2 \\ \vdots \\ M^0 y_n \end{pmatrix} = \begin{pmatrix} y_1 - \bar{y}_1 i \\ y_2 - \bar{y}_2 i \\ \vdots \\ y_n - \bar{y}_n i \end{pmatrix},\quad M^0 X = \begin{pmatrix} M^0 X_1 \\ M^0 X_2 \\ \vdots \\ M^0 X_n \end{pmatrix} = \begin{pmatrix} X_1 - \overline{X}_1 \\ X_2 - \overline{X}_2 \\ \vdots \\ X_n - \overline{X}_n \end{pmatrix}$$

因此 $Y^*$ 关于 $X^*$ 的 OLS 回归分析等价 $[y_{it} - \bar{y}_i]$ 关于 $[X_{it} - \overline{X}_i]$ 的回归。

第三步，虚拟变量系数 $\alpha$ 的估计方法：

如果已经获得参数向量 $\beta$ 的估计值 $\hat{\beta}$，则利用从式（11.5.13）所得的分块回归的其他正则方程中可得

$$D'D\alpha = D'y - D'X\hat{\beta} \tag{11.5.15}$$

因此

$$\hat{\alpha} = [D'D]^{-1} D'[y - X\hat{\beta}]$$

对第 $i$ 个截面个体，有

$$\hat{\alpha}_i = \bar{y}_i - \overline{X}_i\hat{\beta},\ i=1,\ \cdots,\ n \tag{11.5.16}$$

第四步，参数估计量的方差：

式（11.5.13）的回归估计残差是

$e_{it} = y_{it} - x'_{it}\hat{\beta} - \hat{\alpha}_i = (y_{it} - \bar{y}_i) - (\bar{x}_{it} - \bar{x}_i)'\hat{\beta}$，$i=1，\cdots，n$，$t=1，\cdots，T$

随机误差项的方差 $\sigma^2$ 的估计量 $s^2$ 是：

$$s^2 = \frac{(y - M_D X\hat{\beta})'(y - M_D X\hat{\beta})'}{nT - n - k} = \frac{\sum_{i=1}^{n}\sum_{t=1}^{T}(y_{it} - x'_{it}\hat{\beta} - \hat{\alpha}_i)^2}{nT - n - k} \tag{11.5.17}$$

参数 $\beta$ 的估计量的渐近协方差矩阵的一个估计量是

$$\mathrm{var}(\hat{\beta}) = [X'M_D X]^{-1} s^2$$

截面参数 $\alpha_i$ 的估计量的一个方差估计量是

$$\mathrm{var}(\hat{\alpha}_i) = \frac{s^2}{T} + \bar{x}_i' \mathrm{var}(\hat{\beta}) \bar{x}_i$$

为了说明式（11.5.13）中是否存在个体效应，可以通过检验 $H_0: \alpha_i = 0$ 是否成立判断。在实际应用中，我们更加关注的另一种形式的问题，即所有个体效应是否相同，对应的原假设为

$$H_0: \alpha_1 = \cdots = \alpha_n$$

即式（11.5.10）中的常数项是否对所有个体 $i$ 均是相同的。可以用 $F$ 检验来完成该联合假设检验，

$$F = \frac{(R_{LSDV}^2 - R_{pooled}^2)/(n-1)}{(1 - R_{LSDV}^2)/(nT - n - k)} \sim F(n-1,\ nT-n-k) \qquad (11.5.18)$$

其中 LSDV 为虚拟变量模型（11.5.13），Pooled 模型表示模型只有一个总常数项的混合数据模型，即有约束模型。

### 11.5.3 固定效应模型的估计——组内和组间估计方法

对于一个混合回归模型，可以有三种方式进行分析。

**模型 1：** 总体回归模型

$$y_{it} = x_{it}'\beta + \alpha + u_{it},\ t = 1,\ 2,\ \cdots T \qquad (11.5.19)$$

**模型 2：** 离差形式截面模型

$$y_{it} - \bar{y}_i = (x_{it} - \bar{x}_i)'\beta + u_{it} - \bar{u}_i \qquad (11.5.20)$$

**模型 3：** 组均值模型

$$\bar{y}_i = x_i'\beta + \alpha + \bar{u}_i \qquad (11.5.21)$$

原则上，上述三个模型中的参数 $\beta$ 均可以用 OLS 方法进行估计，即使不能得到有效估计量，但是可以获得一致估计量。

由于我们主要关注参数 $\beta$ 的估计问题，记

总平方和（total sum of square）：

$$SS_{xx}^T = \sum_{i=1}^{n} \sum_{t=1}^{T} (x_{it} - \bar{\bar{x}})(x_{it} - \bar{\bar{x}})'$$

交叉平方和（cross sum of square）：

$$SS_{xy}^T = \sum_{i=1}^{n} \sum_{t=1}^{T} (x_{it} - \bar{\bar{x}})(y_{it} - \bar{\bar{y}})$$

组内平方和（sum of square within-group）：

$$SS_{xx}^{w} = \sum_{i=1}^{n} \sum_{t=1}^{T} (x_{it} - \bar{x}_i)(x_{it} - \bar{x}_i)'$$

组内交叉平方和（cross sum of squares within-group）：

$$SS_{xy}^{W} = \sum_{i=1}^{n} \sum_{t=1}^{T} (x_{it} - \bar{x}_i)(y_{it} - \bar{y}_i)$$

组间平方和（sum of square between-group）：

$$SS_{xx}^{B} = T\sum_{i=1}^{n} (\bar{x}_i - \bar{\bar{x}})(\bar{x}_i - \bar{\bar{x}})'$$

组间交叉平方和（cross sum of squares between-group）：

$$SS_{xy}^{B} = T\sum_{i=1}^{n} (\bar{x}_i - \bar{\bar{x}})(\bar{y}_i - \bar{\bar{y}})$$

可以证明：

$$SS_{xx}^{T} = SS_{xx}^{W} + SS_{xx}^{B},\ SS_{xy}^{T} = SS_{xy}^{W} + SS_{xy}^{B}$$

因此可以获得参数$\beta$的三种不同形式估计量：

（1）总体模型估计量：

$$\hat{\beta}^{T} = [SS_{xx}^{T}]^{-1} SS_{xy}^{T}$$

即模型（11.5.19）的参数$\beta$的 LSDV 估计量。

（2）组内估计量：

$$\hat{\beta}^{W} = [SS_{xx}^{W}]^{-1} SS_{xy}^{W}$$

即模型（11.5.20）的参数$\beta$的 LSDV 估计量。

（3）组间估计量：

$$\hat{\beta}^{B} = [SS_{xx}^{B}]^{-1} SS_{xy}^{B}$$

即模型（11.5.21）中参数$\beta$的估计量，也称为组均值估计量。

由于，

$$SS_{xx}^{W}\hat{\beta}^{W} = SS_{xy}^{W},\ SS_{xx}^{B}\hat{\beta}^{B} = SS_{xy}^{B}$$

因此，

$$\begin{aligned}\hat{\beta}^{T} &= [SS_{xx}^{W} + SS_{xx}^{B}]^{-1}[SS_{xy}^{W} + SS_{xy}^{B}] \\ &= [SS_{xx}^{W} + SS_{xx}^{B}]^{-1} SS_{xy}^{W} + [SS_{xx}^{W} + SS_{xx}^{B}]^{-1} SS_{xy}^{B} \\ &= [SS_{xx}^{W} + SS_{xx}^{B}]^{-1} SS_{xx}^{W}\hat{\beta}^{W} + [SS_{xx}^{W} + SS_{xx}^{B}]^{-1} SS_{xx}^{B}\hat{\beta}^{B}\end{aligned}$$

若令：

$$L^W = [SS_{xx}^W + SS_{xx}^B]^{-1} SS_{xx}^W,\ L^B = [SS_{xx}^W + SS_{xx}^B]^{-1} SS_{xx}^B$$

则 $L^W = I - L^B$，因此

$$\hat{\beta}^T = L^W \hat{\beta}^W + L^B \hat{\beta}^B$$

即 OLS 估计量是组内估计量与组间估计量的矩阵加权平均。

### 11.5.4 固定效应模型的估计——组群和时间估计方法

扩展模型（11.5.13），使之包含特定时间效应，即新模型如下：

$$y_{it} = x_{it}'\beta + \alpha_i + \gamma_t + u_{it},\ i = 1,\ 2,\ \cdots,\ n,\ t = 1,\ \cdots,\ T-1 \qquad (11.5.22)$$

其中，变量 $\gamma_t$ 是 $T-1$ 个度量时间效应的虚拟变量。由于反映个体差异的变量 $\alpha_i$ 有 $n$ 个，因此每个变量均说明了个体 $i$ 的差异，而反映时间效应的虚拟变量 $\gamma_t$ 只有 $T-1$ 个，说明了第 $t$ 个时间的特征与基期的差异，因此造成解释模型（11.5.22）是不方便于估计和应用的。为此可以将模型（11.5.22）改造如下：

$$y_{it} = x_{it}'\beta + \mu + \alpha_i + \gamma_t + u_{it},\ i = 1,\ \cdots,\ n,\ t = 1,\ \cdots,\ T \qquad (11.5.23)$$

其中，$\Sigma_i \alpha_i = \Sigma_t \gamma_t = 0$。

由模型（11.5.23），可得

$$\bar{y}_i = \bar{x}_i'\beta + \mu + \alpha_i + \bar{u}_i,$$

$$\bar{y}_t = \bar{x}_t'\beta + \mu + \gamma_t + \bar{u}_t,$$

$$\bar{\bar{y}} = \bar{x}'\beta + \mu + \bar{\bar{u}}$$

因此

$$y_{it} - \bar{y}_i - \bar{y}_t + \bar{\bar{y}} = (x_{it}' - \bar{x}_i - \bar{x}_t + \bar{\bar{x}})'\beta + u_{it} - \bar{u}_i - \bar{u}_t + \bar{\bar{u}}$$

记

$$y_{it}^* = y_{it} - \bar{y}_i - \bar{y}_t + \bar{\bar{y}},\ x_{it}^* = x_{it}' - \bar{x}_i - \bar{x}_t + \bar{\bar{x}},\ u_{it}^* = u_{it} - \bar{u}_i - \bar{u}_t + \bar{\bar{u}}$$

则

$$y_{it}^* = x_{it}^* \beta + u_{it}^* \qquad (11.5.24)$$

利用模型（11.5.23）可得参数估计量 $\hat{\beta}$，并在此基础上获得其他参数估计量：

$$\hat{\mu} = \bar{\bar{y}} - \bar{\bar{x}}\hat{\beta},\ \hat{\alpha}_i = (\bar{y}_i - \bar{\bar{y}}) - (\bar{x}_i - \bar{\bar{x}})'\hat{\beta},\ \hat{\gamma}_t = (\bar{y}_t - \bar{\bar{y}}) - (\bar{x}_t - \bar{\bar{x}})'\hat{\beta}$$

尽管模型（11.5.22）具有很强的一般性，但是由于可能出现自由度的很大损失，同时如果模型的随机误差随着时间移动而发生变化，则有比这个虚拟变量模型更加简便的模型。

## 11.5.5 固定效应模型的估计程序

**例 11.7**　固定效应回归。

格林（1997）研究了航空工业的生产效率[①]，利用 6 家企业 1970 ~ 1984 年间完整的观测值，建立相应的成本函数模型如表 11.11 所示。

$$\log C_{it} = \beta_0 + \beta_1 \log Q_{it} + \beta_3 \log RF_{it} + \beta_4 LF_{it} + \delta_1 F_{1t} + \cdots + \delta_6 F_{6t} + \theta_1 T_{i,1} + \cdots + \theta_{15} T_{i,15} + v_{it}$$

其中，$C_{it}$表示第 $i$ 个企业 $t$ 年的成本（千美元），$Q_{it}$表示第 $i$ 个企业 $t$ 年的产量，$PF_{it}$表示第 $i$ 个企业 $t$ 年的燃油价格，$LF_{it}$表示第 $i$ 个企业 $t$ 年的座位利用率，反映飞机运力的平均利用率。

**表 11.11**　　含企业和时期固定效应的成本方程

| 模型 | 参数估计 | | | | | | | |
|---|---|---|---|---|---|---|---|---|
| | $\beta_0$ | $\beta_1$ | $\beta_2$ | $\beta_3$ | $R^2$ | $s^2$ | | |
| 无固定效应 | 9.517 | 0.88274 | 0.45398 | -1.6275 | 0.98829 | 0.015528 | | |
| | (0.22924) | (0.013255) | (0.020304) | (0.34530) | | | | |
| 组均值 | 85.809 | 0.78246 | -5.5240 | -1.7510 | 0.99364 | 0.015838 | | |
| | (56.483) | (0.10877) | (4.47879) | (2.74319) | | | | |
| 企业效应 | | 0.91928 | 0.41749 | -1.07040 | 0.99743 | 0.003625 | | |
| | | (0.02989) | (0.015199) | (0.20169) | | | | |
| $\delta_1, \cdots, \delta_6$ | 9.706 | 9.665 | 9.497 | 9.891 | 9.730 | 9.793 | | |
| 时间效应 | | 0.86773 | -0.48448 | -1.95440 | 0.99046 | 0.016705 | | |
| | | (0.015408) | (0.36411) | (0.44238) | | | | |
| $\theta_1, \cdots, \theta_8$ | 20.496 | 20.578 | 20.656 | 20.741 | 21.200 | 21.411 | 21.503 | 21.654 |
| $\theta_9, \cdots, \theta_{15}$ | 21.829 | 22.114 | 22.465 | 22.651 | 22.616 | 22.552 | 22.537 | |
| 企业和时间效应 | 12.667 | 0.81725 | 0.16861 | -0.88281 | 0.99845 | 0.002727 | | |
| | (2.0811) | (0.015408) | (0.16348) | (0.26174) | | | | |
| $\delta_1, \cdots, \delta_6$ | 0.12833 | 0.06549 | -0.18947 | 0.13425 | -0.09265 | -0.04596 | | |
| $\theta_1, \cdots, \theta_8$ | -0.37402 | -0.31932 | -0.27669 | -0.22304 | -0.15393 | -0.10809 | -0.07686 | -0.02073 |
| $\theta_9, \cdots, \theta_{15}$ | 0.04722 | 0.09173 | 0.20731 | 0.28547 | 0.30138 | 0.30047 | 0.31911 | |

① Green, W. *Frontier Production Functions.* Ln M. Pesaran and P. Schmidt, Handbook of Applied Econometrics: Volume. Ⅱ Microeconomics. London: Blackwell Publishers. 1997.

从表 11.11 的结果可知，全部模型均支持存在企业效应的特征：

（1）检验企业效应的联合假设检验 $H_0: \delta_i = 0, i = 1, \cdots, 6$，$F$ 统计量是：

$$F = \frac{(0.997434 - 0.98829)/5}{(1 - 0.997434)/81} = 57.61 > F(5, 81) = 2.327$$

检验结论表明，数据存在强烈的企业差异，即不同企业之间存在比较大的特异性，即存在企业效应。

（2）不考虑企业效应条件下，检验是否存在时间效应的联合假设检验 $H_0$：$\theta_i = 0, i = 1, \cdots, 15$，$F$ 统计量是：

$$F = \frac{(0.99046 - 0.98829)/14}{(1 - 0.99046)/72} = 1.170 < F(14, 72) = 1.832$$

检验结论表明，不同时期之间并不存在燃油价格、产出和座位利用率这些因素不能解释的显著成本差异。

（3）在考虑企业效应条件下，检验是否存在时间效应的联合假设检验 $H_0$：$\theta_i = 0, i = 1, \cdots, 15$，$F$ 统计量是：

$$F = \frac{(0.99845 - 0.98829)/14}{(1 - 0.99845)/67} = 3.149 > F(14, 67) = 1.842$$

根据检验结论，在考虑企业特征下不同时期之间存在显著的成本差异。

在估计固定效应模型时，还有一种方法可以选择，即相关随机效应方法（correlated random effects）。

在一些问题中，可以把非观测效应 $a_i$ 合理地当作随机变量使用，在此假设下就存在一个途径允许 $a_i$ 与观测到的解释变量相关，下面用说明这个分析原理。

考虑模型：

$$y_{it} = \beta_1 x_{it1} + \beta_2 x_{it2} + \cdots + \beta_k x_{itk} + a_i + u_{it} \tag{11.5.25}$$

令 $\bar{x}_{ij} = \frac{1}{T}\sum x_{itj}$，$j = 1, 2, \cdots, k$，并设：

$$\alpha_i = \gamma_0 + \gamma_1 \bar{x}_{i1} + \gamma_2 \bar{x}_{i2} + \cdots + \gamma_k \bar{x}_{ik} + r_i \tag{11.5.26}$$

模型（11.5.26）描述了 $\alpha_i$ 与 $\bar{x}_{ij}$ 的相关情况，当 $\gamma_j \neq 0, j = 1, \cdots, k$ 中至少有一个成立时 $\alpha_i$ 与 $\bar{x}_{ij}$ 是相关的。

利用模型（11.5.26），模型（11.5.25）可修正如下：

$$\begin{aligned} y_{it} &= \beta_1 x_{it1} + \cdots + \beta_k x_{itk} + u_{it} \\ &= \gamma_0 + \beta_1 x_{it1} + \cdots + \beta_k x_{itk} + \gamma_1 \bar{x}_{i1} + \cdots + \gamma_k \bar{x}_{ik} + r_i + u_{it} \end{aligned} \tag{11.5.27}$$

在模型（11.5.26）中，对于任意的 $s$ 和 $t$，$u_{it}$ 与 $x_{is}$ 不相关，$r_i$ 与 $x_i$ 也不相关，变量 $\bar{x}_{ij}$ 的系数体现了 $a_i$ 与序列 $\{x_{itj}: t=1, \cdots, T\}$ 的相关性，从而导致参数 $\beta_j$，$j=1$，…，$k$ 的估计量与固定效应模型的估计量相同，即增加解释变量 $x_{itj}$ 关于时间的平均值 $\bar{x}_{ij}$ 为新的解释变量之后，可以获得与混合 OLS 方法相同的结果。

因此，对于固定效应模型参数的估计，可选择以下三种方法进行计算：

（1）固定效应变换方法（within transformation）

（2）虚拟变量回归方法（dummy variable regression）

（3）相关随机效应方法（correlated random effects）

由于模型（11.5.26）中 $r_i$ 与解释变量不相关，则用 Re 估计方法可获得参数的一致估计量，其中关于时间的平均可用函数 *Between* 完成计算。

**例 11.8**　用三种不同方法估计固定效应形式的工资方程 RE 模型的三种估计方法如表 11.12 所示。

```
#Estimate FE parameter in 3 different ways:
PWAGEPANMYMyr <- factor(PWAGEPANMYMyear)
#Model 1:within transformation
WAGEPAN_fe <- plm(lwage ~ married + union + yr * educ,data =
  PWAGEPAN,model = "within")
summary(WAGEPAN_fe)
#Model 2:Dummy Variable Regression
WAGEPAN_dum <- plm(lwage ~ married + union + yr * educ + factor
  (nr),data = PWAGEPAN)
summary(WAGEPAN_dum)
#Model 3:Correlated Random Effects
WAGEPAN_re <- plm(lwage ~ married + union + yr * educ,data =
  PWAGEPAN,model = "random")
summary(WAGEPAN_re)
#Model 4
WAGEPAN_cre <- plm(lwage ~ married + union + yr * educ +
  Between(married) + Between(union),data = PWAGEPAN,
```

```
    model = "random")
  summary(WAGEPAN_cre)
```

**表 11.12　　RE 模型的三种估计方法**

| 项目 | Dependent variable: | | | |
|---|---|---|---|---|
| | log (wage) | | | |
| | Within (1) | Dummies (2) | CRe (3) | Re (4) |
| married | 0.055*** (0.018) | 0.055*** (0.018) | 0.055*** (0.018) | 0.078*** (0.017) |
| Between (married) | | | 0.127*** (0.044) | |
| yr1981: educ | 0.012 (0.012) | 0.012 (0.012) | 0.012 (0.012) | 0.011 (0.012) |
| yr1982: educ | 0.015 (0.012) | 0.015 (0.012) | 0.015 (0.012) | 0.014 (0.012) |
| yr1983: educ | 0.017 (0.012) | 0.017 (0.012) | 0.017 (0.012) | 0.017 (0.012) |
| yr1984: educ | 0.017 (0.012) | 0.017 (0.012) | 0.017 (0.012) | 0.016 (0.012) |
| yr1985: educ | 0.024* (0.012) | 0.024* (0.012) | 0.024* (0.012) | 0.023* (0.012) |
| yr1986: educ | 0.027** (0.012) | 0.027** (0.012) | 0.027** (0.012) | 0.026** (0.012) |
| yr1987: educ | 0.030** (0.012) | 0.030** (0.012) | 0.030** (0.012) | 0.030** (0.012) |
| Observations | 4360 | 4360 | 4360 | 4360 |
| $R^2$ | 0.171 | 0.171 | 0.174 | 0.170 |

Note: * $p<0.1$; ** $p<0.05$; *** $p<0.01$。

CRE 方法提供了 FE 和 RE 的估计方法，它不仅能够获得参数 $\beta_j$ 的估计量，还可以提供一种区别 FE 与 RE 的方法。

由于 Re 方法设定 $\gamma=0$，而 FE 方法需要估计 $\gamma$，利用模型（11.5.26）可以获得，$\hat{\gamma}_j$，$j=1$，…，$k$ 的估计量与标准差，从而可以检验 $H_0$：$\gamma_1=\cdots=\gamma_k=0$。检验方法如下：

```
library(car)
linearHypothesis(WAGEPAN_cre,matchCoefs(WAGEPAN_cre,
  "Between"))

Linear hypothesis test
  Hypothesis:
  Between(married) =0
  Between(union) =0
Model 1:restricted model
Model 2:lwage ~ married + union + yr * educ + Between(married) +
      Between(union)
Res.Df Df  Chisq Pr(>Chisq)
1   4342
2   4340  2 19.814  4.983e-05 ***
```

根据检验结果，应该拒绝原假设，即至少有一个 $\gamma_j \neq 0$，$j=1$，…，$k$ 成立，即该模型应该采用 FE 模型更好一些。

由于面板数据集中出现数据缺失是非常普遍现象，这经常造成每个分组的容量不同，由此形成了非平衡面板数据。对于非平衡面板数据，有几个问题需要注意：

（1）整个样本的容量是 $\sum_{i=1}^{n} T_i$，因此在涉及统计量的自由度时需要进行相应的调整。

（2）组均值必须基于各组数据分别计算，解释变量的总均值必须是各组均值的加权平均。

$$\bar{\bar{x}} = \sum_{i=1}^{n} f_i \bar{x}_i, f_i = T_i \Big/ \sum_{i=1}^{n} T_i$$

整个样本的容量是 $\sum_{i=1}^{n} T_i$，因此在涉及统计量的自由度时需要进行相应的调整。如果出现非平衡面板数据时，此时一般不直接进行建模，而对数据进行适当预处理后再进行建模分析。

## 11.6 随机效应模型（RE model）

固定效应模型允许不可观测的个体效应与所包含的解释变量相关，因此可以把个体差异严格体现在模型参数中，利用不同截距特征来描述个体变体。

如果个体效应与解释变量严格无关，那么将固定效应中模型常数项特征转化到截面单位的随机分布上应该更合理。这可以理解为个体是从一个具有很多个体的总体中随机抽取部分个体进行观测，可以设想的是此时的个体特征就可能与解释变量没有相关性，因此个体的差异性可以理解为具有一定的随机性特征。

考虑模型：

$$y_{it} = x'_{it}\beta + \alpha + u_i + \varepsilon_{it} \tag{11.6.1}$$

其中，$u_i$ 是反映了第 $i$ 个个体的异质性特征，且该特征不随时间变化而改变。

假设：

$$\begin{cases} E(\varepsilon_{it} | X) = E(u_i | X) = 0 \\ E(\varepsilon_{it}^2 | X) = \sigma_\varepsilon^2,\ E(u_i^2 | X) = \sigma_u^2 \\ E(\varepsilon_{it} u_j | X) = 0,\ i,\ j,\ t \\ E(\varepsilon_{it}\varepsilon_{js} | X) = 0,\ \forall i \neq j,\ t \neq s \\ E(u_i u_j | X) = 0, \forall i \neq j \end{cases} \tag{11.6.2}$$

令 $\eta_{it} = \varepsilon_{it} + u_i$，且 $\eta_i = [\eta_{i1}, \eta_{i2}, \cdots, \eta_{iT}]'$。记第 $i$ 组的 $T$ 次观测值是 $y_i$，$X_i$，$u_i$ 和 $\varepsilon_i$，则：

$$y_i = \alpha i + X_i\beta + \eta_i \tag{11.6.3}$$

模型（11.6.3）也称为误差成分模型，因此：

$E[\eta_{it}^2 | X] = \sigma_\varepsilon^2 + \sigma_u^2$，$E[\eta_{it}\eta_{is} | X] = \sigma_u^2$，$\forall t \neq s$，$E[\eta_{it}\eta_{js} | X] = 0$，$\forall t, s, i \neq j$。

对第 $i$ 个个体的 $T$ 次观测，令，$\sum = E[\eta_i \eta'_i | X]$，于是：

$$\sum = \begin{bmatrix} \sigma_\varepsilon^2 + \sigma_u^2 & \sigma_u^2 & \cdots & \sigma_u^2 \\ \sigma_u^2 & \sigma_\varepsilon^2 + \sigma_u^2 & \cdots & \sigma_u^2 \\ \vdots & \vdots & & \vdots \\ \sigma_u^2 & \sigma_u^2 & \cdots & \sigma_\varepsilon^2 + \sigma_u^2 \end{bmatrix} = \sigma_\varepsilon^2 I + \sigma_u^2 ii' \tag{11.6.4}$$

由于第 $i$ 个体与第 $j$ 个体相互独立，因此对于所有 $nT$ 个观测值，随机误差的协方差矩阵是①：

$$\Omega = \begin{bmatrix} \sum & 0 & \cdots & 0 \\ 0 & \sum & \cdots & 0 \\ \vdots & \vdots & & \vdots \\ 0 & 0 & \cdots & \sum \end{bmatrix} = I \otimes \sum \tag{11.6.5}$$

## 11.6.1　RE 模型参数的 GLS 估计

利用 GLS 方法可以获得模型（11.6.20）中参数 $\beta$ 的估计量：

$$\hat{\beta} = (X'\Omega^{-1}X)^{-1}X'\Omega^{-1}Y = \left(\sum_{i=1}^{n} X_i'\Omega^{-1}X_i\right)^{-1}\left(\sum_{i=1}^{n} X_i'\Omega^{-1}y_i\right)$$

根据 GLS 方法，利用 $\Omega^{-1/2}$ 进行数据变换后用 OLS 方法估计参数 $\beta$，在此处我们需要计算 $\sum^{-1/2}$。

设 $\sum^{-1/2} = \frac{1}{\sigma_\varepsilon}(I + kii')$，利用 $\sum\sum^{-1} = I$ 得：

$$k = -\frac{1}{T}\left(1 - \frac{\sigma_e}{\sqrt{T\sigma_u^2 + \sigma_\varepsilon^2}}\right),$$

则：

$$\sum^{-1/2} = \frac{1}{\sigma_\varepsilon}\left[I - \frac{\theta}{T}ii'\right], \text{其中 } \theta = 1 - \sqrt{\frac{\sigma_e^2}{T\sigma_u^2 + \sigma_\varepsilon^2}}。$$

## 11.6.2　RE 模型的参数 FGLS 估计

（1）若方差 $\sigma_\varepsilon^2$ 已知，则可以获得协方差矩阵 $\sum$，从而利用 GLS 方法估计参数。

---

① ⊗表示克内罗积，定义如下：对于阶方阵 $A$ 和 $m$ 阶方阵 $B$，则

$$A \otimes B = \begin{pmatrix} b_{11}A & b_{12}A & \cdots & b_{1m}A \\ b_{21}A & b_{22}A & \cdots & b_{2m}A \\ M & M & 0 & M \\ b_{m1}A & b_{m2}A & \cdots & b_{mm}A \end{pmatrix}$$

（2）若方差 $\sigma_{\varepsilon}^{2}$ 未知，采用 FGLS（可行广义 OLS）。

首先估计方差 $\sigma_{\varepsilon}^{2}$，

$$y_{it}=x'_{it}\beta+\alpha+\varepsilon_{it}+u_{i} \tag{11.6.6}$$

由式（11.6.6）可得，

$$\bar{y}_{i}=\bar{x}'_{i}\beta+\alpha+u_{i}+\bar{\varepsilon}_{i} \tag{11.6.7}$$

因此，

$$y_{it}-\bar{y}_{i}=(x_{it}-\bar{x}_{i})'\beta+\varepsilon_{it}-\bar{\varepsilon}_{i} \tag{11.6.8}$$

由于 $E\left[\sum_{t=1}^{T}(\varepsilon_{it}-\bar{\varepsilon}_{i})^{2}\right]=(T-1)\sigma_{\varepsilon}^{2}$，如果参数 $\beta$ 是可估计的，则 $\sigma_{\varepsilon}^{2}$ 基于第 $i$ 组个体中 $T$ 次观测的一个无偏估计量是：

$$\hat{\sigma}_{\varepsilon}^{2}(i)=\frac{1}{T-1}\sum_{t=1}^{T}(\varepsilon_{it}-\bar{\varepsilon}_{i})^{2},\ i=1,2,\cdots,n$$

如果利用 LSDV 残差估计 $\sigma_{\varepsilon}^{2}$，则：

$$\sigma_{\varepsilon}^{2}(i)=\frac{1}{T-k-1}\sum_{t=1}^{T}(\varepsilon_{it}-\bar{\varepsilon}_{i})^{2},\ i=1,2,\cdots n$$

因此对 $n$ 个组的方差估计量平均，可得：

$$\bar{\sigma}_{e}^{2}=\frac{1}{nT-nk-n}\sum_{i=1}^{n}\sum_{t=1}^{T}(\varepsilon_{it}-\bar{\varepsilon}_{i})^{2} \tag{11.6.9}$$

但是式（11.6.9）的自由度显然过度修正了①，因此需要调整，

$$\hat{\sigma}_{e}^{2}=\frac{1}{nT-k-n}\sum_{i=1}^{n}\sum_{t=1}^{T}(\varepsilon_{it}-\bar{\varepsilon}_{i})^{2} \tag{11.6.10}$$

即 LSDV 模型的残差方差估计量经过适当修改后的估计量。

下面估计 $\sigma_{u}^{2}$，根据（11.6.6）的设定，虽然不同观测值之间存在序列相关的可能性，但是仍然可以用 OLS 方法获得参数 $\beta$ 和方差的一致估计量，甚至在大多数情况下，该估计量还是无偏的。从而模型（11.6.6）中可以获得 OLS 估计残差 $e$，相应的方差估计量为：

$$plims_{Pooled}^{2}=plim\frac{e'e}{nT-k-1}=\sigma_{\varepsilon}^{2}+\sigma_{u}^{2} \tag{11.6.11}$$

因此，

$$\sigma_{u}^{2}=\sigma_{pooled}^{2}-\hat{\sigma}_{\varepsilon}^{2}。$$

① 因为式（11.6.7）假定需要对每个 $i$ 均独立估计 $\alpha$ 和 $\beta$。

由于该估计量可能是负数，因此需要对式（11.6.10）和式（11.6.11）中估计量的自由度进行适当修正，从而获得适当的估计量。

如果$\hat{\theta}=(\hat{\alpha},\hat{\beta})$是$\theta=(\alpha,\beta)$的一致估计量，则式（11.6.11）提供了一个$m_{\varepsilon u}=\sigma_u^2+\sigma_\varepsilon^2$的一致估计量：

$$\hat{m}_{\varepsilon u}=\hat{\sigma}_\varepsilon^2+\sigma_u^2$$

基于 $n$ 个截面组均值回归模型（11.6.7）的均方差提供了 $m^{**}=\sigma_u^2+\sigma_\varepsilon^2/T$ 的一个一致估计量，因此：

$$\hat{\sigma}_\varepsilon^2=\frac{T}{T-1}(m_{\varepsilon u}-m^{**})$$

$$\hat{\sigma}_u^2=\frac{T}{T-1}m^{**}-\frac{1}{T-1}m_{\varepsilon u}=\omega m^{**}+(1-\omega)m_{\varepsilon u}$$

其中 $w>1$，此时有可能出现$\hat{\sigma}_u^2<0$ 的情况，这就会导致模型设定误差的问题。

**例 11.9**　Re 效应模型。

利用例 11.7 中给出的成本方程的 OLS 估计值，可以计算 FGLS 估计量。首先需要估计方差。

$\sigma_\varepsilon^2$ 的无偏估计量是组内（LSDV）回归中残差方差的估计量，因此：

$$\hat{\sigma}_\varepsilon^2=\frac{0.2926222}{90-4}=0.0036126$$

利用混合回归模型的 OLS 残差，可得：

$$\widehat{\sigma_\varepsilon^2+\sigma_u^2}=\frac{1.335442}{90-9}=0.015528$$

因此，

$$\hat{\sigma}_u^2=0.015528-0.0036126=0.0199158$$

从而，

$$\hat{\theta}=1-\left[\frac{0.0036126}{15\times 0.0199158}\right]^{1/2}=0.890032$$

可以用 $\hat{\theta}$ 对数据进行变换后进行估计，可获得 FGLS 估计量。

## 11.6.3　稳健的协方差估计

由于面板数据模型要对于经典模型的扩展，从而存在异方差性与序列相关性的可能性，这导致模型参数估计量缺乏有效性，因此需要寻找模型参数估计量方差的有效估计方法。

在固定效应模型中，如果将第 $i$ 组看作一个整体，则可以将

$$y_i = X_i\beta + \alpha_i i + \varepsilon_i \tag{11.6.12}$$

中的观测当作一个随机误差项的方差协方差矩阵为 $\Omega_i$ 的广义回归模型。

利用第 $i$ 组数据的离差数据 $X_i^*$，可以获得：

$$X^{*\prime}\Omega X^* = \sum_{i=1}^{n} X_i^{*\prime}\Omega_i X_i^*$$

当 $n$ 足够大时，有

$$\text{plim}\,\frac{1}{nT}X^{*\prime}\Omega X^* = \text{plim}\,\frac{1}{nT}\sum_{i=1}^{n} X_i^{*\prime}\Omega_i X_i^* = \text{plim}\,\frac{1}{nT}\sum_{i=1}^{n} X_i^{*\prime}e_i e_i' X_i^*$$

$$= \text{plim}\,\frac{1}{n}\sum_{i=1}^{n}\left(\frac{1}{T}\sum_{t=1}^{T}\sum_{s=1}^{T} e_{it}e_{is}x_{is}^{*}x_{it}^{*\prime}\right)$$

对于随机效应模型，混合 OLS 估计仍然是一致估计量，因此对第 $i$ 组观测值，则可以得到：

$$\sigma_{\varepsilon i}^2 + \sigma_{ui}^2 = \frac{e_i' e_i}{T} \tag{11.6.13}$$

而 LSDV 模型中的残差被排除了个体效应，因此 $\sigma_{\varepsilon i}^2$ 的一个一致估计量为 $\hat{\sigma}_{\varepsilon i}^2 = e_i'^{lsdv}e_i^{lsdv}/T$。于是，

$$\hat{\sigma}_u^2 = \frac{1}{n}\sum_{i=1}^{n}\left(\frac{e_i'^{ols}e_i^{ols}}{T} - \frac{e_i'^{lsdv}e_i^{lsdv}}{T}\right) = \frac{1}{n}\sum_{i=1}^{n}\hat{u}_i^2 \tag{11.6.14}$$

## 11.7 RE与FE的检验

FE 模型允许非观测变量 $a_i$ 与解释变量之间是相关的，因此在 FE 中将个体差异作为参数增加到回归模型之中，这种模型适合于包含全体截面单位的数据，对于截面单位之外的个体，这样的模型就不能够很好地描述了。

如果考虑的面板数据模型需要分析数据集包含的截面单位之外的个体，最好的方法是假设个体特征变量 $a_i$ 与解释变量不相关，即将模型的常数项假设为截面单位上的随机分布。如果这个假设成立，则大大减少了待估计参数的数量，但是这个方法的不足是如果假设不成立，则不能获得一致估计量。因此在建立此类模型时，需要对 FE 和 RE 模型进行检验，从而最终获得有效一致的估计量。

## 11.7.1　RE 的 BP 检验

布伦斯和帕甘（Breusch and Pagan，1980）基于 OLS 残差设计了检验随机效应模型的拉格朗日乘数检验：

$H_0$：$\sigma_u^2=0$ 或 $corr(u_{it}, u_{is})=0$，$\forall t\neq s$　$H_1$：$\sigma_u^2\neq 0$ 或 $corr(u_{it}, u_{is})\neq 0$，$\forall t\neq s$

或

$$H_0: corr(u_{it}, u_{is})=0, \quad H_1: corr(u_{it}, u_{is})\neq 0, \quad \forall t\neq s$$

*BP* 检验统计量为：

$$LM=\frac{nT}{2(T-1)}\left[\frac{\sum_{i=1}^{n}\left(\sum_{t=1}^{T}e_{it}\right)^2}{\sum_{i=1}^{n}\sum_{t=1}^{T}e_{it}^2}-1\right]^2=\frac{nT}{2(T-1)}\left[\frac{\sum_{i=1}^{n}(T\bar{e}_i)^2}{\sum_{i=1}^{n}\sum_{t=1}^{T}e_{it}^2}-1\right]^2\sim\chi^2(1) \tag{11.7.1}$$

**例 11.10**　RE 效应检验。

例 11.8 中给出了成本方程的 OLS 估计值，不同企业的 OLS 残差值分别为

$e=[0.068869, -0.013878, -0.19422, 0.15273, -0.021583, 0.0080906]'$

总残差平方和为 $e'e=1.33544$，因此：

$$LM=\frac{nT}{2(T-1)}\left[\frac{T^2\ \bar{e}'\bar{e}}{e'e}-1\right]^2=334.85$$

而 $\chi^2_{0.95}(1)=3.84$，应该拒绝原假设，即只含有一个常数项的经典回归模型并不适合于这些数据，不应该拒绝随机效应模型。

## 11.7.2　RE 的 Hausman 检验

由于在实际分析中，虚拟变量方法可能造成自由度的损失，同时在模型设定时假设个体效应与解释变量无关，这个理由并不是非常充足的，这种模型设定可能造成估计量不是一致估计量。

豪斯曼（Hausman，1978）给出的检验方法是用于检验随机效应是否与解释变量相关的，基本思想是：

在 $H_0$：$cov(a_{it}, a_{is})=0$ 时，LSDV 模型中的 OLS 和 GLS 都是一致的，但是 OLS 是非有效的。因此在 $H_0$ 下这两个估计量不应该存在系统差异，Hausman 检验就是基于此原理进行的。

记 LSDV 模型的 OLS 回归估计为$\hat{\beta}_{OLS}$，GLS 回归估计量为$\hat{\beta}_{GLS}$，即：

$$\hat{\beta}_{OLS}=[X'M_DX]^{-1}(X'M_Dy),\ \hat{\beta}_{GLS}=[X'\Omega^{-1}X]^{-1}(X'\Omega^{-1}y)$$

利用上述两个估计量执行 Hausman 检验的具体方案：

由于差向量$\hat{\beta}_{OLS}-\hat{\beta}_{GLS}$满足：

$$\mathrm{Var}(\hat{\beta}_{OLS}-\hat{\beta}_{GLS})=\mathrm{Var}(\hat{\beta}_{OLS})+\mathrm{Var}(\hat{\beta}_{GLS})-2\mathrm{cov}(\hat{\beta}_{OLS},\hat{\beta}_{GLS}) \tag{11.7.2}$$

Hausman 检验的核心依据是一个有效估计与一个非有效估计量之差与该有效估计量的协方差等于 0，即：

$$\mathrm{cov}(\hat{\beta}_{OLS}-\hat{\beta}_{GLS},\hat{\beta}_{GLS})=0$$

$$\mathrm{cov}(\hat{\beta}_{OLS}-\hat{\beta}_{GLS},\hat{\beta}_{GLS})=\mathrm{cov}(\hat{\beta}_{OLS},\hat{\beta}_{GLS})-\mathrm{Var}(\hat{\beta}_{GLS})=0$$

或者

$$\mathrm{cov}(\hat{\beta}_{OLS},\hat{\beta}_{GLS})=\mathrm{Var}(\hat{\beta}_{GLS})$$

因此：

$$\mathrm{Var}(\hat{\beta}_{OLS}-\hat{\beta}_{GLS})=\mathrm{Var}(\hat{\beta}_{OLS})-\mathrm{Var}(\hat{\beta}_{GLS})=\Psi \tag{11.7.3}$$

Hausman 检验统计量：

$$W=(\hat{\beta}_{OLS}-\hat{\beta}_{GLS})'\hat{\Psi}^{-1}(\hat{\beta}_{OLS}-\hat{\beta}_{GLS}) \tag{11.7.4}$$

在 $H_0$ 下，$W\sim\chi^2(k-1)$，其中 $k$ 是 $H_0$ 中约束条件的个数。

**例 11.11** FE 与 RE 效应模型的 Hausman 检验。

对于 FE 模型与 RE 模型的 Hausman 检验是基于系数向量与模型中对应的解释变量系数的渐近协方差矩阵两部分，模型的系数估计量如表 11.13 所示。

**表 11.13　　随机效应和固定效应估计量**

| 模型 | 参数估计 | | | | | |
|---|---|---|---|---|---|---|
| | $\beta_0$ | $\beta_1$ | $\beta_2$ | $\beta_3$ | $R^2$ | $s^2$ |
| 无固定效应 | 9.517 | 0.88274 | 0.45398 | -1.6275 | 0.98829 | 0.015528 |
| | (0.22924) | (0.013255) | (0.020304) | (0.34530) | | |
| 企业效应 | 固定效应 | | | | | |
| | | 0.91928 | 0.41749 | -1.0704 | 0.99743 | 0.0036125 |
| | | (0.02989) | (0.015199) | (0.20169) | | |
| | 稳健方差 | (0.01911) | (0.013533) | (0.21662) | | |

续表

| 模型 | 参数估计 | | | | | |
|---|---|---|---|---|---|---|
| | $\beta_0$ | $\beta_1$ | $\beta_2$ | $\beta_3$ | $R^2$ | $s^2$ |
| | 自相关系数$\hat{\rho}^2=0.5162$时 | | | | | |
| | 固定效应 | | | | | |
| | | 0.92975 | 0.38567 | −1.2207 | | 0.001918 |
| | | (0.03393) | (0.01674) | (0.2017) | $s^2/(1-\hat{\rho}^2)=0.0028$ | |
| | 随机效应 | | | | | |
| | | 9.6106 | 0.90412 | −1.0646 | $\hat{\sigma}_u^2=0.0119158$ | |
| | | (0.20277) | (0.02462) | (0.1993) | $\hat{\sigma}_\varepsilon^2=0.0036126$ | |
| | 自相关系数$\hat{\rho}^2=0.5162$时随机效应 | | | | | |
| | | 10.139 | 0.91269 | −1.2074 | $\hat{\sigma}_u^2=0.0268079$ | |
| | | (0.2587) | (0.02778) | (0.016294) | $\hat{\sigma}_\varepsilon^2=0.0037341$ | |
| 企业和时间效应 | | | | | | |
| | 固定效应 | | | | | |
| | 12.667 | 0.81725 | 0.16861 | −0.8828 | 0.99845 | 0.0026727 |
| | (2.0811) | (0.03185) | (0.16348) | (0.26174) | | |
| | 随机效应 | | | | | |
| | 9.799 | 0.8433 | 0.3876 | −0.9294 | 0.9041 | $\hat{\sigma}_u^2=0.014229$ |
| | (0.8791) | (0.025839) | (0.0685) | (0.2572) | (0.0246) | $\hat{\sigma}_\varepsilon^2=0.0026395$ |
| | | | | | | $\hat{\sigma}_v^2=0.0551958$ |

两个估计值的渐近协方差矩阵为

$$\mathrm{Var}(\hat{\beta}_{FE})=\begin{bmatrix}0.0008934 & -0.0003178 & -0.0018840\\ -0.0003178 & 0.0002310 & -0.0007686\\ -0.0018840 & -0.0007686 & 0.0406800\end{bmatrix}$$

和

$$\mathrm{Var}(\hat{\beta}_{Re})=\begin{bmatrix}0.0006059 & -0.00020890 & -0.001450\\ -0.0002089 & 0.00018897 & -0.002141\\ -0.0014500 & -0.00214100 & 0.039730\end{bmatrix}$$

计算获得相应统计量：

$$W=4.16, \chi^2(3)=7.814$$

由此可知，不应该拒绝原假设，对比前面的 LM 检验结论，该数据适合于随机效应模型分析。

## 11.8 单位根检验

莱文和林（Levin & Lin，1993），莱文、林和楚（Levin，Lin & Chu，2002）考虑面板数据中每一个个体时间序列都包含一个单位根的原假设模型：

$$\Delta y_{it} = \alpha_i + \delta_i t + \gamma_i y_{i,t-1} + \sum_{j=1}^{P_i} \phi_{ij} \Delta y_{i,\ t-j} + \varepsilon_{it},\ i = 1,\ \cdots,\ N,\ t = 1,\ \cdots,\ T \tag{11.8.1}$$

其中，假设 $\varepsilon_{it}$对于固定的 $i$ 是独立同分布误差序列，$\Delta$ 是差分算子。

在模型（11.8.1）中，如果 $\gamma_i=0$，则表示 $y_{it}$包含一个单位根；相应地，如果 $\gamma_i<0$，则表示 $y_{it}$是一个平稳过程。

莱文和林（1993）设定的原假设与备择假设分别是

$$H_0:\gamma_1=\gamma_2=\cdots=\gamma_n=0, \quad H_1:\gamma_1=\gamma_2=\cdots=\gamma_n=\gamma<0$$

为了检验 $H_0$，莱文和林建议的检验程序如下：

（1）对第 $i$ 个截面数据，分别建立 $\Delta y_{it}$，$y_{i,t-1}$关于模型（3.38）中其余变量的回归模型，并记相应的残差分别为$\hat{e}_{it}$和$\hat{v}_{i,t-1}$。

（2）利用（1）中的两个残差序列建立回归模型

$$\hat{e}_{it}=\gamma\hat{v}_{i,t-1}+u_{it},\ i=1,\ \cdots,\ N,\ t=1,\ \cdots,\ T \tag{11.8.2}$$

估计参数 $\gamma$。

为了修正模型（11.8.2）中截面之间的异方差性，莱文和林建议用（11.8.2）的 OLS 估计量$\hat{\gamma}$计算$\hat{e}_{it}$的方差：

$$\sigma_{ei}^2 = \frac{1}{T-p_i-1}\sum_{t=p_i+2}^{T}(\hat{e}_{i,t}-\hat{\gamma}\hat{v}_{i,t-1})^2 \tag{11.8.3}$$

然后对第 $i$ 个截面数据用$\hat{\sigma}_{ei}$进行异方差修正，获得异方差修正回归模型：

$$\tilde{e}_{it}=\gamma\tilde{v}_{i,t-1}+\tilde{u}_{it},\ i=1,\ \cdots,\ N,\ t=1,\ \cdots,\ T \tag{11.8.4}$$

其中 $\tilde{e}_{it}=\hat{e}_{it}/\hat{\sigma}_{ei}$, $\tilde{v}_{i,t-1}=\hat{v}_{i,t-1}/\hat{\sigma}_{ei}$.

利用模型（11.8.2）的估计量$\hat{\gamma}$可以建立 $H_0$ 的简单 $t$－统计量：

$$t_{\hat{\gamma}}=\frac{\tilde{\gamma}}{sd(\tilde{\gamma})} \tag{11.8.5}$$

其中，

$$sd(\tilde{\gamma})=\tilde{\sigma}_u\Big/\sqrt{\sum_{i=1}^{n}\sum_{t=p_i+2}^{T}\tilde{v}_{i,t-1}^2},\ \tilde{\sigma}_u^2=(n\tilde{T})^{-1}\sum_{i=1}^{n}\sum_{t=p_i+2}^{T}(\tilde{e}_{it}-\tilde{\gamma}\tilde{v}_{i,t-1})^2,$$

$$\tilde{T}=T-\bar{p}-1,\bar{p}=\frac{1}{n}\sum_{i=1}^{n}p_i$$

莱文和林（1993）建议将统计量（11.8.5）调整为

$$t_{\hat{\gamma}}^{*}=\frac{t_{\hat{\gamma}}-n\tilde{T}S_{nT}\hat{\sigma}_e^{-2}\cdot sd(\tilde{\gamma})\cdot\mu_{\tilde{T}}}{\sigma_{\tilde{T}}} \tag{11.8.6}$$

其中，

$$S_{nT}=\frac{1}{n}\sum_{i=1}^{n}\frac{\hat{\omega}_{yi}}{\hat{\sigma}_{ei}},\ \hat{\omega}_{yi}^2=\frac{1}{T-1}\sum_{t=2}^{T}\Delta y_{it}^2+2\sum_{j=1}^{K}W_K(j)\cdot\left(\frac{1}{T-1}\sum_{t=j+2}^{T}\Delta y_{it}\Delta y_{i,t-1}\right)$$

$W_K(j)$是滞后核函数，用于确保 $y_i$ 的长期方差估计量$\hat{\omega}_{v_i}^2$是正数，如纽维尔和维思特（Newey & West，1987）建议的核函数为：

$$W_K(j)=\begin{cases}1-j/T,\ \text{if } j<K\\0,\ \text{if } j\geqslant K\end{cases}$$

$\mu_{\tilde{T}}$ 与 $\sigma_{\tilde{T}}$ 是调整项的均值与标准差。

莱文和林（1993）证明了：如果 ADF 滞后阶数 $p$ 以比率 $T^a$ 增加，$0\leqslant a\leqslant 1/4$，滞后截断参数 $K$ 以比率 $T^b$ 速度增加，$0<b<1$，则在原假设 $H_0:\gamma=0$ 时，面板数据的单位根统计量 $t_{\hat{\gamma}}^{*}$ 的极限分布是标准正态分布。

## 本章练习题

1. 如果我们有两年的独立横截面数据，为什么不能用一阶差分方法进行建模？

2. 考虑行列行业的资本投资模型中，截面观测值以国家层面的形式体现，其中每一个国家有 $T$ 年数据：

$$\log(invest_{it})=\alpha_t+z_{it}\gamma+\delta_1 tax_{it}+\delta_2 disaster_{it}+c_i+u_{it}$$

其中，变量 $tax_{it}$ 度量了国家边际税率，虚拟变量 $disaster_{it}$ 表示第 $i$ 个国家在时间段 $t$ 时存在重大自然灾害时等于 1。变量 $z_{it}$ 表示其他影响资本投资的因素，$\alpha_t$ 表示不同时间的截距项。

（1）在此模型中，为什么考虑加总时间效应？

（2）$c_i$ 包含了哪些类型的变量？

（3）以因果方式解释此模型时，经济理论上对 $\alpha_1$ 的解释是什么？

（4）请说明该模型的估计方法，其中的假设条件是否是准确的？

（5）若假设变量 $tax_{it}$ 与 $disaster_{it}$ 均是严格外生的变量，这个假设是否合理？能否假设这些变量对资本投资没有滞后效应？

3. 假设 $N$ 个员工两年的工资相关数据，考虑工资模型：

$$\log(wage_{it}) = \alpha_1 + \alpha_2 d2_t + z_{it}\gamma + \delta_1 female_{it} + \delta_2 d2_t \cdot female_i + c_i + u_{it}$$

不可观测因素 $c_i$ 可以与 $z_{it}$ 和 $female$ 相关，虚拟变量 $d2_t$ 在 $t=1$ 时取 0，并假设

$$E(u_{it} | female_i, z_{i1}, z_{i2}, c_i) = 0, t = 1, 2$$

（1）如果没有其他约束条件，工资模型的哪些参数可以获得一致估计量？

（2）解释系数 $\alpha_2$ 与 $\delta_2$ 的含义。

（3）写出两个时段的工资方差，证明：

$$\Delta\log(wage_i) = \alpha_2 + \Delta z_i\gamma + \delta_1 female_i + \Delta u_i$$

其中 $\Delta\log(wage_i) = \log(wage_{i2}) - \log(wage_{i1})$。

（4）若 $\mathrm{Var}(\Delta u_i | \Delta z_i, female_i) = \sigma_i^2$，则如何检验 $H_0$：$\delta_2 = 0$？

4. 在随机效应模型中，定义复合型误差为 $v_{it} = a_i + u_{it}$，其中 $a_i$ 与 $u_{it}$ 无关，且

$$\mathrm{Var}(u_{it}) = \sigma_u^2,\ \mathrm{cov}(u_{it}, u_{is}) = 0,\ t \neq s.$$

定义 $e_{it} = v_{it} - \theta\bar{v}_i$，其中 $\theta = 1 - [\sigma_u^2/(\sigma_u^2 + T\sigma_a^2)]^{1/2}$. 证明：

（1）$E(e_{it}) = 0$；

（2）$\mathrm{Var}(e_{it}) = \sigma_u^2$，$t = 1, \cdots, T$；

（3）$\mathrm{cov}(e_{it}, e_{is}) = 0$，$t \neq s$.

5. 表 11.14 给出了一个面板数据：

**表 11.14**

| $t$ | 第一组 | | 第二组 | | 第三组 | |
|---|---|---|---|---|---|---|
| | $y$ | $x$ | $y$ | $x$ | $y$ | $x$ |
| 1 | 30.30 | 24.35 | 38.30 | 34.50 | 35.36 | 28.53 |
| 2 | 35.60 | 28.47 | 39.60 | 38.75 | 32.84 | 32.98 |
| 3 | 17.90 | 23.74 | 27.90 | 33.80 | 27.60 | 33.64 |
| 4 | 45.00 | 25.45 | 55.00 | 35.95 | 35.40 | 26.45 |
| 5 | 37.68 | 21.90 | 47.68 | 30.96 | 32.88 | 25.80 |
| 6 | 23.25 | 10.58 | 43.25 | 20.87 | 33.35 | 23.86 |
| 7 | 30.53 | 18.50 | 40.53 | 28.00 | 38.50 | 28.75 |
| 8 | 39.90 | 25.40 | 45.90 | 35.00 | 35.80 | 29.00 |
| 9 | 20.44 | 13.57 | 40.44 | 33.60 | 25.40 | 23.22 |
| 10 | 36.85 | 25.60 | 56.85 | 35.50 | 34.95 | 23.67 |

(1) 建立组群异方差模型，即将原始数据分成 $g$ 个组，然后分别建立回归模型

$$y_i = x_i'\beta + \varepsilon_i,\ i = 1,\ \cdots,\ n_k$$

且 $n_1 + \cdots + n_g = n$。使用一个两阶段方法估计该模型参数，使得第二阶段的 FGLS 估计量是基于混合 OLS 回归的残差。

(2) 对分组回归模型的方差相等进行统计检验。

(3) 对各模型进行截面无差异进行检验。

# 附录 A

# R 软件的基础

## 1. 软 件 安 装

### 1.1 R 软件的下载安装

R 软件可以从网站下载：http：//cran. r-project. org/ 根据不同的计算机系统，可以有 UNIX、LINUX、MacOS 和 WINDOWS 版本，都是可以免费下载和使用的（Download R for Windows（base）R 软件下载窗口如附图 1 所示。

*CRAN*
Mirrors
What's new?
Task Views
Search

*About R*
R Homepage
The R Journal

*Software*
R Sources
R Binaries
Packages
Other

*Documentation*
Manuals
FAQs
Contributed

**R-3.6.1 for Windows (32/64 bit)**

Download R 3.6.1 for Windows (81 megabytes, 32/64 bit)
Installation and other instructions
New features in this version

If you want to double-check that the package you have downloaded matches the package distributed by CRAN, you can compare the md5sum of the .exe to the fingerprint on the master server. You will need a version of md5sum for windows: both graphical and command line versions are available.

**Frequently asked questions**

- Does R run under my version of Windows?
- How do I update packages in my previous version of R?
- Should I run 32-bit or 64-bit R?

Please see the R FAQ for general information about R and the R Windows FAQ for Windows-specific information.

**Other builds**

- Patches to this release are incorporated in the r-patched snapshot build.
- A build of the development version (which will eventually become the next major release of R) is available in the r-devel snapshot build.
- Previous releases

Note to webmasters: A stable link which will redirect to the current Windows binary release is
<CRAN MIRROR>/bin/windows/base/release.htm.

Last change: 2019-07-05

附图 1　R 软件下载窗口

运行刚才下载的程序，如 R－3.6.0－win.exe，按照 Windows 的提示进行操作即可完成 R 的安装，在选择安装组件时最好选上 PDF Reference Manual 项，这样在 R 的帮助文档中有详细的 PDF 格式的软件说明。

安装完成后，程序会创建 R 程序组并在桌面生成 R 主程序的快捷方式（也可在程序安装时选择不要创建），通过快捷方式运行 R 软件，可调出 R 软件的主窗口如附图 2 所示。

RGui (64-bit) - [R Console]

文件　编辑　查看　其他　程序包　窗口　帮助

```
R version 3.5.3 (2019-03-11) -- "Great Truth"
Copyright (C) 2019 The R Foundation for Statistical Computing
Platform: x86_64-w64-mingw32/x64 (64-bit)

R是自由软件，不带任何担保。
在某些条件下你可以将其自由散布。
用'license()'或'licence()'来看散布的详细条件。

R是个合作计划，有许多人为之做出了贡献.
用'contributors()'来看合作者的详细情况
用'citation()'会告诉你如何在出版物中正确地引用R或R程序包。

用'demo()'来看一些示范程序，用'help()'来阅读在线帮助文件，或
用'help.start()'通过HTML浏览器来看帮助文件。
用'q()'退出R.

[原来保存的工作空间已还原]

> |
```

**附图 2　R 软件主窗口**

## 1.2　R 软件初步应用

**例 1**　中国 31 省份城镇居民家庭 2014 年人均可支配收入与消费性支出资料如附表 1 所示，试计算人均可支配收入与消费性支出的均值和标准差。

**附表 1　中国 31 省区城镇居民家庭 2014 年人均可支配收入 - 消费性支出资料**

| 地区 | 收入 x1 | 支出 x2 | 地区 | 收入 x1 | 支出 x2 | 地区 | 收入 x1 | 支出 x2 |
|---|---|---|---|---|---|---|---|---|
| 北京 | 36468.75 | 24045.86 | 海南 | 20917.71 | 14456.55 | 四川 | 24234.41 | 17759.93 |
| 河北 | 20543.44 | 12531.12 | 山西 | 20411.71 | 12211.53 | 贵州 | 22548.21 | 15254.64 |
| 上海 | 40188.34 | 26253.47 | 吉林 | 20208.04 | 14613.53 | 云南 | 24299.01 | 16268.33 |
| 浙江 | 34550.3 | 21545.18 | 安徽 | 21024.21 | 15011.66 | 西藏 | 22015.81 | 15669.36 |
| 山东 | 25755.19 | 15778.24 | 河南 | 20442.62 | 13732.96 | 陕西 | 24365.76 | 17545.96 |
| 广西 | 21242.8 | 14243.98 | 湖南 | 21318.76 | 14608.95 | 甘肃 | 21803.86 | 15942.25 |
| 天津 | 29626.41 | 20024.24 | 内蒙古 | 23150.26 | 17717.1 | 青海 | 22306.57 | 17492.89 |
| 辽宁 | 23222.67 | 16593.6 | 黑龙江 | 17759.75 | 12983.55 | 宁夏 | 23284.56 | 17216.23 |
| 江苏 | 29676.97 | 18825.28 | 江西 | 19860.36 | 12775.65 | 新疆 | 23214.03 | 17684.52 |
| 福建 | 28055.24 | 18593.21 | 湖北 | 20839.59 | 14495.97 | | | |
| 广东 | 30226.71 | 22396.35 | 重庆 | 25147.23 | 18279.49 | | | |

在主窗口直接输入以下命令：

```
> x1 < - c (36468.75, 20543.44, 40188.34, 34550.30, 25755.19,
            21242.80, 29626.41, 23222.67, 29676.97, 28055.24,
            30226.71, 20917.71, 20411.71, 20208.04, 21024.21,
            20442.62, 21318.76, 23150.26, 17759.75, 19860.36,
            20839.59, 25147.23, 24234.41, 22548.21, 24299.01,
            22015.81, 24365.76, 21803.86, 22306.57, 23284.56,
            23214.03)    #输入可支配收入数据
>mean(x1)#计算 x1 的均值
[1] 24474.49
>sd(x1)#计算 x1 的标准差
[1] 5205.443
> x2 < - c (24045.86, 12531.12, 26253.47, 21545.18, 15778.24,
            14243.98, 20024.24, 16593.60, 18825.28, 18593.21,
            22396.35, 14456.55, 12211.53, 14613.53, 15011.66,
            13732.96, 14608.95, 17717.10, 12983.55, 12775.65,
            14495.97, 18279.49, 17759.93, 15254.64, 16268.33,
```

```
     15669.36，17545.96，15942.25，17492.89，17216.23，
     17684.52)   #输入消费性支出数据
>mean(x2)#计算 x2 的均值
[1] 16856.5
>sd(x2)#计算 x2 的标准差
[1] 3339.628
```

说明：

（1）>是提示符，#号是说明语句的字符，#号后面的内容是对前面语句的注解，用于增加程序的可读性，其内容不参与程序的运算；

（2）<-表示赋值，c(x)表示由 x 生成向量或数组，x1 <- c(x)表示将向量 c(x)赋值给变量 x1；

（3）mean(x1)表示计算变量 x1 的均值，sd(x1)表示计算变量 x1 的标准差；

（4）“[1] 41”表示计算结果，其中［1］表示第 1 个数值，41 是计算结果。

如果想将上述命令保存在文件中以便于今后使用，可将命令存放在一个文件中。鼠标单击【文件】→【建立新的程序脚本】，则屏幕会弹出一个 R 编辑窗口（如附图 3 所示），在窗口输入相应命令，然后保存文件，例如 E:\应用计量经济学\example 1.2。

```
RGui (32-bit) - [E:\应用计量经济学\example 1.2 - R Editor]
File Edit Packages Windows Help
#中国31省区城镇居民家庭2014年可支配收入与消费性支出
x1<-c(36468.75,20543.44,40188.34,34550.30,25755.19,21242.80,
      29626.41,23222.67,29676.97,28055.24,30226.71,20917.71,
      20411.71,20208.04,21024.21,20442.62,21318.76,23150.26,
      17759.75,19860.36, 20839.59,25147.23,24234.41,22548.21,
      24299.01,22015.81,24365.76,21803.86,22306.57,23284.56,
      23214.03)   #输入可支配收入数据
mean(x1) #计算x1的均值
sd(x1) #计算x1的标准差
x2<-c(24045.86,12531.12,26253.47,21545.18,15778.24,14243.98,
       20024.24,16593.60,18825.28,18593.21,22396.35,14456.55,
       12211.53,14613.53,15011.66,13732.96,14608.95,17717.10,
       12983.55,12775.65, 14495.97,18279.49,17759.93,15254.64,
       16268.33,15669.36,17545.96,15942.25,17492.89,17216.23,
       17684.52)   #输入消费性支出数据
mean(x2) #计算x2的均值
sd(x2) #计算x2的标准差
```

**附图 3　程序脚本文件窗口**

**例 2** 绘制例 1.1 中 10 省份的可支配收入 $x1$（元）与消费性支出 $x2$（元）的散点附图 4 和直方附图 5。

```
>plot(x1,x2)
```

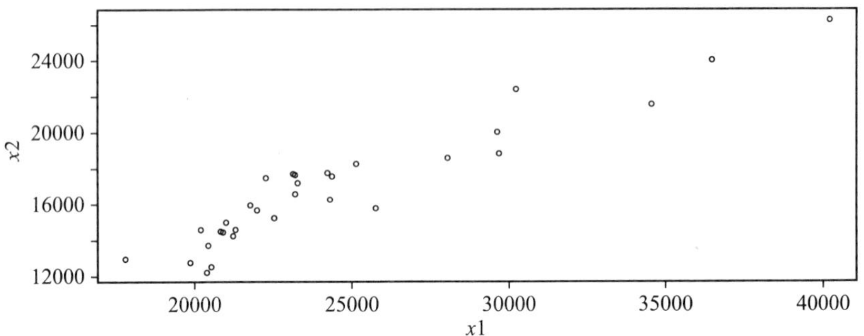


附图 4　中国 31 个省份城镇居民家庭可支配收入 $x1$ 与消费性支出 $x2$ 的散点图

```
>hist(x2)
```

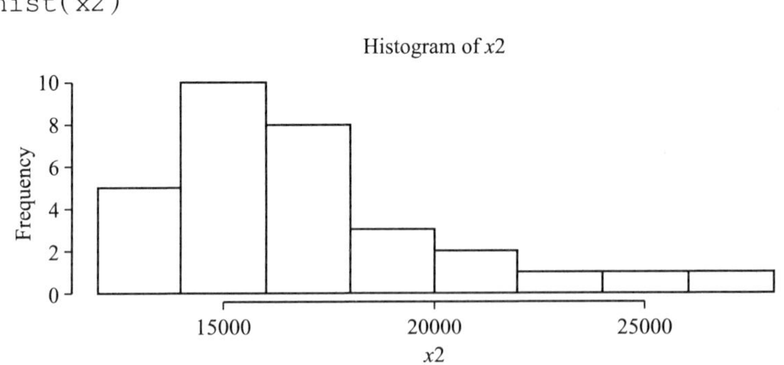


附图 5　中国 31 个省份城镇居民家庭人均消费性支出 $x2$ 的直方图

如果用于分析的变量与数据的数量都很大的话，采用例 1.2 的方法直接在 R 的主窗口或程序脚本文件中录入数据都是不太方便的，同时由于数据存储格式也是多种多样的，因此 R 软件有专门的数据读写函数，以便于将其他文件形式的数据读入 R 中进行分析。

**例 3** 假设在计算机的 E 盘的文件夹“应用计量经济学”内保存有名称为 example 1.4. txt 的文本文件形式的数据，可以用 R 中的函数 read. table( ) 直接读取。数据 example 1.4. txt 中保存的是 2014 年中国 31 个省区城镇居民家庭的人均可支配收入和消费性支出数据。

**解**：建立 R 文件（example 1.4. R）. 菜单：【文件】|【建立新的程序脚本】，在弹出的 R 编辑窗口中输入需要编辑的程序命令：

```
rt <- read.table ("E:/应用计量经济学/example 1.4.txt",
  header = TRUE); rt
```

在上述命令中有三点需要注意：①路径中的符号是/，与通常的路径符号不同；②数据文件名称后面需要跟上表示文件类型的后缀；③如果数据文件的第一行是变量名称或其他非数据形式的字符串，则 header 的取值为 TRUE。

在程序脚本窗口中选定要执行的命令，用 ctrl + R 执行或用单击鼠标右键，在子菜单中选择第一项，执行上述命令可得：

| 地　区 | 人均可支配收入.元. | 人均消费现金支出. |
|---|---|---|
| 北京市 | 36468.75 | 24045.86 |
| 河北省 | 20543.44 | 12531.12 |
| … | … | … |
| 青海省 | 17566.28 | 12346.29 |
| 宁夏回族自治区 | 19831.41 | 14067.15 |
| 新疆维吾尔自治区 | 17920.68 | 13891.72 |

由于数据的第一行是用中文作名称，为了后面讨论方便，可以对变量重新命名：

```
names(rt) <- c("region","income","consumer")
lm.ols <- lm(consumer ~ income,data = rt)
```

lm( )是 R 软件中用于建立回归模型的函数，上述命令的含义是利用数据集 rt 中的变量 income 和 consumer 建立如下形式的回归模型 $consumer = \beta_0 + \beta_1 income + u$.

```
summary(lm.ols)
Call:
lm(formula = consumer ~ income,data = rt)


Residuals:
    Min        1Q     Median      3Q       Max
 -1968.83   -535.54   78.35     617.01   2273.89
```

```
Coefficients:
             Estimate Std. Error t value Pr(>|t|)
(Intercept)1.823e+03  7.825e+02   2.329   0.0273 *
income      6.054e-01  3.255e-02  18.601   <2e-16 ***
---
Signif. codes:  0 '***' 0.001 '**' 0.01 '*' 0.05 '.' 0.1 ' ' 1

Residual standard error:1036 on 28 degrees of freedom
Multiple R-squared:0.9251,Adjusted R-squared:0.9225
F-statistic:346 on 1 and 28 DF,p-value:<2.2e-16
```

执行 summary(lm.ols)可获得回归分析的具体结果，其中的内容将在后面的学习中分别进行讨论。

plot(rt$income,rt$consumer)#rt$income 表示从数据集 rt 中将变量 income 的值提取出来。

abline(lm.ols)  #abline()表示在前面的图中加上直线，如附图 6 所示此处表示将回归直线加到前面的散点图上。

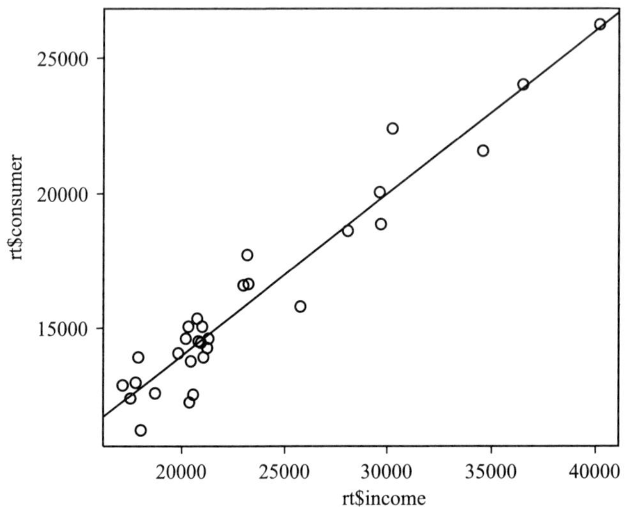


**附图 6　原始数据的散点图与回归拟合直线**

从前面的几个例子可以看出，利用R软件很容易完成各种统计分析，并能够方便进行绘图和数据管理。

# 2. 向　　量

## 2.1 向量赋值与运算

R软件中最简单的单元是向量，要建立一个名字为x的向量，其分量为1.2,1.4,1.6,2.3,3.4,5.1,6.0，对应的R命令为

```
>x<-c(1.2,1.4,1.6,2.3,3.4,5.1,6.0)
```

还可以利用x构造新的向量y:

```
>y<-c(x,0,x)
```

对向量可以作加、减、乘、除和乘方的运算，其含义是对向量的分量进行相应的运算。

■ 加、减和数乘与通常的向量运算相同:

```
>x<-c(1,2,3);y<-c(2,8,-1)
#两个命令出现在同一行时，命令之间用";"分隔开
>z<-2*x+y+1
```

其中，2*x+y表示通常的向量数乘与加法运算，+1表示对向量的每一个分量加1，并将计算结果赋值给变量z，因此运行该命令后不会显示结果。

■ 乘法、除法和乘方的运算：将每个分量作对应运算

```
>x*y
[1] 2 16 -3
>x/y
[1] 0.50 0.25 -3.00
>x^2
[1] 1 4 9
>y^x
[1] 2 16 -1
```

计算结果没有进行赋值，因此运行以上命令后会立即显示结果。

■ 整数除法、求余运算和函数运算

```
>x%/%y  #运算符号%/%表示整除运算
[1] 0 0 -3
>x%%y  #运算符号%%表示求余数运算
[1] 1 2 0
>exp(x)  #底数为 e 的指数函数 e^x
[1] 2.718282 7.389056 20.085537
>sqrt(x)
[1] 1.000000 1.414214 1.732051
>sqrt(y+0i)  #复数运算
[1] 1.414214+0i 2.828427+0i 0.000000+1i
```

■ 常用统计函数运算

```
>x<-c(36.75,20.44,25.19,21.8,29.41,23.67,29.97,28.24,
        30.71,20.71,20.04,21.21,20.62,21.76,23.2)
>min(x);max(x);range(x);sum(x)
#全距 range(x)=max(x)-min(x)
>which.min(x);which.max(x)      #最小值或最小值对应的序号数
[1] 11
[1] 1
>median(x);mean(x);var(x);sd(x)
[1] 23.2          #中位数
[1] 24.91467      #均值
[1] 24.88103      #方差
[1] 4.988088      #标准差
>sort(x)          #将向量分量按递增顺序排列,得到顺序统计量
[1] 20.04 20.44 20.62 20.71 21.21 21.76 21.80 23.20 23.67 25.19
[11] 28.24 29.41 29.97 30.71 36.75
>order(x)         #顺序统计量的分量在原始向量中的位置数据
[1] 11 2 13 10 12 14  4 15  6  3  8  5  7  9  1
```

■　生成有规律数列

◆　等差数列 a：b：从 a 开始，逐项加 1（a<b）或减 1（a>b），到 b 为止。

注意区别：

```
2*1:10;2*(1:10)
>n<-10
>x<-1:n-1;y<-1:(n-1)
```

◆　等间隔数列

第一种方法：seq(from = a, to = b, by = d)从 a 开始，逐项加 d(a<b)或减 d(a>b)，到 b 为止。

第二种方法：seq(from = a, to = b, length = n)从 a 开始，到 b 为止，共 n 个数。

seq(1,15,0.2)与 seq(1,15,length=75)生成相同序列。

◆　重复数列 rep(x, times)按照 times 规定把 x 的分量重复排列

```
>x<-c(1,2.1,3.5);y<-c(2,1,2)
>rep(x,2)
[1] 1.0 2.1 3.5 1.0 2.1 3.5
>rep(x,y)   #将 x 的元素 1 重复 2 次,2.1 重复 1 次,3.5 重复 2 次。
[1] 1.0 1.0 2.1 3.5 3.5
```

■　字符型向量赋值

```
region<-c("重庆","四川","贵州","云南","西藏","陕西","甘肃",
  "青海","宁夏","新疆")
consum <- c(18279,17760,15255,16268,15669,17546,15942,
            17493,17216,17685)
income <- c(25147,24234,22548,24299,22016,24366,21804,
            22307,23285,23214)
paste(region,income,consum)
```

可以用以下命令生成字符串

```
label<-paste("X",1:6,sep="")
[1] "X1" "X2" "X3" "X4" "X5" "X6"
paste("Today is ",date())
```

```
[1] "Today is  Sun Aug 23 12:35:33 2015"
```

seq(1,15,0.2)与 seq(1,15,length=75)生成相同序列。

## 2.2 向量下标运算

R 软件提供了非常灵活的访问向量元素和向量子集的功能，可用 x [i] 的格式访问向量 x 的第 i 个分量。

■ 提取向量的分量

```
>x<-c(1.2,2.3,4.5,6.7)
>x[2]      #取出 x 的第 2 个分量
[1] 2.3
>x[c(2,4)]      #取出 x 的第 2,4 个分量
[1] 2.3 6.7
```

假设 v 是与向量 x 等长的逻辑向量，则 x [v] 表示从 x 中提取全部 v 为真值的元素

```
x[x<4]  #x<4 的运算结果是 TRUE TRUE  FALSE  FALSE.
[1] 1.2 2.3
```

■ 改变向量的分量的值

```
x[2]<-3.2   #给 x 的第 2 个分量重新赋值 3.2
x[c(2,3)]<-c(3.2,5.4)   #给 x 的第 2,3 分量重新赋值 3.2 和 5.4。
```

改变部分元素取值的方法与逻辑值下标方法结合，可以表达分段函数，如表示分段函数：

$$f(x)=\begin{cases}1+x, & x\geqslant 0\\ 1-x^2, & x<0\end{cases}$$

```
y<-numeric(length(x))
y[x>=0]<-1+x
y[x<0]<-1-x^2
```

■ 去掉向量的某些分量

```
x[-2]  #去掉 x 的第 2 个分量
x[-c(2,3)]  #去掉 x 的第 2、3 分量
```

# 3. 数组与矩阵

## 3.1 生成数组与矩阵

数组（array）由带有多个下标的、类型相同的元素组成的集合。具体而言，可分成数值型、字符型、逻辑型和复数型。数组具有一个特征属性—维数向量（dim），该向量是一个元素取正整数的向量，其长度是数组的维数，且维数向量的每一个元素指定了该下标的上界，下标的下界固定为1。

■ 将向量定义为数组

当向量被赋予了维数向量后就变成了数组。

```
>z<-1:12
>dim(z)<-c(3,4)
     [,1][,2][,3][,4]
[1,]    1    4    7   10
[2,]    2    5    8   11
[3,]    3    6    9   12
```

数组的元素是按列存放的，即先排满第1列，然后第2列，直到完成第4列。

■ 用array()函数直接生成数组：array(data, dim, dimnames = NULL)

```
array(1:15,dim=c(3,5))
     [,1][,2][,3][,4][,5]
[1,]    1    4    7   10   13
[2,]    2    5    8   11   14
[3,]    3    6    9   12   15
```

■ 用matrix()函数构造矩阵：matrix(data, nrow, ncol, byrow = FALSE, dimnames = NULL)

其中，参数含义如下：

byrow = FALSE（默认值）表示元素按列存放，byrow = TRUE表示元素按行存放。

```
matrix(1:15,nrow=3,ncol=5,byrow=TRUE)
     [,1] [,2] [,3] [,4] [,5]
[1,]    1    2    3    4    5
[2,]    6    7    8    9   10
[3,]   11   12   13   14   15
```

上述结果也可用以下命令完成：

```
matrix(1:15,nrow=3,byrow=TRUE)
matrix(1:15,ncol=5,byrow=TRUE)
```

## 3.2 数组与矩阵的运算

■ 数组的下标运算

选取数组的元素时，采用形式：数组名［下标1，下标2，下标3］

>A <- matrix(1:15, nrow =3, byrow = TRUE)#A 是二维数组，因此只能用 A[i, j] 形式

```
[,1] [,2] [,3] [,4] [,5]
[1,]    1    2    3    4    5
[2,]    6    7    8    9   10
[3,]   11   12   13   14   15
```

>A[1,2:3] #选取第1行,第2、3列的元素

[1] 2 3

>B <- array(1:24, dim = c(2, 3, 4))  #A 是三维数组，因此用 A [i, j, k] 形式

>B [1, 2:3, 3:4]  #第1维元素中选出第2~3行和第3~4列位置上的元素

```
     [,1] [,2]
[1,]   15   21
[2,]   17   23
```

>B [1,,]  #第1维的全部元素

```
     [,1] [,2] [,3] [,4]
[1,]    1    7   13   19
```

```
[2,]    3    9   15   21
[3,]    5   11   17   23
```

■ 矩阵的基本运算：

A + B；A - B：矩阵加法与减法；

k * A：矩阵的数乘；

A * B：矩阵 A 与 B 的元素对应相乘；

A% * % B：矩阵 A 与 B 的代数乘法，即满足线性代数中规定的乘法规则；

solve(A)：方阵 A 的逆矩阵；

solve(A, b)：线性方程组 Ax = b 的解；

eigen(A)：对称矩阵 A 的特征值与特征向量。

■ 矩阵的特殊运算：

dim(A)：矩阵 A 的维数；

row(A)；col(A)：矩阵 A 的行数与列数；

t(A)：矩阵 A 的转置；

det(A)：方阵 A 的行列式；

x% * % y：向量 x 与 y 的内积；

x% o% y：向量 x 与 y 的内积，注意两个% 中间的字符是字母 o。

crossprod(x, y)：内积运算函数，等价于 t(x)% * % y；

crossprod(A, B)：等价于 t (A)% * % B；

tcrossprod(x, y)：外积运算函数，等价于 x% * % t(y)；

tcrossprod(A, B)：等价于 A% * % t(B)；

outer(x, y)：外积运算函数，等价于 x% o% y，将 x 与 y 的所有分量依次相乘；

diag(x)：用向量 x 的元素构造对角阵；

diag(M)：用矩阵 M 的元素构造对角阵。

■ 矩阵的其他运算

◆ 矩阵的合并

cbind(A, B)：将 A 与 B 横向合并

rbind(A, B)：将 A 与 B 纵向合并

```
>a <-c(1,2);b <-c(3,4)
```

```
>x<-cbind(a,b)
      a  b
[1,]  1  3
[2,]  2  4
>y<-rbind(a,b)
  [,1] [,2]
a    1    2
b    3    4
>cbind(1,x)#在矩阵 x 左边加 1 列
      a  b
[1,]1  1  3
[2,]1  2  4
```

■ 矩阵的行或列的计算

```
applay(A,Margin,Function,…)
>apply(A,1,mean)  #计算 A 的各行元素的均值,结果是 3 个元素的向量
[1] 3 8 13
>apply(A,2,sd)  #计算 A 的各列元素的标准差,结果是 5 个元素的向量
[1] 5 5 5 5 5
```

## 3.3 数据框

数据框（data. frame）是 R 的一种数据结构，通常是矩阵形式的数据，但是矩阵的各列可以是不同类型的数据，数据框的每列是一个变量，每行是一个观测，数据框的每列变量必须长度相同。

■ 数据框的生成

```
>df<-data.frame(
        region=c("重庆","四川","贵州","云南","西藏","陕西",
                 "甘肃","青海","宁夏","新疆")
        consum=c(18279,17760,15255,16268,15669,17546,15942,
                 17493,17216,17685)
        income=c(25147,24234,22548,24299,22016,24366,
```

```
                    21804,22307,23285,23214)
    )
```

■ 数据框的引用：

◆ 数据框名称$变量名称：如 df$income；df$consum

◆ attach(df)……. detach(df)　#这是一组配套使用的命令

■ 将新变量加入已经存在的数据框：

◆ df$rate <- consum/income　#将变量 rate 加入数据框 df 中。

# 4. 读、写数据文件

## 4.1　读纯文本文件：read. table( )和 scan( )

■ read. table( )

用 read. table( )可以直接读入文本格式的数据，其结果是数据框格式，是统计分析中的数据格式。

>rt <- read. table("E:/应用计量经济学/example 1. 4. txt", header = TRUE); rt

在上述命令中有三点需要注意：

① 路径中的符号是/，与通常的路径符号不同；

② 数据文件名称后面需要跟上表示文件类型的后缀；

③ 如果数据文件的第一行是变量名称或其他非数据形式的字符串，则 header 的取值为 TRUE。

■ scan( )

用 scan( )可以直接读入文本格式的数据，还可以直接在屏幕输入数据，具体细节见帮助。

## 4.2　读入其他格式的数据文件

要读入其他格式的数据文件，需要预先调用模块 foreign：>library(foreign)

■ 读 SPSS、SAS、S-PLUS 和 Stata 数据文件

```
>library(foreign)
```

```
rs <- read.spss("E:/应用计量经济学/example 1.4.sav")
#读 SPSS 格式的数据文件,结果是列表
rs<- read.spss("E:/应用计量经济学/example 1.4.sav",to. data.
  frame = TRUE)
#读 SPSS 格式的数据文件,结果是数据框
rx <- read.xport("E:/应用计量经济学/example 1.4.xpt")
#读 SAS 格式的数据文件,结果是数据框
rs <- read.S("E:/应用计量经济学/example 1.4")
#读 S - PLUS 格式的数据文件,结果是数据框
rd <- read.dta("E:/应用计量经济学/example 1.4.dta")
#读 Stata 格式的数据文件,结果是数据框
```

■ 读 Excel 数据文件

R 软件不能直接读取 Excel 表，需要将 Excel 表再转化成其他格式才能读取。

◆ 方法 1：将 Excel 表转化成“文本文件（制表符分隔)”（在保存 Excel 文件时在“保存类型”项的下拉菜单中选择“文本文件（制表符分隔)”)，然后用 read. delim( )读取该文件。

```
rd <- read.dta("E:/应用计量经济学/example 1.4.txt")
```

◆ 方法 2：将 Excel 表转化成“CSV（逗号分隔)”（在保存 Excel 文件时在“保存类型”项的下拉菜单中选择“CSV（逗号分隔)”)，然后用 read. csv( )读取该文件。

```
rc <- read.csv("E:/应用计量经济学/example 1.4.csv")
```

■ 读取 R 软件自带的数据或程序包中的数据集：

R 软件中内嵌 50 多个数据库和其他可用的软件包，可用 data( )函数调用。

◆ 读取 R 的基本包 base 中可用的数据集

```
> AP <- data(AirPassengers)   #列出基本包 base 中可用的数据集
                               AirPassengers
```

◆ 读取 R 的其他包中可用的数据集：data（file，package =" name"）

```
> install.packages(car)   #从 R 的主页上安装程序包 car
> library(car)            #将程序包 car 装载到当前运行窗口
> Salaries <- data(Salaries,package = "car")
```

```
#读取程序包 car 中的数据集 Salaries
```

### 4.3 写数据文件：write( )、write. table( )和 write. csv( )

◆ write( )函数 write( )函数写数据文件的格式：

```
write(x,file = "data",ncolumns = if(character = (x))1 else 5,
  append = FALSE)
```

其中 x 是数据，通常是矩阵，file 是文件名，append = TRUE 时表示在原文件上添加数据，否则写入一个新文件。

◆ write. table( )和 write. csv( )

当数据是列表数据或数据框数据时，write. table( )用于写入纯文本格式数据，write. csv( )用于写入 CSV 格式的 Excel 数据。

```
>df <- data.frame(
        region = c("重庆","四川","贵州","云南","西藏","陕西",
                   "甘肃","青海","宁夏","新疆")
        consum = c(18279,17760,15255,16268,15669,17546,15942,
                   17493,17216,17685)
        income = c(25147,24234,22548,24299,22016,24366,21804,
                   22307,23285,23214)
  )
>write.table(df,file = "E:/应用计量经济学/example 1.4.txt")
```

## 5. 控制结构

R 语言是一个表达式语言，任何一个语句都可以看作表达式。若干个表达式可以组合成一个复合表达式成为一个表达式使用，其中重要的程序结构有判断分支结构和循环结构。

### 5.1 判断分支结构

■ if/else 结构

if/else 语句是分支语句中主要的语句，基本语法有两种：

```
if(cond)statement_1
#如果条件 cond 成立,就执行 statement_1,否则跳过。
if(cond)statement_1  else  statement_2
#如果条件 cond 成立,就执行 statement_1,否则就执行 statement_2。
```

■ 多分支结构

```
if(cond_1)
statement_1
else if(cond_2)
statement_2
else if(cond_3)
statement_3
else
statement_4
```

■ switch 结构

```
switch(statement,list)
```

其中，statement 是表达式，list 是列表。如果 statement 的值在 1 ~ length（list）中，则返回列表相应位置的值，否则返回空值 NULL。

```
>x<-3
>switch(x,x+2,mean(1:20),rnorm(4))
#括号内的后面三个表达式组成了列表
[1] 0.09160969  1.14685252  -1.01634082  -1.04329047
```

## 5.2 循环结构

R 中的循环结构有三种：for 循环、while 循环、repeat 循环。

■ for 循环结构：for(name in exper_1)exper_2

其中 name 表示循环变量名，exper_1 是向量，主要用于控制循环进程，exper_2 是一组表达式。

```
for(i in 1:5)print(1:i)
[1] 1
[1] 1 2
```

```
[1] 1 2 3
[1] 1 2 3 4
[1] 1 2 3 4 5
for(n in c(2,5,10,20,50)){
      x<-stats::rnorm(n)
      cat(n,":",sum(x^2),"\n",sep="")
}
2:4.125837
5:3.274578
10:10.45236
20:28.90443
50:57.03095
```

■ while 循环结构：while （cond） exper

计算 10000 以内的 Fibonacci 数：

```
>f<-1;f[2]<-1;i<-1
>while(f[i]+f[i+1]<10000){
  f[i+2]<-f[i]+f[i+1]
      i<-i+1
  }
  >f
[1] 1 1 2 3 5 8 13 21 34 55 89 144 233 377 610 987 1597
[18] 2584 4181 6765
```

■ repeat 循环结构：while　exper，并以 break 跳出循环

计算 10000 以内的 Fibonacci 数：

```
>f<-1;f[2]<-1;i<-1
>repeat{
  f[i+2]<-f[i]+f[i+1]
      i<-i+1
       if(f[i]+f[i+1]>=10000)break
  }
```

# 6. R的简单应用

## 6.1 数学计算应用

■ 单变量方程的根 uniroot (f, interval, …,)

```
uniroot(f,interval,lower=min(interval),upper=max
  (interval),
f.lower=f(lower,...),f.upper=f(upper,...),
extendInt = c ("no","yes","downX","upX"), check.conv =
  FALSE,
tol=.Machine$double.eps^0.25,maxiter=1000,trace=0)
```

■ 多项式方程的根

polyroot(z)，其中z表示 $p(x) = z_1 + z_2x + \cdots + z_{n2}x^{n-1}$ 的系数组成的向量 z <-c(z1, z2, …, zn)。

◆ 解方程：$x - a = 0$，$x \in (0, 1)$，$a = 1/3$

```
require(utils)#for str
##some platforms hit zero exactly on the first step:
##if so the estimated precision is 2/3.
f<-function(x,a)x-a
str(xmin<-uniroot(f,c(0,1),tol=0.0001,a=1/3))
##handheld calculator example:fixed point of cos(.):
```

◆ 解方程：$\cos x - x = 0$，$x \in (-\pi, \pi)$。

```
uniroot(function(x)cos(x) - x, lower = -pi, upper=pi, tol
  =1e-9)$root
```

◆ 解方程的解的精确度：

请比较以下两个命令：

```
str(uniroot(function(x)x*(x^2-1)+0.5,lower = -2,upper =
  2,tol=0.0001))
```

```
str(uniroot(function(x)x*(x^2 -1) +0.5,lower = -2,upper =
  2,tol =1e -10))
```

■ 函数的最优化点

◆ 一维变量函数的极小值点：optimize(f, interval, ...)或 optimise(f, interval, ...)

◆ 无约束最小化问题：nlm(f, interval, ...)

## 6.2 统计应用

■ 基本统计函数

◆ median(x); mean(x); min(x); max(x); range(x); sort(x); quantile(x);

◆ var(x); sd(x); cov(x,y); cor(x, y)

■ 随机变量的基本函数

◆ dnorm(x, mean, sd, log = FALSE)：返回正态分布的概率密度函数f(x)或 $p_k$;

◆ pnorm(q, mean, sd, lower. tail = TRUE, log. p = FALSE)：返回正态分布的分布函数 F(x);

◆ qnorm(p, mean, sd, lower. tail = TRUE, log. p = FALSE)：返回正态分布的对应概率 p 的下分位点 $F^{-1}(p)$;

◆ rnorm(n, mean, sd)：返回 n 个正态随机变量组成的向量

其中 x，q 是数值型向量，p 是概率组成的向量。上述四个命令中的函数 norm()可换成其他分布，如 beta()：

```
dbeta(x,shape1,shape2,ncp =0,log = FALSE)
pbeta(q,shape1,shape2,ncp =0,lower. tail = TRUE,log.
  p = FALSE)
qbeta(p,shape1,shape2,ncp =0,lower. tail = TRUE,log.
  p = FALSE)
rbeta(n,shape1,shape2,ncp =0)
```

■ 基本统计绘图

◆ hist(), density(x)：直方图与概率密度估计

◆ plot(ecdf(x), verticals = FALSE, ylab = "Fn(x)", vertical = TRUE, do. p = FALSE)

其中 ecdf(x)为样本 x 对应的样本经验分布，do. p = FALSE 表示不画点的

记号。

```
w<(-c(75.0,64.0,47.4,66.9,62.2,62.2,58.7,63.5,66.6,64.0,
  57.0,69.0,56.9,50.0,72.0);x<-44:78
```

lines(x,pnorm(x,mean(w),sd(w)))　#在样本分布（阶梯函数）附图 7 中加入相应的正态分布曲线。

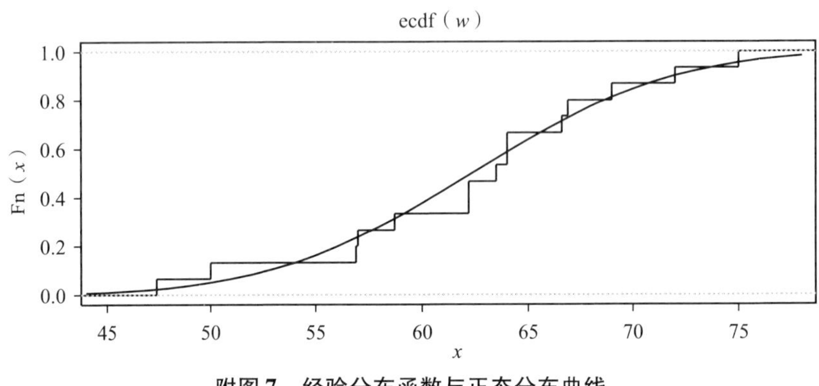


**附图 7　经验分布函数与正态分布曲线**

◆　stem(x, scale, width, atom)：茎叶图

其中 scale 控制的茎叶图中叶部分数据的取值范围，可以控制茎叶图的长度，有 3 种取值如附图 8 所示。

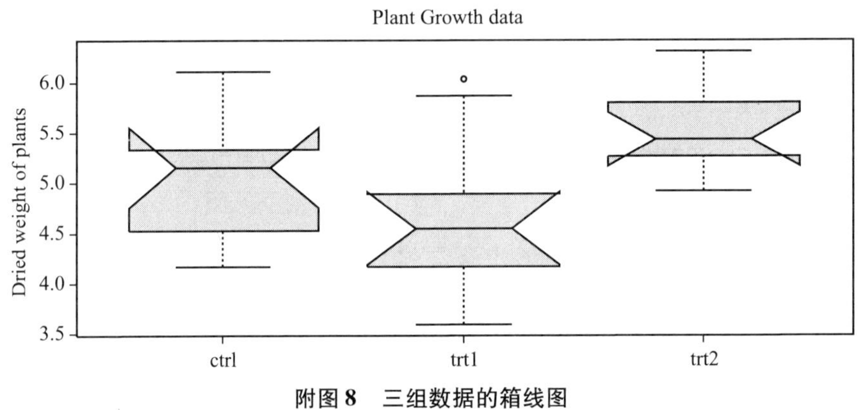


**附图 8　三组数据的箱线图**

scale =1：每段10个数（0~9），scale =2：每段5个数（0~4，4~9），scale = 0.05：每段20个数。

width表示绘图的宽度。

```
x <- c(18.2,17.8,15.3,16.3,15.7,17.5,15.9,17.5,17.2,17.7,
   20.1,15.4,18.1,20.9,16.3,16.6,18.4,15.7)
     stem(x)stem(x,scale =0.5)
          The decimal point is at the |
   14 | 34779
   16 | 33625578
   18 | 124
   20 | 19
     stem(x,scale =2)
          The decimal point is at the |
   15 | 34779
   16 | 336
   17 | 25578
   18 | 124
   19 |
   20 | 19
```

◆ 箱线图boxplot(x, …)

第一种：bosplot(x)

第二种：bosplot(formula, …)其中formula：y ~ group，group为数据分组，通常为因子。

第三种：bosplot(x, …)其中formula：y ~ group，group为数据分组，通常为因子。

```
boxplot(weight ~ group,data = PlantGrowth,main =
  "PlantGrowth data",
    ylab = "Dried weight of plants",col = "lightgray",notch
      = TRUE,varwidth = TRUE)
```

# 7. R 中的绘图

从附表 2 中给出的假想数据集开始。它描述了病人对两种药物五个剂量水平上的响应情况。

**附表 2　　病人对两种药物五个剂量水平上的响应情况**

| 药物剂量 | 20 | 30 | 40 | 45 | 60 |
|---|---|---|---|---|---|
| 对药物 A 的响应 | 16 | 20 | 27 | 40 | 60 |
| 对药物 B 的响应 | 15 | 18 | 25 | 31 | 40 |

可以使用以下代码输入数据：

```
dose <- c(20,30,40,45,60)
drugA <- c(16,20,27,40,60)
drugB <- c(15,18,25,31,40)
plot(dose,drugA,type = "b")    #type = "b"表示同时绘制点和线。
```

## 7.1　图形参数

通过修改图形参数的选项来自定义一幅图形的多个特征，如字体、颜色、坐标轴、标题等。一种方法是通过函数 par( ) 来指定这些选项（par( ) 命令通常是成对调用的)，其调用格式为

```
par(optionname = value,optionname = name,...)。
```

不加参数地执行 par( ) 将生成一个含有当前图形参数设置的列表。用于指定符号和线条类型的参数如附表 3 所示，参数 pch 可指定的绘图符号如附图 9 所示。添加参数 no. readonly = TRUE 可以生成一个可以修改的当前图形参数列表。

如附图 10 所示，若你想使用实心三角作为点的符号，并且想用虚线代替实线连接这些点。你可以使用以下代码：

```
opar <- par(no. readonly = TRUYE)
par(lty = 2,pch = 17)   #用虚线连接实心三角标示的点
```

```
plot(dose,drugA,type = "b")
par(opar)
```

**附表 3　　用于指定符号和线条类型的参数**

| 参数 | 描述 |
|---|---|
| type | 连接线的类型。p－点（默认值），l－实线，b－同时绘出点与连接线，c－只绘 b 型的连接线，o－连接上绘圆点，h－作过点的垂线，s－阶梯图，n－不作图 |
| pch | 指定绘制点时使用的符号（见图 3－4），取值 1～24 |
| cex | 指定符号的大小。cex 是一个数值，表示绘图符号相对于默认大小的缩放倍数。默认大小为 1，1.5 表示放大为默认值的 1.5 倍，0.5 表示缩小为默认值的 50%，等等 |
| lty | 指定线条类型（参见图 3－5），取值 1～6，0 = blank，1 = solid(default)，2 = dashed，3 = dotted，4 = dotdash，5 = longdash，6 = twodash |
| lwd | 指定线条宽度。lwd 是以默认值的相对大小来表示的（默认值为 1）。例如 lwd = 2 将生成一条两倍于默认宽度的线条 |

0　1　2　3　4　5　6　7　8　9　10　11　12　13　14　15　16　17　18　19　20　21　22　23　24　25

□　○　△　＋　×　◇　▽　⊠　✳　⊕　⊕　✡　⊞　⊗　⊠　■　●　▲　◆　●　•　○　□　◇　△　▽

**附图 9　参数 pch 可指定的绘图符号**

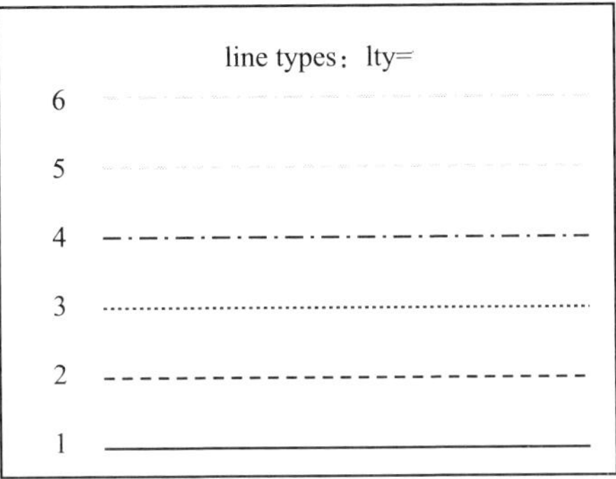


**附图 10　参数 lty 可指定的线条类型**

```
plot(dose,drugA,type = "b",lty = 3,lwd = 3,pch = 15,cex = 2)
```

## 7.2　颜色

R 中有若干和颜色相关的参数。附表 4 列出了一些常用参数。

附表 4　　用于指定颜色的参数

| 参数 | 描述 | 参数 | 描述 | 参数 | 描述 |
|---|---|---|---|---|---|
| col | 默认的绘图颜色* | col. lab | 坐标轴名称的颜色 | col. sub | 副标题颜色 |
| col. axis | 坐标轴刻度文字的颜色 | col. main | 标题颜色 | fg/ bg | 图形的前/后景色 |

注：* 某些函数（如 lines 和 pie）可以接受一个含有颜色值的向量并自动循环使用。如设定 col = c("red", "blue")并需要绘制三条线，则第一条线为红色，第二条线为蓝色，第三条线又为红色。

在 R 中，可以通过颜色下标、颜色名称、十六进制的颜色值、RGB 值或 HSV 值来指定颜色。R 中也有多种用于创建连续型颜色向量的函数，包括 rainbow( )、heat. colors( )、terrain. colors( )、topo. colors( )以及 cm. colors( )。

```
n<-10
  mycolors<-rainbow(n)
pie(rep(1,n),labels=mycolors,col=mycolors)
mygrays<-gray(0:n/n)#gray(0:10/10)将生成10 阶灰度色
pie(rep(1,n),labels=mygrays,col=mygrays)
```

## 7.3　图形中的文本

附表 5 说明用于控制文本大小的参数。字体族和字样可以通过字体选项进行控制（见附表 6）。

附表 5　　用于指定文本大小的参数

| 参数 | 描述 |
|---|---|
| cex | 表示相对于默认大小缩放倍数的数值。默认大小为 1，1.5 表示放大为默认值的 1.5 倍，0.5 表示缩小为默认值的 50% |
| cex. axis | 坐标轴刻度文字的缩放倍数。类似于 cex |
| cex. lab | 坐标轴标签（名称）的缩放倍数。类似于 cex |
| cex. main | 标题的缩放倍数，类似于 cex |
| cex. sub | 副标题的缩放倍数，类似于 cex |

附表6　　用于指定字体族、字号和字样的参数

| 参数 | 描述 |
|---|---|
| font | 整数，指定绘图使用的字体样式。1 = 常规，2 = 粗体，3 = 斜体，4 = 粗斜体，5 = 符号字体（以 Adobe 符号编码表示） |
| font. axis | 坐标轴刻度文字的字体样式 |
| font. lab | 坐标轴标签的字体样式 |
| font. main | 标题的字体样式 |
| font. sub | 副标题的字体样式 |
| ps | 字体磅值（1 磅约为 1/72 英寸），文本的最终大小为 ps * cex |
| family | 绘制文本时使用的字体族。标准的取值为 serif（衬线）、sans（无衬线）和 mono（等宽） |

```
par(font.lab=3,cex=1.5,font.main=4,cex.main=2)
#后面所有图形都将拥有斜体、1.5 倍于默认文本大小的坐标轴标签，粗斜体、2 倍于默认文本大小的标题。
```

■　字体族的设置

在 Windows 中，可以通过函数 windowsFont( ) 来创建这类映射。例如，在执行语句：

```
windowFonts(
        A=windowsFont("Arial Black"),
        B=windowsFont("Bookman Old Style"),
        C=windowsFont("Comic Sans MS")
    )    #可使用 A、B 和 C 作为 family 的取值。
```

## 7.4　图形尺寸与边界尺寸

可以使用附表7列出的参数来控制图形尺寸和边界大小。

附表7　　用于控制图形尺寸和边界大小的参数

| 参数 | 描述 |
|---|---|
| pin | 以英寸表示的图形尺寸（宽和高） |
| mai | 以数值向量表示的边界大小，顺序为“下、左、上、右”，单位为英寸 |
| mar | 以数值向量表示的边界大小，顺序为“下、左、上、右”，单位为英分 *。默认值为 c（5，4，4，2）+0.1 |

注：* 一英分等于十二分之一英寸。

代码:par(pin=c(4,3),mai=c(1,0.5,1,0.2)

## 7.5 图形控制的综合运用

```
dose <- c(20,30,40,45,60)
drugA <- c(16,20,27,40,60)
drugB <- c(15,18,25,31,40)
opar <- par(no.readonly = TRUE)
par(pin = c(2,3))
par(lwd = 2,cex = 1.5)
par(cex.axis = 0.75,font.axis = 3)
plot(dose,drugA,type = "b",pch = 19,lty = 2,col = "red")
plot(dose,drugB,type = "b",pch = 23,lty = 6,col = "blue",
  bg = "green")
par(opar)
```

## 7.6 图形修饰

在图形上添加了标题（main）、副标题（sub）、坐标轴标签（xlab、ylab）并指定了坐标轴范围（xlim、ylim）。

```
plot(dose,drugA,type = "b",col = "red",lty = 2,pch = 2,lwd = 2,
     main = "Clinical Trials for Drug A",
     sub = "This is hypothetical data",
     xlab = "Dosage",ylab = "Drug Response",
     xlim = c(0,60),ylim = c(0,70))
```

■ 标题控制

```
title(main = "My Title",col.main = "red",sub = "My Sub -
  title",col.sub = "blue",
     xlab = "My X label",ylab = "My Y label",col.lab = "green",
     cex.lab = 0.75)
```

■ 坐标轴控制

坐标轴选项如附表 8 所示。

```
axis(side,at=,labels=,pos=,lty=,las=,tck=,...)
```

**附表 8　　坐标轴选项**

| 选项 | 描述 |
|---|---|
| side | 一个整数，表示在图形的哪边绘制坐标轴（1=下，2=左，3=上，4=右） |
| at | 数值型向量，表示需要绘制刻度线的位置 |
| labels | 字符型向量，表示置于刻度线旁边的文字标签（如果为 NULL，将直接使用 at 中的值） |
| pos | 坐标轴线绘制位置的坐标（即与另一条坐标轴相交位置的值） |
| lty | 线条类型 |
| col | 线条和刻度线颜色 |
| las | 标签是否平行于（=0）或垂直于（=2）坐标轴 |
| tck | 刻度线的长度，以相对于绘图区域大小的分数表示，默认值为 0.01：负值表示在图形外侧，正值表示在图形内侧，0 表示禁用刻度，1 表示绘制网格线 |
| (...) | 其他图形参数 |

## 7.7　参考线与图例

■　参考线

函数 abline( ) 可以用来为图形添加参考线，其使用格式为：

```
abline(h=yvalues,v=xvalues)
```

abline( ) 中也可以指定其他图形参数（如线条类型、颜色和宽度）。

举例来说：

```
abline(h=c(1,5,7))
```

表示在 y 轴上的 1、5、7 的位置添加了水平实线，而代码：

```
abline(v=seq(1,10,2),lty=2,col="blue")
```

表示在 x 为 1、3、5、7、9 的位置添加了垂直的蓝色虚线。

■　图例

当图形中包含的数据不止一组时，图例可以帮助你辨别出每个条形、扇形区域或折线各代表哪一类数据。我们可以使用函数 legend( ) 来添加图例，其使用格式为：

```
legend(location,title,legend,...)
```

```
#依剂量对比药物 A 和药物 B 的响应情况
dose <- c(20,30,40,45,60)
drugA <- c(16,20,27,40,60)
drugB <- c(15,18,25,31,40)
opar <- par(no. readonly = TRUE)
par(pin = c(2,3))
par( lwd = 2,cex = 1. 5,font. lab = 2)
#增加线条、文本、符号、标签的宽度或大小
par( cex. axis = 0. 75,font. axis = 3)   #以下绘制图形
plot( dose,drugA,type = "b",pch = 15,lty = 1,col = "red",
     ylim = c(0,60),main = "Drug A vs. Drug B",
     xlab = "Drug Dosage",ylab = "Drug Response")
lines( dose,drugB,type = "b",pch = 17,lty = 2,col = "blue")
abline( h = c(30),lwd = 1. 5,lty = 2,col = "grey")
library( Hmisc)
minor. tick( nx = 3,ny = 3,tick. ratio = 0. 5)   #添加次要刻度线
legend( "topleft",inset = 0. 05,title = "Drug Type",c( "A","B"),
     lty = c(1,2),pch = c(15,17),col = c( "red","blue"))
#添加图例
par( opar)
```

## 7.8 在图形中加入文本标注

用函数 text( )和 mtext( )将文本添加到图形上。text( )可向绘图区域内部添加文本，而 mtext （） 则向图形的四个边界之一添加文本。使用格式分别为：

```
text( location,"text to place",pos,…)
mtext( "txet to place",side,line = n,…)
```

常用选项列于附表 9 中。

附表 9　　函数 text( ) 和 mtext( ) 的选项

| 选项 | 描述 |
| --- | --- |
| location | 位置参数。为一对 x，y 坐标，或指定 location 为 locator（1）使用鼠标交互式地确定摆放位置 |
| pos | 文本相对于位置参数的方位。1 = 下，2 = 左，3 = 上，4 = 右。如果指定了 pos，就可以同时指定参数 offset = 作为偏移量，以相对于单个字符宽度的比例表示 |
| side | 指定用来放置文本的边。1 = 下，2 = 左，3 = 上，4 = 右。你可以指定参数 line = 来内移或外移文本，随着值的增加，文本将外移。也可使用 adj = 0 将文本向左下对齐，或使用 adj = 1 右上对齐 |

其他常用的选项有 cex、col 和 font 来调整字号、颜色和字体样式。也有用 text( ) 函数标示图形中的点。只需指定一系列的 x，y 坐标作为位置参数，同时以向量的形式指定要放置的文本。x、y 和文本标签向量的长度应当相同。

```
#点的标注
attach(mtcars)
plot(wt,mpg,main = "Milage vs. Car
Weight", xlab = " Weight ", ylab = " Mileage ", pch = 18, col =
  "blue")
text ( wt, mpg, row. names ( mtcars ), cex = 0. 6, pos = 4, col =
  "red")
detach(mtcars)
#为了获得更好的显示效果,使用 par( )函数增大了字号
opar <- par(no. readonly = TRUE)
par( cex =1. 5)
plot(1:7,1:7,type = "n")
text(3,3,"Example of default text")
text(4,4,family = "mono","Example of mono - spaced text")
text(5,5,family = "serif","Example of serif text")
par(opar)
```

## 7.9　数学标注

```
x <- seq( -4,4,len =101)
```

```
y<-cbind(sin(x),cos(x))
matplot(x,y,type = "l",xaxt = "n",main = expression(paste
  (plain(sin) * phi,"and",plain(cos) * phi)),
      ylab = expression("sin" * phi,"cos" * phi),#only 1st is
        taken
      xlab = expression(paste("Phase Angle",phi)),col.main =
        "blue")
axis(1,at = c( -pi, -pi/2,0,pi/2,pi),
labels = expression( -pi, -pi/2,0,pi/2,pi))
##How to combine "math" and numeric variables:
plot(1:10,type = "n",xlab = "",ylab = "",main = "plot math &
  numbers")
theta <-1.23;mtext(bquote(hat(theta) ==.(theta)),line =0.25)
for(i in 2:9)
      text(i,i +1,substitute(list(xi,eta) ==group("(",
        list(x,y),")"),
list(x = i,y = i +1)))
##note that both of these use calls rather than expressions.
##
text(1,10,"Derivatives:",adj =0)
text(1,9.6,expression("first:{f * minute}(x)" == {f * minute}
      (x)),adj =0)
text(1,9.0,expression("second:{f * second}(x)" == {f * sec-
      ond}(x)),adj =0)
plot(1:10,1:10)
text(4,9,expression(hat(beta) ==(X^t * X)^{ -1} * X^t * y))
text(4,8.4,"expression(hat(beta) ==(X^t * X)^{ -1} * X^t *
      y)",cex =0.8)
text(4,7,expression(bar(x) ==sum(frac(x[i] ,n),i ==1,n)))
text(4,6.4,"expression(bar(x) == sum(frac(x[i] ,n),i ==1,
```

```
        n))",cex=0.8)
text(8,5,expression(paste(frac(1,sigma*sqrt(2*pi))," ",
plain(e)^{frac(-(x-mu)^2,2*sigma^2)})),cex=1.2)
```

## 7.10　图形的组合——一页多图

在 R 中使用函数 par( )或 layout( )可以容易地组合多幅图形为一幅总括图形，可以在 par( )函数中使用

（1） mfrow = c(nrows, ncols)来创建按行填充的、行数为 nrows、列数为 ncols 的图形矩阵。

（2） nfcol = c(nrows, ncols)按列填充的、列数为 ncols、行数为 nrows 的图形矩阵。

以下代码创建了四幅图形并将其排布在 2 ×2 中：

```
attach(mtcars)
opar <-par(no.readonly=TRUE)
par(mfrow=c(2,2))
plot(wt,mpg,main="Scatterplot of wt vs. mpg")
plot(wt,disp,main="Scatterplot of wt vs disp")
hist(wt,main="Histogram of wt");boxplot(wt,main=
     "Boxplot of wt")
par(opar)
detach(mtcars)
attach(mtcars)
```

以下代码创建了 3 幅图形并将其排布在 3 ×1 列：

```
opar <-par(no.readonly=TRUE);par(mfrow=c(3,1))
hist(wt);hist(mpg);hist(disp)
par(opar)
detach(mtcars)
```

以下代码创建 3 幅图形，第 1 幅在第 1 行，后两幅在第 2 行排布为 1 ×2：

```
attach(mtcars)
layout(matrix(c(1,1,2,3),2,2,byrow=TRUE))
```

```
hist(wt);hist(mpg);hist(disp)
detach(mtcars)
```

■ 多幅图形布局的精细控制

```
opar <- par(no.readonly = TRUE)
par(fig = c(0,0.8,0,0.8))  #设置散点图
plot(mtcars$wt,mtcars$mpg,xlab = "Miles Per Gallon",
     ylab = "Car Weight")
par(fig = c(0,0.8,0.55,1),new = TRUE)
boxplot(mtcars$wt,horizontal = TRUE,axes = FALSE)
#在上方添加箱线图
par(fig = c(0.65,1,0,0.8),new = TRUE)
boxplot(mtcars$mpg,axes = FALSE)  #在右侧添加箱线图
mtext("Enhanced Scatterplot",side =3,outer = TRUE,line = -3)
par(opar)
```

要理解这幅图的绘制原理，请试想完整的绘图区域：左下角坐标为（0，0），而右上角坐标为（1，1）。

参数 fig = 的取值是一个形如 c(x1，x2，y1，y2)的数值向量。图形参数 fig = 指定位置第一个 fig = 将散点图设定为占据横向范围 0 ~0.8，纵向范围0 ~0.8。

上方的箱线图横向占据 0 ~0.8，纵向 0.55 ~1。右侧的箱线图横向占据 0.65 ~1，纵向 0 ~0.8。

fig = 默认会新建一幅图形，所以在添加一幅图到一幅现有图形上时，请设定参数 new = TRUE。

将参数选择为 0.55 而不是 0.8，这样上方的图形就不会和散点图拉得太远。

选择参数 0.65 以拉近右侧箱线图和散点图的距离，需要不断尝试找到合适的位置参数。

## 7.11 回归分析中各种参数估计量的提取

当用 lm( )进行回归分析之后，可以用 summary( )一次性地将所有与回归分析相关的结果用列表形式显示出来，但是如果我们只是需要其中部分参数的估计值，则可以用以下命令分别完成：

(1) coefficient( )或 coef( )　　# 回归系数估计量
(2) anova( )　　# 回归模型的方差分析表
(3) deviance( )　　# 回归残差平方和
(4) formula( )　　# 回归模型表达式
(5) plot( )　　# 绘制残差诊断图，用 Enter 切换图形
(6) predict( )　　# 用回归模型进行预测分析
(7) fitted( )　　# 用回归模型进行拟合分析
(8) print( )　　# 输出回归结果
(9) residuals( )　　# 回归残差向量
(10) setp( )　　# 逐步回归方法估计模型参数

以下命令输出一个子列表

summary(lm.sol)[4]　　给出回归系数
summary(lm.sol)[6]　　给出回归模型的标准差估计量
summary(lm.sol)[8]　　给出回归模型的 $R^2$
summary(lm.sol)[9]　　给出回归模型的调整 $R^2$
summary(lm.sol)[11]　　给出回归模型参数估计量的方差－协方差矩阵

以下命令输出一个数字变量

summary(lm.sol)[[4]]　　给出回归系数
summary(lm.sol)[[6]]　　给出回归模型的标准差估计量
summary(lm.sol)[[8]]　　给出回归模型的 $R^2$
summary(lm.sol)[[9]]　　给出回归模型的调整 $R^2$
summary(lm.sol)[[11]]　　给出回归模型参数估计量的方差－协方差矩阵

# 参 考 文 献

[1] [美] 罗伯特·S. 平狄克，丹尼尔·L. 鲁宾菲尔德著，钱小军译：《计量经济模型与经济预测》第四版，机械工业出版社2006年版。

[2] [美] 杰费瑞·M. 伍德里奇著，张思成译：《计量经济学导论：现代观点》第五版，中国人民大学出版社2015年版。

[3] [美] 达莫达尔·N. 古扎拉蒂著，费剑平译：《计量经济学基础》第五版，中国人民大学出版社2011年版。

[4] [美] 威廉·H. 格林著，张成思译：《经济计量分析》（第六版），中国人民大学学出版社2011年版。

[5] [美] R. 卡特 希尔，[澳] W. E. 格里菲斯，瓜伊C. 利姆著，邹洋译：《计量经济学原理》（第四版），东北财经大学出版社2013年版。

[6] [美] 约翰·Y. 坎贝尔洛，安德鲁·W. 罗和克雷格·麦金雷著，朱平芳译：《金融市场计量经济学》，上海财经大学出版社2003年版。

[7] [美] 蔡瑞胸著，王远林、王辉、潘家柱译：《金融时间序列分析》，人民邮电出版社2012年版。

[8] [美] 萧政著，李杰译：《面板数据分析》，中国人民大学出版社2012年版。

[9] A. Colin Cameron Pravin K. Trivedi, *Micro-econometrics Methods and Applications.* Cambridge University press, 2005.

[10] Robert H. Shumway, David S. Stoffer, *Time Series Analysis and its Applications with R Examples*, $3^{rd}$, Springer, 2011.

[11] Kerry Patterson, *Unit Root Tests in Time Series* (Vol. 1 & 2), Palgrave Macmillan, 2011.

[12] Christian Kleiber, Achim Zeileis, *Applied Econometrics with R*, Spring-

er, 2008.

[13] James J. Heckman, Edward Leamer, *Handbook of Econometrics* Vols. 5, Amsterdam: North - Holland, 1994.

[14] Jeffrey M. Wooldridge, *Econometric Analysis of Cross Section and Panel Data*, $2^{nd}$, The MIT Press, 2010.

[15] Levin A., Lin C - F, Chu C - S. J., Unit Root Tests in Panel Data: Asymptotic and Finite Sample Properties. *Journal of Econometrics*, 2002, 108, 1 - 24.

[16] Kiel K. A., McClain K. T., House Prices during Siting Decision Stages: The case of an Incinerator from Rumor through Operation. *Journal of Environmental Economics and Manageement*, 1995, 28, 241 - 255.

[17] Zeileis A., Econometric Computing with HC and HAC Covariance Matrix Estimators. *Journal of Statistical Software*, 2004, 11 (10), 1 - 17.

# 后　记

经过近 3 年的编写与修改，这本书终于完稿并将与读者见面了。在这三年左右编写过程中，我多次推翻初稿，一直在寻找一种能够平衡深奥的计量经济理论与实际应用的方法，但是始终感觉没有实现这个目标。

本书的编写获得了众多老师、同学的支持和帮助，其中有本校的老师同学，也有其他学校的专家学者的指教和帮助，其中西南民族大学经济学院的赵伟老师还参与了第一章的具体编写工作。在 R 软件教学和应用过程中，西南民族大学经济学院实验室的文斌老师和石川老师提供了全程支持，同时我应该感谢经济学院 2012 级到 2018 级的同学，他们和我一起学习和使用 R 软件，完成了大量的计算练习，从而提高和加深了我对 R 软件的应用能力。

同时也非常感谢经济科学出版社的王娟编辑，她的长期支持成为本书成功出版必不可少的条件。

由于我的能力有限，书中还存在不少问题，希望读者能够给我提出宝贵意见，以便我今后继续进行修改。

**毛瑞华**

2019 年 12 月 10 日

西南民族大学航空港校区